로도스 섬 해변의 흔적 1

고대에서 18세기 말까지
서구사상에 나타난 자연과 문화

나남
nanam

한국연구재단 학술명저번역총서
서양편 385

로도스 섬 해변의 흔적 1
고대에서 18세기 말까지
서구사상에 나타난 자연과 문화

2016년 5월 5일 발행
2016년 5월 5일 1쇄

지은이_ 클래런스 글래컨
옮긴이_ 심승희·진종헌·최병두·추선영·허남혁
발행자_ 趙相浩
발행처_ (주) 나남
주소_ 10881 경기도 파주시 회동길 193
전화_ (031) 955-4601 (代)
FAX_ (031) 955-4555
등록_ 제 1-71호(1979. 5. 12)
홈페이지_ http://www.nanam.net
전자우편_ post@nanam.net
인쇄인_ 유성근(삼화인쇄주식회사)

ISBN 978-89-300-8864-0
ISBN 978-89-300-8215-0 (세트)

'한국연구재단 학술명저번역총서'는 우리 시대 기초학문의 부흥을 위해
한국연구재단과 (주)나남이 공동으로 펼치는 서양명저 번역 간행사업입니다.

로도스 섬 해변의 흔적 1

고대에서 18세기 말까지
서구사상에 나타난 자연과 문화

클래런스 글래컨 지음

심승희 · 진종헌 · 최병두 · 추선영 · 허남혁 옮김

Traces on the Rhodian Shore
Nature and Culture in Western Thought
from Ancient Times to the End of the Eighteenth Century

by Clarence J. Glacken

아내 밀드레드와
딸 미렌 그리고 아들 마이클에게 바친다

로마 시대의 건축가 비트루비우스(Vitruvius)는 자신의
책 《건축십서》(De Architectura) 서문에 서기전 4세기경 그리스
철학자 아리스티포스(Aristippos)*의 일화를
다음과 같이 기록한다.

아리스티포스는 자신이 탄 배가 난파하여 로도스 섬 해변가에
당도했는데, 모래사장에 남아 있는 기하학적 도형들을 보고 동료들에게
"희망을 가집시다. 지금 사람의 흔적을 보았습니다"라고 외쳤다.
이후 아리스티포스는 로도스 시(市)(인간의 또 다른 독특한 창조물)로
떠나서 그곳 학당에서 철학을 강론했다고 한다.

비트루비우스의 《건축십서》 제6권 서문에서 언급한
아리스티포스의 난파를 그린 데이비드 그레고리 편집본인
유클리드의 《오페라》(Oxford, 1703) 권두 그림.

야훼여,
손수 만드신 것이 참으로 많사오나
어느 것 하나 오묘하지 않은 것이 없고
땅은 온통 당신 것으로 풍요합니다.

시편, 104장 2절

〔소〕아시아는 사람들과 식생의 성질이
유럽과는 많이 다르다고 나는 주장한다.
〔소〕아시아의 모든 것은 더 크고 아름답게 자란다.
기후도 유럽보다 덜 거칠고 사람들은 더 온순하고 점잖다.
그 이유는 온화한 기후 때문인데,
동쪽의 해가 뜨는 곳과 그곳에서 멀리 떨어진
유럽의 추운 곳 사이에 위치하기 때문이다.

히포크라테스, 《공기, 물, 장소》, xii

우리는 평야와 산에서 나오는 과실을 만끽한다.
강과 호수는 우리 것이다.
우리는 곡물을 뿌리고 나무를 심으며
관개로 흙을 비옥하게 한다.
우리는 강에 제방을 쌓아
강줄기를 똑바로 만들거나 방향을 바꾼다.
요컨대 우리는 우리 손으로 자연 세계 속에
이른바 또 다른 제 2의 세계를 창조하려는 것이다.

키케로, 《신들의 본성에 관하여》, II, 60

이 책의 원서는 미국 문화지리학의 메카, 버클리대학 지리학과 교수인
클래런스 글래컨이 1967년 출판한 *Traces on the Rhodian Shore: Nature
and Culture in Western Thought from Ancient Times to the End of the
Eighteenth Century*이다. 이 책은 지리학뿐 아니라 환경사 분야의 대표적
고전이지만 영어권 독자들도 통독하기 쉽지 않다고 한다. '고대에서 18세
기 말까지 서구사상에 나타난 자연과 문화'라는 부제가 말해주듯 엄청나
게 긴 시간적 범위와 그리스어, 라틴어, 스페인어, 프랑스어, 독일어 등
다양한 언어로 쓰인 철학, 신학, 과학 등 광범위한 분야의 문헌을 인용하
기 때문이다.

이 책의 번역은 2006년 한국연구재단 '명저번역지원사업'에 선정되어
2007년 1월부터 시작되었다. 이 책을 번역 중이라는 이야기를 들으신 원
로 지리학자 한 분은 고개를 갸웃거리셨다. 따로 말씀은 없으셨지만 영
락없이 '제대로 번역할 수 있을까?'라는 의구심 가득한 걱정으로 읽었다.
그만큼 벅찬 작업이었다. 이 작업은 사회이론 및 철학적 관점에서 환경
지리에 관심을 가졌던 대구대 지리교육과 최병두 교수와 박사 과정이었
던 허남혁 현 (재) 지역재단 먹거리정책·교육센터장의 제안에서 시작되
었다. 여기에 문화지리 전공자인 공주대 지리학과 교수 진종헌과 청주교

대 사회과교육과 교수 심승희가 참여했다. 그리고 기독교 사상의 비중이 큰 이 책의 특성상 기독교 신학을 전공한 번역가 추선영이 참여해 총 5명의 공역이 되었다. 실무적 편의 때문에 번역책임자의 자리는 심승희가 맡았다.

초벌 번역은 서문부터 1부(고대 세계)까지는 허남혁, 2부(중세)는 추선영, 3부(근대 초기)는 심승희, 4부(18세기)는 진종헌·최병두가 맡았다. 각자 맡은 부분을 번역하면서도 정기적으로 만나 번역어 및 편집의 통일, 제2외국어 자문 등을 논의하고 상호 교차검토를 진행했다. 이 번역회의를 통해 최병두 교수의 제안에 따라 'art'라는 풍부한 의미를 가진 영어 단어를 '기예'로 통일해 번역하기로 했다. 오랜 시간 번역을 고민한 용어도 많았다. 예를 들면, 'natural history'를 '박물학'으로 번역할 것인가? 아니면 '자연사'로 번역할 것인가? 자연과학의 분화·발전에 따라 현재 박물학은 퇴화된 학문이 되었고 자연사라는 용어가 널리 쓰인다. 그러나 이 책이 18세기 말까지만을 다루고 그 당시는 박물학의 시대로 불리었으며 국내에서는 뷔퐁의 《박물지》처럼 고정된 번역서 이름으로 알려진 사례가 많다는 점을 고려해 맥락에 따라 '박물학'과 '자연사'를 선택적으로 사용하기로 했다.

또한 번역용어를 선택할 때 '정치적으로 올바른 용어'를 우선적으로 사용한다는 원칙하에 '처녀지'(virgin land)라는 용어 대신 '전인미답의 땅' 등을 의식적으로 사용했다. 하지만 이 책에서 자주 사용하는 '지리상의 발견 시대'란 용어는 오늘날 서구 중심적이라는 비판하에 '대항해 시대' 같은 용어로 대체되고 있지만, 저자가 이 책을 쓰던 당시의 지적 풍토를 그대로 전달해야 한다는 점과 '대항해 시대'란 용어로 대체해 번역할 때 어색해지는 문맥 등을 고려하여 원문 그대로 번역하여 사용하였다.

2009년 11월 한국연구재단에 최종본을 제출한 이후에는 출판작업으로 전환되었다. 역자 허남혁이 번역서 전체를 검토해 출판사에 넘기는 작업을 맡았는데, 번역서 기준으로 1,300쪽이 넘는 분량을 혼자 감당하다 보니 몇 년이 흘렀다. 2013년부터 진행된 출판사 편집본에 대한 네 차례에 걸친 교정은 심승희가 맡았는데 역시 방대한 분량 때문에 출판사의 편집과 역자의 교정이 한 번씩 오가는 데 1년이 걸리기도 했다. 결국 이 지난한 번역작업이 시작된 지 10년째인 2016년에야 4권으로 분책된 번역서가 세상에 나오게 되었다.

이 책에 대한 자세한 소개는 역자들이 함께 쓴 "옮긴이 해제"를 참고하면 되는데 여기서 몇 가지만 언급하고자 한다. 먼저 책 제목의 의미가 궁금할 것이다. 부제가 아닌 제목만으로는 책의 내용을 짐작할 수 없다. 이 책 제목은 원서의 표지 그림과 직결된다. 글래컨은 표지 그림에 대한 설명만으로 제목의 의미를 독자들이 간접적으로 유추하게 했다. 표지 그림은 로마 시대의 건축가 비트루비우스의 저서 《건축십서》 6권 서문에 적은 일화를 1703년 출판된 책의 권두 그림으로 그린 것이다. 일화는 서기전 4세기경 그리스 철학자 아리스티포스와 일행이 탄 배가 난파하여 지중해의 로도스 섬 해변가에 당도한 데서 비롯된다. 당황한 무리들 속에서 아리스티포스는 모래사장에 남은 기하학적 도형들을 보고 "희망을 가집시다. 지금 사람의 흔적을 보았습니다"라고 외쳤고, 이후 아리스티포스는 인간의 창조물인 로도스 시(市)로 가서 그곳의 학당에서 철학을 강론했다고 한다. 결국 '로도스 섬 해변의 흔적'이란 자연에 남긴 인간의 흔적을 말한다.

글래컨은 이 로도스 섬을 포함한 고대 그리스 시대부터 18세기 말에 이르기까지 서구가 자연과 인간의 관계를 어떻게 사고했는지를 세 가지 관점에서 정리하였다.

① 지구가 어떻게 형성되었다고 생각했는가?
② 자연환경이 인간 문화에 어떤 영향을 주었다고 생각했는가?
③ 인간이 자연을 어떻게 이용하거나 변형시켜 왔다고 생각했는가?

글래컨이 가진 관심의 초점은 자연과 인간의 관계가 실제로 어떠했는 가보다는 자연과 인간의 관계를 그 시대 사람들이 어떻게 생각했는가였 다. 물론 이 같은 생각에는 실제로 어떠했는가라는 사실적 관계도 작용 하지만 중요한 것은 어떻게 생각했는가의 문제였다. 간단히 표현하면 서 구의 환경사상사라고 명명할 수 있다. 이를 위해 글래컨은 다양한 고전 을 직·간접적으로 인용했다. 예를 들어 고대 그리스와 로마 시대의 고 전은 하버드 대학에서 그리스어·라틴어 원문과 영어 번역문을 함께 병 기해 출판한 "롭 고전 도서관(Loeb Classic Library) 시리즈"를 많이 참고 했다. 그는 상황에 따라 원문을 직접 참고하기도 하고 번역문을 참고하 기도 했는데, 이 때문인지 원문만 제시하거나 원문과 영어 번역문을 함 께 제시하는 등 인용 방식을 통일시키지 않았다. 따라서 영어 번역문을 병기하지 않은 프랑스어 같은 제2외국어 등은 별도로 전공자의 자문을 받아 번역했다. 그가 인용한 방대한 문헌을 보면 그의 해박한 언어 능력 과 몰입도에 놀라움을 금치 못한다. 그가 말년에 정신병 증세를 보이기 도 했다는 동료들의 회상을 보면 이 책의 저술에 너무 많은 에너지를 쏟 았기 때문이 아닐까 한다.

다만 그의 해박한 문헌지식과 경탄할 만한 통찰 및 문학적 표현력과는 별개로 관련 논의들이 차근차근한 배경 설명 없이 전개되어 그 맥락을 쉽 게 이해하기 어려운 문단도 나타난다. 또한 서지사항이 불완전하거나 오 류가 눈에 띄기도 하고 편집 양식이 일관되지 않은 사례도 있다. 예를 들 어 저자는 인용문 출처에 대해 대부분 별도의 각주를 달았지만 간혹 본문 에다 간략하거나 불완전한 주를 달기도 했다. 당시는 컴퓨터를 이용할 수 없었기에 일관되고 완전한 편집이 어려웠던 것으로 보인다. 반면 역 자들은 인터넷의 발달 덕분에 불완전한 서지사항을 보완하고 이 책에 나 오는 수많은 인명, 지명, 서명, 기타 용어에 대한 해설과 문맥 이해를 위 한 옮긴이 주를 달 수 있었다. 도움을 준 위키피디아, 바벨피쉬 등 수많은 인터넷 웹사이트의 출처를 일일이 달지 못한 점을 양해 바란다. 더불어 역자 허남혁은 독자의 이해를 돕기 위해 이 책에서 언급한 지리환경사상사의 주요 인물 연표와 이 책과 함께 읽을 만한 국내 단행본 목록을 부록으로 작성해 첨부하였다.

그럼에도 불구하고 독자들은 매끄럽지 못한 번역과 오역을 발견할 것이다. 부디 그냥 넘어가지 마시고 출판사나 저자에게 연락을 부탁드린다. 독자들과의 공동작업으로 개정판은 더 나은 모습이 되었으면 한다. 이 번역서 역시 진보할 수 있으면 좋겠다는 바람이다.

이 책에서 다루는 주요 쟁점 중 하나가 '진보'의 문제다. 고대인과 근대인 중 누가 더 뛰어난 존재인가? 지구환경은 쇠퇴하고 있는가? 항상적인가? 아니면 개선되고 있는가? 글래컨이 이 책의 마지막 시대로 다뤘던 18세기는 진보를 확신하던 시기였다. 특히 '판도라의 상자'와 같았던 아메리카의 발견과 그에 대한 탐구는 구대륙에 한정해 성립되었던 인간-환경에 대한 지식과 관점의 한계를 절감하게 했다. 그 결과 "무지는 폭넓은 일반화를 가능케 한다"라는 깨달음을 얻었고 기존에 이론이라고 믿었던 통념들을 다시 성찰하는 과정에서 많은 새로운 지식과 가치를 생산할 수 있었다.

21세기가 시작된 지 16년, 지금 이 시대에도 우린 여전히 진보의 시대를 살고 있다고 믿고 있다. 그래서 18세기인들처럼 '아메리카' 같은 또 다른 도전의 출현으로 이미 통념이 된 우리의 지식과 가치를 새롭게 성찰함으로써 또 한 발짝 진보할 수 있기를 염원한다.

끝으로 이 번역서가 나올 수 있도록 지원해준 한국연구재단과 번역자문을 해주신 여러 전문가들, 그리고 긴 번역기간에도 불구하고 이 책의 출간을 함께 기다려준 많은 동료 연구자들, 이 두꺼운 책을 꼼꼼하게 수정하고 편집해주신 나남출판 편집자께 감사드린다. 마지막으로 감사해야 할 사람은 지리환경사상사라는 이름의 로도스 섬에 위대한 흔적을 남기고 떠난 저자 글래컨이다. 그의 명복을 빈다.

2016년 3월
역자를 대표하여
심승희 씀

서구의 사상사에서 인간은 거주 가능한 지구 그리고 지구와 인간의 관계에 대해 세 가지 질문을 끊임없이 제기했다. 인간 및 다른 유기체에 적절한 환경임이 분명한 지구는 과연 합목적적으로 만들어진 창조물인가? 지구의 기후, 지형, 대륙 배치는 과연 개인의 도덕적·사회적 본성에 영향을 미쳤으며 인간 문화의 특성과 본질을 주조하는 데 영향을 미쳤는가? 오랜 정주 기간 동안 인간은 가설을 통해서만 짐작할 수 있는 태초의 상황에서부터 어떠한 방식으로 이 지구를 바꾸어 왔는가?

그리스 시대부터 오늘날에 이르기까지 이러한 질문에 대한 대답은 매우 빈번하고도 지속적으로 제기되기 때문에 이를 일반적 사고의 형태, 즉 설계된(designed) 지구라는 사고, 환경의 영향이라는 사고, 지리적 행위자로서 인간이라는 사고로 다시 서술할 수 있을 것이다. 이러한 사고는 인간의 일반적 사상과 경험에서 비롯된 것이지만 첫 번째 사고는 신화·신학·철학에서, 두 번째 사고는 제약(製藥) 지식·의학·기상 관측에서, 세 번째 사고는 경작·목공·베 짜기 같은 일상생활의 계획, 활동, 기능에서 많은 도움을 받았다. 앞의 두 사고는 고대에 자주 표현되었다. 세 번째 사고는 그보다는 덜했지만 인간이 예술·과학·기술을 통해 자신의 자연환경을 변화시켰다는 명백한 사실을 인식했던 많은 논의에 암묵적으로 깃들었다.

15

첫 번째 사고에서 지구는 가장 고귀한 창조물인 인간만을 위한 것 또는 인간이 정점에 있는 생명체의 위계를 위한 것으로 가정된다. 이러한 개념은 지구 또는 알려진 지구의 특정 부분이 생명체뿐만 아니라 고도의 문명에 적절한 환경이라는 점을 전제로 한다.

두 번째 사고는 의학이론에서 유래했다. 그 핵심은 대기조건(이를테면 온도), 물, 지리적 상황과 같은 다양한 환경적 요인을 이러한 환경에서 특징적으로 나타나는 상이한 개인이나 집단과 비교, 즉 환경과 개인적·문화적 특징 간 상관관계의 형태로 결론을 도출하는 것이다. 엄밀히 말해 이러한 초기의 추론을 기후영향론으로 간주하는 것은 옳지 않다. 왜냐하면 기후와 기상에 관한 정교한 이론이 없었기 때문이다. 따라서 〔《히포크라테스(Hippocrates)*전집》에서 사용된 용어와 같은 의미에서〕 공기, 물, 장소에 관한 이론으로 고려하는 것이 보다 적절할 것이다. 환경론적 사고는 신성한 설계론과는 무관하게 등장하긴 했지만 모든 생명을 '합목적적으로 창조된 조화로운 조건에 적응하는 존재'로 간주한다는 점에서 설계론(design argument)의 일부로 이용되는 경우가 많았다.

세 번째 사고는 고대에는 앞의 두 가지 사고에 비해 잘 정형화되지 않았다. 사실 이의 완전한 함의는 뷔퐁(Buffon)*이 이에 관해 저술하기 전까지 인식되지 않았으며, 1864년 마시(Marsh)*가 《인간과 자연》(Man and Nature)***을 출판하고 난 뒤에야 자세한 탐색이 이루어졌다. 이 사고는 환경론과 마찬가지로 설계론 속에 수용될 수 있었다. 왜냐하면 기예와 창작을 통해 자신을 위해 창조된 지구를 개량하고 경작하는 신의 동반자로서 인간을 이해했기 때문이다.

환경의 영향에 관한 사고와 지리적 행위자로서 인간이라는 사고가 서로 모순적인 것은 아니다. 〔실제로〕 근대 시기 많은 지리학자들은 호혜적 영향론을 도출하고자 노력했다. 고대·근대의 사상가들 모두 이러한 사고 가운데 다른 하나를 배제하고 하나의 사고만을 채택하는 경향이 있었다. 19세기에 와서야 그 중 하나만을 선호하여 선택하면, 강조하는 바가 완전히 달라질 뿐 나머지 하나를 배제하는 것이 아님을 인식했다. 따라서 고대·근대 저술가들의 글 속에서 지리적 영향에 관한 사고와 인간 행위자에 관한 사고는 양자를 조화시키려는 어떤 시도도 없이 폭넓게 산재한다. 그리스 시대 이후 이 두 가지 사고는 때로는 만나고 완전히 분리되는 기묘한 역사를 이어 왔다.

이 책의 중심 주제는 18세기 말 이전까지의 서구사상에서 인간 문화와 자연환경 간 관계에 관한 개념이 대체로 이 세 가지 사고에 의해 — 때로는 단 하나의 사고에 의해, 때로는 두 가지 내지 세 가지 사고의 결합에 의해 — 지배된다는 점이다. 예컨대 인간은 자신의 필요에 맞게 조화롭고 신성하게 창조된 지구 위에서 살아간다. 피부나 머리카락 같은 인간의 신체적 특성이나 육체적 활동 및 정신적 자극은 기후에 의해 결정된다.

인간은 창조를 완료하고 자연에 질서를 불어넣어야 한다는 신이 내린 임무를 완수하는데, 이는 신이 인간에게 정신, 눈, 손을 부여해 인간이 임무를 수행하도록 의도한 것이다. 이러한 일단의 사고와 그 주변의 부수적 사고는 근대 시기 사회과학이 등장하는 모체의 일부를 이룬다. 물론 사회과학은 신학, 윤리학, 정치 및 사회이론, 철학의 역사에도 깊이 뿌리박고 있다. 서구 문명에서 이 세 가지 사고는 인간과 인간의 문화 그리고 인간이 살아가는 자연환경을 이해하고자 하는 시도에서 중요한 역할을 했다. 이들이 제기한 질문으로부터 지리에 관한 인간의 근대적 연구가 시작되었다.

연구의 대상이 되는 사고는 한 시대의 사상 또는 문화적 전통이라 불리는 사실, 구전지식, 영감, 사색으로부터 쉽게 분리될 수 없다. 문자 그대로 '찢어서 뜯는' 일이 될 것이다. 이것으로부터 따로 떨어진 것은 아무것도 없으며 깨끗하게 분리할 수도 없다. 이것은 복잡한 전체 속에 살아 있는 작은 부분으로 연구자들이 주목하는 부분이다. 이러한 단순한 진실은 '언제 어디서 멈추어야 하는가'라는 보다 어려운 문제를 가져온다.

몇 가지 사례를 들어보자. 12~13세기 중세 시대 라틴어권에서 자연에 대한 태도에 현저한 변화가 발생했음은 누구나 알고 있다. 이 시대 설계된 세계는 초기 교부 시대(*patristic period*)****보다 더 복잡했으며 상징주의의 짐을 약간 덜 졌다. 일상적 문제와 2차적 원인(*secondary cause*)****에 더 많은 관심이 주어졌다. 그러나 이 주제를 탐구하면 다음과 같은 연구에 쉽게 빠져드는데 실재론 대 유명론(*nominalism*),**** 과학의 기원에 관한 근대적 사고, 십자가 고난상이나 승천상, 성모와 성자상 같은 종교 예술에서의 변화, 자연 연구에서 프란체스코 수도회의 역할, 1277년 파리 대주교인 탕피에(Etienne Tempier)*의 단죄가 갖는 의미, 그리고 식물학 ― 그리고 당연히 인간 형태에 관한 ― 연구 등이다. 이러한 주제는 또 다른 저작을 만들 정도로 방대한 것이지만 이 책에서는 간략히 주제별로 다루기로 한다.

두 번째 예로, 갈릴레이(Galilei)*는 자신의 방법론에서 2차적 성질을 제쳐놓았는데, 이러한 방법은 이론과학에서 발견을 수행할 수 있는 옳은 방법임이 입증되었다. 응용과학을 통해 자연을 합목적적으로 통제하는 길로 나아갈 수도 있었던 이러한 절차는 박물학(*natural history*) 발전에는 그다지 기여하지 못했다. 다만 박물학 연구자들은 감각적으로는 분명 명백한 생명의 다양성과 개체성을 단순화시키기는 어렵다는 점을 알았다. 냄새와 색상은 중요했다. 18세기에 뷔퐁은 데카르트(Descartes)*를 비판하면서 추상적 생각이 갖는 한계를 깨달았다. 박물학은 색상, 냄새, 환경 변화에 대한, 그리고 인간의 영향 ― 인간의 행위가 합목적적인지의 여부와는 상관없이 ― 에 대한 기술(記述)과 세밀한 연구를 필요로 한다.

근대 생태학 및 환경보전학 또한 이러한 종류의 고찰을 필요로 한다. 왜냐하면 이들 중 다수가 오랜 역사를 지닌 박물학에 뿌리를 두기 때문이다. 따라서 물리학에서의 방법론의 역사와 박물학 및 생물학에서의 방법론의 역사를 비교하는 별도의 책이 있으며 목적론이 물리학에서보다는 박물학 및 생물학에서 과학적 원리로 더욱 오래 활용되었다는 명백한 사실을 지적할 수 있다. 또한 인간이 자신의 주변에서 지속적으로 만드는 예기치 못한, 아마 무의식적이고 인식되지 않은 변화를 응용과학을 이용한 합목적적 자연 통제와 대조해야 할 것이다. 거대한 관련 사상의 집합체도 처음 보기엔 멀리서 자욱한 먼지를 일으키면서 달려오는 기수들처럼 보이지만 막상 이들이 도착할 때면 그 수와 강도, 생동감을 늦게 인식한 우리 자신을 책망하게 된다. 여기서 우리는 정원, 신전의 경관, 자연의 상징체계에 관한 생각의 역사를 떠올린다.

인간에 의해 어떤 식으로 변형된 경관을 살피고 나서 우리가 보는 것이 자연과 그 안에 위치한 인간의 터전에 대한 태도를 체화하여 보여준다고 확신을 갖고 말할 수 있는 경우는 매우 드물다. 풍경화는 이와 비슷한 어려움을 제시한다. 브뤼겔(Bruegel)*의 〈이카로스의 추락〉(*Fall of Icarus*)을 보고 실제로 우리가 그에 대해 무엇을 말할 수 있을 것인가? 하지만 내 생각에 영국이든, 중국이든, 이탈리아든 간에 정원의 역사는 예외이다. 우리는 대체로 정원에서 사고가 경관에 체화된다는 것을 알 수 있다. 기예(*art*)는 자연의 모방물인가? 아니면 자연과 기예는 서로 상반되는 것인가? 정원은 기하학 공부 같은 것인가? 정원 잔디밭의 경사는 적절한가? 아니면 좀더 완만하게 경사져야 하는가? 정원은 인간이 주변 환경뿐만 아니라 자신에게도 가져야 하는 태도에 관해 무엇을 말하는가? 그러나 이 주제는 또 다른 책을 필요로 한다. 〔중국 고미술에 대한〕사이런(Siren)의 저술과 클리포드(Clifford)의 《정원 설계의 역사》(*A History of Garden Design*, 1962)에서 그 가능성을 찾아볼 수 있다.

전체로서의 세계 속에서 지구에 대한 〔인간의〕태도를 연구하는 역사가들에게 신성한 장소의 역할이라는 주제보다 더 유혹적인 것은 거의 없다. 오늘날 최고의 예시는 비서구 문화에서 찾을 수 있지만 서구 문명의 역사에도 실례가 풍부하다. 그리스 신전 건축과 그 경관, 우주에 대한 추론에서 기원한 것으로 생각되는 로마의 센추리에이션(*centuriation*: 로마 시대에 정사각형이나 직사각형으로 이루어진 토지 구획_옮긴이), 천국의 도시와 천상의 예루살렘, 중세 시대 대성당의 입지, 신성한 숲 그리고 자연의 상징 등에 관한 스컬리(Vincent Scully)*의 연구가 떠오를 것이다. 실제로 정원, 성스러운 경관, 인간에 의한 환경 변화에 대한 종교적·심미적 태도는 쉽게 소진되지 않는 심오한 인간적 의미를 지닌 연구로 우리를 이끈다.

이 책에는 서구사상에서 흔히 나타나는 인간과 자연의 분리, 그리고 역으로 나누는 것이 불가능한 살아 있는 전체의 부분으로서의 둘의 통합에 관한 많은 예시가 등장한다. 이분법은 지리사상사(가령 오늘날 많은 사람들이 폐기하려는 경관과 문화경관의 구분)와 인간에 의한 자연 균형의 교란이라는 현대 생태학 논의를 괴롭혔다. 그러한 글들은 확신에 차서 인간이 자연의 일부라는 단언에서부터 시작하지만 — 그렇지 않으면 인간이 어떻게 존재할 수 있을 것인가 — 이들의 주장은 인간 문화가 여타 자연현상으로부터 떨어졌을 때만 타당성과 설득력을 얻는다. 내가 이 어려운 주제를 명확하게 밝혔다고 주장할 수는 없다. 서구사상에서 이 주제는 다른 사상사 — 철학, 신학, 물리적·도덕적 악에 관한 문제 — 와도 관련되기 때문이다.

인간과 자연의 구분은 인간이 많은 측면에서 동물과 분명 닮았음에도 자신의 의지를 동물에게 발휘할 수 있는 존재로 자신을 바라본 원시시대부터 시작되었는가? 이러한 구분이 서구사상 속에 소중히 간직된 것은 죄인이며 사악한 인간은 창조물의 일부이지만 또한 신의 형상에 따라 창조된 유일한 생명체이기 때문에 동물들과는 구분된다는 유대교의 가르침 때문이었을까? 아니면 이 구분은 인간이 스스로를 다른 생명체나 비생명체보다 우월하다고 느끼게 한 고대 장인의식에 내재되었는가? 프로메테우스(Prometheus)****는 최고의 장인으로 간주되었으며, 특히 아티케(Attike)**에서는 그렇게 숭배되었다.

문제의 또 다른 국면은 인간이 자신의 삶을 영위하는 방식, 즉 일부는 시골, 다른 일부는 소읍이나 도시에서 살아가는 방식 간의 구분 — 전자는 자연적인 것과 밀접한 것으로 인식되는 반면 후자는 인위적이고 인간의 창조물로 인식되는 — 인가? 바로(Varro)*는 자연과 기예 간의 오래된 구분을 설명하면서 "신성한 자연은 시골을 만들고 인간의 기술은 도시를 만들었다"고 말하지 않았던가? 라이프니츠(Leibniz)*의 저술에 너무나 생생하게 표현된 것과 같이 17세기 과학의 이론적 성취와 그것이 가져온 현실적 지배력이 이 뿌리 깊은 확신을 더욱 강하게 하고 논박할 수 없는 증거를 보탰을까? 아랍 과학자들, 중세 연금술사들, 베이컨(Bacon), 파라셀수스(Paracelsus),* 데카르트, 라이프니츠 등이 희망했던 것이 이제 실현되고 있었다. 인간이 진보하는 자신의 자연 지배 능력을 확신할 수 있는 지점에 도달한 것이다.

사상사라는 것이 있으며 또한 그것이 중요하다는 것은 30년도 더 전인 버클리대학 젊은 학부생 시절 '진보사상'에 관한 테가트(Frederick John Teggart)* 교수의 강의를 들으면서 처음으로 알게 되었다. 지금까지도 나는 그 강의를 생생하게 기억하며 강의 노트를 간직하고 있다. 테가트는 엄청난 학식을 갖추었던 최고의 교수였다. 《역사의 서언》(*Prolegomena to History*), 《역사의 과정》(*Processes of History*), 《역사론》(*Theory of History*) 등의 저서, 그리고 스펭글러(Spengler)*의 《서구의 몰락》(*Decline of the West*)***에 관한 그의 평론은 내가 거의 알지 못했던 학문의 지평을 열어주었다.

독자의 눈에 분명 이 책은 전적으로 도서관의 산물로 보일 것이다. 그러나 실제로 이러한 사상을 연구하도록 했던 초창기의 자극은 문화와 환경의 관계를 이해하는 데 사상과 가치의 역할을 부각시켰던 개인적 경험과 관찰에서 비롯되었다. 대공황기 동안 나는 본래부터 이 지역 주민이거나 구호시설에 임시로 머무는 가족 그리고 황진지대(*dust bowl*)****에서 온 이주 농업 노동자와 함께 일하면서, 대공황과 토양 침식 그리고 캘리포니아로의 대규모 이민 사이에 존재하는 상호 관련성을 — 셀 수 없이 많은 다른 사람들과 마찬가지로 — 알게 되었다.

1937년 나는 세계 곳곳을 여행하면서 11개월을 보냈다. 베이징 하늘을 뒤덮은 황사 구름, 양쯔 강의 준설 작업, 이 나무에서 저 나무로 공중 그네를 타듯 넘나드는 앙코르와트의 원숭이, 카이로 부근의 원시적 양수 시설, 지중해에서의 산보, 키프로스(Cyprus)의 염소젖 요구르트와 케롭(carob: 사료작물의 일종_옮긴이), 아테네의 유적과 그리스의 건조함, 동부 지중해 지역의 관목, 협곡, 작은 마을과 벌거벗은 산, 카프카스(Caucasus)**의 양치기들, 오르조니키제(Ordzhonikidze: 러시아연방 내 한 도시의 옛 지명_옮긴이)의 시장에서 본 중앙아시아인의 경쾌한 검술, 스웨덴의 스코네(Skåne: 스웨덴 남부 지방_옮긴이) 지방의 고요한 농장, 그리고 그 밖의 많은 관찰은 인간의 문화와 인간이 살아가는 자연환경 양자 모두에게 엄청난 다양성이 있다는 상식적 진리를 깨닫게 했다. 북극 지방의 백야에 관해 아는 것과 그곳에서 여름밤을 보내는 것은 엄연히 다르다.

인간의 창조성을 자극하는 환경 그리고 종교적 신념의 효과에 관하여 그리고 사람들이 자신의 땅에 불어넣은 관습과 전통에 관하여 누구나 끊임없이 질문을 던진다. 따라서 비록 내가 편의상 '인간', '자연' 같은 추상적 단어를 사용하지만 실제 내가 의미하는 것은 인간의 문화, 자연의 역사, 땅의 굴곡 등이다. '인간과 자연' 같은 구절은 제목 그리고 훨씬 더 복잡한 일련의 사고를 표현하기 위한 줄임말로는 유용하다.

1951년 일본 오키나와의 조그만 세 마을에서 살면서 그들의 생활방식을 공부할 때 나는 중국식 가족체계 — 물론 일본인과 오키나와 사람들이 변형시킨 — 의 뿌리 깊은 중요성 그리고 상속체계가 토지 이용과 그 외형에 미치는 영향을 알아챌 수 있었다. 이러한 상황에서 문화와 환경에 관한 전통 간의 차이점을 인식하고 서구 문명에서 발전된 사고를 단지 많은 가능성 가운데 일부로 여기는 것은 지극히 자연스러운 일일 것이다.

끝으로 1957년 노르웨이에서 1년을 보내는 동안 특히 구드브란스달(Gudbrandsdal) 계곡에 있는 오래된 소읍과 농장, 여름 고산농장 세테르[seter: 이목(移牧)을 위해 여름에 사용하는 고산지역의 농장_옮긴이]를 방문하고 그곳 숲의 역사에 관해 읽으면서 나는 유럽인이 경관의 역사에 얼마나 관심이 깊은지, 그리고 농장, 세테르와 지명의 역사 — 농촌 생활의 모든 측면 — 에 관한 노르웨이인의 관심은 또 얼마나 깊은지를 보다 분명하고 생생히 알았다. 오슬로의 뷔그되위(Bygdøy) 그리고 글롬마(Glomma) 강의 엘베룸(Elverum)에 있는 야외 박물관에서 본 18세기의 수력톱은 새로운 관심을 가지고 중세 시대 환경 변화에 관한 문헌들을 읽게 했다. 이 중요한 발명품의 그림이 바로 13세기 오네쿠르(Villard de Honnecourt)*의 작품집에 처음 나오기 때문이다. 많은 장소에서 지구에 대한 종교적 태도와 경관 외형과의 관계, 국지적 환경이 부여한 한계, 인간 문화에 의한 자연환경의 변화가 갖는 역사적 깊이에 관한 증거들을 찾아볼 수 있다.

1950년대 중반 이 책을 쓰기 시작했을 때, 나는 그저 "거주 가능한 세계에 관한 사상"(The Ideas of the Habitable World)이라는 박사학위 논문에 기초하여 입문서를 쓰고자 했다. 이 논문은 18세기에서 현재까지의 시기를 다룬다. 이후 나는 고전 고대(classical antiquity: 고대 그리스·로마 시대_옮긴이) 및 중세 시대를 좀더 완전하게 다루기로 했다. 애초에 간단한 외출 정도로 의도했던 것이 대규모 탐사가 되었다. 왜냐하면 이러한 사상의 기원과 초기 역사가 중요하며, 그것이 지구에 대한 근대적 태도를 보다 의미 있는 것으로 만들었다고 확신했기 때문이다. 또한 이로부터 인도, 중국, 이슬람 사상과의 비교 연구 가능성을 찾을 수도 있을 것이다.

나아가 나는 2천 년에 걸쳐 이러한 사고가 어떻게 발전했는지 보여주는 것이 상당한 이점이 있다고 느끼면서 그 역사를 현재로 가져오고자 했다. 따라서 18세기 말에서 중단해야 한다는 2년 전의 결정은 비통하고도 실망스러운 것이었다. 나는 그 일이 이제 내 개인적 역량을 넘어선다고 느꼈다. 19세기와 20세기의 사상은 다른 방식의 작업을 요하며 이 책과는 완전히 별개의 작업이어야 한다. 자료의 분량도 엄청나지만 분량 이상의 문제가 있었다. 자료는 더 복잡하고 전문화되었으며 많은 분야에 폭넓게 산재한다. 나는 개인의 능력 범위 안에서 19세기 및 20세기의 주제에 관해 또 다른 저작을 쓸 수 있기를 희망한다. 왜냐하면 심포지엄이나 다른 형태의 협력적 연구가 불가피함에도 불구하고 여전히 사상사의 큰 흐름을 개인적으로 해석하는 것이 의미가 있다고 느끼기 때문이다.

게다가 나는 사상을 세기나 시기를 기준으로 구분하는 인위성이 허용된다면 고전 고대에서 대략 18세기 말까지의 시기 동안 이러한 사고에 관해 수집된 일관된 한 덩어리의 사상이 존재한다고 확신했다. 뷔퐁, 칸트(Kant),* 몽테스키외(Montesqieu)*는 고전 시대의 세계를 낯설게 느꼈을 터이지만, 내가 보기에 그들의 시대와 고전 시대 사이의 간격은 1800년과 1900년 사이의 거리보다도 가까웠을 것이다.

사상사가는 자신의 코가 인도하는 곳으로 가야 하며 때로는 지역의 모든 부분을 속속들이 아는 사람이 지키는 스산하지만 적대적이지는 않은 지역으로 인도되기도 한다. 비록 내가 특정 세기 또는 고전 시대나 중세 시대의 전문가라고 주장할 수는 없지만 내 전문 분야가 지리사상의 역사이다 보니 많은 시기를 연구하지 않을 수 없었다. 무시하기에는 그런 연구가 주는 도움이 너무나 크기 때문이다.

매우 협소한 경계를 넘어서고자 하는 사람이라면 누구나 이러한 문제에 봉착한다. 학문 간의 벽 속에 머무른 채 지리적 사고(특히 앞선 시기의 사고)를 연구하는 역사가는 묽은 죽을 홀짝거리는 수준일 수밖에 없다. 왜냐하면 이러한 사고는 거의 대부분이 한결같이 생명의 기원과 본성, 인간의 본성, 지구의 물리적·생물적 특성 등과 같은 광범위한 탐구로부터 비롯되기 때문이다. 필연적으로 이것들은 사상의 많은 영역에 넓게 걸쳐져 있다.

나는 가능한 한 원자료를 읽었으며, 단지 예외적인 경우만 방대한 분량의 2차문헌을 참고했다. 2차문헌들을 무시하는 것은 아니다. 흔히 그것으로부터 새로운 통찰력을 얻을 수 있기 때문이다. 나의 일반적 규칙은 내가 빚진 문헌 외에 내 주제와 관련해 다소 주변적이지만 흥미로운 문헌을 인용하는 것이다. 따라서 대부분의 경우 내 해석을 제시했지만 몇몇 경우에는 문헌에 관한 전문지식의 도움, 특정 시기 및 단어의 의미에 관한 해설, 고전 시대의 문헌조사(*Quellenuntersuchungen*)가 불가피했다. 그 예로 포시도니오스(Posidonios)*와 파나이티오스(Panaitios)*에 관한 라인하르트(Reinhardt)*의 연구, 플로티노스(Plotinos)*에 관한 러브조이(Lovejoy),* 암스트롱(Armstrong)*의 연구, 성 알베르투스(Albert the Great)*의 지리학에 관한 클라우크(Klauck)의 연구 등이 있다. 어떤 경우, 특히 제 7장에서 나는 2차적 저작에서 소개된 문서를 인용했는데, 이는 주로 원자료가 프랑스나 독일의 지방 도서관에 있거나 희귀 도서 또는 증서의 형태라 이용할 수 없었기 때문이다.

내가 여기서 관심을 기울인 사고의 역사를 논의한 사상가들이 이미 많기 때문에 선별의 문제에 관해 몇 마디를 해야 할 것 같다. 내 일반적 원칙은 해당 사고에 관해 중요한 기여를 한 저작, 독창성이 거의 혹은 전혀 없지만 그 사고를 다른 영역에 소개하거나 사상의 연속성 또는 그 사고의 지속적 중요성을 보여주는 저작을 선택하고자 했다. 히포크라테스 전집 중 한 권인 《공기, 물, 장소》(*Airs, Waters, Places*)는 환경론에 시원적(始原的) 기여를 했다. 아리스토텔레스(Aristoteles)*와는 달리 히포크라테스는 환경에 관한 사고를 정치 및 사회이론에 활용했다. 선별을 잘못했다면 이 책은 참을 수 없이 지루해졌을 것이다. 왜냐하면 이러한 영역에는 수많은 사람이 쓴 문서가 반복적으로 많기 때문이다. 또한 유의미한 사상가가 있을 경우에는 동시대의 다른 사람을 다소 적게 다루면서 그에게 더 많은 지면을 할애했다.

중세 시대 설계론을 논의하는 데 선별의 문제가 특히 어려웠다. 사실상 모든 사상가가 언급하기 때문이다. 성 바실리우스(St. Basilius),* 오리게네스(Origenes),* 성 아우구스티누스(St. Augustinus),* 성 알베르투스, 아퀴나스(Thomas Aquinas),* 스봉(Raymond Sebon)*을 강조한 것이 나는 타당하다고 확신한다. 르네상스 시기 환경론에 관한 보댕(Jean

Bodin)*의 정리는 동시대의 다른 누구보다도 훨씬 철저해서 실제로 동시대인은 보댕의 저술을 인용하곤 했다. 18세기 뷔퐁은 자연을 변화시키는 인간의 행위에 관해, 흄(Hume)*과 칸트는 자연 속의 목적에 관해, 몽테스키외는 환경적 문제에 관해 가장 권위 있는 논의를 전개했다.

이 저작은 오직 서구 문명에서 이러한 사고가 어떻게 발전했는가 하는 것만을 다룬다. 때문에 서구 문명이 이러한 사고의 형성에 고유한 주형틀을 제공한 것으로 본다는 점에서 이 저작은 편협성을 가진다. 과학적 방법론에 관한 문헌은 예외일 수 있겠지만 보편타당한 사상은 존재하지 않는다. 다양한 위대한 전통 중에서도 인도, 중국, 이슬람 전통은 때로는 고립적으로, 때로는 상호작용하거나 서로 영향을 미치면서 번성했다. 서구 전통 — 과학, 기술, 비판적 학문, 신학에 대한 깊은 관심, 철학, 정치 및 사회이론, 지리학 — 은 가장 다양하고도 세계적이다. 그 이유 중 하나는 서구 전통이 다른 전통으로부터 많은 것을 받아들이고 흡수했기 때문이다.

그리고 빈번히 쓰는 특정 단어에 대해 언급하겠다. '대자연'(Nature), '자연환경', '설계'(design), '목적인'(final cause), ****'기후', 그리고 이 저작에 나오는 여타 단어 및 표현은 오랜 역사가 있으며, 시간이 흐르면서 상이하거나 때로는 모호한 의미를 축적했다. 따라서 문맥을 벗어나면 정확한 의미를 찾을 수 없다. 그러나 종종 단어의 의미는 명확하고 설명을 필요치 않는 것으로 가정되기도 한다.

누구나 알듯이 '자연'이라는 단어는 그리스어와 라틴어 그리고 근대 언어에서 많은 뜻을 가진다. 그 모든 결함에도 불구하고 이 단어는 장엄하고 또한 오래되었다. 헉슬리(Thomas Huxley)*는 1863년에 《자연에서의 인간의 자리에 관한 증거》(Evidence as to Man's Place in Nature)를 저술하면서 존재의 진화 척도에서 인간의 자리에 관해 논의했다. 마시는 1863년 《인간과 자연》을 저술하면서 지구를 인간 행위에 의해 변형되는 것으로 서술했다. 자연이란 단어는 때로는 물리적 환경(physical environment)

이나 자연적 환경(*natural environment*)과 동의어이며, 때로는 평범한 일상적 용어가 갖지 못하는 철학적・종교적・신학적 아우라를 가진다. 때로는 '웅장한 신성의 바깥 옥좌'라는 뷔퐁의 언급과 같은 장중함을 획득하기도 한다.

문헌상에서 '자연적' 환경과 '물리적' 환경이라는 단어는 흔히 혼용되었다. 이 단어들은 물리적 현상과 생물적 현상에 한정하여 사용되는 독일어의 환경(*Umwelt*)과 불어의 환경(*milieu*)에 상응한다. 이것들은 인간에 의해 변화된 것을 포함하여 지구의 유기체적 영역과 비유기체적 영역을 포괄하는 일반적 용어로 사회과학자들이 흔히 '환경'이라는 단어를 사용하는 의미, 즉 문화적 환경(상류층 거주지역, 슬럼, 근린 등)으로는 결코 사용되지 않는다.

일반적으로 '인간'(*man*)은 '인류'(*mankind*)를 의미하는 편의상의 용어로 사용된다. 반면 '문화'와 '사회'는 보다 엄격한 용어다. '인간'이라는 단어는 매우 추상적이어서 다른 단어가 드러내는 복잡성을 숨기고 있다. 오랜 기간 동안 '기후'(*climate*)와 '풍토'(*clime*)라는 단어는 그리스어 '클리마'($\kappa\lambda\acute{\iota}\mu\alpha$, *klima*)를 번역한 것으로 본래 그리스어가 가진 의미로 사용되었다. 몽테스키외도 《법의 정신》(*L'esprit des lois*)***에서 이 단어를 이런 의미로 사용한다. 볼니(Volney)*는 미국의 기후와 토양에 관한 그의 저작(영어번역본, 1804)에서, 당시에 진행되던 '기후'라는 단어의 의미 변화를 언급했다. 그는 다소 부정확하게 이 단어의 문자적 의미는 '위도'라고 말했다. 그러나 일반적으로 나라마다 위도에 따라 덥거나 춥기 때문에, 두 번째 사고(위도_옮긴이)가 첫 번째 사고(클리마_옮긴이)와 긴밀하게 연계되었고 "기후라는 용어는 이제 공기의 상온과 동의어이다".

많은 용어는 오랜 시간 사용되면서 정확성을 잃는다. 일반적으로 말해 '설계론'은 신학에 기초한 목적론 그리고 '목적인에 관한 교리'와 혼용하여 사용되었으나 이러한 사용을 옹호하기는 어렵다. '목적인'에서 '인'(囚)이란 단어는 '작용인' 등에서의 '인'의 통상적 의미와는 전혀 다른 무언가를 의미한다. 이와 유사하게 물리신학과 자연신학****은 흔히 신학에 기초한 목적론적 자연관과 동의어로 사용되었다. 두 용어 모두 자신의 주제와 개념을 계시종교(revealed religion)****의 그것과 구분하는 데 기여했다. 하지만 다른 사람들이 물리신학과 자연신학을 나누어 전자가 물리적·생물적 세계의 설계를 예시하는 데 관심을 가진다면 후자는 인간에 대해 더 많이 논한다고 구분한다. 그런가 하면 더햄(Durham)*은 물리신학과 천문신학을 비교하면서 전자는 지상의 일에 근거해 신의 지혜를 증명하는 데 관심을 가지는 반면 후자는 우주적 질서로부터 신의 지혜를 증명하고자 한다고 구분했다. 역사적으로 이러한 표현은 아퀴나스, 칸트, 그리고 여타 학자들에 의한 신의 존재 증명 정식화와 밀접하게 관련된다.

이러한 용어에게서 벗어날 수 있는 탈출구는 없다는 점을 인정해야 한다. 문헌상 혼돈이 존재하는 것이다. 80년도 더 전에 힉스(Hicks)*는 용감하게 진창 속으로 걸어 들어갔다. 그는 목적론이 창조주에게로 열린 유일한 길이 아니라는 점을 들어 '설계론'과 '목적론적 자연관'을 동의어로 사용하는 것을 부정했다. 그는 또한 설계에 의한 질서를 확립할 수 있었다. 힉스는 예전부터 내려온 목적론적 자연관이 새로운 과학적 견해의 확장으로 인해 일관되게 쇠퇴했다고 주장하진 않았지만 목적론을 예전부터 내려온 신학과 동일시했고 질서를 과학과 동일시했다. 여기서의 구분은 목적이 무엇인가에 주목하는 목적론(자연에 있는 모든 실체뿐만 아니라 자연 그 자체의 목적)과 목적이 무엇인가를 고려하지 않는, 자연법칙에 기초한 질서 간 구분이다. 그는 후자의 개념에 대해 좋은 질서와 규율을 의미하는 그리스 단어인 '유타시아'(ευταξία, eutaxia)에 따라 유타시올로지(eutaxiology)라는 용어를 제안했다. 목적론적 견해는 목적이나 목표 혹은 목적에 따른 적응을 강조하도록 하는 반면, 유타시올로지는 질서와 계획을 강조하도록 한다. 그러나 내가 알기로 이 용어는 관심 부족 때문에 생겨난 지 얼마 안 되어 소멸했다.

'생명의 그물망'과 '균형' 또는 '자연의 평형 상태'(*equilibrium*) 라는 표현은 흔히 혼용되었다. 이것들은 자연 속에 복잡한 상호 관련성이 존재하며 그 구성 부분 사이에 미묘한 조정이 존재함을 암시하는 메타포이다. 그물망 방적공으로부터 유사성을 찾는 사람도 있고, 고전 물리학에서 유사성을 도출하는 사람도 있다. '그물망'이 조정의 미묘함을 좀더 강조하는 '균형'이나 '평형 상태'보다는 상호 관계성에 더 관심을 돌리는 용어가 될 수도 있겠으나, 나는 이러한 구분이 표현된 것을 전혀 보지 못했다.

끝으로 다른 부분과는 달리 유독 길어 보이는 제1부 도입부에 대해 한마디 하고 싶다. 제1부 도입부는 두 가지 목적을 위한 것이다. 하나는 세 가지 사고가 병행된 역사의 직접적 배경을 고전 시대로 제시하는 것이다. 그리고 두 번째는 새로운 조건과 상황에 떠밀려 발생하는 모든 변화에도 불구하고 최소한 부분적으로는 여전히 고전적 토대 위에 견고한 기반을 둔 그 이후 시기 사상을 좀더 잘 이해할 수 있게 하기 위한 것이다.

이 저작을 오랫동안 지원한 캘리포니아 버클리대 사회과학연구원에 깊은 감사를 표하며 소장인 허버트 블루머(Herbert Blumer) 교수에게 특별히 감사를 전한다.

칼 사우어(Carl Sauer), 존 레일리(John Leighley), 제임스 파슨스(James Parsons) 등 세 명의 학장이 이끄는 동안 학과의 일원으로 있었던 것은 내게 행운이었다. 인문학 연구에 대한 이들의 헌신과 공감은 나를 계속 고무시켰다. 이는 초고의 일부를 읽어주고 고전 및 중세 라틴어 문장의 해석과 번역에 도움을 주었던 내 동료인 폴 휘틀리(Paul Whitley)에게도 해당된다. 레슬리 심슨(Lesley Simpson) 교수가 번역한 "부르고스령"(*Laws of Burgos*)****은 내게 새로운 전망을 열어주었다. 정복 시대 문헌에 대한 그의 지식이 깊어 이 책에서 탐구하기엔 그 주제가 매우 방대하지만 거기서 논의된 사고가 콜럼버스 이후 신대륙에서 얼마나 중요했던가를 깨달을 수 있었다.

처음 마가렛 하젠(Margaret Hodgen)에게서 학부 강의를 들은 이래 나는 30년이 넘는 세월 동안 그녀와 따뜻한 우정을 나눴다. 사상사에 대한 그녀의 예리함과 감수성은 인간과 그 문화에 대한 초기 근대의 개념을 대가답게 드러낸 《16세기와 17세기의 초기 인류학》(*Early Anthropology in the Sixteenth and Seventeenth Centuries*)에서 다시 한 번 명확히 드러난다.

용기 있는 학자로서의 그녀의 경력은 많은 학생들의 영감이 되었다.

고전 시대 장에 대한 초고를 읽어주고 비평해 준 고전학부의 존 앤더슨 (John Anderson) 교수, 중세 시대에 대해서는 전 버클리대 역사학과 교수이자 현재 브라운대에 재직 중인 브라이스 리온(Bryce Lyon) 교수, 근대 부분은 사회학과의 케네스 박(Kenneth Bock) 교수, 중세 부분은 존 엘스턴(John Elston)에게 감사한다. 여전히 남은 오류는 나의 몫이다.

UCLA의 지구물리 및 천체물리학 연구소의 클래런스 팔머(Clarence Palmer) 교수가 이 저작에 보인 관심은 내게 엄청난 힘의 원천이었다. 캘리포니아 대학교 출판부의 그레이스 부잘리코(Grace Buzaljko)의 조언과 편집 과정에서 글래디스 캐스터(Gladys Castor)의 세심한 제안에 감사한다. 또한 몇 년 동안 나는 플로렌스 마이어(Florence Myer)의 귀중한 조력을 받았다. 그녀가 초고와 길고 어려운 최종 원고를 타이핑하는 데 보여준 성실함, 숙련과 인내심은 아무리 높이 평가해도 모자랄 것이다. 나의 아내 밀드레드(Mildred)는 여러 해 동안 수많은 방법으로 도왔고 출판을 위해 원고를 준비하는 데에도 도움을 주었다.

그 뿐 아니라 책에 관한 추상적 생각을 그림을 통해 제시하는 과정에서 선화 작업을 하고 숙련과 인내심을 보여준 스티브 존슨(Steve Johnson)에게도 감사를 표하고 싶다. 여기서 또한 독자들은 이 책의 그림이 다른 저작에서 차용했거나 전체적으로 수정한 것이라는 사실에 관심이 있을 듯싶다.

제1장 그림은 이사벨(Isabelle)이 판테온 내부를 재구성하면서 제시한 것으로 로덴발트(Rodenwaldt)의 《안티케의 예술》(*Die Kunst der Antike*)에 다시 수록되었다. 제3장 그림은 제노 디머(Zeno Diemer)가 로마 남동부의 다섯 도수관의 연결 지점을 그림으로 재구성한 것이다. 제4장 그림은 다름슈타트 공공도서관(Darmstadt Landesbibliothek)에 있는 사도게로(Geroevangelistary)의 모형상으로 하우트만(Max Hauttmann)의

《중세 초기의 예술》(*Die Kunst des Frühen Mittelalters*)에 수록된 것이다.

제 2부 도입부 그림은 콘크(Conques, 프랑스의 아베론 Aveyron)에 있는 생 포이(Ste-Foy) 성당을 바라본 것이며 역시 같은 책에 실려 있다. 제 5장 그림은 폰 심슨(von Simson)의 《고딕 성당》(*The Gothic Cathedral*)에 나오는 비엔나 소장판 《비블 모랄리제》(*Bible Moralisée*: 13세기 프랑스에서 편찬된 도해주석 구약·신약성서_옮긴이)의 〈우주의 건축가인 신〉(*God as Architect of the Universe*)을 재수록한 것이다. 제 6장 그림은 1200년경에 펜으로 그린 것으로 공기를 우주적 조화의 원소로 묘사하는데, 제 5장 그림과 같은 저작 속에 재수록되어 있다. 제 7장 그림은 베네딕트회 신부의 그림으로 헬요(R. P. Helyot)의 《종교와 군사적 질서의 역사》(*Histoire des Ordres Religieux et Militaires*, 1792) 5권에서 가져온 것이다.

제 3부 도입부 그림 중 오른편은 드 브라이(Theodor de Bry)*의 《아메리카》(*Americae pars Quarta*, 1594)에 나오는 삽화를 베텍스(Albert Bettex)의 《세계의 발견》(*The Discovery of the World*)에 재수록한 것이다. 제 8장 그림은 코흐(Joseph Anton Koch)의 그림 〈수비아코 근처의 폭포〉(*Waterfalls near Subiaco*)(베를린 국립미술관 소장)를 브리옹(Marcel Brion)의 《로마의 예술》(*Romantic Art*)에 재수록한 것이다. 제 9장 그림은 4원소와 네 가지 성질의 관계를 보여주는 도해(출처 불명)이다.

제 4부 도입부 그림은 1734년 영국으로 돌아오는 항해 중 레바논에서 두 그루의 삼나무를 삼각모자에 담아 가져오는 쥐시외(Bernard de Jussieu)를 보여주는 판화로 꺄프(Paul-Antonie Cap)의 《자연사 박물관》(*Le Muséum d'Histoire Naturelle*)에 실린 것이다. 제 11장 그림은 싱어(Singer)의 《기술의 역사》(*A History of Technology*) 3권 634~635쪽에 실린 현미경과 망원경 그림이다. 제 12장은 그림은 자주 재수록되는 몽테스키외의 초상화이다. 제 14장 그림은 뷔퐁의 《자연의 신기원》(*Des Époques de la Nature*, 1778)의 초판에 나온 것이다. 결론의 그림은 책머리에 실린 그림의 일부이다.

특정 시기와 관련된 책과 논문은 적당한 장의 각주에서 인용했다. 하지만 긴 시기를 포괄하는 몇몇 저작에 빚을 진다는 점을 여기서 밝히고자 한다. 죄클러(Zöckler)의 《창조사라는 특정 관점에서 본 신학과 자연과학 간의 관계의 역사》(*Geschichte der Beziehungen Zwischen Theologie und Naturwissenschaft mit Besondrer Rücksicht auf Schöpfungsgeschichte*)(1877~1879)는 기념비적인 연구이다. 신학적 목적론에 공감하는 죄클러의 지칠 줄 모르는 완벽함은 이 분야의 모든 학생이 그에게 빚을 지게 만들었다. 힉스의 잘 알려지지 않은 신랄한 저작인 (원전을 많이 인용한) 《설계론 비판》(*A Critique of Design-Arguments*)은 심지어 1880년대까지도 설계론의 옹호자와 비판자들이 얼마나 활발했던가를 잘 보여준다. 여러 해 전에 읽었던 토마스(Franklin Thomas)의 《사회의 환경적 토대》(*Environmental Basis of Society*, 1925)는 고전 시대에서 1920년대에 이르는 환경 사상의 범위에 대해 내게 최초의 통찰을 던져 주었다.

20세기 들어 인구론의 역사에 대해 많은 연구가 있었지만, 대개는 특정 시대에 한정되었다. 스탠지랜드(Stangeland)의 논문인 "맬서스 이전의 인구론"(*Pre-Malthusian Doctrines of Population*, 1904)은 여전히 자극을 준다. 그는 인구론과 정치사회이론, 신학 및 기타 분야 간의 관계에 대한 여러 통찰을 가졌다. 1948년 러브조이의 《존재의 대사슬》(*Great Chain of Being*)은 서구사상에서 중요한 부분을 명료하게 했다. 특히 내게 가치 있었던 것은 자연 속 위계, 그 속에서 인간의 위치에 대한 해석 그리고 무엇보다도 충만의 원리에 대한 논의였다.

마지막으로 출간된 저작으로부터 인용을 허락한 다음의 출판사들에 감사를 표하고 싶다. 특히 하버드 대학교 출판부와 윌리엄 하이네만(William Heinemann Ltd.)에 감사한다. 이 출판사들은 "롭 고전 도서관(Loeb Classic Library) 시리즈"로 출판된 다음의 저작을 광범위하게 인용할 수 있도록 해주었다. 구체적인 책은 다음과 같다.

로디오스(Apollonios Rhodios)*의 《아르고 원정대》(*Argonautica*), ***
아리스토텔레스(Aristotle)의 《동물의 일부》(*Parts of Animals*), 키케로
(Cicero)의 《아카데미아》(*Academia*), 《운명에 관하여》(*De Fato*), 《웅
변에 관하여》(*De oratore*), 《신들의 본성에 관하여》(*De Natura Deorum*),
《공화국》(*De Republica*), 콜루멜라(Columella)의 《농사론》(*De re Rus-
tica*), 시켈로스(Diodoros of Sicily)의 《세계사》(*Bibliotheca Historica*), 갈
레노스(Galen)의 《자연적 기능에 관하여》(*On the Natural Faculties*), 테
오크리투스(Theocritus) 등의 《그리스 목가시인들》(*Greek Bucolic Poets*),
헤시오도스(Hesiodos)의 《호메로스 찬가와 호메리카》(*The Homeric
Hymns and Homerica*), 히포크라테스 전집 1권인 《공기, 물, 장소와 고
대 의술》(*Airs, Waters, Places and Ancient Medicine*) 그리고 4권인 《인간
의 본성》(*Nature of Man*), 호라티우스(Horace)의 《송시, 서정시, 풍자
시 및 서간시》(*The Odes and Epodes, Satires and Epistles*), 필론(Philo)의
《창조에 대하여》(*On the Creation*), 플라톤(Platon)의 《티마이오스》
(*Timaeus*), 《크리티아스》(*Critias*), 플리니우스(Pliny)의 《박물지》(*Natu-
ral History*), 플루타르코스(Plutarch)의 《모랄리아》(*Moralia*) 4권 "알렉
산드로스의 운이나 덕에 대하여"(*On the Fortune or the Virtue of Alexander*),
12권 "달 궤도에 나타나는 얼굴에 관하여"(*Concerning the Face Which
Appears in the Orb of the Moon*), 프톨레마이오스(Ptolemy)의 《테트라비블
로스》(*Tetrabiblos*), 세네카(Seneca)의 《도덕서한》(*Epistolae Morales*), 테
오프라스토스(Theophrastos)의 《식물 탐구》(*Enquiry into Plants*), 티불
루스(Tibullus) 등 로마 시인들의 시모음집인 《카툴루스, 티불루스, 퍼
비지리움 베네리스》(*Catullus, Tibullus, and Pervigilium Veneris*), 크세노
폰(Xenophon)의 《소크라테스 회상》(*Memorabilia*)과 《오이코노미코스》
(*Oeconomicus*).

러브조이의 《존재의 대사슬》(*The Great Chain of Being*, 1963, 1964),
그리고 러브조이와 보아스(Arthur O. Lovejoy & George Boas)의 《고대

의 상고주의와 관련 사고들》(*Primitivism and Related Ideas in Antiquity*)에서 발췌한 것은 하버드 대학교 출판부의 허락으로 재수록되었다. 또한 바바라 폭슬리(Barbara Foxley)가 번역한 루소(Jean Jacques Rousseau)의 《에밀: 교육》(*Emile: or, Education*)에서의 발췌는 출판사(Everyman's Library, E. P. Dutton & Co., New York, Dent & Sons, Ltd., London)의 허락으로 재수록되었다. 칸트(Immanuel Kant)의 《판단력 비판》(*The Critique of Judgement*, James Creed Meredith 역)과 루크레티우스(Lucretius)의 《만물의 본성에 관하여》(*De Rerum Natura Libri Sex*, Cyril Bailey 역)에서의 구절은 출판사(Clarendon Press)의 허락으로 재수록되었다. 토마스(D. Winton Thomas)가 편집한 《구약성서 시대의 문서들》(*Documents from Old Testament Times*)에서의 발췌는 출판사(Harper Torchbooks, The Cloister Library, New York, Harper and Brothers)의 허락으로 재수록되었다.

맥캔(Abbot Justin McCann)의 《성 베네딕트》(*Saint Benedict*, 1958)에서의 발췌는 출판사(Sheed & Ward, Inc., New York)의 허락으로 재수록되었다. 펭귄 고전선으로 출간된 《중세 라틴 서정시》(*Mediaeval Latin Lyrics*, Helen Waddell 역, 1962)의 구절은 런던의 콘스타블 출판사(Constable Publishers)의 허락으로 재수록되었다. 질송(Étienne Gilson)의 《중세 기독교 철학사》(*History of Christian Philosophy in the Middle Ages*, 1955)의 인용문은 뉴욕의 랜덤하우스(Random House, Inc.)의 허락으로 재수록되었다. 라이프니츠(Leibniz)의 《선집》(*Selections*, Philip P. Wiener 편집, 1951)의 구절은 뉴욕의 찰스 슈라이버즈 선즈(Charles Scribner's Sons)의 허락으로 재수록했다. 드 로리스와 장 드묑(Guillaume de Lorris & Jean de Meun)의 《장미 이야기》(*The Romance of the Rose*, Harry W. Robbins 역, 1962)***는 출판사(F. P. Dutton & Co., Inc.)의 허락으로 재수록했다.

그리고 이 책의 성서 인용문은 전미교회평의회 교육분과(Division of

Christian Education of the national Council of Churches) 가 출판한 《개역판 표준성서》(*Revised Standard Version of the Bible*, 1946, 1952), 그리고 《경외성경》(*Apocrypha*, 1957) 을 허락하에 인용한 것이다.

1966년 미국 캘리포니아 버클리
클래런스 글래컨

1. 주요 인명, 지명, 서명, 기타용어에 대한 옮긴이의 해설은 본문에 각각
   *, **, ***, ****로 표시하고 책의 맨 뒤 용어해설 목록에 가나다 순으로
   정리했다.

2. 옮긴이 주는 원주와 혼동을 일으키지 않기 위해 '_옮긴이'로 표시했다.

3. 원저자의 강조 부분은 고딕체로 표시했다.

4. 인명, 지명, 책제목은 맨 처음 나올 때만 원어와 병기하며 이후부터는
   한글 번역어만 표기했다.

5. 책 제목은 《 》로 표시했다.

6. 원문에 나오는 그리스어 및 라틴어의 영어식 표기들은 가능한 그리스어 및
   라틴어 발음으로 번역했다(예: Homer → 호메로스/Virgil → 베르길리우스).

7. 그리스어 알파벳 표기는 영문 알파벳 표기를 병기해 번역했다
   〔예: κλίμα → 클리마(κλίμα, klima)〕

8. 성서 번역은 《공동번역성서》를 기준으로 했다
   (예: Romans → 로마인들에게 보내는 편지).

9. 가독성을 위하여 원문의 문단이 지나치게 길 경우 몇 개의 문단으로
   나누어 편집했다.

10. 원문의 오탈자는 별도의 옮긴이 주 없이 수정하여 번역했다.

* 저자가 각주 및 참고문헌에서 사용한 인명 및 문헌명 약어

AAAG	*Annals of the Association of American Geographers* 〈미국지리학회지〉
Act. SS. O. B.	Iohannes Mabillon, ed., *Acta Sanctorum Ordinis s. Benedicti in Saeculorum Classes Distributa*. NA 이오안느 마비용 편, 《베네딕트 수도회 연보》
Aen.	Virgil, *Aeneis* 베르길리우스, 《아이네이스》
Agr.	Tacitus, *Agricola* 타키투스, 《농업》
AHR	*American Historical Review* 〈미국역사리뷰〉
Alsat. dipl.	Schoepflin, *Alsatia Diplomatica* NA 쇠플린, 《알자스 문서》
AMA	Grand et Delatouche, *L'Agriculture au Moyen Âge* 그랑 & 들라투슈, 《중세 시대의 농업》
ANF	The Ante-Nicene Fathers, *Translations of the Writings of the Fathers Down to A.D. 325* 《서기 325년까지의 교부들의 저작 번역선》
Ann.	Tacitus, *Annals* 타키투스, 《연대기》
Ant.	Sophocles, *Antigone* 소포클레스, 《안티고네》
Anth.	Stobaeus, *Anthologion* 스토바이오스, 《명문집》
Arist.	Aristotle 아리스토텔레스
Ath.	Athenaeus, *The Deipnosophists* 아테나이오스, 《미식가들》
BDK	*Bibliothek der Kirchenväter* 《교부 도서관》
Ben.	Seneca, *On Benefits* 세네카, 《은혜에 대하여》
Beuchot	*Oeuvres Complétes de Voltaire*, ed., Beuchot 부쇼 편, 《볼테르 전집》
Bus.	Isocrates, *Busiris* 이소크라테스, 《부시리스》
Cassiod.	Cassiodorus 카시오도루스
CEHE	*Cambridge Economic History of Europe* 《케임브리지 유럽 경제사》

Cic.	Cicero 키케로
Comm. in Verg. Aen.	*Servii Grammatici Qui Feruntur in Vergilii Carmina Commentarii* 《문법학자 세르비우스의 베르길리우스 시 주해》
Conf.	St. Augustine, *Confessions* 성 아우구스티누스, 《고백록》
Cons. of Phil.	Boethius, *Consolation of Philosophy* 보이티우스, 《철학의 위안》
Contr. Cels.	Origen, *Contra Celsum* 오리게네스, 《켈수스를 논박함》
Cyr.	Xenophon, *Cyropaedia* 크세노폰, 《키루스의 교육》
De civ. dei	St. Augustine, *De Civitate Dei*; *The City of God* 성 아우구스티누스, 《신국론》
De div. nat.	John the Scot, *De Divisione Naturae* 요한네스 스코투스 에리우게나, 《자연의 구분에 대하여》
De Maulde	*Étude sur la Condition Forestière de l'Orléanais au Moyen Âge et à la Renaissance* 《중세 및 르네상스 시대 오를레앙 숲의 상태에 관한 연구》
De oper. monach.	St. Augustine, *De opere monachorum*; *Of the Work of Monks* 성 아우구스티누스, 《수도사의 저작에 관하여》
De Princ.	Origen, *De Principiis* 오리게네스, 《제일원리》
De prop. rerum	Bartholomew of England, *De Proprietatibus Rerum* 바르톨로메우스, 《사물의 속성에 대하여》
De Trin.	St. Augustine, *De Trinitate*; *On the Holy Trinity* 성 아우구스티누스, 《삼위일체에 관하여》
DNL	Albert the Great, *De natura locorum* 성 알베르투스, 《장소의 본질에 대하여》
Doc. Hist.	Lovejoy & Boas, *Primitivism and Related Ideas in Antiquity: A Documentary History of Primitivism and Related Ideas* 러브조이 & 보아스, 《고대의 상고주의와 관련 사고들》
DPE	Albert the Great, *De Causis Proprietatum Elementorum Liber Primus* 성 알베르투스, 《원소 성질의 원인에 대하여》 1권
Du Cange	Du Cange, *Glossarium Mediae et Infimae Latinitatis* 뒤 캉주, 《중세 및 말기 라틴어 사전》
EB	*Encyclopaedia Britannica* 《대영백과사전》
EL	Montesquieu, *Esprit des Lois*; *Esprit des Loix*; *Spirit of Laws* 몽테스키외, 《법의 정신》
EN	Buffon, "Des Époques de la Nature" 뷔퐁, 《자연의 신기원》

Enn.	Plotinus, *Enneads* 플로티노스, 《엔네아데스》
Ep. mor.	Seneca, *Epistolae Morales* 세네카, 《도덕 서한》
Etym.	Isidore of Seville, *Etymologiarum Libri xx* 이시도루스, 《백과사전》
FGrH	Jacoby, *Die Fragmente der Griechischen Historiker* 야코비, 《그리스 역사가들의 단편들》
Fr.	Fragment 단편
Fragm. phil. Graec.	Mullach, *Fragmenta Philosophorum Graecorum* 물라흐, 《그리스 철학 단편》
GAE	Bailey, *The Greek Atomists and Epicurus* 베일리, 《그리스의 원자론자와 에피쿠로스》
Geo. Lore	Wright, *The Geographical Lore of the Time of the Crusades* 라이트, 《십자군 시대의 지리적 전승》
Germ.	Tacitus. *Germania* 타키투스, 《게르마니아》
GR	*Geographical Review* 〈지리학 리뷰〉
HCPMA	Etienne Gilson, *History of Christian Philosophy in the Middle Ages* 에티엔 질송, 《중세 기독교 철학사》
Hdt.	Herodotus 헤로도토스
Hes.	Hesiodos 헤시오도스
Hex. Lit.	Frank E. Robbins, *The Hexaemeral Literature* 프랭크 로빈스, 《6일 창조 문헌》
Hippoc.	Hippocrates 히포크라테스
Hist. Lang.	Paul the Deacon, *History of the Langobards*; *De Gestis Langobardorum*, 파울루스 디아코누스, 《롬바르드족의 역사》
HN	Buffon, *Histoire Naturelle, Générale et Particulière*, 15 vols., 1749~1767 뷔퐁, 《박물지》, 전 15권
HNM	Buffon, *Histoire Naturelle des Minéraux*, 5 vols., in-4°, 1783~1788 뷔퐁, 《광물의 박물지》, 전 5권
HNO	*Histoire Naturelle des Oiseaux*, 9 vols., 1770~1783 《조류의 박물지》, 전 9권
HNS	Buffon, *Supplements à l'Histoire Naturelle*, 7 vols., 1774~1789 뷔퐁, 《박물지 부록》, 전 7권
HT	Singer et al., *A History of Technology* 싱어 외, 《기술의 역사》
Huffel	*Economie Forestière* 《숲의 경제》
HW	Rostovtzeff, *The Social and Economic History of the Hellenistic World* 로스토프제프, 《헬레니즘 세계의 사회경제사》

Isoc.	Isocrates 이소크라테스
JHI	*Journal of the History of Ideas* 〈관념사 저널〉
JWH	*Journal of World History* 〈세계사 저널〉
Lex. Man	Maigne D'Arnis, *Lexicon Manuale ad Scriptores, Mediae et Infimae Latinitatis* 메뉴 다르니, 《중세 및 말기 라틴어 사전》
LP	Montesquieu, *Lettres Persanes*; *Persian Letters* 몽테스키외, 《페르시아인의 편지》
Lucr.	Lucretius, *De Natura Rerum* 루크레티우스, 《만물의 본성에 관하여》
Mem.	Xenophon, *Memorabilia* 크세노폰, 《소크라테스 회상》
Met.	Ovid, *Metamorphoses* 오비디우스, 《변신》
Metaph.	Aristotle, *Metaphysics* 아리스토텔레스, 《형이상학》
Mon. Ger. Hist.	*Monumenta Germaniae Historica* 《게르만 역사문헌집》
Mon. Ger. Hist.:	*Monumenta Germaniae Historica: Capitularia* 《게르만 역사문헌집: 칙령》
Capit. Reg. Franc.	*Capitularia Regum Francorum* 《프랑크 왕들의 교서》
Mon. Germ. Dip.	Pertz, ed., *Monumenta Germaniae Historica Diplomatum Imperii* 페르츠 편, 《게르만 역사문헌집》
Montal.	Montalembert, *The Monks of the West, from St. Benedict to St. Bernard* 몽탈랑베르, 《서구의 수도사들, 성 베네딕트에서 성 베르나르까지》
MR	William L. Thomas, ed., *Man's Role in Changing the Face of the Earth* 윌리엄 토머스 편, 《지표면의 변화에 있어서 인간의 역할》
NA	인용되긴 했지만 저자가 문헌을 직접 보지 못함
Nat. D	Cicero, *De Natura Deorum* 키케로, 《신들의 본성에 관하여》
Nat. Fac.	Galen, *On the Natural Faculties* 갈레노스, 《자연적 기능에 관하여》
NH	Pliny, *Natural History* 플리니우스, 《박물지》
NPN	*A Select Library of Nicene and Post-Nicene Fathers of the Christian Church* 《기독교 교회의 니케아와 니케아 이후 교부들의 선집》
Obs.	Johann Reinhold Forster, *Observations Made During a Voyage Round the World* 요한 라인홀트 포르스터, 《세계일주 항해 동안의 관찰》
OCD	*The Oxford Classical Dictionary* (Oxford: Clarendon Press, 1957〔1949〕) 《옥스퍼드 고전 사전》
OCSA	*Oeuvres Complètes de St. Augustin* (Latin and French) 《성 아우구스티누스 전집》(라틴어 및 프랑스어)

Oct.	*The Octavius of Minucius Felix* 《미누키우스 펠릭스의 옥타비우스》
Oec.	Xenophon, *Oeconomicus* 크세노폰, 《오이코노미코스》
Oes. W.	*Oesterreichische Weisthümer* 《오스트리아 관습법 대전》
P. Cairo Zen.	Edgar, *Zenon Papyri* 에드가, 《제논 파피루스》
PAPS	*Proceedings of the American Philosophical Society* 《미국철학회 발표논문집》
PG	Migne, *Patrologiae cursus completus, Series graeca* 미뉴, 《그리스 교부 총서》
Phys.	*Physics* 《물리학》
PL	Migne, *Patrologiae cursus completus, Series latina* 미뉴, 《라틴 교부 총서》
PMLA	*Publications of the Modern Language Association* 《현대언어협회 출판물》
Przy.	Przywara, *An Augustine Synthesis* 프르치바라, 《아우구스티누스의 통합》
PSP	Kirk & Raven, *The Presocratic Philosophers* 커크와 레이번, 《소크라테스 이전 철학자들》
PW	*Paulys Real-Encyclopädie der classischen Altertumswissenschaft* 《파울리 고전 고대과학 백과사전》
Rep.	Cicero, *Republic* 키케로, 《공화국》
RSV	*Revised Standard Version of the Bible* 《개역판 표준성서》
SCG	Thomas Aquinas, *On the Truth of the Catholic Faith. Summa Contra Gentiles* 토마스 아퀴나스, 《이단 논박 대전》(가톨릭 신앙의 진실에 관하여)
Schwappach	*Handbuch der Forst- und Jagdgeschichte Deutschlands* 《독일의 숲과 사냥의 역사 핸드북》
Sen.	Seneca 세네카
Soph.	Sophocles 소포클레스
SS	Forster, *Sämmtliche Schriften* 포르스터, 《전집》
ST	Thomas Aquinas, *Summa Theologica* 토마스 아퀴나스, 《신학대전》
TAPS	*Transactions of the American Philosophical Society* 〈미국철학회보〉
Tetrabib.	Ptolemy, *Tetrabiblos* 프톨레마이오스, 《테트라비블로스》

Theophr.	Theophrastus 테오프라스토스
Thuc.	Thucydides 투키디데스
Tim.	Plato, *Timaeus* 플라톤, 《티마이오스》
USDA	U. S. Dept. of Agriculture 미국 농무부
Vitr.	Vitruvius, *De architectura*; *The Ten Books on Architecture* 비트루비우스, 《건축십서》
Vorsokr.	Diels, *Die Fragmente der Vorsokratiker* 딜스, 《소크라테스 이전의 단편들》
VRW	Forster, *A Voyage Round the World* 포르스터, 《세계일주》
Xen.	Xenophon 크세노폰

로도스 섬 해변의 흔적 1

고대에서 18세기 말까지
서구사상에 나타난 자연과 문화

차 례

제1부

고대 세계

도입부

1. 일반적 사고들

자연에 관한 개념화, 심지어 신화적 개념화에서도 가장 두드러지는 것은 목적과 질서에 관한 염원이다. 질서에 관한 이러한 개념은 아마 기본적으로 인간 활동의 여러 외형적 표현(도로, 취락 거리의 격자나 심지어는 꼬불꼬불한 길, 정원이나 목초지, 주거 계획 및 다른 주거와의 관계 등) 속에 들어 있는 질서와 목적성에서 비롯된 유비일 것이다.

예컨대 수메르의 신학자는 '형태상 인간을 닮았지만 초인간적이고 불멸의 생명체'인 한 무리의 신들(판테온)에 의해 창조되고 유지되는 우주 속의 질서를 가정했는데, 이 신들은 인간의 눈에는 보이지 않지만 법에 따라 우주를 지배한다. 그리고 이러한 초인간적 생명체 각각이 우주의 특정 요소(하늘, 태양, 바다, 별 등)를 책임진다고 생각했다. 지구에서 이들 존재는 "강, 산, 평야 같은 자연적 실체, 도시와 국가, 둑과 도랑, 들과 농장 같은 문화적 실체, 심지어 곡괭이, 벽돌틀, 쟁기 등과 같은 도구"에 대해 유사한 임무를 수행했다.

이러한 신학은 분명 인간 사회에 대한 유비에 기초한다. 인간은 도시, 궁전, 사원을 창조했고 인간의 지속적인 보살핌이 없으면 이러한 시설은 퇴락하며 경작지는 사막이 될 것이다. 따라서 우주 역시 생명체에 의해 통제되어야만 하지만 그 임무가 훨씬 더 복잡하므로 더 강력하고 효과적이어야 한다.[1]

이러한 관점이 '신성하게 설계된 지구'라는 사고 — 신의 힘은 자연의 질서와 분리 불가능하다는 — 의 배후에 존재하는 듯 보인다. 아리스토텔레스는 천체들은 각각의 신이며 "신성이 자연 전체를 둘러싸고 있다"[2]는 전통을 선조가 신화의 형태로 물려주었다고 말했다. 지구는 인간만을 위해, 아니면 모든 생명을 위해 창조되었을 수도 있고 심지어는(욥의 경우처럼) 그 목적이 명백하지 않을 수도 발견될 수 없을 수도 있다.

인간과 환경 간에는 지속적 상호작용이 존재한다(인간이 환경을 변화시키는 동시에 그로부터 영향을 받는다)는 사고 역시 신화적 기원을 가지지만 내 생각으로는 이의 완전한 발전은 기본적으로 합리적 사고에 속한다. 왜냐하면 이러한 개념은 역사의식을 요하기 때문이다. 수메르인은 자신이 속한 문명(제도, 도시, 소읍, 농장 등)이 처음부터 거의 동일했다고 생각했다.

신이 계획하고 명한 그 순간부터 우주의 창조가 시작되었다. 수메르가 한때는 몇 개의 흩어진 취락만 있는 황량한 습지였으며 인간의 의지와 투지, 인간이 내놓은 계획과 실험 그리고 운 좋은 다양한 발견과 고안으

---

1) Kramer, *History Begins at Sumer*, p. 78에 기초함(박성식 역, 2000, 《역사는 수메르에서 시작되었다》, 가람기획_옮긴이).

2) *Metaph*, Bk. Lambda, 8, 1074b.

로 점철된 많은 세대의 투쟁과 고생 후에야 겨우 점진적으로 현재의 모습을 가지게 되었다는 생각은 가장 박식한 수메르의 현자도 절대로 떠올리지 못했을 것이다. 3)

이러한 신화에서 신들은 흔히 인간과 같은 행동을 하곤 한다. 수메르 신화에서는 활동, 변화, 창조성이 발견된다. 엔키(Enki)****는 지구에 질서를 가져오고 문명을 위해 정돈한다. 그는 티그리스 강과 유프라테스 강 바닥에 물을 붓고 고기를 가득 채우며, 바다(페르시아 만)와 바람을 위한 법을 확립한다. 또한 곡물을 창조하고, '성소'를 열고, 쟁기와 멍에를 운하와 도랑의 신에게, 곡괭이와 벽돌틀은 벽돌의 신 카브타(Kabta)에게 맡기고, 집과 마구간, 양 우리의 터를 닦고 계곡을 동물로 채운다. 모스카티(Moscati)*는 지역의 농업적 특성과 그 물에 대한 의존성이 강조되는 이러한 신화에 대해 "존재와 불가분의 관계로 엮인 질서에 대한 특정 개념화 때문에 '창조하기'와 '질서 잡기'가 같은 의미로 사용된다"라고 말한다. 4)

기원에 관한 이 문구에는 대체로 사려 깊은 농사꾼의 입장에서 묘사한 창조 행위가 포함되며, 생명에 영향을 미치는 자연현상 그리고 이를 유용하게 만드는 환경의 원초적 질서를 묘사한다. 엔키의 활동은 《태양찬가》(Hymm to the Sun)***와 시편 104편에 극적으로 표현된 것과 같은 '세계에 대한 신의 돌봄'이라는 주제를 제시한다.

많은 민족의 신화에서 환경적·자연적인 힘은 인간에게 영향을 미치며 엔릴(Enlil: 수메르 신화의 대기·폭풍의 신_옮긴이)과 엔키처럼 의인화된다. 내 생각에 질서와 목적 그리고 인간을 위해 평야와 운하로 주거지를

---

3) Kramer, "Sumerian Historiography", *Israel Exploration J.*, 3(1953), pp. 217~232, 특히 217쪽을 참조하라.

4) Kramer, *History Begins at Sumer*, pp. 97~98에 인용과 분석을 포함함. Moscati, *Face of the Ancient Orient*, p. 34.

창조하는 신성한 활동이라는 개념은 신화에 먼저 나타났고, 여기서부터 인간과 환경의 관계에 관한 합리적 사색이 역사 시대에 등장한 것 같다. 이는 히포크라테스의 의학이 아스클레피오스(Aesculapius)**** 숭배에 토대를 두었던 과거의 의학을 거부하면서 등장했지만, 관찰과 실험에서 도출된 과거의 지식이 히포크라테스식 의료 행위를 예비하는 풍성한 전주곡이었던 것과 똑같다. 5)

하지만 이러한 세 가지 사고 — 설계된 지구, 인간에 대한 환경의 영향, 환경의 변형자로서의 인간 — 는 문화의 발전과 지구의 본질에 관한 다른 이론에 의해 종종 수정되거나 풍부해졌다. 그중 가장 중요한 것은 충만의 원리, 문화사의 해석, 인간의 제도(종교와 정부 같은)가 가져오는 효과에 관한 사고 그리고 국가와 민족의 성장과 쇠퇴뿐만 아니라 지구 자체에도 적용되는 유기체 유비(organic analogy) 등이었다. 각각을 간략히 살펴보자.

러브조이에 따르면 '충만의 원리'(principle of plentitude)****는 플라톤 (Platon)*의 《티마이오스》(Timaeus)***에까지 그 기원이 거슬러 올라간다. 만약 누군가가 "이 세계가 얼마나 많은 종류의 일시적이고 불완전한 존재들을 담아야만 하는가?"라고 묻는다면 그 답은 "모든 가능한 종류들"이다. '최상의 영혼'은 자신이 가질 수 있는 것이라면 무엇이든 그 존재함을 못마땅해 하지 않았으며 '만물이 자신처럼 될 수 있기 때문에 그렇게 되기'를 바랐다. 《티마이오스》에서 플라톤이 살아 있는 것, 즉 동물만을 말하지만, "이에 관하여 최소한 그는 모든 이상적 가능성을 현실태로 완전히 전환할 필요성을 주장한다". 플라톤의 "데미우르고스(δημιουργός, demiourgos)****는 말 그대로 이 원리에 따라 행동했으며 세계를 만들기

---

5) Sarton, *A History of Science, Ancient Science through the Golden Age of Greece*, pp. 331~333 및 이에 인용된 참고문헌들. 사튼(Sarton)은 아스클레피오스 의식에 나오는 정결한 목욕과 수면, 이에 동반되는 꿈, 약초 채취꾼의 중요한 역할에 대해 논의한다.

위하여 모든 종류를 취한다". 러브조이는 이 원리에 대해 언급한다.

> 플라톤의 것과 동일한 전제에서 플라톤이 이끈 것보다 더 폭넓은 추론
> 을 이끌어 냈다. 즉, 우주는 생각할 수 있는 다양한 생명체들이 철저하
> 게 예시되는 존재의 대사슬(*plenum formarum*)이라는 명제뿐만 아니라 존
> 재의 어떠한 진정한 가능성도 실현되지 않고서는 남아 있을 수 없다는
> 가정에서부터 나오는 모든 연역들, 창조의 범위와 풍부함은 존재의 가
> 능성만큼이나 커야 하며 '완전하고' 무궁무진한 근원의 생산 능력에 상
> 응해야 한다는 점, 그리고 세계는 더 많은 사물을 담을수록 더 좋아진다
> 는 점 등을 추론했다.[6]

따라서 충만의 원리는 생명의 풍부함과 팽창성, 즉 자연의 빈 곳을 메
우고자 하는 경향을 전제한다. 그 속에는 생명의 엄청난 다양성 그리고
번식하고자 하는 경향에 대한 인식이 암묵적으로 들어 있다. 충만의 원
리가 지속성에 관한 아리스토텔레스적 사고에 스며들면서 모든 생명이
가진 이러한 풍부함과 다산성은 가장 낮은 단계부터 가장 고도의 형태에
이르는 존재의 사다리 속에서 스스로를 나타내고 자연의 가시적 질서 속
에 스스로를 드러낸다고 간주되었다.[7]

우리는 이 책 속에서 생명의 이와 같은 풍부함, 다양성, 충만함이 자연
을 해석하는 중요한 원리로 인식되었다는 증거를 자주 볼 것이다. 자연
사에서 이 원리는 뷔퐁의 저작을 통해 완전한 형태에 도달했다. 이는 또
한 자연 속의 균형과 조화라는 개념과 함께 초기 생태학 이론에서도 암시
적으로 드러남과 동시에 맬서스(Malthus)*의 인구론과 생식력에 대한 강

---

6) Lovejoy, *The Great Chain of Being*, pp. 50~52(차하순 역, 1984, 《존재의 대
   연쇄》, 탐구당, p. 73_옮긴이).
7) Lovejoy, *op. cit.*, pp. 52~62. 그는 아리스토텔레스가 이 원리를 거부했지만
   지속성이라는 아리스토텔레스의 사고가 후에 그것과 융합되었으며, 그 원리가
   신플라톤주의와 일관성을 갖고 결합되었음을 지적한다.

조의 근간을 이루는 듯하다. 또한 근대 생태학자들이 — 멀리는 플라톤에서부터 나온 전제 또는 러브조이가 그에게서 끌어낸 전제에 근거하여 — 보전을 위한 과학적 사례를 명시하면서 생명이 더욱 풍부하고 다양할수록 생태계가 안정적이라고 말했던 것 또한 중요하다. 8)

심지어 고대 몇몇 사상가들은 문화적 발전을 가상적인 먼 근원에서부터 현재에 이르는 일련의 단계라는 관점 — 자연환경을 대략적으로 참조해야만 문화를 이해할 수 있다는 것을 암시하는 견해 — 으로 보았다. 강조점은 인간, 인간의 정신, 인간의 감각, 인간의 기술, 인간의 창조성에 있었고, 그것이 예술과 과학의 습득에서 인간을 다음 단계로 이끌어 냈다. 모든 문화가 일련의 이상적 단계를 거친다는 사고가 지리상의 발견 시대 이후 큰 발전을 경험하긴 했지만, 투키디데스(Thucydides), * 플라톤의 《법률》(Law), *** 디카이아르코스(Dicaearchus), * 바로, 비트루비우스(Vitruvius) *에게서 비교 및 역사적 방법론을 넌지시 비추는 단초를 찾을 수 있다.

발전상의 다양한 단계를 나타내는 동시대 혹은 역사적인 민족에 대한 관측에서 증거가 제시되었다. 바로에 따르면 아리스토텔레스의 제자인 디카이아르코스는 《그리스의 생활》(*Βίος Ἑλλάδος, Bios Hellado*)에서 유목 단계에서 농업 단계로의 문화적 발전이라는 사고를 최초로 제시했다. 9) 이 이론은 단계가 사건을 대체했다는 점에서 비역사적인 것이었다. 즉, 민족이나 제도가 발전하는 단계에 대한 추측적 역사를 상정하면서

---

8) Elton, *The Ecology of Invasions by Animals and Plants*, pp. 143~153, 155와 Fosberg, "The Island Ecosystem", Fosberg, ed., *Man's Place in the Island Ecosystem*, pp. 3~5, 그리고 Bates, *The Forest and the Sea*, p. 201을 보라.

9) Bock, *The Acceptance of Histories*는 pp. 43~55에서 고전 시대 사고에 대해 간략히 논한다. Teggart, *Theory of History*, pp. 87~93과 그 외 페이지들. Varro, *On Farming*, II, i, 3~5도 보라. 그리고 Martini, "Dicaearchos, 3", *PW*, Vol. 5, cols. 546~563과 Warmington, "Dicaearchus", *OCD*, p. 275도 보라. 디카이아르코스에 대한 논의를 좀더 보려면 3장 7절을 보라.

특정 시기 특정 민족이 만드는 자연환경의 변화를 간과했으며 상이한 민족이 상이한 자연환경 속에서 살아간다는 사실을 무시했다.

문화적 성장에 관한 이러한 이론에 더해 황금시대 이래 순환적 변화와 쇠락이 있었다는 포괄적 이론도 있었다. 유기체의 생명 주기와 마찬가지로 민족과 국가의 생명이 순환적으로 성장한다는 사고는 영겁회귀라는 사고와 함께 고대에는 흔한 것이었다. [10] 이런 유기체 유비 사상이 루크레티우스(Lucretius)*가 그랬던 것처럼 지구 자체에 적용되는 경우 우리의 연구 주제에서 중요해진다. 지구도 나이를 먹으면서 피로해지고 다른 존재와 마찬가지로 수명을 다할 것이기 때문이다. 자연의 항상성은 부정되며 자연의 생산력과 풍요로움의 쇠퇴가 당연한 귀결로 예견될 것이었다. 이러한 사고에 대한 반향과 반발을 18세기까지도 찾아볼 수 있다. 황금시대 이후의 쇠락이라는 개념 또한 거주 가능한 환경의 지구에 관해 중요한 의미를 가진다. 왜냐하면 황금시대의 한 특징이 인간의 개입 없이도 스스로 풍부한 식량을 공급하는 비옥한 토양으로 현 시대의 특징, 즉 토양에서 삶을 영위하는 데 고된 노동이 요구되는 것과 대조적이기 때문이다.

그리스와 로마 사상가들의 저술에는 가끔 인간의 성격을 형성하는 데

---

10) 가장 좋은 문헌은 Lovejoy & Boas, *Primitivism and Related Ideas in Antiquity*이다. 이 저작은 고전 저작들을 적절하게 발췌하고 번역하면서 고대의 원시주의, 사회 변화, 황금시대 등에 관한 사고에 대해 러브조이가 행한 거장다운 분석을 포함한다. 고대에 순환이라는 사고를 다룬 문헌은 광범위하다. 다음의 저작들이 독자들에게 이에 관한 대가들을 알려줄 것이다. Apelt, *Die Ansichten der griechischen Philosophen über den Anfang der Cultur*; Billeter, *Griechische Anschauungen über die Ursprünge der Kultur*; Gilbert, *Die meteorologischen Theorien des griechischen Altertums*; Seeliger, "Weltalter", in Roscher, ed., *Ausführliches Lexikon der griechischen und römischen Mythologie*. Ⅵ, cols. 375~430, 그리고 "Weltschöpfung", *ibid.*, cols. 430~505. 아펠트(Apelt)는 주로 순환론을 다룬다. 빌레터(Billeter)의 책은 원문과 오래된 문헌을 많이 참조했으며 짧지만 훌륭한 분석이다. 실리거(Seeligar)의 글은 토대가 된다.

장소와 상황이 가지는 영향에 관한 진술 — 부분적으로는 환경의 영향을 강조하고 또 부분적으로는 문화적 영향을 강조하는 — 이 등장한다. 즉, 문명의 영향력에서 멀리 떨어진 무례하고 교화되지 않은 사람들의 용기와 대담함을 야기하는 물리적 고립의 영향, 바람직하지 않은 외국의 관습이 쉽게 유입되는 해양성 입지의 유해한 영향 그리고 정부, 종교, 법률 및 사회제도의 영향 등을 들 수 있다.

그리스인이 인간과 지구에 대해 던졌던 질문은 일상생활의 문제와 분리된 것이 아니었다. 이러한 문제가 제기된 것은 지구와 인간의 기원에 관한 추상적 이론에서부터 실용적 농사 기법에 이르는 다양한 탐구와 관련되기 때문이었다. 의학과 민족에 대한 그리스 이론들(그 자체가 여행과 탐험의 산물인)은 히포크라테스학파의 저작과 헤로도토스(Herodotus)*의 역사서에서 가장 최초로 광범위하게 드러난다. 질병이 신에게서 기원한다는 초기의 믿음을 의식적으로 떨쳐버린 의학의 전통은 건강과 질병의 존재를 합리적으로 설명하고자 했는데 이러한 설명은 다른 요인보다도 바람의 성질과 방향, 늪과 습한 장소가 주는 영향, 햇빛과 해의 위치가 집과 마을의 적절한 입지와 갖는 관계를 고려하도록 했으며, 나아가 '공기, 물, 장소'가 민족성에 미치는 영향에 대한 탐구를 포괄하는 것이었다.[11]

초기 그리스 문헌들 — 현재까지 전해지는 저작과 일부만 남은 채 소실된 저작 모두 — 은 사람의 관습과 성격에 대해 깊은 관심을 보였다. 아이스킬로스(Aeschylus)*와 아리스토파네스(Aristophanes)* 같은 그리스 극작가, 헤로도토스의 역사서, 심지어는 히포크라테스 전집조차도 그러하다. 추상적 일반화를 도출할 수 있는 지식과 관찰의 근원은 바로 여행과 탐험이었다. 전 세계 인간 거주 분포의 지도를 그리려 했던 아낙시만드로스(Anaximander)*의 초기 시도나, 행동, 식습관, 문화적 선호에 관

---

11) 그리스의 의학과 히포크라테스 전서에 대해서는 Sarton, *op. cit.*(각주 5를 참고하라), pp. 331~383을 보라. 이 장들은 이 주제에 대한 고전 원전과 근대 문헌에 대해 장황하게 언급한다.

한 구비전승을 수집하는 활동(헤로도토스에서 두드러졌던) 등이 이루어졌다.[12] 나일 강으로 비옥해진 사막에 사는 이집트인과 러시아 남부 평원에 사는 스키타이인(Scythian)**** 그리고 여름의 건기와 겨울의 우기를 갖는 지중해 연안 온대기후에 있는 그리스 본토인과 이오니아인 간의 고전적 비교는 기후가 인종적·문화적 차이를 야기한다는 믿음에 신뢰성을 주었다.[13]

물질의 기본 구성과 우주의 현 질서가 존재하게 된 방식, 그리고 4원소와 기질설에 관한 이오니아 철학자들의 사색 또한 지구 그리고 지구와 인간의 관계에 대한 광범위한 사유를 펼칠 수 있는 길을 마련했다. 중요한 진전이 아낙시만드로스에 의해 이루어졌다. 그는 단일원소설(불, 공기 혹은 물이 기본적 원소라고 보는)을 거부하고 대신 영원불변의 실체인 '아페이론'(ἄπειρον, apeiron), 즉 '무한자' — 칸(Kahn)에 따르면 '모든 방향으로 끝없이 확장되는 거대하고 줄어들지 않는 덩어리' — 를 상정하였다.[14] 이것은 흔히 인식되는 원소 형태 중 하나와 일치하지 않는다.[15] 이것은

---

12) 지도에 대해서는 Agathemerus I, i와 Strabo, Bk. I, chap. I, II; Herodotus IV, 36. Kirk & Raven, *PSP*, pp. 103~104와 토론부에서 재인용하였다. Ehrenberg, *The People of Aristophanes*, pp. 113~191에서 무역상과 장인, 시민과 외국인, 노예에 대한 장들을 보라.

13) 그리스 민족지, 문화론과 유사한 사안에 대해서는 Cary, *The Geographic Background of Greek and Roman History*(지리적 재구성에 더하여 이론에 대해 조금 언급한다)와 Glover, *Herodotus*(제목이 의미하는 것보다 다른 작가들에게 훨씬 더 많은 관심을 기울인다), 그리고 "Myers, Herodotus and Anthropology", in R. R. Marett, ed., *Anthropology and the Classics*, 또한 Sikes, *The Anthropology of the Greeks*(여전히 박식하고 인상적인 저작), 그리고 Trüdinger, *Studien zur Geschichte der Griechisch-römischen Ethnographie*(짧지만 훌륭하며 원전을 많이 참고했다)를 보라.

14) Kahn, *Anaximander and the Origins of Greek Cosmology*, p. 233. 'ἄπειρον'의 원래 뜻은 "끝에서 끝까지 가로지르지 못하는 것"이다(p. 232).

15) Kahn, *op. cit.*, p. 163에서는 4원소설을 아낙시만드로스 시대에 적용하는 것은 시대착오라고 언급한다.

근원도 없고 파괴할 수 없으며 영원히 운동한다. "이러한 운동의 귀결은 특정 물질의 '분리'이다". 16)

질서는 대립물의 투쟁으로 특징지어진다. "거기에서 존재하는 사물이 만들어졌다가 필요에 따라 또다시 그곳으로 되돌아간다. 왜냐하면 시간의 법칙에 따라 바뀌고 서로 공격에 대한 보상을 제공하기 때문이다". 17) 공기나 안개의 차가움과 불의 열, 흙의 건조함과 물의 습기 같은 대립물의 상호작용은 "질서 잡힌 세계가 경계 없는 통일체로부터 탄생하는 과정에 대한 실마리를 제공한다". 18) 아낙시만드로스의 철학은 느낄 수 있는 세계를 구성하는 물질들의 명백한 다양성의 본질을 이해 ― 또는 이를 설명 ― 하기 위한 초기의 시도다. 19) 아낙시만드로스의 우주론은 우주의 구조를 질서, 즉 법칙에 의해 지배되는 코스모스(κόσμος, kosmos) ― 로 나타낸다. 하지만 그의 우주론이 목적론적 개념화로 보이지는 않는다. 20)

---

16) Zeller, *Outlines of the History of Greek Philosophy*, p. 44.

17) Simplicius, *Phys*. 24, 13 = Diels Vorsokr. 12 A 9. 일부의 원문과 번역을 보려면 Kahn, p. 166을 보라. 또 다른 판본은 Kirk & Raven, *PSP*, p. 105를 보라. 그리고 p. 117도 보라.

18) Cornford, *Principium sapientiae*, p. 163.

19) 아낙시만드로스의 체계에 관해서는 Cornford, *op. cit.*, pp. 159~186을 보라. 콘포드에 따르면, 과거의 철학사상사가들은 이오니아인이 오직 만물이 구성되는 하나의 물질을 찾는 데만 관심을 가졌다고 생각했다고 말한다. "그러나 체계 자체를 살펴보면 이들이 대답하는 질문은 다른 것이다. 즉, 만물의 원시적 상태로부터 주름 잡히고 질서 잡힌 세계가 어떻게 발생했는가 하는 것이다"(p. 159). 그리고 p. 162에 나오는 아낙시만드로스에 관한 아리스토텔레스의 언급에 대한 논의도 보라(*Phys*. 204 b 27). 불, 물, 공기, 흙이라는 원소가 철학자들의 발견물이라고 생각해서는 안 된다. 길버트가 말하듯이 그에 관한 인식은 전승된 믿음 속에 깊이 뿌리를 내렸던 것이었다(*Die meteorologischen Theorien des griechischen Altertums*, p. 17). 철학자들의 질문은 이처럼 상정한 원소의 존재가 우주의 구성과 그 속의 질서에 관한 이론과 화해될 수 있는 방법에 관한 것이다.

20) 그리스 사상에서 대립물이 갖는 철학적 중요성에 대해서는 Kahn, *op. cit.*(각주 14를 참고하라), pp. 126~133을 보라. 그리스 사상에서의 근원에 대해서는 pp. 159~163을 보라.

시칠리아의 아크라가스[Acragas 또는 아그리겐툼(Agrigentum)이라 하며 현재 지명은 아그리젠토(Agrigento)이다_옮긴이] 출신의 엠페도클레스(Empedocles)*가 공식화한 4원소설****은 여러 분야에서 결정적으로 중요했다. 4근원설(원소라는 용어는 후에 사용되었다)은 지금까지 만들어진 물리 이론 중에서 가장 영향력 있는 것 중 하나다. 21) 얼마간의 수정을 거쳐(아리스토텔레스가 5원소로 에테르를 추가한 것처럼), 이 이론은 그리스 과학에서 그리고 자연에 대한 중세적 해석[예컨대 성 프란체스코(St. Francesco)*의《태양의 찬가》(Canticle of Brother Sun)]에서 근본 토대가 되었다. 이 이론은 응용된 형태로 18세기에 이르기까지 화학, 토양이론, 실용농업, 물리 이론에서 대부분의 사고를 지배했다. 22)

엠페도클레스는 불, 물, 흙, 공기의 네 가지 원소를 제시했으며, 다른 두 실체 ― 하나로 합치는 사랑과 분리시키는 증오 ― 가 이 기본 물질을 대상으로 반응한다고 이야기해 그것을 4원소처럼 물질적인 것으로 간주했다. 23) 세계를 구성하는 모든 원소는 인체 내에 그에 상응하는 물질을 가진다. 이는 체액설(theory of humors)****그리고 물리적 자연과 인체 원소 간의 교신설 ― 후에 우주라는 대우주와 인간이라는 소우주 간의 관계에 대한 방대한 저작을 통해 확장된 ― 의 단초가 되었다.

원소설에 암묵적으로 내재된 것은 대립물(한 원소가 다른 원소에게 영향

---

21) Sarton, op. cit.(각주 5를 참고하라), p. 247. 의학에 대한 영향에 관해서는 p. 249와 함께, Gilbert, op. cit.(각주 10을 참고하라), pp. 105~124를 보라. 그리고 그의 생물학에 대해서는 pp. 336~346을 보라. 엠페도클레스의 다른 측면에 대해서는 Cornford, op. cit., pp. 121~124, Kirk & Raven, PSP, 특히 Fr. 6[제우스(Zeus)가 불을 대표하고 헤라(Hera)는 흙을, 하데스(Hades)는 공기를, 네스티스(Nestis)는 물을 대표한다], p. 323과 fragment 17, pp. 326~327을 보라. 엠페도클레스는 이것들을 리소마타(ῥιζώματα, risomata)라고 부른다. 이에 대한 논의는 pp. 327~331을 보라.

22) Sarton, op. cit.(각주 5를 참고하라), p. 247.

23) Sambursky, The Physical World of the Greeks, pp. 31~33. 또한 Bailey, GAE, pp. 28~31도 보라.

을 주는 수단인 뜨거움, 차가움, 축축함, 마름 등과 같은 힘)이라는 사고였다. 지중해성 기후에서는 뜨거운 것과 마른 것, 차가운 것과 습기를 연관시키는 것이 자연스러웠다. 실제로 아리스토텔레스에게는 대립물이 진정한 원소였다.[24] 원소는 영원불멸의 것으로 서로 섞이고 분리되면서 변화가 일어난다. 우주가 원소로 구성된다는 사고는 매우 오래된 것으로 밀레토스(Miletus)** 지역에서 많이 논의되었다. 그러나 엠페도클레스의 업적은 4원소의 발견이나 단일원소설을 4원소설로 대체한 것이 아니라 그 수를 4개로 한정한 것이었다. 그의 결정적 역할은 "네 가지 주요 형태에 관심을 집중시켜 공식적으로 인정된 4원소가 밀레토스의 다수 원소를 대체하도록 한 것이었다".[25] 대립물 관념을 포함해 그리스의 원소설은 관찰에 근거한 것이었다. 일상생활에서의 갈등, 삶의 활기 그리고 갈등하는 힘의 역동적 상호작용을 예로 들 수 있다.[26]

인간의 육체는 다른 모든 자연현상과 동일한 원소로 구성되기 때문에 인체 내 체액의 형태가 외부에서의 형태와 동일하지 않은 것이 명백하지만 이를 구성하는 물질은 불, 물, 공기, 흙과 유사할 것이다. 인체의 체액은 대우주를 구성하는 원소와 상응한다. 뜨겁고 습한 성질로 이루어진 공기는 인체 속에서 혈액으로 대표된다. 뜨겁고 건조한 것의 혼합인 불

---

24) *Metaph.* IV, I. 아리스토텔레스와 원소에 대해서는 Kahn, *op. cit.*(각주 14를 참고하라), p. 129, 그리고 Kirk & Raven, *PSP*, pp. 330~331과 Ross, *Aristotle*, pp. 105~107을 보라. 칸의 저작은 지리학, 특히 자연지리학의 역사에서 엄청난 흥미를 불러일으킨다. 아리스토텔레스의 《기상학》(*Meteorologica*)의 배경이 된다. 칸이 논의한 많은 주제 중에는 고전적인 4원소설(pp. 121~126)과 원소설의 역사(pp. 134~159)─특히 대략적으로 호메로스와 헤시오도스에서부터 밀레토스학파의 개화에 이르는 시기에 걸쳐 그리스 단어인 ἀήρ(*aer*: 공기)와 αἰθήρ(*aither*: 에테르)의 역사─그리고 ἄπειρον(*apeiron*: 무한자)라는 단어의 역사와 그에 대한 아낙시만드로스의 개념 등이 있다. 또한 흥미로운 저작으로는 Sambursky, *Physical World of the Greeks*이 있다.

25) Kahn, *op. cit.*(각주 14를 참고하라), p. 150. 또한 p. 155도 보라.

26) Kahn, *op. cit.*(각주 14를 참고하라), p. 133.

은 담즙, 차갑고 습한 물은 점액, 차갑고 건조한 것의 혼합인 흙은 검은 담즙으로 대표된다. 그리스인의 가장 흔한 질환인 가슴통증과 말라리아는 이러한 체액 — 점액, 혈액(출혈열), 노란 담즙과 검은 담즙(이장성 말라리아에서 나타나는 구토) — 의 증거였다. [27]

체액설의 기원은 알려져 있지 않다. 4원소설에서 나왔을 수도 있고 이집트 의학 역사 속에 독자적 기원을 가졌을 수도 있다. [28] 원소의 인체 내 상응부는 엠페도클레스가 제시했고, 체액은 히포크라테스의 저작에 나와 있으며, 후에 갈레노스(Galen)*가 이를 교신설이라는 더욱 정교한 형태로 다시 거론했다.

크로톤(Croton: 현 이탈리아 칼라브리아 지방의 크로토네(Crotone)_옮긴이)의 알크마이온(Alcmaeon)*과 히포크라테스 사상가들이 가졌던 힘의 조화로운 혼합과 균형으로서의 건강설은 추상적인 생리학 이론과 인간 문화의 다양성 사이의 심연을 메울 수 있는 이론적 발전을 가능케 했다.

알크마이온은 건조하고 마른 것, 차갑고 뜨거운 것, 쓰고 단것 등 힘 간의 "동등한 균형"이 건강을 보증하며 병이 발생하는 원인은 그중 하나가 "우세"하기 때문이라는 주장을 굽히지 않았다. 어느 한쪽이 우세해지면 파괴적이 되기 때문이다. 질병은 직접적으로는 열이나 냉기의 과도함 때문에, 간접적으로는 영양분의 과다나 결핍 때문에 발생한다. 그리고 그 중심지는 혈액, 골수, 뇌이다. 때로는 외부적 원인 — 특정 유형의 습기, 환경, 탈진, 역경 또는 이와 유사한 원인 — 때문에 이들 중심지에서 질병이 발생하기도 한다. 한편 건강은 이런 성질이 적절한 비율로

---

27) Jones의 번역물인 *Hippocrates*(Loeb Classical Library), Vol. I, p. xlviii에 나온 일반 서론부의 논의를 보라.

28) Allbutt, *Greek Medicine in Rome*, p. 133을 보라. 그는 체액 병리학이 이미 존재했었다는 Herodotus IV, 187에 나오는 증거를 통해 이오니아가 이집트와 적극적인 무역 관계를 가졌다고 주장한다. Jones, *ibid.*, pp. xlvi-li와 Sarton, *op. cit.*(각주 5를 참고하라), pp. 338~339, 그리고 *idem*, "Remarks on the Theory of Temperaments", *Isis*, 34(1943), pp. 205~208도 보라.

섞인 것이다. 29)

  체액설은 히포크라테스 저작에 분명히 언급된다. "인간의 육체는 그
속에 혈액, 점액, 노란 담즙과 검은 담즙을 가진다. 이것이 육체의 본질
을 구성하며 이를 통해 인간은 고통을 느끼거나 건강을 누린다. 이러한
원소가 조합, 힘, 크기의 측면에서 적절한 비율을 유지할 때 그리고 완벽
하게 어우러질 때 인간은 가장 완벽한 건강을 누린다". 이 진술 전에는 이
전 이론에 대한 비판이 먼저 제시되었다. 자연 속의 4원소에서 비롯된 모
든 유비를 거부하면서 육체적 과정을 직접 관찰해야 한다고 호소했다. 30)
  건강한 상태는 체액의 적절한 배합에 달렸으므로 사람들은 특정한 자
연환경 — 대표적으로 기온 같은 — 이 어떤 체액을 다른 것에 비해 우세
하도록 만든다고 생각했다. 무엇이 우세해지는가는 지역마다 다른 기후
또는 한 지역 내에서의 계절에 따라 달라질 것이다. 이러한 사고는 개인
과 민족 전체에 영향을 미쳤다. 18세기에 헤르더(Herder)*가 몽테스키외
의 《법의 정신》을 비판하는 과정에서 마지막으로 제기한 오류가 바로 이
것이다.
  원소와 체액 자체에 대해 논의하는 것은 나의 목적이 아니다. 혼돈으로
가득한 이러한 기나긴 이야기는 물리와 의학의 역사에 속한다. 중요한 점
은 체액설 또한 흥미롭게도 18세기 말까지 그 수명이 이어졌으며 그로 인
해 기후의 영향에 대한 오래된 이론의 토대가 되었다는 점이다. 4원소설

---

29) Aetius, V. 30, I. Kirk & Raven, *PSP*, p. 234. 이 인용문에서 평등한 균형
   (*equal balance*)은 이소노미아 ἰσονομία (*isonomia*) (같은 단어가 히포크라테스의
   *Airs, Waters, Places*에서도 사용된다)로, 지고의 존재(*supremacy*)는 모나르키
   아[μοναρχία (*monarchia*)]로, 환경(*environment*)은 코라[χώρα (*khora/chora*)]
   로 번역된다.

30) *Nature of Man*, IV, 또한 I-III의 다른 사고들에 대한 비판, 그리고 논문의 원
   출처에 대해서는 p. xxvi. *Hippocrates* (Loeb Classical Library), Vol. IV을 보
   라. 그리고 나 자신의 견해를 제시한 Cornford의 언급을 보라. *op. cit.* (각주 18
   을 보라), pp. 36~37.

은 토양이론, 화학, 그리고 농업의 역사에 — 따라서 전체로서의 자연환경의 본질에 관한 사고에 — 강력한 영향을 미쳤으며, 체액설은 심리학과 생리학이론에 영향을 미치면서 전체로서의 기후, 갑작스런 기온 변화 및 계절이 정신과 육체 모두에 불러일으키는 변화를 강조하였다.

인간과 자연의 관계에 관한 사고는 자연에 대한 느낌과 해석 없이는 발전할 수 없었다. 훔볼트(Alexander von Humboldt)*의《코스모스》(Kosmos)***에 나오는 선구적인 장들 이래로 이 주제에 대한 광범위한 문헌들은 시, 예술, 풍경화, 철학 속에서 그리스인과 로마인이 가졌던 자연에 대한 느낌의 깊이와 폭을 보여주었다. 특히 스토아주의자인 파나이티오스와 포시도니오스의 저작에 나오는 자연에 대한 강렬한 감정이 눈에 띈다.[31] 그리스인과 로마인이 자연에 대해 묘사한 것을 읽다 보면 이들 작가가 지중해 해안의 마을, 경작된 들판의 아름다움, 언덕 위(때로는 냇가나 숲에 가까운)의 포도나 올리브 과수원 등과 같이 길들여진 자연, 즉 자연과 기예의 즐거운 혼합을 생각했다는 인상을 받게 한다. 그리스 문명사에서 자연과 자연환경이 갖는 중요성은 최근 스컬리에 의해 강조된 바 있다. 그리스 건축 연구자들이 그의 해석을 수용한다면 그리스의 경관은 완전히 새로운 시각에서 조명될 것이다.

그리스의 모든 신성한 건축물은 특정 장소에서 하나의 신이나 일군의 신들의 성격을 탐구하며 찬양한다. 그 장소 자체가 성스러우며, 따라서 그 장소는 신전이 그곳에 지어지기 전부터 그 신성 전체를 인식된 자연

---

31) Soutar, *Nature in Greek Poetry*, *passim*, 그리고 이 장 각주 65에 인용된 Helbig & Woermann의 저작. 훔볼트는 자연에 대한 그리스와 로마의 감정에 대해 혼재된 감정을 가졌다. *Cosmos*, Vol. II, pp. 19~38. Biese, *Die Entwicklung des Naturgefühls bei den Griechen und Römern*도 보라. 비제(Biese)는 또한 고대인의 자연에 대한 느낌의 부족에 관해 초기의 의견을 수정한 선구적 탐구를 언급한다. 파나이티오스와 포시도니오스에 대해서는 Pohlenz, *der Hellenische Mensch*, pp. 279~299를 보라.

력으로 구현했다. 신전이 지어지고 그 속에 신상이 들어서면서 신의 존재와 성격을 조각으로 구현한 형태로 발전하면 그 의미는 자연 속의 신성과 인간이 상상한 신 두 가지로 인해 배가되었다. 따라서 모든 그리스 성소의 공식적 구성 요소로 첫째는 신전이 자리하는 신성한 경관이며 둘째는 그 속에 자리한 건물이다. 그리스인이 의도한 완전한 건축은 경관과 신전이 함께 이루는 것이므로 반드시 서로의 관계 속에서 파악되어야만 한다.[32)]

자연에 대한 고전 세계 사람들의 태도에 대한 가장 중요한 일반화는 기나긴 고대 역사에 걸쳐 그 태도가 매우 다채롭다는 점이다. 이에 대한 초기의 연구자들은 이런 다양성을 최소화하거나 살았던 시기가 천 년이나 차이가 나는 저자들로부터 명제를 뒷받침하는 인용을 가져와 그 시기 전체를 일반화하는 데 만족하곤 했다. 러스킨(Ruskin)*조차도 고전적 경관에 대해 논의하면서 호메로스(Homer)*를 해당 시기의 대표자로 간주하고 그에게 논의를 한정시켰다. 물론 틀린 것이다. 호메로스는 테오크리토스(Theocritus),* 베르길리우스(Virgil),* 루크레티우스, 호라티우스(Horace)*가 살지 않았을 경우에만 고대 세계의 대표 자리를 차지할 수 있다. 중세나 근대에서보다 더 큰 확신을 갖고서 고전 세계에서 그러한 문화적 단일성을 기대해서는 안 된다.

호메로스의 시부터 아우소니우스(Ausonius)*의 작품 《모젤라 강》(Mosella)에 이르는 시기는 천 년을 훌쩍 넘는다. 하지만 주로 헬레니즘 시대에 성숙했던 자연에 대한 사고, 태도가 그 이전과는 다르며 이 주제에 관한 모든 후속 사고를 이해하는 데 매우 중요하다고 믿을 만한 근거가 있다. 그 이유에서 이 문제는 도입부의 두 번째 부분에서 논의될 것이다. 이 시기에도 자연에 대한 감탄 이상의 것이 존재했다. 광업, 사람이

---

32) Vincent Scully, *The Earth, The Temple, and the Gods. Greek Sacred Architecture*, pp. 1~2. 책 전체가 그 주제를 탐구하긴 하지만 그중에서도 제1장 "Landscape and Sanctuary"를 보라.

먹을 것을 얻는 방식, 운하, 농업기술에 대한 관심을 통해 호기심과 탐구심을 엿볼 수 있다. 페르시아의 농업을 찬양하는 크세노폰(Xenophon)*의 《오이코노미코스》(Oeconomicus)***부터 플리니우스(Pliny)*의 《박물지》(Naturalis Historia)***에 이르기까지 그리스와 로마의 농업 관련 저술들은 파종, 경운, 식물 육종의 기술을 배우기 위해 자연을 바라보고 관찰하고 연구하려는 특색을 강하게 보여준다. 한편 콜루멜라(Columella),* 플리니우스 같은 로마 시대 작가들은 흙의 개량, 밭을 가는 방법, 관개, 배수, 돌과 수풀의 제거, 새로운 경작지 확보, 퇴비 만들기, 해충 방제 등에 깊은 관심을 보였다.

태고의 지중해 세계가 던져준 반향 또한 잊어서는 안 된다. 그중 하나는 말 그대로 어머니의 역할을 하며 인간이 씨를 뿌려야 할 '어머니 대지'에 대한 오래된 숭배이다. 신화와 의례 속에는 인간과 대지의 생산력에 대한 관심이 두드러진다. 농업, 소 기르기, 염소와 양의 방목 등은 인간에게 대지의 생산력을 상기시키면서 경작된 흙과 그렇지 않은 흙 모두와 긴밀한 관계를 유지토록 하였다. 이 같은 신념에서부터 점차 흙의 비옥도, 식재 기법 및 가축 사육에 대한 합리적 사고가 발전했다.[33]

기독교 시대의 여명기였던 헬레니즘 시대, 알렉산드리아의 풍요로운 문화적 융합 속에서 살았던 필론(Philo)*은 이미 오래된 이런 개념을 분명히 알았고 이를 믿었다.

자연은 모든 어머니에게 가장 필수적 선물인 풍요로운 가슴을 내려주었으며 그래서 태어날 아이에게 먹일 것을 미리 준비할 수 있도록 했다. 우리 모두가 알듯이 대지 또한 어머니이다. 그런 이유 때문에 최초의 인간들은 '어머니'의 이름과 '대지'의 이름을 결합해 '데메테르'(Demeter)

---

33) Guthrie, *The Greeks and Their Gods*, p. 59(국내에 그의 저서 《희랍철학입문》이 출간되었다_옮긴이)와 Eliade, *Patterns in Comparative Religion*, pp. 239~240(이은봉 역, 1997, 《종교형태론》, 한길사_옮긴이)를 보라.

라고 부르는 것이 적합하다고 생각했다. 플라톤이 말하듯이〔*Menexenus* 238 A〕, 대지가 여성을 닮지는 않지만 여성은 대지를 닮는다. 대지가 모든 동식물들에게 똑같이 존재의 근원이자 그 지속의 근원인 한 시인들이 대지를 '만물의 어머니', '열매 맺는 식물', '판도라' 혹은 '모든 것을 주는 자'로 부르는 습관은 옳은 것이다. 따라서 자연은 가장 오래되고 가장 비옥한 어머니인 대지에 알맞게 식물들이 수분을 흡수하고 모든 동물이 마시기에 충분하도록 강과 샘의 흐름이라는 가슴을 내려주었다. 34)

마지막으로 인간의 삶과 우주에서 목적의 증거를 찾으려는 시도가 있었다. 지구와 지구상의 인간 삶에 의미가 있고 계획이 있다는 이러한 목적에 대한 느낌은 플라톤과 아리스토텔레스 — 두 사람이 시초는 아니었지만 — 에게서 특히 분명하게 나타난다. 자연과 자연적 과정 속에 어떤 목적이 존재한다는 신념의 주된 근거는 두 가지다. 하나는 우주의 통일성과 조화, 다른 하나는 장인의 유비, 즉 조물주가 자신이 원하는 최종 산물을 마음속에 두고 작업하는 한 사람의 장인(혹은 집 짓는 목수) 같이 행동한다는 신념이다. 창조의 작업(*ergon*)은 장인의 기술(*techne*) 같은 것이다. 자연 속의 통일성이라는 사고를 제대로 추적하려면 따로 책을 한 권 써야 할 테지만 이러한 신념이 포함하는 요소의 일부를 간단히 알아볼 수는 있을 것이다. 우주에 통일성이 존재한다면 우주를 구성하는 부분에 대해서도 통일성을 가정할 수 있으며 따라서 지구, 지구상의 생물 그리고 인류에 대해서도 (민족의 다양성에도 불구하고) 같은 것을 가정할 수 있을 것이다.

어떤 것들이 이러한 통일성과 조화의 증거가 되었는가? 첫째, 혜성이나 유성우 같은 예외가 있긴 하지만 천체 현상의 규칙성 — 자연 질서에 대한 신의 개입이 현시된 것으로 해석될 수 있는 — 이다. 여기에는 달의

---

34) Philo, *On the Creation*, 133.

위상과 주기성, 해의 이동과 계절적 변화, 행성의 이동과 24시간에서 낮과 밤이 차지하는 비율 변화 등이 있다. 퀴몽(Cumont)*이 제시한 것처럼 바빌로니아의 천문학자들은 해보다는 달에 더 많은 관심을 가졌을 수도 있다. 1년의 길이가 알려지기 전에는 달의 위상으로 시간을 측정했으며 종교적·일상적 삶을 규율했던 신성한 달력은 달의 경로에 근거했다. 월식 속에서 전조를 읽었고 식물과 여성의 건강에 미치는 영향을 포함하여 많은 신비로운 일의 원인을 달의 신성에서 찾았다. 35)

겉보기에 영속적인 천체의 정확한 운동은 점성술을 탄생시켰으며 또한 우주 안의 통일성에 대한 느낌을 고양시켰다. 퀴몽과 다른 학자들은 점성술의 등장이 오히려 늦었다고 생각했다. 퀴몽은 점성학적 종교의 시작을 서기전 6세기 칼데아(Chaldea)**인에게서 찾았다. 해가 뜨고 지는 것은 이들에게 열과 추위뿐 아니라 빛과 어둠도 가져다주었다. 특히 지중해 지역에서는 하늘에서 무언가가 출현하면 그것이 계절의 변화와 연관되었다. 그래서 별이 땅 위의 자연현상과 인간 삶의 경로와 관련성을 가진다고 결론 내릴 수 있었던 것이다. "하늘과 땅 위의 만물은 모두 끊임없이 변화하며, 위에 존재하는 신들의 운동과 아래에서 일어나는 변화들 사이에는 상응관계가 존재한다고 생각되었다". 36)

프톨레마이오스(Ptolemy)*의 《테트라비블로스》(Tetrabiblos)에서 볼 수 있는 것처럼 점성술은 우주적 환경론의 과학이 될 수 있었다. 즉, 별들은 땅위의 모든 생명에 영향을 미치며 지상의 자연환경은 근본적인 유사성 속에 존재하는 차이를 설명할 수 있다는 것이다. 후에 로마제국에서 '점성학적 종교'가 발전하는 가운데 점성술은 우주에 통일성과 조화를 부여하는 포괄적 철학이 되었다.

---

35) Cumont, *Astrology and Religion Among the Greeks and Romans*, p. 70. 퀴몽은 더운 나라에서는 태양이 적이며, 경관을 온화하게 비추는 달은 친근하다고 주장했다.

36) *Ibid.*, pp. 11~12, 16.

점성학적 이교(異敎)는 천체와 땅 위의 물체 모두를 움직이는 능동적 원리를 신성시했다. 물, 불, 흙, 바다, 바람 그리고 무엇보다도 별과 행성을 포함하여 빛나는 천체 모두가 자연 전체를 채우는 유일신의 무한한 힘을 드러냈다. 그러나 이러한 범신론은 더 이상 이러한 자연을 변덕스런 정령과 통제되지 않는 힘으로 가득 찬 것으로 순진하게 바라보지 않게 되었다. 범신론은 점차 과학적이 되면서 신을 우주적 에너지로 인식했고 섭리에 의한 신의 행위가 조화로운 체계 속에서 지시된다고 생각했다. 37)

사상사 속에서 점성술이 가지는 중요성을 과장하기도 정말로 어렵겠지만 그 중요성을 제대로 파악하는 것 역시 똑같이 어렵다. 이는 우리가 관심을 가진 사고의 원 자료인 책들 속에서 끊임없이 나타나고 또 나타난다. 어찌된 영문인지 점성술은 많은 사상 연구자들에게 당혹스러운 것이거나 관통하기보다는 돌아가야 할 덤불숲 정도로까지 여겨져 외면을 받았다. 그러나 점성술은 개인적 삶에 영향을 미치는 특성인 천궁도(天宮圖: 탄생 시점의 별자리_옮긴이)보다 훨씬 더 고차원의 역할을 수행하는 것으로 끊임없이 등장한다. 하지만 그 역사적 역할은 이것보다 훨씬 더 심오한 것이었다. 그것은 자연을 통일시키는 거대한 원칙, 즉 우주적 환경론이었다. 손다이크(Lynn Thorndike)*는 여기서 더 나아가 이를 뉴턴(Newton)*의 자연법칙 발견에 비긴다.

별은 영원하고 파괴되지 않기 때문에 별 자체가 스스로의 운동과 빛에 영향을 받지는 않았다. 그러나 별의 운동과 빛은 얼마간 영향력을 가질 수밖에 없으며 이 막대한 에너지 저장고를 위한 출구가 우리의 원소 세계 속에서 발견되었다. 이 세계의 변화, 유동, 변이는 영속적인 하늘의 패턴 변화와 방사되는 빛의 변화에 의한 영향과 궤를 같이하는 것이었다. 게다가 당시 사람들은 지구를 우주의 중심이자 기저라고 여겼으므

37) *Ibid.*, pp. 68~69.

로 열등한 것이 우월한 것(천체)에 의해 통치되고 지배되는 것은 자연스러운 일이었다.

뉴턴의 《프린키피아》(*Principia*)***는 우열의 구분을 없애버렸지만 "뉴턴이 만유인력의 법칙을 공표하기 이전의 오랜 과학적 발전 기간 동안 많은 사람들이 널리 인정하고 받아들였던 또 다른 보편적 자연법칙 — 그가 밀어낸 — 이 존재했다. 바로 점성술이었다".[38]

손다이크의 해석은 포시도니오스, 프톨레마이오스, 성 알베르투스, 아퀴나스, 보댕 같은 사람들의 사상을 강조한다. 이들의 사상 속에서 자연법칙 형태의 점성술은 기본적 가정에 해당했다. 이것들은 가장 강력하고 아마도 가장 오래된 증거일 것이다. 인간사에서 도출된 유비 또한 매우 오래된 것이다. 수메르 신학자들은 '인간 사회에서 실마리를' 찾았고, 인간의 형태이긴 하지만 초인적이고 불멸의 형태로 살아 있는 존재로 구성된 신성한 신들이 확립한 규칙과 규범에 따라 우주를 지휘했다. 메(*me*: 우주를 지배하는 신성한 법칙, 규칙, 규범) 또한 문화적 요소로부터 비롯되었다.[39]

그리스 단어인 '코스모스'의 역사는 인간사에서 관찰한 질서가 유기적 세계와 우주에까지 광범위하게 적용되는 데 영감을 주었다는 것을 시사한다. 호메로스와 다른 초기 문헌에서 이 단어와 그 파생어는 "일반적으로 적절하고 잘 구성되었으며 효과적 부분의 배열이나 배치를 의미한다". 주된 사고는 도덕적 또는 사회적으로 '올바른' 것이라기보다는 물리적으로 정연하고 정돈된 것에 관한 것이다. 이 단어는 이후에 '화려한 장식'을 의미했으며 때론 집결한 군대의 질서 그리고 목초지에 뒤섞인 염소떼를

---

38) Thorndike, "The True Place of Astrology in the History of Science", *Isis*, 46(1955), pp. 273~278. 첫 번째 인용문은 p. 274에서, 두 번째 인용문은 p. 273에서 인용.

39) Kramer, *History Begins at Sumer*, pp. 78~79, 99~100.

분리시키는 목동을 가리키기도 했다. 이 단어는 "도덕적·사회적 '질서'라는 보다 추상적 사고뿐만 아니라 아름다움이나 효용의 구체적 배치"라는 뜻을 지녔다. 그것이 갖는 "사회적 함의는 특히 중요했으며, 시작에서부터 코스모스는 훌륭한 질서를 가진 사회와의 의식적 유비를 통해 자연 세계에 적용되었다".

이오니아 철학자들에게 코스모스는 모든 자연력의 기능과 한계가 설정되는 만물의 배치를 의미했다. 여느 좋은 배치처럼 코스모스는 다양한 요소가 결합되거나 조합되는 체계적 통일성을 의미한다.[40] 5세기에 이르면 이 단어는 우주적 질서를 의미할 뿐 아니라 인체의 구조와 형태 및 기능에도 적용되었다. 온갖 다양성을 지닌 인체라는 소우주의 통일성이 대우주 속 만물을 포용하는 통일성과 함께 존재한다는 사고에 당연히 영감을 주었을 것이다.[41]

진동과 각속도 그리고 천체의 음악을 만드는 조화비(harmonic ratio) 같이 행성의 움직임 사이에 어떤 관계가 존재한다는 피타고라스의 조화비 유설(harmonic analogy)도 있었다. 칸(Kahn)에 따르면 이러한 개념 속에서 우주는 조화와 균형이라는 기하학적 원리로 가득 차 있다.[42] 생물학적 유비 또한 강력한 힘을 가졌다. 다양성 속의 통일성이 생명의 특징이라는 것이다. 그 속에는 목적론을 향한 강력한 유인이 있었다. 아낙시만 드로스에서 플라톤에 이르기까지 "우주의 기원은 생명체의 형성과 탄생에 비견된다. 우주기원설과 생명기원설을 한데 묶는 오래된 관점은 아낙사고라스(Anaxagoras)*와 엠페도클레스가 왜 원소를 만물의 '씨앗' 또는

---

40) Kahn, *Anaximander and the Origins of Greek Cosmology*, pp. 220~230. 인용문은 pp. 220과 223.

41) "Nat. Hom" 7, Works of *Hippocrates*(Loeb Classical Library), Vol. IV. Kahn, *op. cit.*, p. 189에서 인용.

42) Sambursky, *The Physical World of the Greeks*, pp. 53~55, Kahn, *op. cit.*, p. 206, 그리고 Spitzer, "Classical and Christian Ideas of World Harmony", *Traditio*, 2(1944), pp. 414~421을 보라.

'뿌리'로 지칭했는지를 설명한다. 43) 후에 다시 보겠지만 루크레티우스는 생물학적 유비를 대지에 적용했다.

나는 다양성이 환상이 아니며 통일성 또한 상상의 것이 아니라고 믿게 된 것이 이러한 사고 때문이라 생각한다. 44) 자연 속에 통일성과 조화가 존재한다는 사고는 — 비록 이러한 통일성과 조화의 성격에 관해 이들 사이에 완전한 일치점이 있지는 않았지만 — 지리 사상에 대한 영향 면에서 우리가 그리스에서 받아들인 것 중 아마도 가장 중요한 사고일 것이다.

인간이 한 부분을 이루는 지상의 통일성이라는 사고는 인간을 위한, 그리고 다른 모든 생명체의 생존을 위한 환경으로서 지구 자체의 적합성에 대한 관심을 불러일으켰다. 또한 환경의 불평등성과 차이에 대한 관심 그리고 이를 통해 사람들의 불평등한 분포, 인구 밀집지역과 불모지를 구분하는 경계에 대한 관심 또한 함축적으로 불러일으켰다. '오이쿠메네'(οἰκουμένη, oikumene) 라는 그리스 개념은 이러한 전통의 일부이다. 고대에는 이 단어가 적어도 여섯 가지의 다른 의미를 가졌다. 하지만 가장 보편적 의미는 '거주하는 세계', 즉 사람들이 살며 삶을 지탱해 줄 수 있는 것으로 알려진 지역이었다. '오이쿠메네' 개념은 구체적이었으며 그 뒤에는 '상이한 환경에서 살아가는 사람들은 가끔 비슷한 경우도 있지만 대개가 서로 다르며 인간과 환경을 함께 고려한다면 그 관계는 순수하게 상황적이거나 (교조주의와 연역이라는 무거운 부담을 진) 이론적인 것이리라'는 인식이 자리했다. 45)

---

43) Kahn, *op. cit.*, p. 213.

44) Sambursky, *op. cit.*, p. 129를 보라.

45) 오이쿠메네라는 고대의 개념에 대해서는, Gisinger, "Oikumene", in *PW*, Vol. 17:2, cols. 2123~2174과 Kaerst, *Die Antike Idee der Oikumene* 그리고 Partsch, "Die Grenzen der Menschheit. I Teil: Die Antike Oikumene", *Berichte über die Verhandlungen der Königl. Sächsisch. Ges. d. Wiss. zu Leipzig, Phi-hist. kl.*, 68(1916), pp. 1~62를 보라.

2. 헬레니즘 시대와 당대 자연에 대한 태도의 특징

헬레니즘 시대처럼 길고 복잡한 시기에 관한 어떤 의미 있는 것을 단 몇 개의 단락으로 말하기는 어렵다. 하지만 이 책에서 다루는 사상사에서 이 시대가 얼마나 결정적인가를 보여주려는 시도는 필요하다. 사실 헬레니즘 시대는 헤로도토스 시대나, 심지어 플라톤과 아리스토텔레스 시대보다 더 결정적인 시기이다. 그 점에서 다음과 같은 탄(William Tarn)*의 문장은 공감을 준다. "근대 문명이 그리스 문명에 뿌리를 두는 한 근대 문명은 근본적으로 그리스 문명의 토대가 되는 헬레니즘에 뿌리를 둔 것이다". 46) 이 시대의 경계를 정하는 데 대략적인 합의가 존재하지만 세부적으로는 그렇지 못하다. '헬레니즘'이라는 용어는 드로이젠(Droysen)*이 만들었고, 보통은 알렉산드로스(Alexander)*가 사망한 서기전 323년에서 아우구스투스(Augustus)*가 로마제국을 건국한 서기전 30년까지의 시기로 정의한다.

우리의 논의는 연구 대상이 되는 사고를 이해하는 데 필요한 일부 측면에 한정된다는 점에서 다른 독자적 작업처럼 정확한 시대 정의를 요하지는 않는다. 여기서는 일반적으로 통용되는 정의를 따를 것이지만 가끔 시대를 벗어나는 자료를 포함시키는 경우도 있을 것이다. 일례로 베르길리우스, 티불루스(Tibullus),* 호라티우스의 자연 묘사와 목가시(詩)가 테오크리토스, 모스코스(Moschus),* 비온(Bion)*의 것들과 많은 공통점을 가진다는 사실은 분명해 보인다. 서기 1, 2세기에 걸쳐 살았던 플루타르코스(Plutarch)*는 헬레니즘 시대에 정통했던 듯하다(그는 헬레니즘의 역사를 다루는 데 중요한 출처이다). 또한 이탈리아인 바로와 에스파냐인 콜루멜라는 식물의 도입, 동식물 육종, 농촌 생활에 대한 반발 등에 관한 저술을 남겼는데 이 내용은 알렉산드로스 사후의 지중해 세계를 특

---

46) Tarn, *Hellenistic Civilization*, 3rd ed., rev. by Tarn & Griffith, p. 1.

징짓는 것들이다.

헬레니즘 시대는 특히 문화지리학 연구자들에게 대단히 흥미롭다. 나는 이 시대를 르네상스나 지리상의 발견 시대[47] 와 비교하고 싶은 욕망을 참을 것이지만(그 유사성은 피상적이고 차이점은 심대하다), 새롭고 상이한 환경과 그 속에서 살아가는 사람을 알게 된 서구 문명사에서 특별한 문화접촉의 시대 중 하나임은 분명하다. 헤로도토스의 저작에 나오는 예들도 인상적이긴 하지만 스트라본(Strabo)*의 저작들에 비할 수 없으며 만약 헬레니즘 시대의 저작이 더 많이 남아 있었더라면 두 시대 간 차이는 더욱 커졌을 것이다.

그렇지만 차이점에만 매달려서는 안 된다. 비교 역시 중요하다. 알렉산드로스의 원정에 참여한 그리스인이 본 것은 정말로 대부분 새로웠다. 심지어는 과거의 것이나 익숙한 것조차도 새로운 눈으로 보게 되었다. 오랫동안 이집트와 교류한 덕분에 이들은 나일 강 유역의 비옥함과 바로 옆 나라 리비아 사막의 혹독함 및 황량함 간의 차이를 잘 알았다. 때문에 원정 도중에 접한 페르시아의 식생이 그렇게 낯설지는 않았다. 아나톨리아(Anatolia)**의 식생은 지중해와 비슷했다. 태양이 작열하는 메소포타미아 평원은 아프리카의 불모지를 연상시켰고, 그리스인은 오래전부터 폰투스(Pontus: 아나톨리아 북동부에 있던 옛 왕국_옮긴이)에 대해서 잘 알았다.

인도 원정은 눈에 띄는 유사성을 보여주었다. 서쪽에 나일 강이 있다면 동쪽에는 풍부하고 풍성한 식생을 가진 상록 열대지역에 부분적으로 속한 펀자브(Punjab)가 있었다. 리비아 사막의 시와(Siwa) 오아시스가 있는 서쪽을 여행할 때는 거대한 암몬(Ammon) 오아시스의 풍요로운 식생을 볼 수 있었다. 그러나 동쪽에서는 고통스러운 원정 중에 발루치스탄(Baluchistan)**의 황량한 모래바다를 가로질러 갔다. 하지만 완전히

---

47) 이와 관련된 논의를 살펴보려면 *HW*, Vol. 1, pp. 127~129를 보라.

새로웠던 것은 풍요롭고 숲이 우거진 히말라야의 선선한 산비탈과 인더스 강 삼각주에서 페르시아 만까지 뻗은 아라비아 해 북서 해안의 맹그로브 숲이었다. 48)

테오프라스토스(Theophrastus)*의 저서 《식물의 역사》(Historia Plantarum)***는 이처럼 많아진 전 세계 식생에 대한 지식의 산물이다. 제 4권 "특수한 지역과 장소에 고유한 나무와 식물에 관하여"를 읽으면서 과연 그 누가 그러한 지식이 지중해와 이집트에서부터 인더스 강에 이르는 지역에서 수집되었다는 것을 알아채지 못할 수 있겠는가? 테오프라스토스는 플라타너스나 가장 키가 큰 포플러나무처럼 거대한 맹그로브나무가 물속에 서 있는 인더스 강 어귀 근처의 섬에 가본 것처럼 썼다. 밀물이 밀려오면 키가 가장 큰 나무의 뾰죽 솟은 가지를 제외한 모든 것이 뒤덮였기 때문에 썰물 때 나무뿌리에 배를 묶어놓는 것처럼 그 가지에 배를 묶었다. 그는 페르시아 만 틸로스 섬 동쪽에는 나무가 너무나 많아 썰물 때면 보통의 울타리처럼 된다는 것과, 그 섬에는 털을 가진 나무(면화)가 풍부하게 난다는 이야기를 들었다. 식물지리학의 시조가 바로 테오프라스토스라는 브레츨(Bretzl)의 말에 누구나 동의할 것이다. 그리고 그 시작은 알렉산드로스와 함께였다. 원정을 따라다녔던 과학자 겸 여행가들이 새로운 민족지, 지리학, 지질학, 식물학 상의 사실을 관찰해 보고한 것을 그가 가졌기 때문이다. 49)

히말라야와 맹그로브만이 아니다. 이 시기 그리스인은 지중해에 대해서 그들의 선조보다 완벽한 지식을 가졌다. 로스토프제프(Rostovtsev)*가 지적한 대로 근동(Near East)은 스트라본의 《지리학》(Geography)*** 16권과 17권에서 '잘 알려졌으며 왕래가 잦은 땅'으로 나온다. 50) 알렉산드로스의 원정은 헬레니즘 문화를 인더스, 흉노에까지 전했다.

---

48) Bretzl, *Botanische Forschungen des Alexanderzuges*, pp. 1~3에 근거함.
49) Theophrastus, *Enquiry into Plants*, IV, vii, 4~7과 Bretzl, *op. cit.*, pp. 4~5.
50) *HW*, Vol. 2, p. 1040.

서기전 3세기 무렵 프톨레마이오스 왕조****는 동아프리카 해안의 잔지바르(Zanzibar)**와 수단을 점령했다. 열대지방이 거주 가능한 곳이었다는 사실은 아마도 에라토스테네스(Eratosthenes)*가 언급하기 훨씬 오래전부터 알려졌을 것이다. 왜냐면 달리온(Dalion)*이 메로에(Meroë)**를 지나 더 남쪽으로 내려갔기 때문이다. 에라토스테네스 자신이 그 시대의 존경할 만한 전범이었다. 바로 그의 저작 안에 과학적 지리학의 시초가 있다. 그는 선행 이론뿐 아니라 최근에 축적된 지식도 포괄했다. 스트라본은 에라토스테네스가 지구의 지도를 고치려 했던 사람이라고 말한다[II, 1, 2]. 에라토스테네스는 놀라운 정확도로[스타드(stade: 고대 그리스 시대 거리 단위로 현재 약 185m_옮긴이)에 대한 특정 값이 받아들여진다면] 지구 둘레 측정법을 고안한 재기발랄함 때문에 가장 유명하지만 또한 육상 환경과 오이쿠메네를 대조하는 일에도 큰 관심을 보였으며 육상 환경에 오이쿠메네를 정밀하게 배치하길 바랐다. 키프로스의 벌목에 대한 구절로 판단하건대 그는 자신의 문화지리학에서 정부 정책과 토지 변화와의 관계를 분명하게 파악했다(3장 4절을 참고하라).51)

인도로 가는 바닷길의 발견(서기전 117~116), 로마의 에스파냐, 북아프리카, 발칸반도, 갈리아(Galia)** 정복과 식민화를 통해 민족과 환경에 대한 인식은 측정 불가능할 정도로 확대되었다. (바빌로니아에서부터 이탈리아와 시칠리아에 이르는) 세련된 문명의 중심 지역은 "동화된 야만족 왕국, 그리스의 식민국가, 로마의 속주와 복속된 동맹국으로 구성된 (갠지스 강에서부터 대서양에 이르는) 바깥 지역으로 둘러싸여 있었다"고 하이

---

51) Tarn, "The Date of Iambulus: a Note", *Classical Quarterly*, Vol. 33(1939), pp. 192~193. 열대지방 사이 구역에서의 거주 가능성에 대해선 Tittel, "Geminos, 1", *PW*, Vol. 7: 1, col. 1034과 Gisinger, "Geographie"(Eratosthenes), *PW Supp.Bd.*, 4, cols. 606~607을 보라. 에라토스테네스의 관측에 대해서는 Sarton, *Hellenistic Science and Culture in the Last Three Centuries B.C.*, pp. 103~106과 Bunbury, Vol. I, chap. 16, 그리고 Thomson, *History of Ancient Geography*, pp. 158~166을 보라.

켈하임(Heichelheim)*은 말한다. 이 안에 폴리스의 경제가 섬처럼 흩어져 존재하거나 로마의 행정도시가 존재했다. 이곳에서 원주민은 점차 헬레니즘과 로마의 농업 기술을 받아들였다.

그렇게 광대한 지역에 걸쳐 그리스-로마식 발전이 이루어지면서 계획된 식민화, 경제 계획, 자본 형성, 이전과 투자, 환어음, 세계적으로 통용되는 화폐에 의해 "도시의 외관 변화 그리고 에스파냐와 갈리아에서부터 인도와 중앙아시아에 이르는 지역에서는 시골 풍경이 더욱 크게 변모"했다.52) 원시부족에 대한 지식 확장 또한 주목할 만했다. 인더스 강 어귀에서 게드로시아(Gedrosia)와 카르마니아(Carmania)** 해안(즉, 현재의 발루치스탄 해안에서 오만 만의 페르시아 해안)을 따라 샤트-알-아랍(Shatt al-Arab)**까지 항해했던 알렉산드로스 진영의 사람들이 본 것은 얼마나 경이로웠을 것인가! 이후의 관찰자들처럼 이들은 물고기를 먹는 사람들의 땅에 머물렀다.

크니도스(Cnidos)의 아가타르키데스(Agatharchides)*에 대한 권위자 디오도로스(Diodoros)*에 따르면 서기전 246년에서 221년까지 재위했던 프톨레마이오스 3세(Ptolemy III)*는 자신의 친구 심미아스(Simmias)를 보내 그 땅을 염탐하게 했고, 그는 홍해 주변과 현재 발루치스탄 해안으로 추정되는 지역에 사는 민족을 조사했다[III, 18, 4]. 실제로 민족지에 관한 단편만으로 이루어졌고 대부분은 아가타르키데스(Agatharchides, 서기전 2세기 초 인물)로부터 인용한 디오도로스의 책 제3권은 그때까지 쓰인 것 중에서 가장 흥미로운 민족지적 묘사를 담았다.

특히 여기서 흥미로운 것은 아가타르키데스 등의 다른 자료에서 부분

---

52) Heichelheim, "Effects of Classical Antiquity on the Land", MR, pp. 168~169. 이는(이들 언급이 근거를 두는) 헬레니즘 시대에 대한 짧지만 존경할 만한 언급이다. pp. 168~172. 또한 그의 논문 "Monopole"(hellenistisch), PW, 16:1, esp. cols. 157~192를 보라. 1955년의 웨너그렌(Wenner-Gren) 심포지엄에서 하이켈하임 교수가 내게 흥미로운 제안과 토론을 제공했다는 점에서 그에게 빚을 졌다.

적으로 인용한 설명이다[III, 2~10]. 여기서 묘사되는 확신에 찬 에티오피아인은 스스로가 최초의 인간이며 자신들의 문명이 고유하고 창조적이라고 믿는다. 또한 그들은 이집트 문명이 적어도 부분적으로는 자신들의 문명으로부터 유래했다고 믿는 것으로 그려진다. 식량 탐사, 주거, 죽음과 장례 관습, 문화적 고립이라는 주제가 이 놀라운 구절 속에 빈번히 등장한다. 이들을 연구했던 그리스인은 문화적 잣대로서 음식에 깊은 인상을 받았음이 분명하다. 대부분 민족의 이름을 주요 음식의 이름을 따서 붙였기 때문이다. 익티오파기(ichthyophagi: 생선을 먹는 사람), 켈로노파기(chelonophagi: 거북이를 먹는 사람), 리조파기(rhizophagi: 뿌리를 먹는 사람), 힐로파기(hyolophagi: 나무를 먹는 사람), 스페르마토파기(spermatophagi: 씨앗을 먹는 사람) 등의 표현이 홍해와 인도양 주변과 에티오피아 내륙에 사는 민족의 묘사에서 나타난다.

반복적으로 나타나는 흥미로운 주제도 있다. 헬레니즘화에도 불구하고 과거의 토착문화가 살아남았다는 것, 그리고《70인 역 성경》(Septuagint)***과 그리스 신약성서에서 사용된 새로운 공통어인 '코이네어'(κοινή, koine)****의 도움과 그리스 문화에 공감하는 새로운 통치자의 후원하에 이루어진 그리스 문화의 확산이 그것이다. 이 주제는 고대 세계의 민족지를 재해석하는 매우 긴 저작에서 따로 다루어야 할 만큼 극히 복잡한 내용이므로 여기서는 이러한 사실을 언급하고 한두 개의 실례만 언급하는 데 만족할 수밖에 없다. 이 주제는 문화적 차이를 설명하는 데 환경적 설명 외에 다른 대안도 있음을 보여준다.[53] 그 방식은 이 세계를 구성하는 문화들이 깊고 넓게 헬레니즘화되는 것이 아니라 비(非) 그리스 문화가 존속하는 가운데 그리스 문화가 침투하기도 하는 것이다.

---

53) 헬레니즘 문화지리학에 대한 매우 흥미로운 자료들을 보려면 *HW*, Vol. 2, pp. 1053~1134와 Partsch, "Die Grenzen der Menschheit. I Teil: Die antike Oikumene", *Berichte ücächsischen Ges. d. Wiss. zu Leipzig. Philhist. kl.*, Vol. 68(1916), 2 Heft를 보라.

한편 그리스 문화의 축도인 그리스인 거주지는 전형적인 그리스식 주거의 흔적을 모두 유지했다. 따라서 이 시대를 연구하는 연구자들은 헬레니즘 세계의 통일성뿐만 아니라 토착민의 관습과 종교에 대한 통치자의 존중 또한 강조했다. 프톨레마이오스 왕조는 "사원에 내려오는 불멸의 관습을 고치는 데 신중했다". 이들은 "현존하는 전통을 버리고 깊이 뿌리내린 국가적 습관과 관습의 단절을 혐오했다". 이집트 종교에 대한 그리스인의 존중을 설득력 있게 보여주는 것이 파이윰(Faiyûm)**의 필라이(Philadelphia)에서 발견된 아티케 양식의 아누비스(Anubis)**** 봉헌 기둥이다.54)

서기전 3세기에 (이집트 파이윰 지방의 그리스인 권력자이자 재산가이며 재정장관인 아폴로니오스의 고용인) 제논(Zenon)*에게 보내진 편지에 따르면, 소프티스 마을에서 부바스티스 의식(cult of Boubastis)****에 매료되어 고양이 먹이 주는 일을 하던 두 사람은 왕과 아폴로니오스가 그러한 일을 하는 자들의 강제노역을 면제하도록 지시했다고 진술한다. 그러나 경찰 수장 레온티스코스(Leontiskos)는 이들을 추수 밭으로 보냈다. 이들은 제논을 괴롭히고 싶지 않아 명령에 따랐다. 그 후 레온티스코스는 이들을 벽돌 만드는 곳으로 보내고 같은 마을의 두 전문 벽돌공은 쉬도록 했다. 고양이 먹이를 주던 두 사람은 왕과 재정장관(διοικητής, dioiketes)의 명령을 따르게 해 달라고 제논에게 호소한다.55)

에우에르게테스 2세(Euergetes II)*의 포고령 중에는 법정의 관할권을 규정하는 것이 있다. 그리스인과 이집트인 사이에 체결된 그리스어 계약서에 관한 분쟁은 그리스인 판사(χρηματισταί, krematistai)의 관할이 된다. 그리스인과 이집트인 사이에 이집트어로 쓰인 계약서를 놓고 분쟁이 생

---

54) *HW*, Vol. 1, p. 281, 291. 봉헌 기둥은 Plate 39, Vol. 1, facing p. 319에 나온다.

55) *P. Cairo Zen.*, 59451. 그리스와 이집트의 종교의식에 대한 아폴로니오스의 관심은 제논 파피루스에 종종 나온다. 연대는 미상.

기면 이집트인 사이의 분쟁과 마찬가지로 국법에 따라 이집트인 법정 관할이 된다.[56]

한편 파이윰 같은 그리스 식민지 및 제논의 문서고에 관한 연구는 앞으로 3장에서 보겠지만 전통적 이집트 배경 속에 자리한 그리스인 거주지의 새로움과 역동성이 인상적이다. "그러나 이집트의 그리스 상부 구조는 중요하긴 했지만 상부 구조에 불과할 뿐이었다".[57] 이집트의 그리스인은 생활과 종교적 감수성에 있어 오랜 경험을 지닌 고대 문화의 땅으로 들어온 이주자들이었다.

근동에서의 삶이 갖는 명백한 지속성과 불변성은 유동적이고 변화무쌍한 그리스인의 삶의 속성과는 매우 대조적이라는 점에서 그리스인에게도 새롭게 다가왔을 것이다. 디오도로스의 글 중 특히 인상적인 구절이 이러한 대비를 보여준다. 그는 바빌로니아의 칼데아 점성가들의 오래된 역사를 이야기한다. 이들은 신에게 봉사하도록 정해졌으므로 평생 공부를 계속하며 '점성술 분야에서 가장 위대한 명성을 떨치는 존재'가 되었다. 또한 그들은 다양한 방법을 이용하여 예언과 점치기에 종사한다. 이들의 훈련은 같은 노력을 기울이는 그리스인의 것과는 사뭇 달랐다. 이들에게 공부는 (국가에 대한 다른 모든 의무를 면제받은) 아버지에게서 아들에게로 대물림되는 것이었다. 부모는 성심을 다하는 선생이고 자식은 믿음직한 학생이며, 어린 시절부터 받은 훈련은 뛰어난 기술을 습득하게 했다. 그리스인 중에 준비 없이 많은 수의 과목을 공부하는 학생은 아주 늦게 이러한 고등 공부로 넘어간다. 이런 학생들은 힘들게 노력하다가 포기하고 생계 때문에 공부에서 멀어진다. 오직 소수만이 고등 공부까지 올라가며 돈을 벌기 위해 이를 계속한다. 이들은 "선배들이 갔던 길을 따르는 대신 가장 중요한 교의의 연계를 통해 혁신을 만들려고 언제나 노력한다". 야

---

56) *The Tebtunis Papyri*, 5, 207~220 = Vol. 1, pp. 54~55.

57) *HW*, Vol. 1, pp. 265~266, 인용은 p. 205 ; cf. p. 55.

만인들이 "항상 똑같은 일에 매달려 모든 세부사항을 꿰뚫는" 반면 이익을 추구하는 그리스인은 "계속해서 새로운 학파를 세우고 추론에서 가장 중요한 문제가 무엇인지를 두고 서로 싸우면서 자신의 학생들이 모순적 견해를 가지게 만들고 정신을 혼란에 빠뜨린다. 평생을 이리저리 흔들리면서 어떤 것도 확신하지 못하게 되는 것이다".[58]

초기 셀레우코스 왕조****는 프톨레마이오스 왕조처럼 신중하여 피정복인들의 종교적 감성을 공격하는 일은 하지 않았다. 이에 대한 증거는 상당히 많지만 한 가지 예로도 충분할 것이다. 바빌로니아의 성스러운 도시 우루크(Uruk: 현재 지명은 와르카)**는 "셀레우코스 왕조 시대에도 바빌로니아 종교, 교육, 과학의 중심지였다".[59] 이러한 예시를 통해 어떤 단순한 관찰자도 역사와 전통이 문화적 다양성에 기여했다는 것을 파악할 수 있다. 이러한 관찰을 다른 방식으로 이야기할 수도 있다. 즉, 헬레니즘 시대에는 '오이쿠메네' 개념이 괄목할 정도로 확장되었다. 초기에 '거주 가능한 세계'는 주로 지리적 개념이었지만 헬레니즘 세계에서는 문화적 의미도 더불어 내포한다.

플루타르코스는 다른 민족을 가르치고 때로는 그들의 관습을 변화시키기도 한 알렉산드로스의 업적을 칭송한다. 알렉산드로스가 아시아를 문명화할 무렵 사람들은 "호메로스를 흔하게 읽고 페르시아, 수사, 게드로시아의 아이들은 소포클레스(Sophocles)*와 에우리피데스(Euripides)*의 비극을 노래하는 법을 배웠다". 외국 신을 소개했다는 혐의로 재판을 받았던 소크라테스(Socrates)*는 아테네인 고발자의 제물이 되었던 반면에 "알렉산드로스를 통해 박트리아(Bactria)**와 카프카스는 그리스 신들을 숭배하는 법을 배웠다".

플루타르코스는 근대 학자들에 비해 알렉산드로스가 정복한 지역 사람

---

58) Diodorus, II, 29, 3~6. 또한 내가 참고한 Kaerst, *Gesch. d. Hellenismus*, Vol. 2, pp. 149~150을 보라.

59) *HW*, Vol. I, p. 435.

들의 문명화되지 못하고 야만적인 면을 더욱 강조하면서 근동의 오랜 도시 전통을 무시한다. 알렉산드로스는 "야만인 부족 사이에 70개 이상의 도시를 건설했고 모든 아시아인에게 그리스인의 위엄을 보였으며, 이로 인해 문명화되지 못한 야만적 생활방식을 극복했다. 플라톤의 《법률》을 읽은 이는 우리 중에 드물지만, 알렉산드로스의 법은 수십만 명이 사용했고 여전히 사용된다". 알렉산드로스에게 정복당하는 편이 피하는 것보다 나았다. 정복당한 민족은 문명화될 수 있기 때문이다. "이집트는 알렉산드리아, 메소포타미아는 셀레우키아(Seleuceia), 소그디아나(Sogdinia)는 프로프타시아(Prophthasia),** 인도는 부케팔라(Bucephala),** 카프카스는 그리스식 도시를 가지지 못했을 것이다 …".60)

이처럼 확장된 개념은 알렉산드로스의 정복이 코이네어, 이 지역의 헬레니즘화, 스토아철학에 미친 영향과 관련이 있다. 플루타르코스는 스토아주의의 창시자인 제논의 사상에 찬성하며 말을 바꿔 설명한다. 제논의 핵심 원칙은 "이 세계에 거주하는 자 모두가 자신들 각각의 정의 규범에 의해 독자적 도시와 공동체로 분화된 삶을 살아서는 안 되며 모든 사람을 하나의 공동체와 정치 제도의 일원으로 간주해야 한다. 그리고 함께 풀을 먹으며 공동의 들판을 공유하는 목동처럼 공동의 생활과 공통되는 질서를 가져야만 한다"는 것이다. 플루타르코스에 따르면 알렉산드로스는 항상 "하나의 커다란 친목의 잔(loving cup: 양쪽에 손잡이가 달려 돌아가며 마실 수 있는 잔_옮긴이) 속에 인간의 삶, 성격, 결혼, 생활 습관 등을 통합하고 섞어" 사람들을 하나로 만들고자 했다. 플루타르코스는 다리우스의 옥좌에 앉은 알렉산드로스를 볼 기회를 갖지 못한 것에는 아무런 부끄러움도 없다고 말하지만 "알렉산드로스가 백 명의 페르시아 신부와 백 명의 마케도니아 및 그리스 신랑을 금장 천막에 불러 모아 하나의 가정으로 통합시키는 아름답고 성스러운 결혼식이 있었더라면 증인으로 기꺼이 참석했

---

60) Plutarch, *On the Fortune or the Virtue of Alexander*, Ⅰ 328D, 328D~E, 329A.

으리라 생각한다"고 밝혔다.

알렉산드로스는 모든 사람이 하나의 이성의 법칙, 하나의 통치 형태에 복속되기를 희망했고, 모든 사람이 하나의 민족이 되기를 바랐다. 그리고 이런 목표를 이루려고 했다. 신이 그의 영혼을 그토록 빨리 거두어 가지 않았더라면 이 같은 통일이 이루어졌을지도 모르겠다. 61) 보편적인 공감대, 설계의 일부인 인간-자연 간 상호 관계, 세계에 대한 신의 돌봄, 신성에 대한 인간의 보편적 참여를 강조했던 스토아주의 역시 알렉산드로스의 희망 속에서 예시된 세계시민주의를 장려했다. 62) 그러므로 비록 기록은 분명 철저하지 않겠지만, 지리적 오이쿠메네뿐만 아니라 문화적인 오이쿠메네라는 사고 역시 광범위하게 확산되었을 것이다. 서기전 3세기의 포세이디포스(Poseidippus)*는 다음과 같이 말했다. "많은 도시가 있지만 그들은 하나의 헬라스(Hellas: 그리스_옮긴이)이다". 63)

알렉산드로스와 그 시대에 관한 플루타르코스의 언급과 《바빌론 유수에 대하여》(On Exile)에 표현된 '인간의 집은 세계'라는 플루타르코스의 사고는 전쟁의 비참함, 노예, 잔인함으로도 악명을 떨쳤던 시대에 이 같은 정서가 있었다는 사실을 일부 전달한다. 64)

헬레니즘 시대에는 자연적·문화적 환경에 대한 인식이 더욱 날카로워졌을 뿐만 아니라 긴 기간에 비해 그 증거가 빈약하긴 하지만 자연에 대한 미학적·철학적·시적·예술적 태도 또한 변모된 것 같다. 자연의 상(像), 자연현상과 인간 정서의 비교, 꽃이나 미풍 같은 자연의 개별적 측

---

61) *Ibid.* I, 329A~B, 329C, 329D~E, 330D에서 인용.

62) Kaerst, *Die Antike Idee der Oikumene*, p. 13 ; Tarn, *Hellenistic Civiliz.*, pp. 79~81.

63) Kock, ed., *Comicorum Atticorum Fragmenta*, Fr. 28, Vol. 3, p. 345를 Tarn, *op. cit.*, p. 86에서 재인용.

64) Plutarch, *On the Fortune or the Virtue of Alexander*, I 329A~D, *On Exile*, 600D~602D. 이 시기의 인간적 불행에 대해서는 특히 *HW*, 4, 6장과 Tarn, *op. cit.*, 3장을 보라.

면이나 경관 속에 스스로를 드러내는 개별 구성 요소의 조화에 대한 인식 등 고대 세계에 존재했던 자연에 대한 이러한 느낌은 근대 지식을 이용해 재평가할 필요가 있다. 물론 기초 자료가 크게 변한 것은 아니고 연구가 부족한 것도 아니다. 추가적인 금석학적·고전학적 자료 또는 꽃병의 그림이나 이와 유사한 다른 것들이 현재 남은 저술 자료와 근대의 전공 논문에 분명하게 드러나는 주요 흐름에 심각한 타격을 줄 것 같지는 않다. 하지만 내가 아는 한 이 주제에 대한 최근의 철저한 연구는 없다. 가장 세밀한 연구는 19세기에 쓰인 문학 및 예술사가들의 연구이다.

그렇다면 자료의 재평가가 필요하다는 점, 그리고 이 작업이 이 책의 범위를 넘어선다는 점을 염두에 두고 자연에 대한 근대적 태도의 뿌리가 그 이전 시대보다는 헬레니즘 시대에서 발견된다고 믿을 만한 실질적 근거를 살펴보자. 분명 이 근거는 앞서 언급한 이유와 많은 자료가 소실되었다는 점 때문에 실증이 어려운 것이 사실이다. 이 주제는 과거보다 훨씬 더 다양한 분야 — 시학, 미문학(美文學), 철학, 종교, 풍경화, 농업 저술 — 로 넓게 흩어졌다. 자연에 대한 실제적이고 생생한 묘사는 종교적 주제와 구분됨은 물론 호메로스의 다신론과도 확연히 다르다고 잠정적으로 말할 수도 있다. 만일 그것이 종교적이라면 아마도 스토아주의의 저술에서처럼 설계론을 위한 자연 묘사일 것이다. 에피쿠로스 철학 — 이들에게도 역시 세계는 통일성을 가지지만 그 창조주는 유일신이 아니라 자연이다 — 은 자연을 생생하게 묘사한 루크레티우스의 저작에 영감을 불어넣을 수 있었다. 헬레니즘 시대 동양식 정원에 대한 인식, 가로수를 심은 길, 도시 속에 자연적 거주지를 만드는 데 대한 관심, 좀더 동쪽의 문화에서 받은 영감 등은 이전의 그리스 세계에서보다 자연에 대한 감성을 훨씬 더 두드러지게 했다.

헬레니즘 시대처럼 도시와 농촌의 대비를 강한 자의식을 가지고 뚜렷하게 드러낸 적은 서구 문명 역사상 이전 어떤 시대에도 없었다. 아마도 이는 도시 건축물뿐 아니라 도시 규모의 확대라는 당대의 도시 생활 특유의 조건이 가져온 결과일 것이다. 이러한 관찰이 새로운 것은 아니다. 비슷한 관찰이 그리스와 로마의 자연 감성을 다룬 뵈어만(Woermann)*의 1871년 저작과 풍경화의 초기 역사를 연구한 헬비히(Helbig)*의 1873년 저작에 나타난다. 65) 헬비히는 헬레니즘 시대 이전의 자연은 영원히 존재하는, 절대로 사라지지 않는 선(善)이었다고 논의했다. 그는 거대한 헬레니즘 도시의 등장 때문에 자연으로부터의 인간 소외가 일어났다고 주장했다. 나아가 자연에 대한 인간의 의존이 매우 강력하기 때문에 자연으로부터의 인위적 분리는 모두 교감을 되살리려는 시도, 자연에 대한 자의식적 정서, 독특한 예술적 표현 양식을 불러일으킨다고 주장했다.

헬비히와 뵈어만 모두 동양식 정원이 알려진 후에 발생한 영향을 강조했다. 도시 규모와 화려함의 성장(문화는 도시 안에 집중되었다)은 도시와 농촌을 대비시켜 보는 인식을 낳았고, 이는 당대 그리고 바로 직후인 로마 시대에 자연에 관한 문학을 잉태시켰다. 뵈어만과 헬비히의 이 두 저작은 여전히 자극이 되고 힘이 넘치지만 확신에 찬 이들의 결론은 단지 흥미로운 가능성에 불과할 뿐이다. 왜냐하면 여기서 논의되는 사고가 가장 자의식적이고 의사 표현이 분명한 거주자에게만 적용될 수 있기 때문이다. 즉, 이 결론이 일반적 믿음에 속하지는 않으리라는 의문을 제기할 수 있는 것이다.

부족한 증거 때문에 헬레니즘 시대의 자연관을 일반화하기는 거의 불가능하다. 비온의 저술에서 몇 줄 찾아볼 수 있는 테오크리토스의 목가시는 수 세기 동안의 기간을 요약하는 데 있어 호메로스보다 더 낮지 않

---

65) Woermann, *Ueber den Landschaftlichen Natursinn der Griechen und Römer*, pp. 65~66. 또한 그의 다른 책 *Die Landschaft in der Kunst der alten Völker*, 그중에서 특히 pp. 201~215, 그리고 Helbig, "Beiträge zur Erklärung der Campanischen Wandbilder, II", *Rheinisches Museum*, N. F., Vol. 24(1869), pp. 497~523 중 특히 p. 514와 그의 *Untersuchungen über die Campanische Wandmalerei*, 23장을 보라. 나는 자극을 주는 이들 저작에 매우 많은 빚을 졌는데, 특히 이 저작들 덕분에 막대한 원 자료를 재인용할 수 있었다.

다. 그러나 당대의 표현에서 발견되는 자연에 대한 의미 있는 태도를 보여주기 위해 나는 대표성의 문제와는 상관없이 익숙한 헬레니즘 시대와 로마 시대의 작가들부터 몇 구절을 인용하고자 한다. 일반적으로 이것들은 신화적 주제나 신들의 활동을 다루는 경우라도 사실적 성격을 띤다. 이런 유형의 구절은 짧은 형용어구나 직유보다는 좀더 오래 지속되었다. 이러한 구절에는 관찰, 시골길 걷기, 목동과 대화한 흔적이 담겨 사실성이 있다.

이 중 첫 번째 작품인 (서기전 3세기의) 로디오스의 《아르고 원정대》는 이아손과 그의 친구들이 '아르고 호'를 타고 콜키스(Colchis)****로 황금 양털을 찾아 항해하는 이야기로 가장 오래된 그리스 모험담에 속한다. 여기서 우리의 관심사는 이야기가 아니라 항해 과정에서 이따금 등장하는 다음과 같은 자연 묘사이다.

① 티사이 곶을 지나 항해할 때 오이아그로스의 아들이 리라를 켜며 "운율에 맞춰 아르테미스를 노래했고", 그가 노래할 때 "크고 작은 물고기가 깊은 바다에서 뛰어 올라와 뱃길을 따라오며 노닐었다. 주인인 양치기가 기운차게 날카로운 피리 소리를 내며 앞장서면 수많은 양이 그를 따라 자신들을 배불리 먹여주는 목장으로 향하듯 이 물고기들도 뒤따라왔으며 연이어 부는 순풍은 배를 앞으로 밀어주었다"(I, 570~579).

② 이아손은 아탈란테가 주었던 창을 들고 "빛나는 별처럼 도시로 걸어갔다. 그 별은 집 위 어두운 창공에 떠올라 불그레하게 빛나면서 새로 지어진 방에 틀어박힌 처녀들의 눈을 황홀하게 만들고 처녀들은 부모가 신랑감으로 정해둔 멀리 이방인들 사이에 가 있는 청년을 그리며 환호한다. 마치 그 별처럼 영웅은 도시로 들어갔다"(I, 775~781).

③ 스킬라와 카리브디스 사이의 여로에서, 그들은 (돌고래처럼 배의 주위를 맴도는) 네레이데스와 (뱃길을 안내하는) 테티스의 도움을 받는다. "파도가 배를 들어 올리고 집채만 한 사나운 파도가 암초 위로 부서졌다.

네레이데스는 높이 솟은 바위산처럼 한순간 하늘에 닿았다가는 바다 깊이 바닥까지 내리꽂혔고 성난 파도가 홍수처럼 그 위로 쏟아졌다"〔IV, 920~979; 인용문은 943~947〕.

④ 빛 — 그중에서도 특히 아침의 빛 — 에 대한 섬세한 묘사가 나온다. 아침 빛은 아름다움을 더하고 경관에 대한 전체적 인상을 더한다. "지금은 … 찬란한 새벽이 눈을 반짝이면서 높이 솟은 펠리온 산꼭대기를 바라보고, 고요한 곳은 … 바람이 바다를 흩뜨리자 흠뻑 젖었다 …"〔I, 519~521〕, "그러나 저 멀리 떠오르는 태양이 이슬 젖은 언덕을 비추면서 목동을 깨우자" 그들은 밧줄을 풀고 전리품으로 가득한 배를 타고 "순풍을 맞으며 소용돌이치는 보스포루스 해협(Bosporus Strait)**을 항해해 나아갔다〔II, 164~168〕.

⑤ 헤라와 아테나는 에로스로 하여금 아이에테스의 딸 메데이아를 에로스의 화살로 찌르게 해 메데이아가 이아손을 사랑하게 만들라고 재촉하기 위해 에로스의 어머니 키프리스(Cypris: 아프로디테의 별칭_옮긴이)를 방문한다. 이들은 일을 지체 없이 성사시킨다. 에로스는 "제우스 신전의 풍요로운 과수원을 지나고" 올림포스의 구름 대문을 통과해 하늘에서 지상으로 난 길을 따라 내려갔다. "그가 넓은 창공을 가로질러 가자 생명을 주는 대지와 인간의 도시, 성스러운 강줄기, 산봉우리와 주변의 바다가 아래에 펼쳐졌다"〔III, 164~166〕.

⑥ "이제 신성한 빛을 가지고 돌아온 새벽은 어두운 밤을 공중에 흩어버렸다. 섬의 해안은 크게 웃었고 평야 위의 길은 이슬이 맺힌 채 멀어졌으며 거리는 떠들썩했다. 사람들이 도시 전체에서 들썩거렸으며 저 멀리 마이리스 섬 끝자락의 콜키스 사람들도 마찬가지였다"〔IV, 1170~1175〕.

⑦ 심리 상태와 자연의 외관을 비교하기도 한다. 이아손과 사랑에 빠져 걱정으로 잠 못 이루는 메데이아는 황소의 힘에 맞서야 하는 그의 운명을 염려한다. "들통이나 가마솥에 금방 쏟아부은 물에 반사된 햇빛이 집 벽에서 떨리듯이 그녀의 심장은 가슴 속에서 빠르게 고동쳤다. 여기

저기 빠른 소용돌이 물결 위로 햇볕이 쏜살같이 움직이며 춤을 추었고, 처녀의 심장 역시 가슴 속에서 떨렸다"[III, 755~759].

이 시기 자연에 대한 느낌을 보여주는 예 중 가장 친숙한 것은 테오크리토스, 비온, 모스코스의 저작(또는 관례적으로 이들의 저술에서 유래되었다고 인정된 저술)에 등장한다. 이러한 목가적인 시, 특히 테오크리토스의 작품에서 염소 목동의 지팡이, 벌떼, 목초지 등과 같이 지중해 농촌 생활의 세세함에 대한 매력적 언급이 엿보인다. 이 같은 묘사의 신선함은 도시를 대상으로 한 작품에서도 뚜렷이 나타난다. 알렉산드리아를 배경으로 하는 《아도니스 축제의 여인》(*The Women at the Adonis Festival*)이 그 예다.

고르고(Gorgo)는 아침에 프락시노아(Praxinoa)에게 프톨레마이오스 2세(Ptolemy II)*의 궁전에서 열리는 아도니스 축제에 가자고 기별을 넣는다. 알렉산드리아의 인파 가득한 거리를 뚫고 지나가는 어려움 속에서 이어지는 고르고의 탄식, '이 끔찍한 인파를 어찌 뚫고 나갈까, 얼마나 걸릴지 가늠도 못하겠구나. 마치 개미탑 같구나!' 그들은 궁전에 도착한다. 그곳에서 고르고는 프락시노아에게 섬세하고 우아한 자수품을 경배하라고 조른다. 프락시노아는 "아테나의 신랑이라도 되나 보지?"라고 응수한다. 고르고는 직물공과 자수공이 이처럼 섬세한 작품을 만들 수 있다는 데 경탄한다. "저 속에 들어 있는 생동감 있는 표현이 진정 가능할 수 있다니! 살아 있어! 사람의 능력이란 참으로 경이롭소!" 그리고 성스런 청년 아도니스에 대해서는 "빰에 솜털 수염을 이제 막 보이면서 은빛 침상에 누운 그의 아름다운 자태는 얼마나 완벽한가!"라며 찬탄했다 [Theocritus, Idyll XV, 78~86].

전원의 소리와 풍경에 대한 농촌 판(版) 경탄도 있다. 티르시스(Thyrsis)는 "저쪽 샘가에서 음악 소리를 자아내는 소나무의 속삭임은 달콤하고, 염소 목동이여, 당신 피리의 멜로디 역시 달콤하다오"[Id. I, 1~

3]라고 노래한다. 염소 목동의 생활을 상세한 필치로 표현한 구절도 있다. "나는 아마릴리스 궁전으로 간다네. 내 염소는 티티루스(Tityrus)가 몰아가는 대로 언덕을 따라다니며 풀을 뜯는다네. 사랑하는 티티루스여, 부디 내 염소에게 먹이를 주고 물을 먹여 주오. 선한 티티루스여, 조심하오. 그렇지 않으면 숫염소와 저쪽 노란 빛의 리비아 염소가 당신을 뿔로 받아버릴 거요"[Id. III, 1~5]. 염소 목동은 티르시스에게 그가 전원음악의 초보자가 아니라고 말해 준다. "그러니 이리 와서 저기 느릅나무 아래 떡갈나무와 양치기의 자리가 있는 곳에 프리아푸스(Priapus)****와 샘의 여신을 마주보고 앉으시게나"[I, 19~23]. 다섯 번째 목가에서 라콘(Lacon)은 코마타스(Comatas)에게 다음과 같이 말한다. "야생 올리브와 작은 관목수풀 아래 앉으면 노래가 더 잘 나올 거야. 그곳에는 시원한 물이 떨어지고 이곳에는 녹색의 풀들이 풀침대를 만들고 메뚜기들이 운다네"[V, 31~34]. 그러나 주위의 자연환경에 대한 코마타스의 취향은 달랐다. "그 쪽으로는 절대 안갈 걸세. 여기 내겐 떡갈나무와 덩굴들이 있어 벌집에서는 벌들이 용감한 소리를 내고, 당신에게 시원한 물을 주는 두 개의 샘도 있지. 나무 위에서 재잘거리는 것은 메뚜기가 아니라 새들이고, 그늘도 네 것보다 훨씬 좋아. 게다가 열매를 떨구는 잣나무도 머리 위에 있어"[V, 45~49].

《추수마당》(*The Harvest-Home*)에서 시인과 친구들은 추수 축제에 참석하기 위해 코스(Cos)**에서 시골로 여행을 떠난다. 가는 도중 그들은 앞서가던 염소 목동인 키도니아(Cydonia)**의 리키다스(Lycidas)를 따라 잡는다. "그런 행색을 하는 사람은 그 말고는 아무도 없기 때문에 누구라도 그를 알아볼 수 있지. 어깨 위에는 줄에 엮인 풋사과를 짊어졌고 거친 털의 황갈색 숫염소 가죽을 걸쳤어. 가슴에 두른 넓은 벨트로는 오래된 웃옷을 동여맸고, 손에는 야생 올리브 지팡이를 쥐었어"[VII, 10~20]. 그들은 염소 목동과 헤어져 다른 길로 갔다. 그들 중 세 명 "에우크리토스(Eucritus), 나, 귀엽고 어린 아민타스(Amyntas)는 프라시다무스

(Phrasidamus)의 집에 들어 향기로운 짚과 방금 자른 포도나무 가지로 만들어진 녹색침대 깊숙이 즐겁게 누웠다네. 여러 그루의 미루나무와 느릅나무가 머리 위에서 휘어지며 바스락거렸고, 그 바로 옆에서는 님프의 동굴에서 흘러나온 신성한 물이 솟아올랐다네. 갈색 귀뚜라미는 그늘진 곳의 나뭇잎 더미 속에서 바쁘게 울어댔고 나무 개구리는 멀리 떨어진 빽빽한 가시덤불에서 중얼거렸다네. 종달새와 오색 방울새는 노래했고, 거북이는 읊조렸으며, 샘 주위로 벌들이 붕붕거리며 이리저리 날아다녔다네. 모든 자연은 풍요로운 여름의 내음과 계절 과일의 내음을 풍겼다네. 우리 발치에는 배가, 양 옆에는 사과가 떨어졌으며 풍성하게 굴러다녔다네. 자두의 무게 때문에 어린 가지는 땅으로 휘어져 내렸다네"[Vii, 128~146].

카스토르(Castor: 그리스 신화의 영웅으로 폴리데우케스와 쌍둥이 형제_옮긴이)와 폴리데우케스(Polydeuces)에 대한 테오크리토스의 송가에서 아르고 원정대원은 사다리를 타고 내려갔다. 일행과 떨어져 돌아다니던 카스토르와 폴리데우케스는 "언덕 사이에 온갖 수종의 나무가 자라는 야생 숲"을 본다. 평평한 바위 아래에서 그들은 깨끗하고 맑은 물이 넘쳐흐르는 샘을 발견했다. 바닥의 조약돌은 은이나 수정 같았고 주변에는 크고 긴 전나무, 포플러, 플라타너스, 뾰족한 편백나무가 자라고 있었다. "샘이 흐르는 초지에 만발한 향기로운 꽃들은 사랑스러웠고 벌들은 부지런히 꽃을 찾아 다녔다네"[XXII, 34~43].

비온과 모스코스의 작품에는 인간과 자연 간의 공감, 즉 인간의 불행에 대한 자연의 연민을 암시하는 구절들이 등장하여 러스킨이 매우 싫어했던 '연민의 오류'를 시사한다(Modern Painters, IV부, 12장). 비온의 《아도니스 애가》(Lament for Adonis) (30~39)에는 님프와 아프로디테뿐 아니라 자연의 구성 요소 또한 아도니스와 키프리스를, 생전에는 아름다웠지만 아도니스의 죽음과 함께 소멸한 사랑스러움을 애도한다.

모든 언덕과 더불어 '키프리스의 불행'을, 계곡과 더불어 '아도니스의 불행'을 노래하네. 강들은 아프로디테의 슬픔을 흐느끼고, 산의 우물들은 아도니스를 위해 눈물을 흘리네. 작은 꽃들은 슬픔으로 붉게 물들고 키테라(Cythera)** 섬에서는 모든 구릉과 협곡이 '슬프도다 키테레이아 (Cythereia: 아프로디테의 별칭_옮긴이)여, 아름다운 아도니스가 죽었다네'를 구슬프게 노래하고, 울음의 메아리는 그녀에게 다시 돌아오네. '아름다운 아도니스가 죽었다네'.

이와 비슷하게 《비온 애가》(*Lament for Bion*)에서도(보통 모스코스의 작품으로 출판되는데 아마도 비온의 제자 작품일 듯) 그와 같은 연민이 자연으로부터 나온다.

그를 위해 통곡해다오, 너 숲 속의 작은 빈터여. 통곡해다오, 달콤한 도리아의 물이여. 너 강물이여 바라건대 사랑스럽고 유쾌한 비온을 위해 눈물을 흘려다오. 풍요로운 과수원이여 지금 애도해다오. 작은 숲이여 부드럽게 신음소리를 내어다오. 꽃들이여 비탄으로 헝클어진 모습을 보여다오. 장미여, 너의 붉음이 슬픔이 되기를. 아네모네여, 너의 색이 슬픔이 되기를 기도해다오. 붓꽃이여, 너의 애도문을 크게 낭독하여 너의 활짝 핀 꽃들이 영원히 읊게 해다오. 아름다운 음악가가 죽었다네. 66)

모스코스의 것으로 알려진 단편에서 한 어부는 원소와 그것들이 자신에게 어떻게 영향을 주는지를 묵상한다.

바람이 푸른 바다 위를 부드럽게 때릴 때, 이 겁 많은 심장은 가슴 속에서 두근거리고 대지에 대한 나의 사랑은 거대한 물을 향한 갈망을 낳는

66) *The Lament for Bion*, 1~7. 저녁 별에 대한 비온의 단편 9와 갈라테아의 연인에 대한 단편 12는 자연과 교감하는 정서를 사랑 및 보답을 바라지 않는 애정과 결부시킨다.

다네. 그러나 깊은 물이 어둡고 요란해지며 바다가 차올라 거품이 일면서 길고 거친 파도가 치기 시작하면 나는 해변과 나무를 굽어보며 바다를 떠난다. 그러면 대지가 나를 반겨주고 그늘진 녹색 숲은 즐겁다. 바람은 전혀 거칠지 않고 소나무는 노래한다네.

어부는 바닷가의 생활, 즉 플라타너스 나무 아래에서 "가까운 곳에서 들리는, 촌뜨기의 귀를 방해하지 않는 생기 있고 활기찬 봄의 소리를 들으며" 잠드는 것을 더 좋아한다[Fr. 4].

농촌 생활에 대한 세세한 묘사 같은 헬레니즘의 취향에 강한 영향을 받은 로마 작가들 사이에서는 자연과의 교감과 도시와 전원의 비교 같은 주제가 힘 있고 아름답게 또는 콜루멜라처럼 신랄하게 묘사되기도 했다. 다음과 같이 루크레티우스의 자연에 대한 이미지들을 떠올리면 될 것이다.

① 생명을 부여하는(*alma Venus*), 아이네이아스(Aeneas)****의 어머니이자, 따라서 로마인의 어머니이자 사랑의 여신인 비너스에게 루크레티우스는 첫 구절에서 다음과 같이 말한다. "그대, 여신이여, 당신은 하늘의 바람과 구름을 날려 보내기 위해 회전합니다. 당신을 위해 별난 기술자(*suava daedala tellus*) 대지는 달콤한 향을 내뿜는 꽃을 피웁니다. 당신을 위해 대양의 수면은 미소 짓고, 분노를 버린 하늘은 퍼져 나가는 빛을 비춥니다". 봄이 되어 강한 서풍이 불어오면서 "우선 높은 하늘의 새들이 여신인 당신의 강림을 알리고 그들의 심장은 당신의 위용에 떨립니다. 길이 잘 든 야수들은 흥분해서 살진 목초지 위를 껑충껑충 뛰어다니고 흐르는 강에서 헤엄칩니다. 당신의 매력에 매료되어 인도하지 않아도 당신이 가는 곳을 열망하여 당신을 따릅니다". 오직 비너스만이 "사물의 본성의 안내자이며, 당신의 도움 없이는 아무것도 밝은 빛의 해안으로 나올 수 없고 즐겁고 사랑스럽게 되지 않습니다. 나는 당신이 이 시를 쓰는 데 도움을 주시길 바랍니다 …". 67)

② 육체는 기쁨을 주고 고통을 멀리하는 것만을 원한다. 자연은 궁정의 연회도, 타오르는 횃불을 움켜쥔 소년을 새긴 금 조각상도 필요로 하지 않는다. 류트(lute: 가장 오래된 현악기의 하나_옮긴이) 소리가 번개 무늬나 금박으로 장식한 서까래를 울리고 다시 류트를 공명시키는 일도 필요치 않다. 사람들이 "키 큰 나무의 가지 아래에서 흐르는 개울 가까이 푹신한 잔디밭에 벗들과 함께 누워, 특히 날씨가 이들에게 미소 짓고 녹색 풀밭 위에 꽃을 흩뿌리는 계절에는 돈 한 푼 들일 필요 없이 육체를 건강하게 재충전할 수 있다"[II, 20~33].

③ "좋은 목초지에서 풀을 뜯는 언덕 위의 양떼들은 자신을 부르는 곳으로 슬금슬금 따라와 신선한 이슬을 머금은 풀들의 유혹을 받고, 배불리 먹은 양은 이리저리 뛰놀고 뿔로 받으며 장난친다. 하지만 이 모든 것들이 멀리 떨어진 우리에겐 흐릿하게 보여서 녹색 언덕 위에 하얀 덩어리가 누워 있는 듯하다"[II, 317~322].

④ "조각된 신의 성소 앞에 송아지를 눕히고 향을 피운 제단 옆에서 도살하여 그 가슴에서 뜨거운 피가 솟구쳐 나오도록 숨을 끊는다. 그러나 자식을 잃은 어미 소는 갈라진 발굽이 찍힌 발자국을 찾아 땅 위를 두 눈으로 유심히 살피며 초록 풀밭을 방황한다. 만일 어미 소가 잃어버린 새끼의 모습을 어딘가에서 찾을 수만이라도 있다면, 그래서 잎이 우거진 숲을 채운 어미 소의 탄식을 멈출 수만 있다면 … "[II, 351~360].

베르길리우스의 《농경시》(Georgics)***에서 두드러진 자연을 대하는 실용적이고 유용론적인 태도는 《목가집》(Eclogues)***에서 두드러진 경관의 시적·미학적 해석에 의해 균형을 이룰 수 있을 것이다. 여기서 티

---

67) Lucr. I, 1~25. 비너스에 대한 기원 및 그것이 에피쿠로스주의와 불일치한다는 문제에 대해서는 Bailey's ed. of Lucr. Vol. 2, pp. 588~591을 보라. 또한 펭귄 고전선(Penquin Classics ed.)에서 이 구절을 우아하게 옮긴 라탐(Latham)의 번역을 보라.

티루스(Tityrus)는 멜리보에우스(Meliboeus)가 자신과 자신의 재산에 닥친 악운에 대해 늘어놓은 불평을 들은 후 초록빛 잎사귀 위에서 자신과 함께 편히 쉴 수 있을 거라고 말한다. "허나 이 밤은 나한테서 묵어갈 수 있으리다, 푸른 잎사귀를 요 삼아서. 잘 익은 과일이 우리 집에 있고 물밤도 따 놓았고 엉긴 젖도 푸짐하다오. 어느새 마을에는 집집마다 연기가 오르고 높디높은 묏등에서는 땅거미가 짙게 내리고 있소이다"〔Ec. I, 80 ad fin〕. "이끼 긴 샘, 잠보다 더 부드러운 풀, 엷은 그늘로 당신을 덮은 녹색의 철쭉이 가축떼를 한낮의 열기에서 보호한다네. 타는 여름이 이미 다가오고 이제 비옥한 포도나무에는 싹이 부풀어 오른다네"〔Ec. VII, 45~48〕. 베르길리우스는 인간 세상에서 단절되어야 삶에 대한 깊은 이해를 얻을 수 있다는 점에 의심의 여지가 없다고 가정하면서 자연과 교감하고 싶은 바람을 표출한다. 그래서 베르길리우스는 건설된 도시 속에 팔라스(Pallas)가 살 수 있게 해달라면서도, 무엇보다 숲이 우리를 즐겁게 한다고 이야기한다〔Ec. II, 62〕.

하지만 우리에게까지 저술이 전해지는 고대 작가들 중에서 그 누구도 호라티우스만큼 분명하게 농촌의 삶을 선호한 사람은 없었다. 전원의 즐거움은 자연 그대로 사는 부족의 근심 없는 생활 — 돈 걱정 없고 전쟁 일으킬 일 없고 성난 바다를 항해할 일 없으며 광장 생활에서 자유로운 — 과 결부되며, 또한 "보다 평화로운 시민이 되는 자랑스러운 문턱"이다. 전원에 사는 사람들은 "높은 포플러나무와 잘 자란 포도나무를 접붙일" 수도 있고 "음매 울면서 모여 있는 소떼"를 바라볼 수도 있으며, 쓸모없는 가지를 쳐내고 열매 맺는 가지를 개량하거나 꿀을 저장하고 양털을 깎을 수도 있다. 수수한 아내이자 어머니는 (일상적인 의무에 더해서) "신성한 화덕에 쓰일 잘 말린 땔감을" 높이 쌓고 "뛰노는 가축들을 울타리 쳐진 우리에" 가두고 암소의 젖을 짠다. 집으로 돌아오는 양과 "피곤한 목에 걸린 밭가는 쟁기를" 끌며 돌아오는 지친 황소의 광경은 사랑스럽다〔Epode 2〕. "전원 애호가"인 호라티우스는 "도시 애호가"인 푸스쿠스(Fuscus)에게 안부 편지를 보낸다. "당신은 집이나 지키고 앉았지. 나는 사랑스러운 전원의 개울과 작은 숲, 이끼 낀 바위를 감상하는데 말이야".

이는 기예와 자연 사이의 진정한 대조다. 수많은 제사용 케이크에 물려버린 제사장의 노예가 평범한 음식을 얻기 위해 도망치는 것처럼 그는 꿀을 바른 케이크보다는 빵을 선호한다. 그는 스토아주의의 가르침을 따라 자연과 조화를 이루는 삶이 우리의 의무라면 전원 외에 선호할 것이 무엇이 있겠느냐 묻는다. 도시가 가진 이점은 농촌의 단순함에 비길 수 없으며 심지어 도시 속에도 자연을 피할 수는 없다. "너는 다양한 기둥 사이에서 나무를 돌보고 멀리 들판이 바라다 보이는 저택을 찬양한다. 건초 갈퀴로 대자연을 쫓아낼 수 있을지도 모르지. 하지만 자연은 다시 서둘러 돌아와서는 네가 알기도 전에 자신에 대한 경멸을 성공적으로 돌파할 걸세. 풀밭의 향기나 아름다움이 리비아의 모자이크보다 부족한가?", "비탈진 골짜기를 춤추며 졸졸 흐르는" 냇물보다 도시의 납관을 흐르는 물이 더 순수한가?〔*Epistles*, Bk. 1, 10〕.

비슷한 주제가 베르길리우스 및 호라티우스와 동시대인인 티불루스의 작품에도 나타난다. 호라티우스의 시가 그렇듯 그의 시 역시 도시와 농촌을 대비시키고 부(富), 지위, 전쟁에 바친 삶을 적당한 행운, 평온함, 육체 활동, 단순함과 대비시킨다〔I, i, 1~30〕. "때가 되면 어린 포도나무와 튼튼한 과수나무를 솜씨 좋은 농사꾼인 내 손으로 직접 심게 해 주오"〔I, i, 7〕. 바로(Varro)처럼 그는 전원을 인간의 원초적 스승으로 간주한다. "나는 전원과 그곳의 신들을 노래한다네"〔II, i, 37〕. "인간이 배고픔을 달래려고 떡갈나무 도토리를 찾아다니는 것을 처음 그만두었을 때 전원은 인간의 안내자였다". 전원은 인간에게 건축법, 황소를 다루어 노예로 삼는 법, 바퀴 사용법을 가르쳤다. 이러한 원시적 활동은 과실나무를 심고 정원을 가꾸는 일로 바뀌었고 "금빛 포도는 그것을 밟는 발 아래에 즙을 내어 주었고, 맑은 물은 기운을 북돋우는 포도주와 뒤섞였다. 전원에서는 수확을 하고 해마다 하늘의 뜨거운 열이 대지를 달굴 때면 대지의 부스스한 머리털을 자른다"〔II, i, 37~50〕. 전원생활의 노고는 사실적으로 묘사된다〔II, iii〕. "… 때로 괭이를 잡거나 막대를 들고 느릿느릿한 황소를 모는 일을 수치로 생각하지 않으며 암양이나 어미를 잃고 홀로 남겨진 새끼염소를 품에 안고 집으로 돌아오는 일을 수고라고 생각하지도 않는다"〔I, i〕.

농업에 관한 산문 작가들 중에서도 바로와 콜루멜라는 좀더 철학적이고 엄격하다. 농촌의 원초적 힘에 대한 이들의 신념은 도시는 부자연스러운 창조물이라는 자신들의 확신을 강하게 만들었을 뿐이다. 바로에게 농사짓는 생활은 도시 생활보다 햇수로는 놀랄 만큼 훨씬 더 오래된 것이다. "그리고 신성한 자연이 전원을 만들었고 인간의 기술이 도시를 만들었으며, 모든 기예의 발견이 그리스에서 이루어졌다는 것은 그리 놀랄 만한 일이 아니다. 그러나 수천 년의 시간 동안 경작할 들판이 존재하지 않았던 적은 없었다고들 한다".[68] 콜루멜라는 고대 세계에서 도시와 농촌 간의 문제에 대한 가장 매서운 논평자일 것이다. 그는 옛날 로마의 영웅과 정치가가 유사시에는 나라를 방어하다가 평화가 오면 쟁기질을 하러 돌아갔던 것을 회상하면서 "치욕스런 만장일치"로 전원의 가치와 규율을 포기했다는 사실을 한탄했다.

콜루멜라는 "우리 조부 때만 해도"라는 바로의 불평을 되풀이하면서 가장이 낫과 쟁기 들기를 멈추고 도시의 담장 안으로 기어들어갔다고 말한다. "들판이나 포도농장에서 일하기보다는 서커스와 극장에서〔박수치기 같은 일로〕손을 부지런히 놀린다. 그리고 남성의 유약한 자세를 놀라운 존경의 눈빛으로 바라본다. 왜냐하면 그들은 자연이 남성에게 허락하지 않은 여성적 자태를 흉내 내기 때문이다 …" 도시는 폭식과 폭음, 방탕의 장소이며 젊은이가 성숙하기도 전에 건강을 해치는 장소이다. 이와 반대로 인간에게 가장 자연스러운 방식에 가까운 것은 전원의 삶이다. 이것

---

68) Intro. to Bk. III; cf. intro. pref. to Bk. II.

이 원래 신들이 인간에게 부여한 선물이었기 때문이다. 69)

호메로스의 자연상은 생생하지만 신들의 활동과 밀접한 관계를 가진다. 헬레니즘 시대에는 자연의 실질적 측면을 보려는 경향이 있었다. 이들 문헌에는 지리학의 지식이나 교역, 여행, 탐구의 경험이 더욱 완벽해졌음이 명백히 드러난다. 왜냐하면 경관에 대한 비교가 이루어질 수 있었기 때문이다. 70) 헬레니즘 시대의 자연시와 자연에 대한 묘사는 이전의 고전 세계 어느 시기와도 비길 수 없고 아우소니우스, 성 아우구스티누스, 《장미 이야기》나 비슷한 류의 근대 작품들의 구절에 비견될 수 있을 것이다.

정원처럼 동양에서 비롯된 영감으로 인해 용기를 얻고 심화된 자연에 대한 관심은 도시 생활의 확장과 결합되면서 자연과 기예의 구분이 더 분명해졌다. 물론 이 구분은 호라티우스, 바로, 콜루멜라 같은 이들이 제시한 증거를 신뢰할 때 가능하다. 이를 분명하게 일반화하는 것은 어렵지만, 농촌과 도시 생활 사이 날카로운 대비에 대한 자의식적 인식의 등장을 믿을 만한 근거가 실제로 존재하는 듯하다. 71) 실제로 아마 이 시기는 서구 문명에서 자연경관과 문화경관이 가장 날카로운 대조를 이루었던 시기일 것이다. 이러한 현상은 숲을 개간하던 중세에 처음 등장한 것도 아니고 자연을 정돈하던 18세기, 즉 산업혁명기에 처음 등장한 것도 아니다. 헬레니즘 시대에 많은 도시의 규모가 커진 것이 자연과 인간의 창조물을 구분하려는 인식을 증대시켰을 것이며, 정원과 가로수 산책로는 도시 안에 자그마한 자연의 영역을 창조하려는 열망을 보여준다.

이와 같은 논의는 서구 도시주의의 역사 속에서 헬레니즘 시대가 가지는 중요성이라는 마지막 논점으로 이어진다. 종종 언급되는 도시에 대한

69) Columella, *On Agriculture*, Bk. I, pref. 13~21; 그리고 콜루멜라가 인용한 구절인 Varro, Bk. II, pref. 3을 보라.

70) Helbig. *Untersuchungen*, pp. 204~209.

71) *Ibid.*, pp. 270 ff.

비난성 발언에도 불구하고 강력한 도시 전통이 존재했다는 점, 인간 최고의 창조물인 도시에 대한 애정이 지중해 세계에 존재했다는 점, 그리고 헬레니즘 세계의 사람들이 이 전통을 공유했다는 점을 부인하기는 어렵다. 아리스토텔레스가 도시를 자연의 창조물이라기보다 인공적인 것이라고 사고할 수 있었다는 것은 믿기 어렵다. 그가 '인간은 사회적 동물'이라는 강한 신념을 가진다는 점에서 폴리스에서의 삶은 인간에게 자연스러운 존재 방식이기 때문이다.

지금은 이 시기의 도시화가 특별한 성격을 가졌다고 말하는 것으로 충분하다. 그것은 소아시아 그리고 매우 고대부터 도시화가 이루어진 대부분의 지역에서 가장 뚜렷이 나타났으며, 알렉산드리아는 역사상 가장 크고 흥미로우며 가장 세계적인 도시가 되었다. 헬레니즘 도시에 대한 논의는 3장에서도 다뤄질 것이다.

우주와 지구의 질서
그리고 목적

1. 신학과 지리학

고대에나 근대에나 신학과 지리학은 인간 호기심의 핵심적 지점에서 서로 마주친다는 점에서 긴밀하게 연관된 연구 분야로 남아 있다. 만일 우리가 신의 본질을 탐구하고자 한다면 인간과 지구의 본질을 고민해야만 한다. 그리고 우리가 지구를 살펴보고자 한다면 지구의 창조 안에 숨은 신의 목적과 인류의 역할에 대한 의문을 반드시 제기할 수밖에 없다. 설계된 세계라는 개념은 고전 사상에서건 기독교 사상에서건 개인적 신앙의 차원을 넘어선 것이다. 서구 사상사에서 신성 (*deity*) 이라는 개념과 자연이라는 개념은 종종 서로 평행선을 달려 왔다. 스토아주의의 범신론에서는 이 둘이 서로 하나였고, 기독교신학에서 이 둘은 서로를 보충하며 강화시켰다. 유일신 또는 복수(複數) 의 신들이 아름다운 지상의 거주지에서 생을 보내는 인간의 삶을 공유한다고 생각하거나, 아니면 에피쿠로스주의자가 믿었던 것처럼 자연의 질서에 아무런 신성한 원인도 부여하지 않았거나 간에 이러한 논의에서 비롯된 해석은 생명을 지탱하는 적절한 환경으로 지구를 개념화하는 데 지배적인 자리를 차지했다.

살아 있는 자연은 창조자의 존재와 창조가 합목적적임을 입증하는 데 사용되는 중요한 증거 중에 하나였다. 이러한 증거들을 추적하면서 자연의 과정 그 자체에 대한 관심이 강화되고 활발해졌으며 또한 집중되었다. 신성한 목적의 존재를 증명하는 것은 자연에 존재한다고 여겨지는 질서를 숙고하는 일이며 만일 이러한 질서가 용인된다면 자연을 모든 생명이 적응하는 균형 잡히고 조화를 이룬 존재로 개념화하는 길이 열리는 것이었다.

질서 정연하고 조화로운 전체이자 인간 자신을 위해 — 혹은 모든 생명을 위해 — 만들어진 지구라는 개념은 분명 매우 오래된 것이다. 아마도 우리는 그 궁극적 기원을 신들이 인간사에 직접 개별적으로 개입한다는 초기의 믿음 속에서, 또는 작물의 신들에게 이름을 지어 자연의 과정을 인간화하는 경우에서, 그리고 고대 지중해 세계에 만연한 '어머니 대지'라는 신화 속에서 찾아야만 할 것이다. 이러한 개념이 그리스 시대보다 훨씬 이전에 형성되었음을 보여주는 단서가 존재한다.

플루타르코스는 신들의 지식이 인간에게 전수된 방식을 설명하면서 인간은 하늘을 아버지로, 대지를 어머니로 받아들였다고 말한다. 아버지는 정액과 같은 물을 퍼부었고 어머니 대지는 그것을 받아들여 생산한다〔《철학자들의 견해에 관하여》(*De Placitis Philosophorum*) I, vi, 11〕. 디오도로스에 의하면 칼데아인은 점성학에 기초하여 세계가 영원하며 그 배치와 질서 정연한 배열은 신의 섭리가 작용한 결과라고 여겼다〔II, 30, 1-3〕. 플루타르코스 역시 그리스인과 이방인들에게 공통적으로 널리 퍼진 믿음 — 우주는 감각이나 이성 또는 길잡이가 없는 상태로 허공에 저혼자 떠 있는 것이 아니라는 — 에 대해 말했다. 윌슨(Wilson)은 한 고대 이집트 문서에 주목했다. "대개 신화는 목적에 대한 언급 없이 창조의 과정을 나열하기 마련인데 이 문서는 창조의 목적을 인간의 이익이라고 주장한다는 점에서 흥미롭고 색다르다". 신들은 자신의 형상을 따라 창조한 인간들을 돌본다.

> 인간은 신의 소떼와 같이 보살핌을 받는다. 신은 하늘과 대지를 인간의 욕망에 따라 만들었고 (창조 당시) 물 괴물을 쫓아냈다. 신은 인간의 콧구멍 (을 통해) 생명 (을) 불어넣었다. 인간은 신의 몸에서 유래한 신의 형상을 한다. 신은 인간의 욕망에 따라 하늘에 떠오른다. 신은 인간을 위해 동식물, 가금류와 물고기를 만들어 인간을 먹였다. 신은 자신의 적들을 소멸시켰고 (자신에게 대적하여) 모반을 꾀할 경우 자기 자식조차 파괴했다. [1]

자연 속에 합리적 원칙이 존재한다는 사고가 등장한 것은 그리스나 히브리인이 등장하기 2천 년 전인데, 윌슨은 이와 관련된 원본 문서가 초기 고왕국 시대****까지 거슬러 올라가는 멤피스 신학 속에 있다고 말한다. 멤피스의 신인 프타(Ptah)****는 신들의 심장(즉, 정신, 의지, 감정)이자 혀(표현과 명령을 담당하는 기관)이다. "창조 뒤에는 명확한 지성이 숨어 있었다. 아툼(Atum)**** 자신과 모든 다른 신들은 심장의 생각과 혀의 표현을 통해 존재를 얻었다". 윌슨은 이집트인들이 로고스 교의(*Logos doctrine*)****에 가장 가까이 접근한 것이 이것이라고 믿는다. 제1원리 (*first principle*)를 탐색하는 일은 "우주를 창조된 것으로 차분하게 받아들였던 일반적인 이집트인의 태도를 넘어선 호기심 어린 탐구적 활동이었다". [2]

---

1) Plutarch, *Isis and Osiris*, 369C. John A. Wilson in Henri Frankfort et al., *Before Philosophy*, p. 64.
2) Wilson, *The Culture of Ancient Egypt*, pp. 59~60. 이 문제와 관련된 부분은 p. 60에서 볼 수 있다. 윌슨은 고왕국 시대를 서기전 2700~2200년 사이로 추정

그리고 〔서기전 1436~1411 아멘호텝 2세(Amenhotep II)* 시절에 쓰인〕
《아몬(Amun)**** 찬가》에서 아몬-라(Amon-Re) 신은 동물을 위해 목
초지를, 인간을 위해 과일나무를 창조하고 알에 생명을 주어 물고기, 새,
모기, 벌레, 파리가 살아갈 수 있게 하고 게으른 것의 자손을 유지시킨
다. 태고의 창조신이자 《아몬 찬가》에서 아툼과 동일시되는 아톤(Aten:
고대 이집트의 태양신_옮긴이)의 관심은 인종이나 피부색에 상관없이 모든
인류에게 향한다.

> 아톤이시여, 최초의 한 민족을 만드셨고 그들의 본성을 다양하게 창조
> 하시어 〔각자의〕 삶을 꾸려나가게 하셨으며 그들의 특색을 각기 다르게
> 만든 분이시여.3)

한다. 그는 제1원리에 대한 탐구가 오직 추상적 사고에 대한 접근일 뿐이었다고
지적한 후에 "그러나 우리는 멤피스 신학이 그리스 사상이나 히브리 사상보다 2천
년이나 앞서 존재한다는 것을 반드시 기억해야 한다. 창조력을 가지고 통제 가능
한 지성이 자연현상을 만들고 시작부터 규칙과 원리를 제공했다는 멤피스 신학의
주장은 그리스 사상 이전 시대의 정점을 이루었던 사상이었으며, 후대의 이집트
역사에서도 이를 능가하는 사상이 없었던 정점이었다"고 언급한다. 또한 "The
Theology of Memphis", trans. by John A. Wilson in James B. Pritchard,
ed., *Ancient Near Eastern Texts*, 2nd ed., pp. 4~6에 있는 발췌문을 보라.
다른 논의로는 Rudolf Anthes, "Mythology in Ancient Egypt", in Samuel
Noah Kramer, ed., *Mythologies of the Ancient World*, pp. 61~64를 참고하
라. 또한 이른바 "테베 대제사장의 신조"(*Credo of a Highpriest of Thebes*)에 대
한 안테스(Anthes)의 논의는 p. 47을 보라. 안테스는 "멤피스 신학"이 샤바카 왕
(King Shabaka)의 명에 따라 고대 파피루스 두루마리로부터 서기전 700년경에
세워진 거석에 새겨졌다(그런데 보전 상태가 좋지 않다)고 말한다. 단지 서기전
2500년이라는 연대 추정은 가능한 것으로 보이며 한동안 일반적으로 받아들여진
다(p. 61). 오시리스 찬가는 아멘모세(Amenmose)의 묘비석에 새겨져 있으며
서기전 1550년경으로 파악된다. pp. 82~85 참고.
3) Williams, "The Hymn to Aten", in D. Winton Thomas, ed., *Documents
from Old Testament Times*, p. 150에서 인용. 아몬 찬가에 대해서는 pp. 149~
150을 보라.

유명한 아크나톤(Akhnaton)*의 《아톤 찬가》(Hymn to Aten)는 더욱 놀랍다. 태양신 아톤에게 바치는 이 찬가는 그 아름다움뿐만 아니라 유일신 사상의 역사에서 이 찬가가 차지하는 위상, 그리고 시편 104장과의 놀랄 만한 유사성으로 명성을 얻었다. 《아톤 찬가》의 한 구절은 창조자의 영광이라는 관념이 얼마나 오래된 것인가를 보여준다.

> 당신이 보이지 않는 곳에서 만드신 모든 것들은 어찌 이리도 다양한지요!
> 오 유일하신 신이시여, 당신 같은 분은 아무도 없나이다!
> 당신은 당신의 뜻에 따라 홀로 대지를 창조하셨습니다.
> 사람, 가축, 들짐승 모두, 땅 위에서 발로 걷는 모든 존재들,
> 그리고 날개로 높이 나는 것들까지. 4)

《아몬 찬가》처럼 《아톤 찬가》도 민족 간의 차이를 인식하며 모두를 돌보는 창조자를 찬양한다.

> 후루(Hurru)**와 누비아(Nubia)** 같은 외국 땅, 그리고 이집트 땅-
> 당신은 모든 사람을 자기 자리에 두시고 그들의 필요를 채워주십니다.
> 각각은 자신들의 음식을 가지고, 자기 삶의 때를 헤아립니다.
> 이들의 언어는 다양하고, 본성 역시 다양합니다.
> 피부색 역시 다양합니다. 당신이 외국인들을 달리 만드셨으므로. 5)

창조자는 주저 없이 각 민족이 다른 환경에 처하도록 만들었다. 헤로도토스와 플라톤이 이집트에 흐르는 강의 독특한 발원지를 언급하기 오래전부터 《아톤 찬가》는 이집트의 나일 강과 다른 나라의 나일 강을 구분했다. 창조자는 외국인들에게 삶을 주었지만 그들이 받은 나일 강은 하늘의 나일 강으로, 바다처럼 산지의 사면을 타고 흘러 "도시들 사이의

---

4) Strophe VI, lines 52~57, *ibid.*, p. 147.
5) Strophe VII, lines 58~62, *ibid.*, p. 147.

들판을" 적신다.

> 하늘의 나일 강은 외국 민족들을 위한 것이요,
> 발로 걸어 다니는 모든 외국 땅의 짐승을 위한 것입니다.
> 하지만 (진짜) 나일 강은 이집트를 위해 지하세계에서 나옵니다.

이 내용은 외부에서 흘러오는 강물에만 의존해 물을 공급받는 땅과 빗물에 의존하는 땅을 서로 구분하는 언급으로는 가장 오래된 것이다. 6)

---

6) Strophe VII, lines 69~77. 또한 성서의 신명기 11장 10~12절을 보라. 윌리엄스(Williams)에 따르면 아텐 제의가 발전한 시대는 "투트모세 4세(Thut-mose IV)의 치세(서기전 1411~1397년경)로 거슬러 올라감"을 증명하는 증거가 있다고 한다(p. 142). 이 증거는 또한 아크나톤이 세계 최초의 유일신론자라는 증거를 포함한다(pp. 143~144). 시편 104편과 아톤 찬가에 대해 자주 언급되는 유사성에 대해서 윌리엄스는 이집트 문학 작품이 히브리 문학에 영향을 주었음에도 불구하고 "5백 년도 더 이후에 쓰인 히브리 시인이 어떻게 후대에 저주의 대상이었으며 기억에서 지워 버리려 했던 종교의 핵심 문서에 익숙해질 수 있었는지 궁금하다. 아크나톤 사후에 아톤 신앙이 철저하게 가려졌는데도 그 영향력은 예술과 문학에 남아 있었으며, 그 전에 존재했던 모범에 의존하는 아톤 찬가에 담겨 있는 사고들의 대부분은 … 후대의 종교 작품 속에서 그 표현을 찾을 수 있다. 시편의 작자는 이러한 출처에서 영감을 얻었을 것"이라고 언급한다(위의 책, p. 149).

Wilson, *The Culture of Ancient Egypt*, pp. 225~229에서 윌슨도 아톤 찬가와 시편 104편의 유사성에 대해 논의한다. 그보다 이전에 논의된 내용은 윌슨이 언급하는 Breasted, *A History of Egypt*, pp. 371~374ff, *The Dawn of Conscience*, pp. 367~370에서 찾아볼 수 있다. Breasted, *The Dawn of Conscience*, p. 368은 세계 창조의 신화적 모티프는 아마도 바빌로니아에서 기원하는 것으로 보이며, "세계를 돌보는 신성이라는 모티프는 그보다 후대의 사고로서 이집트의 영향을 받은 팔레스타인 찬송가로 유입된 것으로 보인다"는 그레스만(Hugo Gressman)의 결론을 인용한다. 번역서의 pp. 282~284도 보라. 윌슨은 다음과 같이 직접적 관계는 없다고 결론 내린다. "이런 유형의 찬가는 아크나톤의 몰락 이후 오랫동안 지속되었으므로 히브리 종교가 특정한 표현 양식을 필요로 하는 시점에 도달했을 때 필요를 충족시킬 구절과 사상을 또 다른 문헌 속에서 찾을 수 있었을 것이다". 아톤 찬가의 긍정적인 성격에 대해 윌슨은 " … 이는 창조적이고 친절하게 돌보며 이집트뿐 아니라 모든 곳의 모든 인류와

2. 목적론적 자연관의 시작

아주 고대로부터 이어져 내려온 것이 분명한 '세계를 돌보는 신'이라는 개념이 만약에 존재한다면 우주의 통일성과 조화라는 개념이 여기에 점차 결합되는 것이 가능해지고, 이 두 개념은 창조의 합목적성이라는 사고, 즉 '창조된 것은 창조자가 지성을 통해 심사숙고하여 계획한 것을 행동에 옮긴 결과'라는 사고의 구성 요소가 된다. 그렇다면 개인의 삶, 행성으로의 지구 그리고 우주에 적용하기에 충분할 만큼 추상적이고 광범위한 개념인 '자연에 대한 목적론적 사고'가 등장한 시기는 구체적으로는 언제인가?

아낙시만드로스는 우주의 원리가 법칙의 지배를 받는다고 믿었지만 이것만으로는 목적론이라고 볼 수 없다. 그러나 아낙사고라스, 아폴로니아의 디오게네스(Diogenes of Apollonia),* 헤로도토스의 저술에는 궁극적으로 플라톤과 아리스토텔레스의 목적론으로 이어지는 단서가 있다. 아낙사고라스에게 정신[Mind: 대(大) 정신을 가리킴_옮긴이]은 "무한하고 자기 규율적이며 어떤 것과도 혼합되지 않은 그 자체로 존재하는 것"이다. 정신은 "모든 것 중에 가장 훌륭하고 순수하며 만물을 알고 가장 강력한 힘을 가졌다. 그리고 작은 것이든 큰 것이든 생명을 가진 것은 모두 통제한다". 정신은 생명의 순환과 그 시작을 통제한다. 정신은 만물이 "혼합되고 분리되며 나누어질" 때를 알고 있다. 정신은 "현재 각기 분리되어 순환하는 별, 해, 달, 공기, 에테르의 순환"을 정돈한다. "그리고 고밀도의 것은 저밀도의 것과, 뜨거운 것은 차가운 것과, 밝은 것은 어두운 것과, 건조한 것은 축축한 것과 분리된다". 그리고 모든 정신은 동일하며 "정신을 제외하고는 분리되지 않거나 나누어지지 않는 존재는 없다".

'지적인 관리'라는 주장은 혼합물과 적대물이 혼재된 천문 현상에 근거

생명체들에게 선물을 내리는 신의 개념을 아름답게 표현했다"고 기록한다(p. 229).

를 둔 것이다.[7] 아낙사고라스에 대해 "정신을 전혀 활용하지 않았을뿐더러 세계를 배치한 어떤 다른 진정한 원인에 대해 전혀 생각하지 않았지만 공기, 에테르, 물 그리고 다른 이상한 것을 원인으로 사물을 설명한 자"라고 평가한 소크라테스의 말에 동의한다면[8] 아폴로니아의 디오게네스의 사상에서 그보다 더 능동적이고 영적인 원리를 찾아볼 수 있을 것이다. 그는 자연에 대한 진정한 의미의 목적론적 견해를 표명했던 최초의 인물이라고들 한다.[9]

그는 기초가 되는 물질이 "겨울과 여름, 밤과 낮, 비와 바람, 맑은 날씨 등 모든 사물을 구성하기 위해 나누어지려면" 지성이 필요하다고 언급했다(Fr. 3). 이 주장은 날씨 그리고 계절과 밤낮의 변화에 근거한 것이다. 이런 견해는 비가 많이 오는 겨울, 맑고 구름 없는 하늘과 함께 여러 방향에서 불어오는 저 유명한 바람을 동반하는 건조한 여름을 가진 지중해성 기후의 특성을 관찰하면서 나올 수밖에 없지 않았을까?

인간과 다른 모든 생명체는 공기를 마시며 살아간다. 이들에게 공기는 "혼이며 지성이다"(Fr. 4). 인간은 공기를 지성이라 칭했는데 "모든 인간은 공기에 의해 조종되며 … 공기는 모든 것을 지배하는 힘을 가진다". 공기는 신성하며 어디에든 도달하고, 만물을 배치하며 만물 속에 존재한다. 만물은 약간의 공기를 가지는데 그 양은 서로 다르다. 공기는 "뜨겁거나 차갑고, 건조하거나 습윤하며, 정적이거나 활발히 움직이는 등 여러 가지 방식으로 존재하며 맛과 색상 모두 무한할 정도로 다양하게 존재한다"(Fr. 5). 모든 생명체는 똑같은 영혼을 가지는데 이 공기는 바깥 공

---

7) Fr. 12, Simplicius *Phys*, 164, 24 and 156, 13. In Kirk & Raven, *PSP*, pp. 372~373.

8) Plato *Phaedo*, 98B7(박종현 역, 2003, 《플라톤의 네 대화 편: 에우티프론, 소크라테스의 변론, 크리톤, 파이돈》, 서광사, p. 397_옮긴이). 본문의 번역은 Kirk & Raven, *PSP*, p. 384에서 가져옴.

9) Theiler, *Zur Geschichte der teleologischen Naturbetrachtung bis auf Aristoteles*, p. 19를 보라.

기보다는 따뜻하며 태양 근처의 공기보다는 차갑다. 모든 인간의 체열은 같지 않지만 그 차이가 인간을 서로 다른 존재로 만들 정도는 아니다. 따라서 넓은 의미의 유사성이 전제될 때에만 차별화가 가능하다. "왜냐하면 차별화는 다양한 방식으로 형성되며, 살아 있는 피조물도 다양한 방식으로 형성되고 수적으로도 많기 때문이다. 형태나 생존 방식은 여러 가지 차별화 방식 때문에 서로가 같지 않다. 그럼에도 불구하고 이들은 모두 살아 있으면서 동일한 기관을 통해 보고 듣는다. 그리고 동일한 기관을 통해 지성의 나머지를 획득한다"〔Fr.5〕. 이러한 개념에서 가장 두드러진 것은 목적론 속에 들어 있는 기상학적·생물학적 요소다. 10)

아에티오스(Aetius)*에 따르면 아폴로니아의 디오게네스와 아낙사고라스는 코스모스가 "자신의 본성상" 남쪽을 좋아했으며, 그러고 나서 피조물이 등장했다고 생각했다. 이러한 선호 경향은 지혜의 섭리에 의한 것이며 그에 따라 다양한 지역에서 다양하게 나타나는 혹독한 추위, 타는 듯한 더위나 온화한 기후에 따라 세계의 일부는 거주 가능하고 어떤 곳은 거주할 수 없다. 11) 그리고 창조자인 신의 활동 속에 목적이 있음을 인식한 헤로도토스는 다음과 같이 기록했다. "우리가 미리 예견한 바대로, 진실로 신의 섭리는 현명한 고안자로 나타난다. 다른 동물의 먹잇감이 되는 나약한 동물은 모두 새끼를 많이 낳는데 그래야만 종이 모두 잡아먹혀 멸종되는 일이 없을 것이다. 반면 포악하고 사악한 피조물은 새끼를 적게 낳는다". 12)

---

10) Fr. 3=Simplicius *Phys*, 152, 13; Fr. 4=*ibid.*, 152, 18; Fr. 5=*ibid.*, 152, 22; in Kirk & Raven, *PSP*, pp. 433~435.

11) Fr. 67, Diels, *Die Fragmente der Vorsokratiker*(6th ed., Berlin, 1952), VII. II, p. 22. 원출처는 Aetius II, 8, 1.

12) Hdt. III, 108〔박광순 역, 1996, 《헤로도토스 역사》(상·하), 범우사_옮긴이〕. 헤로도토스는 유향나무를 지키는 날개달린 뱀의 엄청난 숫자에 대해 말한다. 아라비아 사람들은 만일 그 수를 통제하지 않는다면 전 세계가 날개달린 뱀으로 그득해질 것이라고 말했다. 이어 헤로도토스는 토끼의 엄청난 번식력, 사

이 구절에서는 창조의 목적성이 동물의 번식력으로 한정되긴 하지만 동물의 번식력은 피식자냐 포식자냐에 따라 차이가 있으며 자연이 위대한 재생산 능력을 가졌다는 관찰이 얼마나 오래된 것인가를 보여준다. 플라톤이 소피스트인 프로타고라스(Protagoras)를 통해 청중에게 말한 신화에는 창조, 번식력, 적응 같은 주제가 원소설 및 설계론 속에 짜여 있다. 인류가 존재하기 이전부터 존재하던 신들은 흙과 불 그리고 이 둘의 다양한 혼합물로 살아 있는 피조물을 만들었다. 그리고 에피메테우스(Epimetheus)****와 프로메테우스는 피조물이 탄생하려는 시점에 신들로부터 "피조물에게 필요한 것들을 갖춰주고 그들에게 적합한 자질을 각각 나눠 주라"는 명령을 받는다.

에피메테우스는 프로메테우스에게 "내가 나눠주는 일을 할 테니 형은 점검하는 일을 하라"고 말했다. 그는 단 한 종도 멸종하지 않도록 한다는 원칙에 따라 동물들에게 적합한 자질을 부여했다. 하늘을 나는 새나 지상에 굴을 파고 사는 동물처럼 모든 동물은 각자의 본성에 따라 살아갈 적합한 장소와 피난처를 찾았다. 다른 동물로부터 자신을 보호할 수단을 모두 나눠 받은 후에는 다시 원소(elements)로부터 자신을 보호할 수단 — 털, 두꺼운 피부, 발굽, 단단하고 딱딱한 발바닥 — 을 받았다. 식량의 원천 또한 각자 달라서 어떤 동물은 풀, 과일, 뿌리를 먹고 어떤 동물은 다른 동물을 식량으로 삼았다. 이는 계획된 세계 속에서 동물의 삶과 식물의 삶 사이에 어떤 관계가 존재한다는 암시이다. 포식동물은 새끼를

자의 낮은 번식력, 독사와 날개달린 뱀의 번식이 자연적으로 제지되는 이유를 기술한다. 이는 모두 전설이긴 하지만, 동물 개체 수 증가율이 서로 다르다는 사고는 여기에 분명히 존재한다(III, 107~109). 이 구절에 대한 논평은 Nestle, *Herodotus Verhältnis zur Philosophie und Sophistik*, pp. 16~18과 How and Wells, *A Commentary on Herodotus*, Vol. I, pp. 290~291을 보라. 그리고 Plato, *Protagoras*, 321B(최현 역, 2002, 《프로타고라스》, 범우사_옮긴이)를 참조하라. 네슬(Nestle)은 Hdt. III, 108과 Plato, *Protagoras*, 321B 모두 프로타고라스의 περὶ τῆς ἐν ἀρχῇ καταστάσεως를 원출처로 삼았다고 생각한다. Diogenes Laertius, IX, 55를 보라.

적게 낳지만 잡아먹히는 동물은 멸종을 피하기 위해 새끼를 많이 낳는다.

점검에 나선 프로메테우스는 에피메테우스가 자신이 맡았던 자질을 동물들에게 모두 나눠 주는 바람에 인간이 등장할 때 부여해야 할 자질이 남아 있지 않자 당황했다. 그래서 그는 헤파이스토스(Hephaestus)****와 아테나가 가진 기계를 다루는 기술과 이를 발휘하기 위해 반드시 필요한 불을 훔쳤다. 프로메테우스가 매우 무거운 처벌을 감수하면서 가져다 준 선물로 인해 인간은 비록 정치적 지혜는 부족했지만 "삶을 지탱하는 데 필수적인 지혜"를 얻었다. 그리하여 인간은 신에게서 유래한 자질과 기술을 소유했다. 인간은 언어와 이름을 고안했고 건축과 수공업을 배웠으며 땅에서 식량을 얻는 법도 배웠다. 인간의 기예는 동물에게 부여된 자연적 보호와 방어를 대신했다.

이러한 신화를 인간은 기예, 도구, 창조물을 자연에 적용해 목적에 맞게 조작하고 만들어야만 스스로 생존하고 영속할 수 있다는 의미로 해석할 수 있을까? 이 구절을 근대적 시각으로 해석할 위험성에 주의하더라도 여기서 포식과 환경적 조건을 통해 동물의 수가 자연적으로 통제된다는 생물학적인 사고와 이에 대비되는 사고, 즉 동물에게 보호 장치, 민첩성, 적응력이 주어진 것처럼 인간에게는 기예가 주어졌다는 사회적 사고를 여전히 감지할 수 있다. 이 신화는 자연의 일부인 인간이 어떻게 다른 생물체와는 매우 다른 방식으로 자연과 관계를 맺는 위치를 차지했는가를 설명하려 했던 초기의 시도를 대표한다고 할 수 있다. 자연의 질서와 인간의 기예가 신성한 기원을 가졌기는 하지만 동일한 창조의 일부인 인간과 동물은 완전히 다른 질서를 부여받은 것이다.[13]

---

13) Plato, *Protagoras*, 320d~322d(trans. by Jowett). 이 유명한 신화는 다양한 방식으로 해석되었는데, 아마도 가장 자주 사용되는 해석은 문명 발전을 이상화한 설명일 것이다. 거스리(Guthrie)는 (플라톤의 대화편 제목이 아닌 소피스트로서의) 프로타고라스를 법의 기원을 설명하는 일종의 사회계약론을 발전시킨 최초의 사상가였다고 본다. *The Greeks and Their Gods*, pp. 340~341. 소피스트에 대한 근대의 해석을 보려면 Untersteiner, Mario, *The Sophists*(trans. by

3. 설계에 대한 크세노폰의 사상

크세노폰이 소크라테스의 입을 빌려 주장했던 유명한 구절은 19세기 중반까지도 설계론에 공감하는 거의 모든 저술가들이 활용한 구절이다. 또한 확신컨대 그 어느 때와 비길 데 없이 풍성했던 근대의 과학 지식은 크세노폰의 논거를 정교화하고 부연 설명했다. 신성한 섭리의 존재를 논증하기 위해 활용되었던 증거는 생리학적 증거, 우주 질서의 증거, 적합한 환경인 지구의 증거 이렇게 세 종류이다. 소크라테스는 19세기 페일리(William Paley)*의 《자연신학》(*Natural Theology*)***과 유명한《브리지워터 논집》(*Bridgewater Treaties*)***보다도 훨씬 전에 창조자가 인간에게 유용하게 사용하라는 목적으로 눈, 귀, 콧구멍, 혀를 주신 것 같다고 지적한다.

'콧구멍이 없으면 냄새가 무슨 소용이 있겠는가?'라고 소크라테스는 묻는다. 눈꺼풀은 보기 위해 열리고 잠자기 위해 닫힌다는 점에서 문에 비유된다. 다른 신체 부위도 동일한 목적을 위해 주어진 것이다. 신은 인간만이 직립할 수 있도록 만들었다. 그로 인해 인간은 위를 올려다보고 앞을 바라볼 수 있어서 상해를 입을 위험에 덜 노출된다. 게다가 영혼도 부여받았다. 긴 역사를 지닌 이와 같은 생리학적 논증 속에서 눈은 설계의 고전적 증거로 사용되었고 손 또한 눈에 버금가는 증거였다.[14] 손에서 기예가 나왔고 눈에서 신성한 창조물을 볼 수 있는 능력이 나왔다. 인간은 땅을 굽어봐야 하는 동물과 달리 직립하여 눈을 들고 별을 바라볼 수 있다. 퀴몽은 고대 점성가들이 "눈의 능력에 경탄했고 고대인들은 가

Kathleen Freeman), pp. 58~64를 보라. 신화에 관한 참고문헌을 보려면 pp. 72~73, 특히 각주 24를 참고하라.

14) Xenophon, *Memorabilia and Oeconomicus* I. iv. 4~15, 원소, 정신, 우연에 대한 내용은 pp. 8~9를 보라(최혁순 역, 1998, 《소크라테스 회상》, 범우사, pp. 43~49_옮긴이).

장 멀리 있는 별자리까지 바라볼 수 있는 시각의 범위에 놀라움을 표시했다. 이들에게 눈이란 별의 신들과 인간의 이성 사이를 매개하는 존재였고 때문에 다른 어떤 감각보다도 시각에 우월성을 부여했다".15)

우주 질서에 근거한 두 번째 논증은 18세기 천체신학의 선구자 역할을 했고 모든 자연신학의 기본이 되었다. 이 논증을 통해 우리는 '지구 자체가 설계의 명백한 증거'라는 가장 흥미로운 세 번째 증거의 고찰 단계로 넘어간다. 소크라테스는 에우티데모스(Euthydemos)****에게 신들이 인간에게 필요한 것을 얼마나 세심하게 제공했는지 생각한 적이 있느냐고 물었는데 에우티데모스는 생각한 적이 없노라고 답한다. 이 둘은 함께 신성한 예지력의 본질을 상세히 논한다. 가령, 인간을 위해 빛이 제공되었지만 휴식을 위해 밤 역시 필요하다. 그리고 항해와 같은 어떤 일은 밤에 이루어져야 하는데 이때는 별이 우리를 인도하며 달은 낮과 밤 그리고 한 달을 구분한다. 신들은 대지로 하여금 식량을 생산하게 만들었고 계절을 고안했다. 흙과 계절을 보조하는 물은 매우 풍부하게 공급된다. 그리고 신성한 예지력을 보여주는 또 다른 증거인 불은 인간을 추위와 어둠에서 보호할 뿐만 아니라 인간이 쓸모를 위해 준비하는 모든 중요한 일에 필요하다. 동지가 지나면 작물을 키우거나 이미 다 자란 작물을 건조시키기 위해 태양이 가까워진다. 북쪽으로 방향을 돌릴 때조차 태양은 서서히 부드럽게 움직인다. 여기서 설계는 경탄스러울 정도로 온대기후에 잘 맞춰져 있다. 태양은 인간이 얼어버릴 만큼 너무 멀리 후퇴하지 않으며 다시 회귀할 때는 창공에서도 인간에게 가장 도움이 되는 위치로 돌아오기 때문이다. 이에 에우티데모스는 다음과 같이 말한다. "아무튼 나는 신들이 인간을 위한 봉사 이외의 다른 일에도 종사하는 것이 아닌지 하는 의심이 들기 시작했소. 내가 느낀 한 가지 어려운 점은 하등동물도 이러한 축복을 누린다는 점이라오".

---

15) Cumont, *Astrology and Religion Among the Greeks and Romans*, p. 57.

소크라테스는 동물은 인간을 위해 생산되고 번성하는 존재로서 인간은 대지의 과일에서 얻는 것보다 동물을 통해 더 많은 이득을 누린다고 답한다. 소크라테스는 지중해 동부의 양과 염소를 염두에 두면서 다음과 같이 덧붙인다. "… 상당수의 인간은 대지의 수확물을 식량으로 하지 않고 가축에서 얻는 우유와 치즈, 고기로 살아간다네. 나아가 모든 인간은 유용한 동물을 길들여 가축화해서 전쟁을 위시한 많은 일에 협력자로 이용한다네".

동물은 인간보다 힘이 세지만 인간은 동물을 자신의 필요에 따라 이용할 수 있다. 신들이 인간에게 감각을 준 것은 인간이 세계에 셀 수 없이 많은 아름답고 유용한 대상으로부터 이득을 취할 수 있게 하기 위함이었다. 소크라테스는 다음과 같이 말한다. "그렇다네. 내가 말하는 것이 사실인지 알고 싶으면 신들이 자네 눈앞에 나타나기만을 기다리지 말고 신들의 행적을 기꺼이 따르고 신들을 경배하게. 그럼 자네에게도 실현될 것이네".16)

《소크라테스 회상》(Memoeabilia)***에 나온 이 진술은 키케로(Cicero)*의 《신들의 본성에 관하여》(De Natura Deorum)***에 나온 스토아주의자 발부스(Balbus: 로마 시대의 스토아 철학자_옮긴이)가 논의한 것과 함께 훗날 모든 저술의 원형이 되었다. 2천 년 동안 활용되면서 묘사가 정교하고 풍부해지기는 했지만 근본적으로 새로운 사고가 덧붙여지지는 않았다.

크세노폰의 《소크라테스 회상》17)은 초기 스토아학파의 커다란 존경을 받았고, 크세노폰과 키케로의 저작은 대지와 대지 위의 살아 있는 자연을 '목적'의 증거로 해석하려는 17세기의 시도에 영향을 주었다. 《소크라테스 회상》에서 소크라테스와 에우티데모스가 제기한 논증의 특징은

---

16) Xenophon, *Memorabilia and Oeconomicus* IV. iii. 2~14(최혁순 역, 1998, 《소크라테스 회상》, 범우사, pp. 196~197_옮긴이).

17) 크세노폰의 사고가 나타난 자료를 보기 위해서는 Theiler, *Zur Geschichte der Teleologischen Naturbetrachtung bis auf Aristoteles*, pp. 19~54를 보라.

그 사고 자체만큼이나 중요하다. 이 특징은 근대 자연신학, 생물학, 지리학, 인구학 문헌들에 셀 수 없을 정도로 많이 재등장했고, 따라서 여기서도 다시 반복되어야 한다.

자연의 작품에 대한 강력한 경이로움이 존재하며, 이 경이는 기독교의 영향 아래 있던 근대 세계에서 최고조에 달했다. 그 시기에는 자연을 연구하고 탐구하라는 권고가 적었기 때문에 경이로움이 종종 호기심을 대신했다. 물론 이러한 경향은 17세기 후반과 18세기 초반의 자연사 연구자들에게는 해당하지 않았다. 이는 마치 두 사람이 푸른 하늘, 포도밭, 경작지를 품은 지중해 해안의 즐거운 경관을 바라다보면서 동시에 그곳에서 합리적·합목적적 창조를 보여주는 살아 있는 증거를 보는 것과 마찬가지다. 자연신학은 이러한 경이를 결코 놓치지 않았으며 자연의 총체성과 통일성을 언제나 느꼈다.

자연의 모든 현시를 인간만의 복리와 편안함을 위해 창조된 것으로 간주하든 아니면 근대에 재선언된 것처럼 인간중심주의를 지양하고 설계를 모든 생명체의 존재를 해석하고 설명하는 수단으로 삼든 간에 둘 다 강한 유용론적·실용적 편향을 보여준다. 이 구절에서 강력하게 표출되듯이 이러한 관점은 '신의 안배'에 의해 가능했던 식량 생산, 항해, 인간의 안락, 예술과 과학의 발견 및 응용의 '호의적 조건'을 강조하며 지구에 대해 쓰인 개념 대부분의 특징이 된다. 마지막으로 계절 변화의 이점을 포함하여 여기서 묘사되는 자연의 질서와 아름다움은 온대기후 지역에서 더욱 설득력을 지닐 수 있었음에 주목하자.

4. 신과 자연의 장인성

이러한 사고의 역사에서 더욱 중요한 것은 플라톤이 《티마이오스》에서 발전시킨 '장인적 신'(artisan deity)이라는 개념이다. 이 개념은 신을 봉제공, 옹기장이, 직조공, 대장장이로 묘사하던 이전의 신화적 주제를 더욱 정교하게 만든 표현이다. "거의 모든 곳에서 태초의 창조물은 지상의 하찮은 손기술과 창조주의 물리적 도구라는 짐을 지고 있다". 세계의 창조자인 티마이오스는 "신화적인 장인-신(*artisan-god*)이 승화된 존재"이다.

티마이오스는 자신을 드러냄에 있어 이상적이며 영원한 것(항상 현존하며 생성되지 않는 존재)과 실재적이고 일시적인 것(항상 생성되며 현존하지 않는 존재)을 구분한다. 전자는 이성의 도움을 받는 사고에 의해 파악된다. 후자는 비이성적인 감성의 도움을 받는 받아 의견을 갖게 되는 대상일 뿐이다. 생성되는 우주 같은 사물은 반드시 이러한 생성의 원인을 가진다. 만일 신성한 장인이 영원한 것을 전범으로 삼는다면 그의 창조물은 아름다울 것이지만, 창조된 것(또는 생성되는 것)을 전범으로 삼는다면 그 창조물은 아름답지 않을 것이다.

우주 전체는 창조되었다. 우주는 눈으로 볼 수 있고 만질 수 있으며 형체를 가진다. 따라서 신념과 감각으로 이해되는 생성물이다. 건축가인 창조주가 우주를 만들 때 무엇을 전범으로 삼았겠는가? 티마이오스는 영원한 것을 전범으로 삼아 만들었다고 답한다. 왜냐하면 그렇지 않다고 하기에는 우주가 너무나도 아름답기 때문이며 창조된 것을 전범으로 삼아 만들어졌다고 생각하는 것은 불경한 일이기 때문이다. "그러나 창조자가 영원을 바라보고 우주를 만들었으리라는 것은 실로 누구에게나 명확합니다. 왜냐하면 생겨난 것들 중에서 가장 아름다운 것이 우주이며, 원인들 중에서도 가장 훌륭한 것이 그걸 만든 자이기 때문입니다". 창조자는 "훌륭한 자였으니, 훌륭한 자에게는 어떤 것과 관련해서도 그 어떤 질투심이든 일어나는 일이 결코 없습니다. 그는 질투심에서 벗어나 있어서, 모든 것이 최대한으로 자신과 비슷한 상태가 되기를 바랐으며, 가능한 한 모든 것이 선하고 아무것도 악하지 않기를 바랐기 때문입니다". 신은 "조화롭지 못하며 무질서하게 움직이는 가시적인 모든 것을 찾아서는,

그것을 무질서 상태에서 질서 있는 상태로 이끌었습니다".

우주는 가장 아름답고 최상의 상태가 되도록 의도적으로 만들어진 것이다. 우주는 신의 섭리를 통해서 존재했다. 우주는 영원한 것을 전범으로 삼아 만들어졌기 때문에 우리는 영원한 것을 전범으로 삼아 창조된 것으로 오직 하나만을 가정할 수 있다. 즉, 영혼과 이성을 가진 살아 있는 피조물이다. 살아 있는 피조물로서의 우주는 그 안에 "본래부터 우주 자체와 유사한 살아 있는 피조물 전체를" 포함한다. 태초에 신은 우주의 몸체를 불과 흙으로 만들었고 나중에 그 사이에 물과 공기를 불어넣었다. 모든 원소는 우주를 완벽하고 완전하게 만들기 위해 소모되었다. 원소가 모두 소모되었기 때문에 또 다른 살아 있는 몸체를 만들 수 없었다. 구형(球形)을 띠도록 만들어진 살아 있는 전체는 늙지도 병들지도 않았다.[18] 장인적인 창조주는 최상의 것을 위해 활동할 뿐 아니라 인간의 장인처럼 정신의 눈으로 자신이 창조하는 우주의 유형에 대한 전범이나 계획을 응시하면서 행동한다.

우주의 창조와 관련된 목적론적 사고를 플라톤이 처음 발전시킨 것은 아니다. 하지만 우주의 창조를 지적이고 선하며 이성적이고 신성한 장인의 작품으로 파악한 첫 번째 인물은 플라톤이었던 것 같다.[19] 이와 같은

---

[18] 이 논의는 플라톤의 《티마이오스》(Loeb Classical Library), 27~33C에 기초한 것이다(박종현·김영균 역, 2000, 《티마이오스》, 서광사, pp. 73~92_옮긴이). 주장은 69B, ff에 요약되었고, 그 뒤에는 목적론적 관점에서 육체의 다양한 부분의 창조에 대한 세부적 묘사가 나온다. 또한 베리(R. G. Bury) 자신이 번역하고 Loeb Classical Library에 포함된 《티마이오스》 소개에 실었던 주해를 보라. pp. 14~15. 그리고 Bluck, *Plato's Life and Thought*, pp. 137~140도 보라. 장인적 신의 본성에 대한 첫 번째 인용문은 Robert Eisler, *Weltenmantel und Himmelszelt*, p. 235에서 인용한 것으로 Ernst R. Curtius, *European Literature and the Latin Middle Ages*, pp. 545~546에 번역되어 있다. 쿠르티우스(Curtius)는 티마이오스를 신화적인 장인적 신의 승화라고 언급한 뒤, 다음과 같이 말을 잇는다. "양 원소는 구약에 등장하는 옹기장이, 직조공, 대장장이 신과 융합해 중세에 이르면 조물주(*Deus artifex*)로 정형화된다"(p. 546).

[19] 타일러는 앞의 책에서 이와 같은 사고에 대해 철저히 연구했다. 그의 작업에는

사고가 초기 교부들의 신학에 영향을 미쳤는데, 특히 27D에서 30D에 이르는 짧은 구절에 등장하는 내용의 영향이 컸다. 그러나 이 둘 사이에 강한 유사성이 존재함을 발견하려는 많은 시도에도 불구하고 플라톤의 신은 기독교의 신과는 분명 다르다.[20]

영혼은 개별적 삶의 원인이고, 목적을 가지고 질서 지어진 생명은 규칙적 움직임 속에서 자신을 드러낸다. 유비에 따르면 세계혼(world soul)은 데미우르고스가 창조한 최초의 가장 오래된 창조물이다. 세계혼은 질서의 원리이며 하늘의 질서 잡힌 운동 원리이다. 우주에서 네 원소는 신이 정한 대로 교제하는 친교 관계로 맺어졌다.[21] 플라톤의 장인은 다루기 힘든 물질에 과감히 개입하는 정신이다. "플라톤 물리학 교의의 기반은 절대이성(νοῦς, nous)과 생명(ψυχή, psyche)이 본성상 육체(σῶμα, soma)에 앞서고, 또 맹목적인 물리적 인과성(ἀνάγκη, ananke)에 앞선다는 원칙이다".[22]

인간 역사의 관점에서 보건대 플라톤의 개념 속에서 가장 두드러지는 것은 바로 장인성(δημιουργός, demiourgos)과 기술(τέχνη, techne)의 관계이다. 그리스인이 장인에 대해 그리고 지성과 수공 기술로 생산된 미와 질서에 대해 품었던 존경심은 그리스 역사 속에 깊이 뿌리박혀 있다. "심지어 청동기시대같이 아득한 시절에도 그리스 및 주변 섬에 살던 사람들은 숙련된 금속공을 크게 존경했다. 이들의 작품은 신비이자 환희였고

플라톤과 아리스토텔레스의 저술에 있는 목적론적 원리를 언급한 방대한 참고문헌이 포함되어 있다.

20) Bultmann, *Primitive Christianity*, pp. 15~18에서 이 점에 대해 논의한다(허혁 역, 1993. 《기독교 초대교회 형성사》, 이화여대 출판부_옮긴이).

21) Spitzer, "Classical and Christian Ideas of World Harmony", *Traditio*, Vol. 2(1944), pp. 417~419.

22) *Laws* 899b. 9. 인용문은 Kahn, *Anaximander and the Origins of Greek Cosmology*, p. 206에서 가져옴. pp. 206~207도 보라. 장인에 대해서는 Sambursky, *The Physical World of the Greeks*, p. 67도 보라.

이들의 재능은 초자연적 존재가 부여한 것으로 생각되었으며, 이를 둘러싸고 많은 전설이 생겨났다". 헤파이스토스는 금속과 상아, 귀중한 보석을 다루는 위대한 예술가이기 때문에 신성한 직공이다. "언젠가 죽을 수밖에 없는 존재인 대장장이는 그의 신이 작업한다는 생각으로 정교한 주형을 가지고 작업했으며 송곳, 끌, 천공기, 수준기 등을 사용했다. 선사시대인 청동기시대에 발견된 증거는 그러한 작업의 정교함을 충분히 보여준다".[23]

정밀측정기와 도구가 부족했던 시대에 금, 은, 동, 상아, 보석에 조각하기, 돋을새김 하기, 무늬 새겨 넣기 등의 작업과 계획을 필요로 하는 기념비나 건물을 건축할 때 그들은 고도의 숙련도를 보여주었다. 장인성에 대한 존경심은 ① 장인으로서의 창조자, ② 원료에서 질서와 미를 창조할 수 있는 존재로서의 인간, 혹은 좀더 넓게 보아 지성과 기술을 조합해 자연현상을 통제할 수 있는 존재로서의 인간이라는 두 가지 사고를 이끌어낼 수 있었다.

《티마이오스》에는 신성한 장인의 질투하지 않는 본성 덕분에 우리가 풍요롭고 온전하며 다양한 생명으로 가득한 세계에서 살아간다는 사고가 드러나 있다(56∼57쪽에 나왔던 "충만의 원리"에 대한 논의를 보라). 볼테르가 교황과 라이프니츠를 조롱거리로 삼기 2천 년도 더 전에 이미 플라톤은 우리의 세계가 가능한 모든 세계 중 최상이며, 우주와 지구 자체에서 관찰할 수 있는 배치는 아낌없이 너그러운 장인의 작품이고, 생명의 온전함과 다양함은 살아 있는 존재로서의 우주를 만드는 바로 그 과정속에 내재한 것이라고 선언했다. 이러한 사고는 기독교 사상에서 비롯한 생각들과 어우러져, 다윈(Darwin)*의 《종의 기원》(*Origin of Species*)이 출판되기 전까지 지속되었던 지구에 대한 태도를 설명하는 데 위력을 발휘했다.

---

23) Seltman, *Approach to Greek Art*, pp. 12∼13.

5. 자연에 대한 아리스토텔레스의 목적론

플라톤과 달리 아리스토텔레스는 분명 장인적 신을 필요로 하지 않았다. 그러나 그가 우주의 구조와 역사가 신성한 계획의 완수 — 개별 존재들이 의식적으로 목적을 향해 작동한다거나 자연 자체가 목적을 향해서 무의식적으로 노력한다거나 — 를 위한 것이라고 믿었는지에 대한 증거는 일관성이 없고 불확실하다. 그러나 로스(Ross)*는 이것이 "아리스토텔레스의 정신을 지배했던" 세 번째 관념이었다고 믿는다.

4원인에 대한 아리스토텔레스의 학설과 '자연의 모든 일에 이유가 있다'는 그의 믿음은 철학과 생물학의 목적론적 논증과 이를 지구에 적용하는 사고를 더 굳건히 만들었다. 목적인은 합리적 목적이며 형성 과정에 암묵적으로 내재되어 있다. 목적인은 로고스가 따르는 과정의 성격을 말해 준다. 목적인은 핵심적인 것으로 "사물의 로고스 — 합리적인 기초 — 다. 그리고 로고스는 항상 기예적 산물의 시작인 동시에 자연적 산물의 시작이다".

자연의 작업은 인간이 기계나 여타 발명품을 만들 때 관찰되는 과정과의 유비로 이해할 수 있다. 왜냐하면 제작자의 마음속에 미리 생각한 모형이 없다면 기계나 발명품을 생각할 수조차 없기 때문이다. 의사는 치료를 할 때 건강을 생각하고, 건축가는 건축을 할 때 완성된 집을 생각하는데, 이들이 일단 마음속에 목표를 가지면 "각자는 자기가 하는 모든 일의 원인과 합리적 근거를, 그리고 왜 그가 하는 방식으로 일이 진행되어야 하는지를 말해줄 수 있다".24) 아리스토텔레스는 의사나 건축가의 계획에 분명히 드러나는 이와 같은 합목적적 활동은 자연에 더 잘 들어맞으며 "목적인 혹은 선은 예술 작품보다 대자연의 작품 속에서 더욱 충만하

---

24) Aristotle, *Parts of Animals* (Loeb Classical Library), I. i. (639b 15~22). 또한 목적론과 신의 역할에 대한 다른 해석과 논의를 보려면 W. D. Ross, *Aristotle*, pp. 181~182를 보라.

게 나타난다"고 설명한다. 인간과 마찬가지로 대자연은 장인이지만 단연
코 더 강력한 장인이다.

아리스토텔레스는 동물 연구에 자신의 방법을 적용하는데, 아무리 하
찮고 중요하지 않더라도 모든 동물을 탐구해야 한다고 말한다. 동물을
연구할 때 "그중 어떤 동물 하나라도 본성(*nature*)이나 미가 부족하지 않
다는 것을" 알기 때문이다. "나는 '미'를 덧붙인다. 왜냐하면 자연의 작업
을 지배하는 것은 우연이 아닌 목적이고, 구축되거나 형성된 작업 자체
를 위한 목적은 아름다움 사이에 자신의 자리를 갖기 때문이다". 가옥에
서 중요한 것은 단순한 벽돌, 회반죽, 목재가 아니라 형상과 형태이다.
"자연과학도 이와 마찬가지로 우리에게 무엇보다 중요한 것은 물자체(物
自體)와 분리되면 보이지도 않는 질료가 아니라 전체로서의 사물인 합성
물이다". 25)

아리스토텔레스는 《정치학》(*Politics*)*** 에서 자연 속의 목적 — 동식
물과 인간의 필요와의 관계를 포함해 — 에 대한 사고를 분명하지만 실망
스러울 만큼이나 조악한 방식으로 표현한다. 다양한 종류의 동물은 다양
한 종류의 먹이에 상응한다. 왜냐하면 식습관은 생활 방식의 차이를 가
져오기 때문이다. 자연은 좀더 쉽게 얻을 수 있는 먹이를 선택하도록 각
자의 식습관을 결정했다. 식물은 동물이 이용하도록 의도되었을 것이다.
여기서 동물은 인간을 위해 존재한다는 추론이 가능하다. 길들인 동물은
이용하고 먹기 위해, 야생동물 전부는 아니겠지만 식량으로 먹고 옷을
지어입고 다양한 도구를 만들기 위해 활용한다. "이제 자연이 불완전한
것을 만들지 않고 어떤 것도 공연히 만들지 않는다 한다면 자연이 모든
동물을 인간을 위해 만들었다는 추론은 당연하다". 26)

이처럼 자연 속에 존재하는 상호 관계에 대한 인간 중심적 개념 속에서

---

25) *Ibid.*, I. v. (645a 24~37).
26) Aristotle, *Politics*, I. 8. (1256a 18~30, 1256b 10~25) (천병희 역, 2009,
《정치학》, 도서출판 숲, pp. 38~40_옮긴이)

는 동식물의 분포가 인간의 필요 및 용도와 직결된다. 17세기와 18세기의 많은 자연신학 저술가들이 이러한 사고가 기독교와 양립할 수 없다고 하여, 즉 인간의 교만함을 보여주는 또 다른 증거라 주장하면서 저항하기는 했지만 이러한 사고는 근대에 들어서도 수없이 반복되었다. 인간이 자연에 존재하는 섭리적 배치 덕분에 존재한다는 데는 의심의 여지가 없지만 그것이 인간만을 위한 것은 아니었다.

아리스토텔레스는 인간이 지구상의 잘 계획된 집에서 호화롭게 살면서 신의 존재나 신성한 힘이 존재한다는 소문만 듣다가 만약 지구의 턱이 갈라져 열리면서 땅, 바다, 하늘, 구름, 바람, 태양, 달, 별, 천체가 영원의 경로를 따라 고정되어 있음을 목도하면 "분명 신이 존재하며 이 위대한 경이로움은 신들이 손수 지은 작품이라고 생각할 것"이라고 언급한다. 27)

그렇다면 이러한 설명이 일부를 이루는 아리스토텔레스 목적론의 일반적 특징은 무엇인가? 모든 것은 목적을 위해 행해진다. 우주가 영원하다고 해도 계획의 결과일 뿐이다. 우주적 질서의 반복적 출현은 계획과 목적의 증거이며 장인성의 증거이다. 인간이 만든 사물을 연구하듯이 자연에 대해서도 다음과 같이 연구할 수 있다. 무엇으로 만들어졌는가? 어떻게 만들어졌고 이것을 만들기 위해 사용된 기술은 무엇인가? 각 부속들의 기능은 무엇인가? 그 목적은 무엇인가?28)

아리스토텔레스는 종종 자연을 마치 단정하고 검소하며 잘 정리하는 집주인처럼 의인화하여 묘사한다. 하지만 모든 것을 목적인으로 설명할 수 있는 것은 아니다. 어떤 것은 질료인과 작용인만으로 충분하기 때문

27) Cicero, *De Natura Deorum* (Loeb Classical Library), II, 37. 94~95; Hume, *Dialogues Concerning Natural Religion*, Part XI를 보라(이태하 역, 2008, 《자연종교에 관한 대화》, 나남_옮긴이).

28) 물리학에 나타난 아리스토텔레스의 목적론에 대해서는 Sambursky, *The Physical World of the Greeks*, pp. 103~112를 보라.

이다. 가령, 눈 전체는 목적인으로 설명될 수 있지만 눈의 색은 어떠한 유용한 목적에 사용되는 것이 아니므로 목적인으로 설명할 수 없다. [29]

특히 흥미로운 것은 아리스토텔레스가 목적론적 사고를 생물학에 적용한 것인데, 이는 생물학 분야에 대한 그의 공헌 때문으로 바로 내재적 목적론이다. "각각의 종의 목적은 종 내부에 존재한다. 각 종의 목적은 단지 그 종으로 존재하는 것이다. 좀더 명확히 말하면 자신의 존재 조건 ― 가령 서식지 ― 이 허락하는 한 자유롭고 능률적으로 각각의 종은 성장하고 재생산하며 감각하고 움직인다". 한 종의 특징은 다른 종을 위해 설계된 것이 아니다. 자연은 그것을 사용할 수 있는 동물에게만 신체기관을 부여한다.

자연에 존재하는 이러한 합목적성은 과연 누구의 목적을 위한 것인가? 아리스토텔레스는 각각의 동물이 목적을 갖고서 살아간다고 주장하지 않는다. "목적을 위해 행동하는 것으로 묘사되는 것은 일반적으로 자연이다. 그러나 자연은 의식적인 행위자라기보다 모든 생명체 안에 존재하는 생명력이다 …". "이후의 많은 사상가들처럼 아리스토텔레스는 이런 '어떤 정신의 것도 아닌 목적'이라는 명백히 불충분한 목적 개념에 만족하는 듯하다". [30] 만일 목적이 무의식적인 것이라면 그것이 어떻게 목적일 수 있는가? "그러나 아리스토텔레스의 글을 보면 (많은 근대 사상가처럼) 그가 이러한 난점을 깨닫지 못했고 대부분의 경우에 자연 자체에 존재하는 무의식적인 목적 개념을 갖고서 작업하는 데 만족했음을 알 수 있다". [31]

---

29) W. D. Ross, *Aristotle*, pp. 81~82.

30) *Ibid.*, p. 125.

31) *Ibid.*, p. 182. 로스(Ross)는 어떤 한 종의 특성이 다른 종의 이득을 위해 설계되었을 것이라는 점을 부정한 아리스토텔레스에게 예외가 있을 수 있음을 언급한다. "상어가 먹이를 씹으려고 할 때 먹잇감이 도망칠 수 있도록 하거나 혹은 과도하게 잡아먹히는 것을 방지하기 위해 상어는 위 주둥아리와 아래 주둥아리를 수면 아래에서 포갠다!"(p. 125). 이러한 논의는 Ross, p. 125와 pp. 181~182에 근거한 것이다. 상태에 적용되는 목적론에 대해서는 p. 230을 보라. 아리스토텔레스의

비록 자연에 대한 아리스토텔레스의 목적론이 불만족스러우며 목적과 정신의 역할에 불확실한 점이 존재했으나 이러한 결점이 이 목적론을 자기네들의 필요에 따라 변형시켜 채택한 기독교 사상가들에게 영향을 주지는 않았다. 그들이 믿는 기독교의 신은 목적과 설계를 부족함이 없도록 제공할 수 있었기 때문이다.

6. 테오프라스토스의 의심

아리스토텔레스가 죽던 서기전 322년 무렵에는 인간과 지구의 관계에 대한 몇 가지 중요한 사고가 이미 꽤 훌륭하게 확립되었다. 가령 숨겨진 신성한 힘을 창조 작업 속에서 찾아볼 수 있다거나, 창조자-장인, 즉 조물주는 기술공처럼 우주의 무질서한 질료를 갖고서 질서를 만들었다거나, 자연 과정 속에 목적이나 목적인이 존재한다거나, 자연에는 생명의 충만함과 풍요로움이 존재한다거나, 식물은 동물을 위해 존재하며 동물은 인간을 위해 존재한다는 등의 사고이다.

식물의 다양성과 풍부함, 목수와 마찬가지로 공예 작업에서 계획이 가지는 역할, 가축에 대한 인간의 막대한 의존성과 인간에 대한 가축의 의존성 그리고 이러한 동물의 생존에 필수적인 식물 등과 같은 일상적 관찰이 이 모든 사고를 불러일으킨 것일까? 이러한 초기 저술들에서 '지상의 질서'는 균형 잡히고 조화로운 창조물로 여겨지긴 했지만 그에 대한 언급이 정교하진 않았다. 우리는 생물학과 생태학의 역사에서 매우 중요한 자연 속의 균형이라는 근대적 사고의 기원을 마땅히 이 개념 속에서 찾아

목적론에 대해서는 또한 Zeller, *Outlines of the History of Greek Philosophy*, pp. 197~198을 보라. 문헌 전체를 참고하려면 Zeller, *Die Philosopie der Griechen in Ihrer Geschichtlichen Entwicklung*, II Tl., II Abt., 4th Aufl., pp. 421~428과 (각주 17에 나오는) Theiler, 앞의 책, pp. 83~101을 보라.

야 한다. 그러나 근대적 사고에서는 인간의 활동이 이러한 균형을 방해하고 심지어는 파괴한다고 간주한 경우가 많다는 중요한 차이가 있다.

아리스토텔레스의 제자로 아리스토텔레스가 아테네를 떠난 후 학파를 물려받은 테오프라스토스는 플라톤과 아리스토텔레스가 설득력 있게 보여주었던 목적론적 자연관에 존재하는 난점을 인식한 후에 목적인이 가진 결점과 자연 속에 계획성과 합목적성이 존재한다는 가정의 불안정성을 지적했다. 그리고 우주와 지상의 현상 그리고 동식물 영역에서의 사례를 들었다. 그는 각각의 사물 집단 속에서 계획을 찾거나 그 계획을 목적인과 연결 짓기가 어려운 만큼 "동물 집단이나 식물 집단, 심지어는 거품들에서" 공통된 계획을 찾기도 어렵다고 말한다. 이러한 연결은 "동식물 및 과일이 생성되기 위해 의존하는, 말하자면 생성자인 태양"의 계절적 변화 같은 "다른 사물의 질서와 변화" 때문에 가능할 수도 있다. 그는 분명 목적론적 설명이 대략적인 근사치일 뿐이며 따라서 주의하여 사용해야 한다고 생각했다. 즉, 그것이 지닌 난점 때문에 "질서가 얼마큼 지배하는지를 결정하고, 질서가 더 많아지는 것은 왜 불가능한지 또는 더 많은 질서가 초래할 변화가 왜 더 나쁜 방향으로 흘러갈 수 있는지를" 설명하는 데는 탐구가 필요하다는 것이다. [32]

테오프라스토스는 자연에서 목적을 찾아내는 일이 흔히 말하는 것처럼 그렇게 쉬운 일이 아니라고 말한다. 후에 칸트가 어떤 반대 의견을 주장하기 위해 모래밭에서 자라는 소나무의 예를 드는 문장에서(4권 57쪽을 보라) 테오프라스토스는 다음과 같이 묻는다. "우리는 어디에서 시작해야 하며, 어떤 종류의 사물에서 끝을 내야 하는가?"

이는 아리스토텔레스의 목적론에서 목적의 개념이 어떤 정신의 목적도 아니기 때문에 불만족스럽다고 로스가 언급했던 결점과 배치되는 것인가? 테오프라스토스는 많은 일들이 일어나지만 이는 목적을 위해서가

---

32) *Metaphysics*, IV, 15(김진성 역, 2007, 《형이상학》, 이제이북스_옮긴이).

아니라 우연의 일치이거나 필연성 때문이라고 덧붙인다. 하늘과 지상의 현상이 이 범주에 속한다. "무슨 목적을 위해 바닷물이 들고 나며 가뭄과 다습함이 존재하는가? 그리고 때로는 이쪽으로, 때로는 저쪽으로, 또 중단되거나 도래하여 이루어지는 일반적 변화, 그리고 그 외에 무수한 다른 일은 무슨 목적을 위함인가?"[33]

그는 쓸모없는 신체기관을 가진 동물, 영양 섭취 및 동물의 탄생같이 필연성과 우연성 때문에 생기는 국면에 대한 목적론적 설명에서도 유사한 잘못을 발견한다. 그는 "모든 사물의 본성은 최선을 추구하고 최선의 상태가 되면 모든 사물에 영원과 질서가 부여된다"는 무비판적인 가정에 경종을 울린다.[34] 그의 태도는 훗날 루크레티우스가 취한 입장과도 다르다. 주로 생물학적 관점에서 이야기하는 테오프라스토스는 자연의 본성을 해석하는 데 목적인의 타당성에 회의를 품는 것을 지지하는 입장이지만, 루크레티우스는 개인적으로 자기만의 목적론을 가졌음에도 불구하고 목적론을 전적으로 비난하기 때문이다.

테오프라스토스는 선에 복종하지 않거나 받아들이지 않는 존재가 압도적으로 많다는 것과 살아 있는 존재는 일부에 불과하고 생명이 없는 존재는 우주 속에 무수히 많으며 "생명이 있는 것들 중에서도 그것의 존재가 존재하지 않음보다 나은 경우는 극히 일부일 뿐"임을 지적한다. 그는 목적인 교의의 적용 가능성이 협소함을 다시 한 번 환기시키면서, 존재하는 어떠한 질서에 대해 만족할 만한 설명을 제공하는 목적인 교의가 과연 타당한지를 의심한다. 분명 그는 자연에는 물리적 무질서가 존재하며, 질서는 증명되어야지 가정되어야 하는 것이 아니라고 생각한다. "… 우리는 반드시 자연과 우주의 실재 양자 속에서 목적인과 개선에 대한 충동, 양자가 갖는 어떤 한계를 발견하려고 노력해야 한다. 왜냐하면 이

---

33) *Metaphysics*, IX, 29.
34) *Metaphysics*, IX, 31.

것이 우주에 대한 탐구의 시작이기 때문이다. 예컨대 실재의 사물이 의존하는 조건을, 그리고 이것들과 다른 사물들과의 관계를 결정하려는 노력 같은 것 말이다".[35]

에피쿠로스학파의 대변인 격인 벨레이우스(Velleius)는 《신들의 본성에 관하여》에서 테오프라스토스나 그의 제자 스트라톤(Strato)*에 대해 언급하면서 별다른 찬사를 보내지는 않는다. 테오프라스토스는 "참을 수 없을 정도로 일관성이 없다. 한 번은 정신에 신성한 우월성을 부여했다가 다른 곳에서는 하늘에 그랬다가 다시 말을 바꿔 별자리나 하늘의 별들에게 그 영광을 돌린다". 자연철학자라는 별명을 가진 스트라톤에게도 관심을 가질 가치가 없다. "그의 견해에서 신성한 힘을 지닌 유일한 곳은 자연이다. 자연은 그 속에 탄생과 성장과 소멸의 원인을 담고 있다. 그러나 감각과 형태는 완전히 결여되어 있다". 키케로는 스트라톤이 광범위한 스케일로 진행되는 모든 작동에서 신성을 배제하려 한다고 말한다. 즉, "신은 세계를 창조하는 데 신성한 활동을 사용하지 않는다고 선언한다". 스트라톤에게 현존하는 모든 현상은 자연적 원인에 의해 만들어지는 것이다. 스트라톤은 데모크리토스(Democritos)*의 원자론을 조금도 용인하지 않은 채 "존재하고, 존재할 예정이며, 존재했던 모든 것은 중력과 운동 같은 자연력에 의해 만들어진 것"이라고 가르쳤다.[36]

7. 스토아주의의 자연관

지구가 설계된 것이고 생명에 적합한 환경이라는 사고의 정수는 이미 서기전 4세기에 이르러 정식화되었지만 이를 더 진전시키고 풍부하게 만

---

35) *Metaphysics*, IX, 32, 34.
36) 벨레이우스의 연설은 *De Natura Deorum*, I, 13, 35에, 키케로의 연설은 *Academica*, II, 38, 121에 있다.

든 것은 스토아주의자였다. 이들은 강조점에 핵심적 변화를 주었는데 파나이티오스와 그의 제자인 포시도니오스가 명백히 채택하였다.

서기전 185년경 로도스(Rhodus)**에서 태어난 파나이티오스는 이집트와 시리아를 포함한 지중해 세계 전역을 여행했다. 아테네에서는 스토아주의자이자 크리시포스(Chrysippus)*의 제자인 바빌론의 디오게네스(Diogenes of Babylon)*에게 수학했다.[37]

파나이티오스는 로마에 살면서 폴리비오스(Polybius)*의 영향을 받아 역사, 특히 세계 권력으로 당당히 자리한 로마의 위풍당당한 불굴의 역사에 깊은 관심을 가졌는데 이러한 관심은 현재를 더 깊이 이해하는 데 역사적 발전이 중요하다는 것을 온전히 인식하도록 했다.[38] 그는 과거 스토아학파가 가졌던 '세계가 아름답고 목적으로 가득하다'는 신념에 더욱 깊은 의미를 부여했다. 그는 세계가 아름답고 목적으로 충만한 것은 태고의 창조적 힘에 기인한 것이라고 했다.

그는 새로운 사고를 도입해서라기보다는 자연의 가시적 측면들을 올바르게 이해해 이러한 주장을 펼쳤다. 파나이티오스를 통해 헬레니즘적 운문과 그림에 담긴 자연에 대한 느낌은 철학적인 세계관을 가졌다. 즉, 우주의 질서는 장대할 뿐 아니라, 지구 — 육지와 바다가 반복적으로 나타나고 수많은 섬, 사랑스러운 해변과 깎아지른 듯한 산 및 가파른 절벽 사이의 대조, 그리고 다양한 동식물을 보여주는 그리스의 경관 — 의 아름다움은 환희로 가득하다. 그것은 아름다울 뿐 아니라 완벽하다.

나일 강과 유프라테스 강이 들판을 비옥하게 할 때 그리고 어디에나 있는 바람, 낮과 밤, 여름과 겨울 속에서 창조적인 자연의 합목적적인 활동을 인식하지 않겠는가? 바로 이런 활동이 생명을 만들고 성장할 수 있게 하기 때문이다. 무엇보다 가장 경이로운 사실은 자연이 스스로를 이미

---

37) W. D. Ross, "Diogenes(3)", *OCD*, p. 285.
38) 파나이티오스에 대한 이러한 논의는 Pohlenz, "Panaitios, 5", *PW*, 18:3, col. 421과 Pohlenz, *Die Stoa*, Vol. I, pp. 191~207에 근거한다.

창조했을 뿐 아니라 그것이 영속하도록 부양한다는 점이다. 창조의 정점에는 인간이 있다. 인간이 직립한다는 것은 다른 존재와 결정적으로 차별화된 특징이다. 인간은 다른 동물마냥 식량을 찾기 위해 땅을 쳐다볼 필요가 없으며 높은 곳에서 전망을 살피듯 창조물들을 바라볼 수 있다. 인간은 지성의 도움을 받아 자신이 바라보는 외계를 유용하게 만들 수 있다. 하지만 파나이티오스는 스토아학파의 낡은 인간중심주의적 신념, 즉 지구는 인간의 필요만을 위해 창조되었다는 신념을 공유하지 않는다. 인간은 지구에 있으면서 지구의 아름다움과 자원을 활용한다.

키케로의 《신들의 본성에 관하여》에도 대부분 다시 등장하는 이러한 사고는 지구를 향한 미학적 태도와 공리주의적 태도의 초기 융합을 보여준다. 지구는 아름답고 또 유용하다. 이 두 가지로 단순화된 지구의 특징은 이후 역사에서 나타나는 지구에 대한 태도의 많은 부분을 설명한다. 지구는 존중받을 만큼 아름다우며 그 아름다움은 보전되어야 한다. 지구는 인간의 정신을 활용하게 하는 물질을 담았기에 유용하다. 인간의 창조물, 도구, 기계는 지구를 변화시키고 개선해 영원히 반복되며 증가하는 인간의 필요에 부합하도록 한다. 39)

또한 파나이티오스는 설계론의 틀 속에서 환경 영향이라는 사고의 활용을 처음으로 시도한 사람 중 하나였다. 점성학을 향한 스토아학파의 믿음을 거부한 그는 인간에게서 독특한 특징을 발견한 히포크라테스의 사고 — 인간은 기후와 경관에 의해 성격이 결정되는 공동체에 속한다는

---

39) Pohlenz, *Die Stoa*, Vol. I, pp. 195~197. 이 단락은 파나이티오스 및 그를 구(舊) 스토아주의자와 구별해 주는 특성에 대한 폴렌츠(Pohlenz)의 분석에 근거한 것이다. Cicero, *De Natura Deorum*, II, 52~53, Pohlenz, Vol. II, pp. 98~99 또한 보라. 폴렌츠는 파나이티오스의 출처가 대부분 크세노폰과 아리스토텔레스, 에라시스트라토스(Erasistratos)의 목적론적 생리학에 의존한다고 말한다. "그러나 세계 전체 도처에 존재하는 목적의식을 가지고 창조하는 로고스의 활동을 경험한다는 기본 의견과 신성을 인식하게 하는 '자연신학'은 〔파나이티오스〕 자신의 것이다"(Vol. I, p. 197). 또한 p. 193도 보라.

— 를 받아들인다. 40) 다른 이들의 작품 속에서만 만날 수 있는 포시도니오스의 사상에서 우리는 지상의 조화 속에 존재하는 지리의 중요성과 생물학적 상호 관계의 중요성에 대한 심오한 느낌을 발견할 수 있다. 41) 파나이티오스와 포시도니오스는 민족지학, 지리학, 생물학적 자료를 방대하게 활용한다는 점에서 소크라테스 이전 철학자들 및 플라톤, 아리스토텔레스, 초기 스토아학파와 결별한 것처럼 보인다. 전체로서의 우주, 원소론 같은 물리 이론 그리고 기원론과 우주론으로부터 지구상의 가시적 현상에 대한 탐구로 강조점을 옮긴다.

파나이티오스에게서 영감을 받은 포시도니오스는 스토아학파의 목적론적 가르침 속에서 분리된 각 지식 영역을 통일해 이해하는 방법을 발견했다. 그는 고대의 가장 위대한 과학 탐험가로 일컬어졌다. 42) 우리는 그에게서 민족과 생활환경의 다양성을 관찰하기 위해 갈리아, 이탈리아, 에스파냐 전역 — 그곳에서 가데스(Gades: 오늘날 에스파냐의 카디스 지역_옮긴이) 해변의 조수를 연구했다 — 을 여행한 호기심 가득한 인간의 모습을 떠올릴 수 있다. 43) 그는 역사의 중요성을 느꼈다.

이 두 저술가는 50년 동안 로마가 반도의 세력권을 벗어나 세계적 헤게모니로 등극하기까지의 사건들을 다룬 폴리비오스의 주제에 감명받았다. 44) 역사에 대한 감각, 자연 속의 생명과 성장에 대한 감각, 조수와 같

---

40) Pohlenz, *Die Stoa*, Vol. I, p. 218.
41) (자료 분석 문제가 대부분인) 포시도니오스의 학문이 가지는 특별한 어려움과 여러 해석의 논쟁적 성격 때문에 나는 다음의 2차 문헌 — Reinhardt, K., "Poseidonios von Apameia", *PW*, 22:1, cols. 558~826(이 글은 포시도니오스 학문의 깊이 및 논쟁적 성격과 어려움을 인상적으로 보여준다). 또한 Reinhardt의 *Poseidonios*와 위에서 이미 언급한 폴렌츠의 논의 — 에 의존했다.
42) Pohlenz, *Die Stoa*, Vol. I, p. 209.
43) *Ibid.*, Vol. I, pp. 209~210. 켈트족에 대한 개인적인 경험, 에스파냐에서의 연구, 해안 형성에 관한 바다의 영향, 광산 및 발명, 광산에서의 비인간적인 노예 대우에 대한 혐오감, 자신이 운영하고 키케로가 수학했던 로도스의 학교에 대해 다룬다.

은 자연현상에 대한 감각은 포시도니오스의 사상에 역동적 힘을 부여했다. 이런 것들은 자연의 통일성과 조화를 고정된 모자이크처럼 보았던 과거의 스토아학파적 개념에게서 결여된 것이었다. 세계는 완벽하고, 과정은 목적에 기초하며, 존재와 생명은 서로에게 속하고, 전 우주에는 생명이 스며들어 있으며, 생명은 어디에서나 발견되는 활력이라는 그의 신념 뒤에는 과연 무엇이 놓여 있는가? 그의 스승인 파나이티오스는 점성학을 거부했지만 포시도니오스는 받아들였다. 그러나 그가 받아들인 점성학은 손다이크가 쓴 것처럼 거대한 우주의 힘이 지구상의 세계에 자연법칙으로 적용되는 그런 점성학이었다.

포시도니오스는 파나이티오스의 환경인과론이 사물의 배후를 충분히 깊숙이 파악하지 못한 것으로 보았다. 기후와 경관 자체는 다른 별의 영향하에서 태양의 위치에 따라 결정된다. 이와 같은 사고방식에 따라 포시도니오스는 별들이 민족 단위에는 직접적인 영향을 미치고 개인별 성격에는 간접적 영향을 미친다는 가정을 세웠다. 우주의 모든 부분은 달과 조수, 태양과 식생, 개인에게 미치는 별의 영향과 민족에게 미치는 별의 영향과 마찬가지로 감응(*sympathy*)으로 함께 묶여 있다. 지구상의 생물에게 미치는 태양과 달의 영향은 명백하다. 이런 설명을 벗어나 태양이나 달보다 훨씬 먼 행성이나 별자리가 지구에 미치는 영향력을 설명할 수는 없지 않았을까? 만약 이를 시도하고자 한다면 파나이티오스의 기후이론을 벗어나야만 한다. 지구의 기후와 경관은 태양의 위치와 다른 별들의 영향력의 결과였기 때문이다. [45]

인간의 많은 부분은 자연의 일부이다. 인간은 환경 속에서 성장하며 그 영향을 받는다. 여기에서 '온화한 기후의 탁월한 성질' 같은, 환경영향론들이 도입된다. 하지만 이러한 관계는 우주 전체 속에 조화가 존재함

---

44) *Ibid.*, Vol. I, pp. 211~212.
45) *Ibid.*, Vol. I, pp. 218.

을 인정할 때에만 이해할 수 있다. 신성한 통찰력을 보여주는 사례인 태양은 모든 생명이 그 혜택을 누리도록 창조되었다. 태양은 동식물을 존재하게 하며, 낮과 밤의 바뀜, 기후의 변화, 인간의 피부색 차이 등을 생기게 한다. 또한 지구를 젖거나 마르게 하고, 비옥하게 하거나 불모지로 만든다.

인간의 기예는 자연의 모방물이다. 인간의 사고만이 물고기의 꼬리를 보고 배의 키를 만들 수 있기 때문이다. 자연 속에서 드러나는 것과 동일한 로고스, 동일한 이성적 계획이 인간의 사고 속에서 작동하기 때문에 발명이 가능한 것이다. 동물의 기예와 구별되는 인간의 기예는 가지각색의 발명품 — 인간의 필요를 만족시키기 위할 뿐 아니라 좀더 아름다운 삶을 만들기 위해서도 사용되는 — 속에서 드러난다.

인간 문화를 발전시킨 것은 필요가 아니라 로고스의 창조력이다. 지성과 수많은 성취 그리고 발명품을 지닌 인간은 자연의 일부이다. 그리고 자연에서 비롯한 그의 힘은 동식물에게는 주어지지 않은 다양한 임무와 힘, 능력을 가능케 했다. 지구는 신들에 의해 창조되었지만 그 창조는 신들을 위해서가 아니라 인간과 하등 존재인 동식물을 위해 이루어졌다. [46] 라인하르트는 포시도니오스 철학의 중심 사상은 '차별화를 통해 목표에 접근하는 발전'이라고 언급했다. 통일성에서 다양성을, 단순한 것에서 복잡한 것을 어떻게 설명할 것인가? 가장 고매한 인간의 활동이 모두 본래 통일성을 가진다는 것, 인간의 점진적 발전을 통해 현재의 지배적 복잡성을 가졌다는 것을 보여주기 위해 포시도니오스는 시와 역사에서 자료를 수집했다. [47]

그의 사상은 생물학, 역사, 천문학, 지리학, 민족지학의 사고들에서 나왔다. 이는 또한 생태학적이며 미학과 자연의 아름다움이 '지구와 우주

---

46) *Ibid.*, Vol. I, pp. 222~224; 227~228.
47) Reinhardt, *Poseidonios*, p. 75.

가 합목적적으로 만들어졌음을 확증하는 증거'라고 강조했다는 점에서 그가 고전에 대해 품었던 경외심과 아울러 그의 사상이 키케로, 세네카 (Seneca),* 스트라본, 비트루비우스 같은 저술가들을 통해 근대의 사상에 영향을 미친 점을 이해할 수 있다. 흔히 주장되는 것처럼 《신들의 본성에 관하여》 2권의 많은 부분이 포시도니오스의 사상에서 비롯된 것이 맞다면 그의 영향력은 그만큼 더 크다고 볼 수 있다. 48)

8. 《신들의 본성에 관하여》

에피쿠로스학파, 플라톤학파, 스토아학파의 견해를 대비시킨 키케로의 대화집 《신들의 본성에 관하여》는 설계론을 포함한 종교적 사고의 중요한 보고가 되었다. 세네카의 비슷한 저술과 플라톤의 《티마이오스》와 더불어 이 책은 고전적인 설계론을 르네상스 시대 그리고 17, 18세기에 영향력 있었던 자연신학에 재도입하는 매개체가 되었다. 49)

4명의 대담자는 스토아주의자 발부스, 에피쿠로스학파 벨레이우스, 플라톤학파이자 플라톤의 제자인 코타(Cotta)와 키케로다. 키케로는 신

---

48) 포시도니오스는 뒤에서 환경론과 관련해 다시 논의될 것이다. 자연에 대한 그의 사고는 '불은 가장 원기왕성하며 가장 활동적인 원소이므로 점차 높은 곳으로 상승한다'는 등의 구(舊) 스토아주의자들의 사고와 밀접하게 연결된다(Pohlenz, Die Stoa, Vol. I, p. 219). 감응, 그리고 유기적인 전체로서의 우주에 대한 사고에 대해서는 idem, Kosmos und Sympathie, pp. 117~119를 보라. 인간을 위한 집으로서의 지구에 대한 사고는 idem, "Poseidonios von Apamea", PW, 22:1, cols. 809~810을 보라.

49) 키케로의 《신들의 본성에 관하여》의 출처에 관한 문헌은 방대하다. 2권은 특히 파나이티오스 및 포시도니오스의 영향이라는 측면에서 연구가 이루어졌다. 피즈 (Arthur Stanley Pease) 의 권위 있는 연구서인 M. Tulli Ciceronis de Natura Deorim, 2 vols를 참고하라. 1권은 《신들의 본성에 관하여》의 1권에 대한 주석서이며, 2권은 《신들의 본성에 관하여》의 2권과 3권에 대한 주석서이다. 이 저작에는 《신들의 본성에 관하여》의 본문과 해제가 포함되어 있다.

들의 본성에 대한 주된 입장을 검토하면서 대담을 시작한다. 그 하나로 신들은 인간사를 전혀 알지 못한다는 견해가 있는데 키케로 자신이 성급히 폐기했고, 다른 하나는 인간에게 부여되는 선물인 신성한 지성과 이성, 대지의 산물 그리고 대기와 계절의 변화가 세계를 이끈다는 "고귀하고 주목할 만한" 인간들, 즉 스토아주의자들의 견해다. 심지어 이 견해에 대한 카르네아데스(Carneades)*의 날카로운 비판은 "적극적 정신의 소유자에게 진리를 발견하고자 하는 강렬한 열망을 불러일으키는 방식으로" 이루어진다.[50] 에피쿠로스학파를 대표하는 벨레이우스는 창조하는 것이 아니라 혼돈에서 질서를 만드는 플라톤의 장인적 신 개념과 스토아주의의 섭리 개념 모두를 조롱한다.

> 나는 가령 플라톤의 《티마이오스》에 나오는 장인적 신이라거나 세계의 건설자 또는(요즘 말로 '섭리'라고 표현할 수 있는) 스토아학파의 《예정론》(Pronoia)에 나오는 늙은 점쟁이의 점괘 같은 근거 없는 상상의 허구적 설을 당신에게 상세히 설명하지 않을 것이다. 또한 세계가 정신과 감각을 가졌다거나 회전하는 구형으로 타오르는 불의 신이 세계에 있다는 설에 대해서도 상세히 설명하지 않을 것이다. 이러한 것은 이성적으로 사고하지 않고 몽상만 하는 철학자들의 불가사의하고 괴이한 말에 불과하다. 어떤 정신적 통찰력이 당신의 선생인 플라톤으로 하여금 신이 우주의 구조를 건설하는 데 사용된 — 플라톤이 언급하듯이 — 광대하고 정교한 건축 과정을 알아보게 만들었단 말인가? 어떤 공법을 활용했는가? 사용한 도구와 지렛대, 기중기는 무엇인가? 그다지도 광대한 사업을 수행하게 한 작인은 무엇인가? 그리고 공기, 불, 물, 흙이 어떻게 건

---

50) Cicero, *De Natura Deorum*, I, 1~2. 카르네아데스에 대해서는 Pohlenz, *Die Stoa*, Vol. I, p. 176을 보라. 카르네아데스는 세계의 신성에 대한 스토아주의자들의 신념에 반대했다. 즉, 자연의 합목적성은 합목적적으로 창조하는 지성을 가정하지 않고서도 자연적 원인에 의해 설명될 수 있다. 동물은 인간만을 위해 창조될 수 없었으며, 모든 존재는 그 자체로 자연적으로 설정된 지향점이나 목적을 가진다.

축가의 의지를 따르고 이를 수행할 수 있었는가?51)

이러한 비판이 기술(技術)적 수사를 사용한다는 점은 지적할 가치가 있다. 다만 플라톤은 인간 장인의 유비를 통해 계획적 창조를 지지하는 반면 벨레이우스는 이를 통해 계획된 창조를 부정한다는 차이가 있다. 이후에 발부스는 벨레이우스가 스토아주의자의 용어를 극히 제한적으로 이해한다며 반박한다. 즉, 벨레이우스 같은 신념을 가진 자들은 자신의 사고에 너무 푹 빠져 타인의 사고를 제대로 파악하지 못한다는 것이다. 《예정론》은 점괘가 아니며 특별한 종류의 신도 아니다. 벨레이우스는 분명 생략법을 이해하지 못한다. 만일 단어를 충분히 이해해 생략된 내용을 보충했다면, 예정의 의미는 "늙은 점쟁이의 점괘"가 아니라 "신들의 섭리에 의해 통치되는"(*providentia deorum mundi administrari*) 세계일 것이다〔*De Natura Deorum*, II, 29, 73~74〕.

코타는 장황하게 에피쿠로스학파의 견해를 논박했으면서도 정작 자신의 견해를 개진하는 데 주저하면서 논박의 짐을 주로 발부스에게 넘긴다. 발부스는 스토아주의자가 불멸의 신들에 대한 문제를 네 가지 관점 — 존재 여부, 본성, 우주의 통치, 인간사에 대한 관심 — 에서 검토한다고 언급했다.52) 그는 신들의 존재에 대한 사고가 형성된 데 대해 과거 스토아주의자였던 클리안테스(Cleanthes)*가 펼쳤던 논리에 동의를 표하며 이를 인용한다. 점을 보아 얻는 미래에 대한 예지, "온화한 기후와 비옥한 땅 및 다른 풍부한 축복들로부터 우리가 얻는 막대한 이득", 폭풍우나 지진, 역병, 불타는 유성 등 자연에 존재하는 폭력 때문에 정신으로 스며든 경외감 그리고 무엇보다 강력한 것은 하늘에서 관찰되는 규칙성과 질서다.53)

---

51) Cicero, *De Natura Deorum*, I, 8, 18~20.
52) Cicero, *De Natura Deorum*, II, 1, 3~4. 코타의 진술에 대해서는 I, 21~44, 57~124를 보라.

인간의 창조물처럼 우주 역시 이를 건설한 자가 있으리라 추정할 수 있다. 여기서 주된 사고를 보완하는 종속적 개념으로 환경적 설명이 도입된다. 인간은 우주에서 가장 낮은 영역인, 그래서 공기가 가장 밀집된 대지 위에 산다. 밀집된 공기로 인해 평균보다 낮은 지능을 지닌 주민이 사는 특정 도시나 구역에서 관찰할 수 있는 것은 대지 위에 사는 모든 인간에게 적용된다. 그렇지만 이러한 지능의 인간에게도 우주 속에 빼어난 정신과 신성을 가진 정신이 존재함을 추론할 수 있다.[54] 지구(대지)는 메마름 뒤의 풍성한 식생, 동지·하지 때 태양의 궤도 변화, 달의 차고 이지러짐 그리고 신성한 영혼에 의해 유지되는 음악적 조화 같은 우주적 질서의 일부일 뿐이다.[55]

발부스는 자연은 간섭받지 않는 한(포도나무나 소의 생애 주기처럼) "온전한 발전을 목표로 하는 자신만의 특정한 경로로 나아간다"고 주장한다. 회화, 건축, 예술과 공예는 그 안에 완벽한 장인정신이라는 이상을 담았다. 이러한 경향은 자연 속에서 더 크게 나타난다. 개별 본성은 간섭받을 수 있을지 몰라도 그 무엇도 "자연 전체를 좌절시킬 수는 없다. 왜냐하면 자연은 그 속에 모든 존재양식들을 끌어안고 포괄하기 때문이다".[56] 자연의 과정을 설명하기 위해 인간의 기예와 기술적 과업의 목적성을 활용하는 것 — 곧바로 신성한 장인성과 비교되는 인간에 대한 폄하가 뒤따르는 —은 고대와 근대의 설계론에 공통적으로 나타난다. 사실 비슷한 논증이 다윈의 《종의 기원》에서도 사용되었다. 다윈은 동식물 생활에 영향을 미칠 수 있는 인위적 선택을 행하는 인간의 힘은 자연 세계에 존재하는 자연선택의 힘에 비하면 초라하다고 썼다.[57] 발부스는 스토아주의자인 크리

53) *Ibid.*, 5, 13~15.
54) *Ibid.*, 6, 17~18.
55) *Ibid.*, 7, 19~20.
56) *Ibid.*, 13, 35.
57) Darwin, *The Origin of Species*, Modern Library ed., pp. 29, 52, 65~66

시포스의 말을 인용하면서 다음과 같이 말한다. "마치 방패집이 방패를 위해 만들어지고 칼집이 칼을 위해 만들어지는 것처럼 세계를 제외한 만물은 다른 무언가를 위해 창조된 것이다…".

대지에서 나는 곡식과 과일은 동물들을 위해, 동물은 인간을 위해 만들어진 것이다. 인간을 말을 타고 다니며 황소를 이용해 밭을 갈고 개를 이용해 사냥하기 때문이다. 그리고 불완전성을 지닌 인간은 세계를 묵상하고 모사하도록 만들어진 존재다. 크리시포스는 이러한 사고의 주창자가 아님에도 불구하고 "위대한 대변자"로 일컬어졌다.

여기서 기본적 가정은 존재의 위계다. 통상적으로 식물은 동물을 위해, 동물은 인간을 위해 그리고 인간은 신을 묵상하기 위해 존재한다[De Natura Deorum, II, 14, 37~39]. 인간의 지성은 우주에 존재하는 특출한 능력을 지닌 신성한 정신의 존재를 추론하도록 우리를 인도해야 한다[De Natura Deorum, II, 6, 18]. 스토아주의의 '감응'이라는 사고가 여기서 작동한다. 모든 창조된 만물 사이에는 상호 연결성과 친화 관계가 존재한다. 대우주와 소우주 — 즉, 인간 — 사이에는 강력한 유대가 있다. 만일 '사유하는 지성적 존재'라는 인간의 독특한 지위를 인정하면서 우주의 거대한 정신을 구성하는 작은 부분으로 인간을 바라본다면 인간이 사용하는 이 세계의 만물은 인간을 위해 창조되어 제공되는 것이고 세계는 신들과 인간을 위해 창조되었으며 그 속의 만물은 인간이 누리기 위해 존재한다고 말하는 것은 합리적인 것이다[De Natura Deorum, II, 61~62, 154].

이러한 사유 방식은 우주(mundus)를 집이나 도시, 심지어는 아테네와 스파르타와 비교하는 현상을 초래했다. 태양과 달의 운행은 인간을 위한 장관이다. 야생 맹수만을 낳는 대지는 무의미할 것이다. 만물은 이를 활용하는 자를 위해 만들어진 것이다. 개, 양, 황소의 가축화를 유용론적 차원에서 주장하는 것은 이러한 사유와 잘 들어맞는다. 황소의 목은 "멍

(송철용 역, 2009, 《종의 기원》, 동서문화사_옮긴이).

에를 지기 위해" 만들어졌지만, 등은 짐을 지우기에는 부적합하다. 황소의 도움을 받아 대지를 경작할 수 있게 되었다[II, 63, 159]. 새들은 "너무도 많은 즐거움을 주기 때문에 우리 스토아학파의 섭리 개념이 이따금 에피쿠로스학파를 신봉하는 것처럼 보인다"[II, 64, 160]. 이러한 주장으로부터 인류 — 전체로서의 인류뿐 아니라 인간의 일부 또는 개인에 이르는 — 에 대한 신의 돌봄이라는 사고가 등장한다[II, 65, 164].

여기서 누군가가 물을 것이다. 누구를 위해 이 모든 광대한 체계가 고안된 것인가? 감각이 없는 나무와 식물이 자연에서 생존하도록 고안된 것인가? 그러나 이는 어떤 경우에도 부조리하다. 그렇다면 동물을 위한 것인가? 신들이 말 못하고 비이성적인 피조물을 위해 이런 모든 성가신 일을 했을 리가 없다. 그렇다면 누구를 위해 세계가 창조되었다고 해야 할 것인가? 의심의 여지없이 이성을 활용할 수 있는 생명체를 위한 것이다. 여기엔 분명 다른 모든 사물보다 훨씬 훌륭한 존재인 신들과 인류가 있다. 왜냐하면 만물 중에서 가장 우수한 것은 이성[ratio]이기 때문이다. 따라서 우리는 세계와 그 속에 담긴 만물이 신들과 인간을 위해 만들어졌다고 믿는 것이다[II, 53, 133].

이런 세계 속에서 맹수에게는 도둑의 역할이 주어진 것이라 할 수 있다.[58] 이러한 주장은 크세노폰과 매우 유사한데 자연과 자연사를 다룬

---

58) 크리시포스의 인간중심주의적 관점에 대해서는 De Lacy, "Lucretius and the History of Epicureanism", *Trans. and Proc. of the Amer. Philolog. Assn.* 79 (1948), p. 16을 보라. 이 책의 견해는 von Arnim, *Stoicorum Veterum fragmenta*, Vol. 2, pp. 332~334에 나오는 크리시포스의 저술 단편에 기초한 것이다. 세계를 집이나 도시와 비교하는 내용에 대해선 *Domus aut urbs Utrorumque, De Natura Deorum*, Vol. 2, pp. 950~951에 대한 피스(Pease)의 주석 — 다른 저술가들로부터 가져온 많은 인용을 덧붙인다 — 을 보라. 맹수의 위상에 대해서는 *Mutarum* Vol. 2, p. 895, *De Natura Deorum*, II, 63, 157~158에 붙은 위의 책의 주석을 보라. 한 생명체의 목적은 다른 생명체를 위한 것이라는 사고[*De Natura Deorum*, II, 14, 37]는 우리가 이미 보았듯이 아

사상사에 대단히 중요한 결과를 가져온다. 즉, 모든 자연현상의 의미를 극히 유용론에 치우친 관점에서 해석하는 것이다. 이러한 편향은 '모든 자연은 인간만을 위해 존재한다는 사고'를 자연신학이 거부했음에도 불구하고 19세기 중반까지 자연신학 속에 남았다. 심지어 이러한 거부에도 불구하고 자연의 산물에 대한 연구와 해석은 인간에게 주는 유용성이라는 측면에서 이루어졌다.

유용론적 해석이 낳는 또 한 가지 중요한 추론은 길들인 동식물을 대하는 태도에 관한 것이다. 즉, 길들인다는 것은 자연의 질서가 가져온 결과이지 자연의 질서에 대한 간섭이 아니라는 것이다. 길들여진 동식물은 인간을 위해 설계된 대지 위에서 인간이 활동해 나타나리라 예견되었던 결과이며 인간의 기예와 발명품, 기술은 필요 때문이 아니라 풍요롭고 충만하며 비옥한 자연이 제공하는 기회에서 비롯된 것이다. 우리는 설계론 속에서 동식물의 가축화·작물화에 대한 초창기 교의를 찾아야 하는 것이다.

가축화·작물화의 역사적 근거는 현재 길들여진 동식물의 활용에 대한 관찰과 혼동되었다. 한(Eduard Hahn)*에 이르러서야 비로소 유용성 때문에 동식물을 길들인다는 오래된 개념이 무너졌다. 그는 가축화·작물화가 비유용론적이고 의례적 기원을 갖고 있음을 강조하였다. 여기서 크리시포스로 대표되는 스토아주의의 개념 속에서 지배적 사고는 '말은 수송을 위해, 황소는 밭을 갈기 위해, 개는 사냥과 보호를 위해 만들어졌다'는 것으로 이러한 사고는 훗날 스토아 철학의 범위를 넘어 광범위하게 확산되었다.

발부스에 따르면 모든 생명체는 내부에 존재하는 열 덕분에 존재하는데 이 원소는 "자체 내에 전 세계에 널리 퍼지는 생기를 지녔다". 열의 법칙은 발생과 번식력과 긴밀히 연관된다. 다시 말하면 세계의 모든 부분

리스토텔레스가 지지했던 것이 아니다. 아리스토텔레스의 내재적 목적론에 대해서는 Ross, *Aristotle*, p. 125를 보라. 또한 각주 26, 31번도 참고하라.

은 열에 의해서 유지되며 또 유지되었다. 왜냐하면 자연 전체에 퍼진 뜨거움과 화염의 법칙은 그 속에 발생의 힘을 가지기 때문이다. 즉, 열은 "동물이건 흙에 뿌리박은 식물이건 간에 모든 살아 있는 피조물의 탄생과 성장의 필연적 원인이다".59) 움직이는 자연뿐 아니라 전체 우주가 이러한 생성 법칙을 가지며 나아가 유기적 특성을 소유한다.

발부스는 스토아학파의 창시자인 제논을 인용한다. 제논은 자연을 "조직적으로 생성의 작업을 진행하는 장인과도 같은 불"이라고 정의했다. 장인 같은 자연의 불은 인간 장인의 손과 같으면서도 훨씬 더 숙련도가 높아 다른 기예를 가르치면서도 자신의 작업에 대해 선견을 가지고 상세히 계획을 한다. 보편 자연은 개별 자연의 창조자이다. 이는 세계정신이며 분별 또는 섭리라는 타당한 호칭을 가진다. 이들은 주로 세계를 안전하게 만드는 일에 집중한다. 즉, "먼저 생존에 가장 적합한 구조를 만든 다음에 절대적 완전성을 추구한다. 그러나 주로 모든 종의 아름다움과 치장을 완성한다".60)

보편적 자연의 합목적성이라는 이 이론은 가시적인 자연을 설명하기 위한 4원소설과 결합된다. 보편적 자연의 기예는 네 가지 원소를 통해 대지를 살찌우고 씨로 대지를 잉태시킨다. 대지는 식물을 키울 뿐 아니라 식물의 발산 작용을 통해 공기, 에테르, 하늘의 천체를 지탱한다. 지적이며 설계하는 자연에 의해 다스려지는 다양하게 조합된 네 가지 원소는 질서 정연한 우주의 구성 요소다. 식물을 생장 및 지속시킬 책임을 지는 자연은 범위를 넓혀 우주 전체를 다스린다. 또한 자연은 잘못된 방식으로는 어떤 일도 하지 않기 때문에 활용할 수 있는 질료를 갖고서 가능한 최상의 효과를 만들었다.

자연은 《티마이오스》의 장인-창조자처럼 가능한 최상의 세계를 만들

---

59) Cicero, *De Natura Deorum*, II, 9, 24; 10, 28.
60) *Ibid.*, 22, 57~58.

었다. "이제 세계의 지배에는 비난받을 만한 것이 전혀 담겨 있지 않다. 현존하는 원소로 가능한 최상의 것이 만들어졌다. 혹시라도 더 나은 것이 될 수 있었다고 주장하는 사람이 있다면 어디 한번 증명해보라".[61]

발부스는 신들의 존재에 대한 증거를 제시하면서, 파나이티오스와 포시도니오스에서부터 내려온 생물학적·미학적·지리학적 전통을 따라 지구상의 풍경에서 찾을 수 있는 믿을 만한 증거에 주목할 것을 요청한다. 우주의 중심에 자리 잡은 지구는 꽃, 풀, 나무, 곡식 등 "무한히 다양하고 상이한, 믿을 수 없을 정도로 많은 형태의 식생"으로 덮여 있다. 발부스는 자연적 성질과 인간 기예의 산물인 성질을 서로 뒤섞으면서 샘, 강, 계곡의 신록, 동굴, 바위산, 산과 들판, 금맥과 은맥, 대리석에 대해 이야기한다.

> 길들여졌든 야생이든 간에 모든 다양한 동물종을 생각하라! 새의 비행과 노래를 생각하라! 소떼로 가득한 들판 그리고 숲에 가득한 생명체를 생각하라! 그러면 왜 내가 인류를 이야기해야 할까? 말하자면 인간은 흙을 경작하도록 지명받았고, 희생될 동물을 찾는 야만스러운 맹수의 출몰지가 되지 않게 하기 위해, 그리고 덤불과 가시나무 가득한 불모지가 되지 않게 하기 위해 땅을 경작하며 수고하는 자이다. 그리고 자신의 노력으로 육지와 섬과 해안을 집과 도시로 다양하게 장식하는 자이다. 우리의 마음속에 그려보듯 우리의 눈으로 이러한 사물을 볼 수 있다면 지구 전체를 한눈에 보게 되는 자 그 누구도 신의 이성을 의심할 수 없을 것이다.[62]

겉으로 보기엔 이 구절은 마치 지중해의 일상생활의 장면을 시적으로 묘사한 것에 지나지 않는다. 하지만 사실 이 구절은 인간에 의한 지구의

---

61) *Ibid.*, 23. 인용문은 34, 86~87에서 가져옴. "세계"는 평소대로 라틴어 문두스 (*mundus*), 즉 우주를 옮긴 말이다.

62) *Ibid.*, 39, 98~99.

변화가 목적론적 자연관과 양립한다는 입장을 담은 중요한 진술이다. 인간은 지구를 돌보는 일종의 관리인이 된다. 경작은 질병과의 전투이며, 야생동물과의 투쟁은 감독이 없다면 발생할지도 모르는 과도한 번식을 통제하는 일이다. 인간이 직접 창조한 창조물은 틀림없이 지구에 아름다움을 더한다. 심지어 바다나 해안을 따라 흩어진 섬에 인간이 거주하는 일조차도 이러한 아름다움에 기여했다.

이러한 열렬한 찬양 속에는 길들여진 자연과 원시 그대로의 자연의 구분이 존재하지 않는다. 이 구절에 표출된 사상은 근대의 수많은 유사한 진술들에 영감을 주었는데 《신들의 본성에 관하여》가 르네상스 시대 및 17, 18세기 사상가들 사이에서 널리 읽히고 또 높은 평가를 받은 책이기 때문이다.

지성적이고 신성한 자연에 대한 증거는 지구상에 명백하다. 밤낮으로 달라지는 바다 위의 공기는 위로 올라가 응결되어 구름을 이루고 비로 떨어져 대지를 풍요롭게 한다. 공기의 움직임은 바람과 계절의 변화를 만든다. 공기는 새들이 날 수 있는 매개이고 인간과 동물을 숨 쉬게 해 이들을 살찌운다.[63] 식물은 대지에서 양분 가득한 습기를 빨아올리고 줄기는 안정성을 제공하며 양분이 담긴 수액을 운반한다. 동물처럼 식물도 열과 추위에 맞서기 위한 보호막을 가진다.

먹어도 되는 것인지 독이 있는지를 구분할 수 있는 식욕과 감각을 지닌 동물은 자연 속에서 이른바 먹이를 구하는 방식에 따라 나뉘고 경계 지어진다. 즉, 걸어다니거나, 기어다니거나, 날아다니거나, 헤엄치거나, 먹이를 잡는 데 입과 이빨을 사용하거나, 발톱과 부리를 사용하거나, 빨거나 통째로 삼키거나, 씹거나 하는 방식에 따라 구분된다. 어떤 동물은 땅위에서 먹이를 얻는 데 적응되었고 어떤 동물은 긴 목을 이용하여 더 넓은 영역에서 먹이를 구한다. 포식 동물은 힘이 세거나 빠르게 움직인다.

---

63) *Ibid.*, 39, 101.

거미 같은 다른 동물은 꾀가 있고 교활하며 다른 동물 중에는 공생의 관계를 유지하는 것들도 있다. 64)

동물과 서식지의 상호 연관성은 자연사에 대한 다른 사고 속에서도 작동한다. 즉, 특정한 동식물은 보전과 종의 개선을 위해 인간에게 의존해야만 함에도 불구하고 자연은 동식물들이 번식할 수 있도록 돌보며 우리가 대지 위에서 볼 수 있는 아름다움을 총체적으로 창조한다. 65) 그리고 풍부하고 다양한 먹이, 매서운 열기를 온화하게 하는 바람, 강, 조수, 숲이 우거진 산, 소금 지대, 약초의 유용성, 밤낮의 변화 같은 자연이 짜 놓은 이 전능한 조직이 동식물을 위해 설계되었다고 생각하는 것은 부조리하다. 지구를 포함한 우주는 신들과 인간을 위해 만들어졌다는 것이 좀 더 믿을 만한 것이다. 66)

다른 창조물과는 달리 인간은 이해할 수 있는 정신을, 관찰하고 느낄 수 있는 감각을, 일을 할 수 있는 손을 부여받았다. 인간은 자연의 일부이지만 인간이 부여받은 능력은 자연환경 속에서 더욱 자유롭고 폭넓은 경험을 할 수 있게 하며 자연의 개량을 돕고 이를 이용하여 이득을 볼 기회를 준다. 연장을 조작하고 또 그 자체가 도구가 되는 인간의 손은 기예와 변화를 위한 위대한 매개체다. 이러한 관찰은 근대에 들어 수도 없이 반복되었는데 인간은 손을 가져 농사를 짓거나 고기를 잡고 동물을 길들이며, 광물을 캐내고 숲을 개간하고 목수 일을 하고 항해하며 관개하고 강줄기를 바꾸는 일을 할 수 있게 되었기 때문이다. 손이 있기에 인간은 대지를 자신의 목적에 보다 부합하도록 변화시킨다. 67)

---

64) *Ibid.*, 47~48, 120~124. 홍합과 작은 새우와의 공생관계에 대한 언급은 II, 48, 123을 보라.
65) *Ibid.*, 52, 130.
66) *Ibid.*, 53, 133.
67) *Ibid.*, 60, 150~152. II, 52~53에 등장하는 발부스의 주장은 설계된 지구를 뒷받침하는 논거 ─ 아름다움과 유용성, 인간의 사용을 위한 설계, 그리고 이러한 기회를 이용할 수 있도록 하는 인간의 특징 ─ 를 훌륭하게 요약했다.

이 대화집에서 스토아주의 부분이 갖는 중요성은 사고의 범위, 전체로서의 창조 속에 조화 개념을 분명히 표출한 점, 그리고 (나중에 더 자세히 논의하겠지만) 인간을 자연환경을 변형시키는 존재로 인식한 것을 포함하여 지구상의 물리적·생물학적 현상에 조화로운 질서를 부여한 점에 있다. 또한 스토아주의적인 진술은 설계론을 '거주 가능한 행성으로서의 지구'에 적용한 고전적인 고대 문헌 가운데 가장 훌륭하다. 이후 고대 저술 가운데 여기에 추가될 만한 중요한 언급은 거의 나오지 않았다. 스토아주의자인 지리학자 스트라본은 오늘날 프랑스의 툴루즈 주변이 너무나도 조화롭게 정돈되어 있고 그곳 사람들이 매우 근면하게 다양한 방식으로 생활하는 것을 보고 이를 섭리가 작용한다는 훌륭한 증거라고 언급한다. "이러한 지역의 배치는 우연이 아니라 어떤 [지성]의 심사숙고에서 비롯한 것이다". 68) 섭리는 신들과 인간을 위해 모든 생명체를 창조한 "경력 많은 자수공이나 기능공"이다. 섭리는 각기 용도에 따라 신들에게는 하늘을, 인간에게는 대지를 주었다. 69)

역시 스토아주의자인 세네카도 섭리가 인간에게 필수품을 주었을 뿐 아니라 자연의 사치품도 제공했다고 주장했다. 대지의 산물을 너무도 많이 받아 아무리 게으른 인간이라도 땅에서 난 것으로 생계를 이어갈 수 있다. 새, 물고기, 육상 동물 등 모두는 인간에게 공물을 바친다. 유용론적 자연관은 목초지를 감싸고 흐르며 항해를 가능케 하고 심지어는 바짝 메마른 대지에 흐르는 물을 공급하는 강에 대한 찬양 속에서 나타난다. 세네카는 아마도 설계론을 채굴과 광물 분포에까지 적용한 최초의 사상가일 것이다.

이 주제는 단층 지대에서 신의 계획을 발견해 영국의 석탄 측량을 보다

---

68) Strabo, IV, i, 14.
69) Strabo, XVII, i, 36. 이어 스트라본은 인간은 육상동물이며, 신의 섭리는 지구를 둘러싼 물을 가둘 움푹한 곳과 인간이 거주할 만한 언덕(및 인간이 사용하는 데 필요한 물)을 제공했고, 육지와 바다와의 관계는 항상 변화한다고 했다.

쉽게 만들었던 19세기 영국의 지질학자들이 애호했던 주제이다. 광산은 땅속 깊은 곳에 있다. 비록 은, 구리, 철이 땅속에 숨겨져 있긴 하지만, 인간은 이를 발견할 수 있는 능력을 부여받았다. 또한 세네카는 계절에 따른 가축의 이동방목이 신이 돌본다는 증거라고 믿는다. 즉, 신은 가축 떼가 어디에 있든 이들을 먹이며 "여름과 겨울 초지를 번갈아 이용하도록 정했다". 인간은 자신의 발명품조차 자신의 공이라고 말할 수 없는데 인간이 발명을 할 수 있도록 지성의 능력을 부여한 존재가 신이기 때문이다. 70) 크세노폰이나 키케로처럼 세네카도 근대 설계론의 역사에서 중요한 권위자로 자리 잡았다. 특히 16, 17세기에 지구의 본성에 대한 기독교적 해석을 지원하기 위해서는 이 세 사람이 자주 거론될 것이다. 71)

9. 에피쿠로스 철학에서 발전한 반목적론적 사고

헬레니즘 시대가 시작될 무렵에도 목적론적 논증은 여전히 막대한 권위로 뒷받침되었다. 플라톤은 우주가 절대 쇠퇴하지 않도록 주의를 기울이면서 배려와 관심으로 계획을 세웠던 장인적 신을 상정했다. 우주는 영원했고 신성한 것이었다. 그 속에는 원소의 조화가 있는데 그 바깥에는 없다. 모두 소진되었기 때문이다(*Tim.* 31B4~32C4). 이미 살펴보았듯이 테오프라스토스와 그의 제자 스트라톤 같은 반대자들도 물론 있었지만 아리스토텔레스의 목적론 또한 강력했고 특히 생물학에서는 더욱

---

70) Sen. , *Ben.* , IV, 5~6.
71) "위대한 툴리"(키케로)의 경우 특히 그러하다. 괜찮은 사례가 필요하다면 이러한 관점에서 키케로를 칭찬하거나 비판한 Francesco Petrarca, "On His Own Ignorance and That of Many Others", in *The Renaissance Philosophy of Man*, Cassirer, Kristeller, and Randall, eds. , pp. 79~90, 97~100을 보라. *De Natura Deorum*, II, 37, 95에 나오는 아리스토텔레스 인용문은 p. 83에서도 다시 인용된다.

그러했다.

특히 루크레티우스의 시(詩)에 충분히 분명하게 나타난 것처럼 헬레니즘 시대에는 스토아주의자 사이에 존재했던 목적론적 설명에 대한 강렬하고도 지속적인 관심과 그에 대한 에피쿠로스와 제자들의 집요한 저항이 두드러진다. 이 두 입장은 (특히 서기전 2세기에서 1세기 사이) 자연의 통일성과 조화라는 확대된 개념을 공유한다. 양측 입장은 물의 순환 같은 자연 과정, 동식물에서 발견되는 것 같은 자연의 상호 관계와 규칙성, 그리고 자연지리의 관찰에 근거하는데 아마도 아리스토텔레스의 생물학과 《기상학》(Meteorologica)에서 직·간접적으로 받은 영감을 반영하는 것 같다. 나아가 과정에 대한 이와 같은 강조는, 한편으로 자연이 창조의 여신(creatrix)이라는 것과 다른 한편으로는 신의 계획이 작동한다는 양편 모두의 주장에 부합한다.

목적론적 사고의 초기 역사는 이미 논의했으므로 이제 에피쿠로스 이전 시대부터 시작하여 에피쿠로스 및 《신들의 본성에 관하여》에 에피쿠로스학파의 대변인으로 나오는 벨레이우스를 거쳐 루크레티우스로 이어지는 반목적론적 사고에 대해서도 똑같이 논의해 보자. 그리고 루크레티우스의 해석과 설명을 담은 시에서 드러나는, 그를 에피쿠로스와 떨어뜨려놓은 로마 특유의 것이 과연 무엇인지 제시하겠다.

에피쿠로스 철학으로 이어지는 서막은 다음의 주제를 중심으로 요약될 수 있다. ① 파르메니데스(Parmenides)*가 일원론(monism)****의 실패를 드러낸 결과, ② 작용인에 대한 관심, ③ 엠페도클레스의 4원소설이 제공한 기회, ④ 후일 데모크리토스가 이어받게 되는 원자론에 대한 레우키포스(Leucippus)*의 공헌. 하지만 지구에 적용할 수 있는 사고를 적절한 자리에 놓기 위해서는 이러한 설명 속에서 우주론 전반에 관한 좀더 광범위한 문제를 논의할 필요가 있을 것이다.

코스모스라는 개념이 감각의 증거로 획득될 수 없고 오직 정신으로만 획득될 수 있다는 파르메니데스의 신념에서부터 시작해 보자. 그는 코스모스가 "단단한 몸체, 순수한 물질, 물질적인 공간 (plenum)"이라고 믿었다. 코스모스는 "유한하고도 영원하며 불가분하고 움직이지 않으며 구형이고 물질적인 덩어리다. 우리가 감각의 경험으로 아는 모든 것들, 즉 움직임, 변화, 다양성, 탄생, 죽음은 순전히 미망일 뿐이다". 불변의 진리 (Truth)로 가는 길은 감각이 아닌 오직 정신에 의해서만 도달할 수 있다. 파르메니데스가 "진리의 길에서 감각을 추방했기" 때문이다. 베일리는 다음과 같이 말한다. "이 원리를 엄격하게 따르면 대통일 (Unity)이라는 관점을 가지지 않을 수 없었는데 이 대통일이란 경험에서 완전히 분리되고 풍족한 결실이 전혀 없는 것처럼 보인다".

나아가 베일리는 파르메니데스의 이론이 "일원론에 치명타였다"고 주장한다. 이후 불변의 유일자 (One)를 보전하고 이를 끊임없이 변화하는 다수와 조화시키기 위한 후기 이오니아인의 방편은 실패했다. 통일성의 원리를 포기했기 때문이었다.[72] 파르메니데스의 이론은 "하나의 동질적인 원질 (substance)을 더 이상 세계의 주된 토대라고 주장할 수 없게 만들었기" 때문에, 그리고 그러한 이론은 다양성과 복잡성을 설명할 수 없었기 때문에 여기서 사상가들이 "파르메니데스의 체계와 감각의 증거 사이의 중재자" 역할을 할 기회가 생겨났다.

엠페도클레스는 자신이 이 역할에 철학적으로 적임자라고 여겼던 듯하다.[73] 4원소는 분명 감각으로 느낄 정도로 단순했다. 원소 개념은 통일성, 즉 입자 (particle)를 구성하는 질료의 동질성을 의미하지만, 원소의 조합은 다양성과 복잡성을 설명할 수 있다. 또한 이 개념은 원소가 더 이상 깨어지거나 나누어질 수 없음을 시사함과 동시에 감각에 의해 포착된

---

72) (분명히 드러나는 것처럼) 이 절을 쓰는 데 나는 베일리 (Bailey)의 책 《그리스 원자론자와 에피쿠로스》〔The Greek Atomists and Epicurus (이하 GAE로 표기)〕및 루크레티우스의 저술을 편집한 그의 위대한 편집본과 키케로의 《신들의 본성에 관하여》를 편집한 역시 인상적인 피스의 편집본에서 도움을 받았다. Bailey, GAE, pp. 25~26; Parmenides, Vorsokr A 22, Vol. 1, p. 221.

73) GAE, pp. 27~28.

존재가 지닌 다양성과 복잡성은 유한한 수의 원소가 서로 조합될 수 있는 기회가 있음을 시사하기도 한다. (역시 물질적인 것인) 사랑과 갈등을 동반한 4원소설은 이런 점에서 원자론에 매우 중요하다. 각 원소는 "그 자체로 절대적으로 동질적이고 파괴되지 않으며 불변하기" 때문이다.[74] 이제 통일성을 궁극적으로 단일하며 동질적인 "자연"에서 찾는 것이 아니라 "무한한 입자에서 원질의 절대적인 단일성을 가정하고 그 모양과 조합의 차이에서 다양성을 찾으려는" 원자론자들에게 길이 열린다.[75]

통일성과 관찰된 다양성을 설명하려는 이와 같은 시도는 이러한 다양성을 발생시키는 기제, 즉 작용인에 대해 탐구하도록 한다. 이로 인해 작용인은 목적인 교의에서 종속적 역할을 수행할 때는 부정되었던 위엄을 부여받는다. 역사적으로 목적인은 종교적 사고나 종교적인 자연 해석과 매우 밀접히 연관된다. 초자연적 개입 없이 현상 자체에 내재한 원인을 탐구하면 자연법 개념들로 나아가게 되며 이들이 다시 목적인 교의와 결합되지 않는 경우에는 자연과 자연 질서의 개념으로 나아간다. 즉, 자연 자체가 창조의 여신(creatrix)이기 때문에 통일성과 조화라는 가정은 자연과 자연 질서에 의해 실현되는 것이다.[76]

후에 나온 원자론과 마찬가지로 엠페도클레스의 4원소설은 분할의 중요성에 관심을 가질 것을 요청했다. 레우키포스는 그 이유를 더 이상 분할이 불가능한 지점에 도달하기 때문이라 설명한다. 즉, 질료를 구성하는 궁극적 입자는 쪼갤 수 없으며 그것이 원자이다.[77] 분할과 궁극적인 불가분 입자가 가지는 중요성은 "가장 가능성이 낮은 존재"(least possible existence) 개념에 있다. 이를테면 시신 속의 유기물이 분해된 후 새로운

---

74) Ibid., pp. 29~31, 50~51, 인용문은 p. 29에서 가져옴, Vorsokr B 17, lines 19~20, Vol. 1, p. 316.

75) GAE, pp. 43.

76) 작용인을 해명하는 논의를 살펴보려면 GAE, pp. 46~52를 보라.

77) Ibid., p. 73.

시작점으로부터 새 생명이 자라나는 것처럼 원자는 파괴가 멈추고 창조가 시작되는 지점이다. "따라서 이산적 무한성(discrete infinity)은 영속성과 조화된다. 무한한 입자가 존재하지만 입자의 본질적 성격 때문에 세상은 절대로 무(無)로 돌아갈 수 없다".78) "필연"은 원자의 운동 원인이다. 이 용어는 만물이 어떤 이유로 인해 움직인다는 것을 의미하는 것 같다. 또한 "움직이는 원자는 자신의 존재법칙을 따른다"는 데모크리토스의 언급 또한 같은 의미인 것으로 보인다. 79)

따라서 레우키포스는 만물에 적용되는 자연법 개념을 만들고자 애썼다. 우리의 세계는 하나뿐인 것이 아니라 무한한 여러 세계 중 하나에 불과하다. 레우키포스는 세계의 복수성 개념을 매우 분명하게 언급한다. 그 전에 아낙시만드로스가 이런 개념을 인식했는지의 여부는 논란의 여지가 있다. 80) 아마도 레우키포스는 후에 에피쿠로스와 그의 추종자들이 펼친 반목적론적이고 반신학적 철학을 강력하게 지탱하는 원자론의 창시자일 것이다. 81)

데모크리토스는 원자론에 또 다른 기여를 했는데 "비존재로부터 창조된 것은 아무것도 없고, 파괴되어 비존재가 되는 것도 아무것도 없다"는 생각이 그중 하나다. 82) 후에 루크레티우스는 같은 사고를 비합리적인 공

---

78) *Ibid.*, p. 74.

79) *Ibid.*, p. 85, cf. p. 93.

80) 무한한 세계에 대해서는 Kahn, *Anaximander and the Origins of Greek Cosmology*의 철학강의 모음집 및 젤러(Zeller), 콘포드(Conford), 버넷(Burnet)의 견해에 대한 논의, pp. 46~53을 보라. 칸(Kahn)은 "레우키포스 이전의 어떤 사상가도 이런 교의를 가졌다는 증거는 없다"고 믿는다(p. 50).

81) *GAE*, p. 93. 원자론의 창설자로서의 레우키포스에 대해서는 pp. 106~108을 보라.

82) *Ibid.*, pp. 119~120. *Vorsokr* A 1, Vol. 1, p. 81, 멜리소스(Melissus: 고대 그리스의 철학자. 파르메니데스의 제자로 엘레아학파 최후의 주요 인물)가 이전에 선언한 교의이다. *Vorsokr* Fr. B 1, Vol 2, p. 268; Epicurus, *Epistle* 1, 38(*to Herodotus*).

포와 싸우는 데, 그리고 대지와 하늘의 신성한 존재의 변덕스러운 행동이나 이들에 의한 자의적인 창조가 존재한다는 주장을 반박하는 데 활용했다. "신성한 힘에 의해 무에서 창조된 것은 아무것도 없다"(*nullam rem e nilo gigni divinitus umquam*). 83) 그는 사랑과 갈등, 정신 같은 반(半) 종교적이며 신비한 힘과 목적인에 의존하는 종교적 전통을 제거하기 위해 레우키포스보다도 대담하게 필연이라는 사고의 적용 가능성을 더욱 확대하여 가정한다. 우주는 설계나 목적의 지배를 받지 않는다.

데모크리토스에게 "창조는 필연적인 자연 과정이 가져오는 설계되지 않은 결과"였다. 그의 이론은 물리 이론 그 이상이었다. 그가 "새로운 우주 개념이 갖는 형이상학적 함의를 첫눈에 알아보는 눈을" 가졌기 때문이다. 84) 우주의 창조를 위하여 원자가 소용돌이의 형태를 띤 것이 아니었다. 내부의 설계도, 외부적 힘에 의한 설계도 없다. 다만 "우연히" 소용돌이가 되면서 "엄격한 필연의 과정에 의해 발생한 결과물이 바로 세계이다". 데모크리토스가 자연법의 일종으로 "필연"을 강력히 주장한 목적 중하나는 목적론적 설명과 싸우기 위해서임이 분명했다. 85)

데모크리토스에게서 잘 드러나지 않는 사고인 자연의 노쇠에 대한 이야기는 이후 논의에서 중요해지며 또한 루크레티우스의 시에서 두드러지므로 여기서 다루자. 세계에는 성장의 단계가 있는데 그 수는 무한하며 성장, 쇠락 등 완성도의 단계도 매우 다양하다. 세계의 한쪽에서는 성장, 다른 쪽에서는 쇠락이 일어날 수 있다는 사고는 "원자론의 원리에 입각해 이해하는 데 별 어려움이 없다". 이는 세계의 무한성 속에서 그들 사이의 차이를 분류하는 빼어난 방법이다. "세계는 더 이상 바깥으로부터 무언가를 더할 수 없을 때까지 전성기를 향해 성장한다". 86) 데모크리토스는

---

83) *GAE*, p. 120; Lucr. I, 150.

84) *Ibid.*, p. 122, 123.

85) *Ibid.*, p. 141; *Nat. D.*, I, 24, 66; Lucr. I, 1021~1028.

86) *GAE*, p. 147. Democritus, *Vorsokr* A 40, Vol. 2, p. 94. Lucr. II, 1105

물리적 세계에서 자연법을 구축하고 세계에 대한 신학적 개념 및 우연이라는 사고를 제거하기 위해 "필연"의 최우선성을 주장한다. 그러나 "필연"이라는 사고가 도덕 영역으로 확장되지는 않는다. 여기서 그 교훈은 소박해서 인간은 자유의지로 행동한다고 가정했다. [87]

이제 에피쿠로스 철학의 반목적론적 사고에 대해 논의할 차례다. 이들의 핵심 가정은 신은 세계를 다스리는 데 아무런 역할도 하지 않는다는 것이다. [88] 창조는 경이롭고 하늘의 천체는 장엄함을 지니며, 이들의 움직임에는 질서가 있지만 이러한 관찰이 바로 천체가 신성한 존재임을 입증하지는 않는다. 최소한 우리에게 전해진 에피쿠로스의 단편에 나타난 주장은 대부분 지구상의 자연의 질서보다는 우주의 질서 정연함에 근거한 것으로 보인다. [89] 천체가 창조의 증거도, 세계를 다스리는 신의 의지의 증거도 아니듯이 이 같은 창조 개념도 감각에서 비롯된 것이 아니다. [90]

분명 에피쿠로스는 다른 두 가지 사고 — 장인적 신, 즉 플라톤의 《티마이오스》에 나오는 데미우르고스와 세계에서 발생하는 사건의 진행에 대한 신성한 돌봄의 지속이라는 개념인 스토아주의의 《예정론》— 에 맞서 싸운다. [91] 에피쿠로스는 세계로부터 신들을 배제하고자 하며, 나아가 "대자연 자체를 무의식적으로 고려하는 것과 같은, 현상에 대한 신학적 관점을 정말인 듯 꾸미는 모든 개념을 배제하고자 한다". [92]

---

*ad fin*을 참고하라. 데모크리토스의 언급을 기록한 내용은 베일리가 p. 146에서 인용한 것이다. 그는 일반적 사고는 다툼과 사랑의 상호작용에 의해 야기된 엠페도클레스의 세계에 등장하는 단계에서 영감을 받은 것으로 보인다고 제안한다.

87) *GAE*, pp. 186~188.
88) *Prin. Doctrines*, 1, Bailey ed. of Epicurus, p. 95.
89) *Epistle* 1, (*to Herodotus*), 76~77; 2(*to Pyth.*), 97; Lucr. V, 114~145.
90) Lucr. V, 122~125; *Epistle* 1, (*to Menoecus*), 124; *GAE*, p. 441.
91) *GAE*, p. 474; Lucr. V, 165~186.
92) *GAE*, p. 476.

그렇다면 키케로의 《신들의 본성에 관하여》와 루크레티우스의 《만물의 본성에 관하여》에서 주로 나타나는 에피쿠로스 철학의 반목적론적 사고가 가져오는 효과는 무엇인가? 비록 (에피쿠로스의 저작 대부분이 소실되었기 때문에) 침묵의 (*ex silentio*) 주장이기는 하지만 《신들의 본성에 관하여》에서 에피쿠로스주의의 주인공 벨레이우스와 루크레티우스의 《만물의 본성에 관하여》가 대표하는 후대의 에피쿠로스주의에서는, 우주에 대한 관심이 크게 줄어들고 지구상에서 관찰할 수 있는 자연적 과정에 대한 관심이 훨씬 커진 것으로 보인다.

동일한 관찰이 헬레니즘 시대 맞수였던 스토아주의자에도 적용되는데 파나이티오스(그의 자연철학이 더 많이 알려졌다면 더욱 적격이었을 것이다), 포시도니오스, 그리고 《신들의 본성에 관하여》에서 스토아주의의 주인공으로 나오는 발부스, 스토아주의 지리학자 스트라본, 물론 키케로도 꼽을 수 있을 것이다. 도입부에서 논의했던 자연에 대한 관심은 이러한 추측에 신뢰를 부여한다. 키케로는 신들의 본성 논쟁에서 주된 문제는 신들이 세계를 다스리는 데 적극적 역할을 하는가의 문제라 생각했다. 창조에서 이들이 맡은 활동에 대해서도 비슷한 문제가 제기된다. 벨레이우스는 에피쿠로스가 이야기한, 세계들 사이에 존재하는 공간에서 회합을 갖는 신들과 쉽게 의사소통하는 열렬한 신봉자의 역할을 맡았다. 그러나 플라톤주의자인 코타는 전문가로서의 그의 자질을 칭찬한다.[93] 이미 살펴보았듯 벨레이우스는 기술자(*opifex*)와 제작자(*aedificator*) 같은 비하적 용어를 사용하면서 플라톤의 장인적 신 개념을 공격한다[“세상에는 플라톤의 티마이오스 같은 신, 즉 기술자나 제작자는 없다”(*non opificem aedificatoremque mundi, Platonis de Timaeo deum*)]. 기술자는 주로 실용적인 직업에 사용되는 단어지만 장인(*artisan*)이나 숙련공(*mechanic*)이 예술가(*artist*)와 갖는 관계처럼 기술자는 창조자(*artifex*)와 얼마간 같은 관계를

---

93) *Nat. D.*, I, 1, 2; I, 8, 18; I, 21, 57~60.

갖는 단어였다. 94) 앞서 본 것처럼 그는 또한 "늙은 점쟁이의 점괘 같은 스토아주의자들의 《예정론》"을 공격한다. 벨레이우스가 볼 때 스토아주의자의 신은 신격에 필수적인 휴식을 전혀 취하지 못한 채 과로한다. "만일 세계[cosmos] 자체가 신[deus]이라면, 한순간의 휴식도 없이 믿기지 않는 속도로 천체의 축을 선회하는 것[circum axem caeli]보다 더 고된 일이 있을까? 하지만 휴식은 행복의 근본 조건이다". 95)

그는 제작자 그리고 창조적 활동의 신성한 본성이라는 스토아주의적 사고에 반대하며 그러한 활동은 "너무 쉬워서 자연은 무한히 많은 세계를 창조할 것이고, 창조하며, 창조했다". 96) 끊임없이 창조하는 자연이라는 개념은 지속적 창조(creatio continua)라는 기독교적 사고와 묘하게도 닮았지만 기독교적 개념에서 신의 끊임없는 창조는 세계를 돌본다는 증거라는 점이 다르다.

벨레이우스는 스토아주의의 목적론, 신성한 장인이라는 사고 및 "플라톤의 《티마이오스》에 나오는 세계의 건설자" 개념과 상반되는 지구 개념을 간략하게 묘사했다. 그는 바보들은 많고 현명한 이는 너무도 적은데 어찌 인간을 위해 세계가 창조되었다는 것인지를 묻는다. 확실히 지구의 아름다움이 신 자신의 즐거움을 위해 만들어진 것은 아니었다. 그는 지구가 우주의 일부이기 때문에 또한 신의 일부라는 사고를 조롱한다. 더워서든 추워서든 간에 살 수 없는 사막을 극단적 온도로 고통 받는 신의 수족이라고 생각해야 하는가?[Nat. D., I, 9~10, 21~25]. 에피쿠로스철학과 스토아 철학이 말하는 자연 속에서의 인간의 위치에 대해 이해하기 위해서는 그것과 정확히 반대의 논거를 활용하는 발부스의 발언과 비교

---

94) Pease's ed. of *Nat. D.*, Vol. 1, p. 175, under *opificem*.

95) *Nat. D.*, I, 20, 52; 이 내용 및 신성한 존재에게 필요한 것으로 휴식을 강력하게 강조한 에피쿠로스의 주장에 대해서는 *Nat. D.*, Vol. 1, pp. 331~332의 피스(Pease)의 주석 참고.

96) *Nat. D.*, I, 20, 53. *Nat. D.*, Vol. 1, p. 334에서 피스가 'effectura'라는 항목에 쓴 각주 참고.

하는 방법이 더없이 좋다. 벨레이우스가 볼 때 세상에는 창조를 가치 있게 만들 만큼 충분한 인간의 지성이나 지혜가 없다. 발부스의 입장에서는 인간처럼 추론할 수 없는 식물이나 말 못하는 동물을 위한 창조란 상상할 수 없는 일이다〔Nat. D., Ⅱ, 53, 133〕.

이제 에피쿠로스주의에 나타나는 루크레티우스적 측면은 과연 무엇인가? 97) 그의 제자들은 모두 목적인, 설계, 우주의 지배에 참여하는 신 개념에 대한 공격이 당연히 에피쿠로스의 근본 사고에 해당한다고 생각했다. 루크레티우스가 그〔에피쿠로스〕의 가르침에 빈틈없이 충실했다고 가정하는 것이다. 그러나 루크레티우스는 구체적 예시에도 관심을 가진다. "그는 감각의 세계에서 비교할 만한 대상을 찾아 눈에 보이는 예증을 하지 못하면 즐겁지 않았다". 98) 그는 자연의 여러 측면에 익숙했다. 해안과 내륙의 풍경 또한 그를 사로잡았고 농업에 대한 그의 관찰은 도시 생활보다는 농촌 생활에 더 큰 관심을 보여준다고 할 수 있다. "노동이 갖는 커다란 매력 하나는 도서관의 공기가 아니라 탁 트인 공기를 들이마신다는 점이다". 이 시를 읽는 사람은 누구나, 특히 자연지리와 문화지리, 농촌 생활, 자연사에 관심 있는 사람이라면 누구나 셀라(Sellar)*의 관찰에 동의할 것이다. 99)

여기에 에피쿠로스의 교의가 들어 있긴 하지만 예시는 세속적인 것들이다. 지구상에서 관찰할 수 있는 자연 과정도 있고 자연에 대한 주체적 태도도 있다. 이러한 특징이 과거 에피쿠로스주의 사상가들과 루크레티우스를 구분하며(물론 이들의 저술 대부분이 소실되었다는 것을 염두에 두라), 자연의 아름다움, 도시-농촌의 대비, 자연과의 교감이라는 사고는

---

97) De Lacy, "Lucretius and the History of Epicureanism", *Trans. and Proc. of the Amer. Philog. Assoc.*, Vol. 79(1948), pp. 12~23을 보라. 1928년 베일리의 책《그리스 원자론자와 에피쿠로스》가 출판된 이후로 이 분야에서 이루어진 활동을 요약한다.

98) Bailey's ed. and commentary on Lucr. Vol. 1, pp. 15~16.

99) Sellar, *The Roman Poets of the Republic*, pp. 292~294; 인용문은 p. 294.

헬레니즘 시대의 다른 시인들과 공유하는 인식이다(도입부에 나오는 헬레니즘 시대의 자연에 대한 태도에 대한 논의를 참고하라).

이 같은 자연상(像)을 가진 반(反)목적론적 시각에서 자연의 개념은 어떻게 되었을까? 자연은 이례적으로 독립을 획득했다. 즉, "자연은 자랑스러운 그의 지배자로부터 풀려나 신들의 통제를 받지 않으면서 스스로 모든 일들을 한다". 자연은 창조의 여신이며 조타수에 비유되고, 지구는 기묘한 발명가에 비유된다.[100] 비유적 표현은 주로 농경 언어에서 비롯된다. 씨앗에서 비롯된 만물은 보살핌이 필요하며 이를 위해 경작되지 않은 토지보다는 경작된 토지가 더 낫다. 살아남기 위해 고된 일을 해야 한다는 사실은 무(無)로부터 무엇인가가 발생할 수 있다는 생각이 허구적임을 입증한다.

에피쿠로스도 제기했던 '어떤 것도 무(無)화될 수 없다'는 추론의 진실은 주로 생물학에 근거한다. 즉, 본질적으로 각 요소가 자신의 역할을 수행하는 환경 속에서의 생명 순환에 대한 묘사이다. 가령, 하늘, 하늘에서 내리는 비, 대지, 작물, 푸른 나뭇가지, 열매를 맺어 식량을 공급하는 나무, 아이들이 뛰노는 기쁜 도시, 새들이 노니는 숲, 찬란한 목초지에서 우유를 만드는 가축떼, 새로 태어난 새끼들 … [I, 250~264]. 루크레티우스는 과정 및 자연의 연속성에 대한 관심 그리고 하늘과 비, 들판과 기쁜 도시처럼 물리적 세계와 문화적 세계의 상호 관계에 대한 관심을 빈번히 표출한다.

설계론에 대한 그의 비판을 보자. 우선 설계론은 기원을 설명할 수 없다[I, 1021; V, 419~32]. 또한 다양한 신체기관의 용도를 설명할 수 없다. 루크레티우스는 "처음부터 인간이 사용할 수 있도록 탄생한 신체기관은 아무것도 없지만 일단 태어난 것은 자신의 용도를 창조한다"고 말한

---

100) Lucr. II, 1090~1092; *Natura Creatrix*, I, 629; II, 1117; V, 1362; I, 7에 나오는 발명가(*suavis daedala tellus*)에 대해서는 Lucr. 7, *Adventumque Tuum*, Vol. 2, p. 593의 베일리의 주석을 보라.

다[IV, 834~835]. 페일리는 말할 것도 없고 19세기 《브리지워터 논집》의 저자들이 이를 읽었다면 분명 크게 낙담했을 것이다. 루크레티우스는 (손, 눈, 코 같은) 신체기관을 (화살, 침대, 컵 같은) 인간의 발명품에 빗대는 일이 오류임을 능숙하게 보여준다. 생활의 필요를 충족시키는 그러한 인공물은 사용할 목적으로 발명된 것이다[IV, 851~854].

인공물은 인간 세계에서 온 것이다. 그 목적이 특별한 기술을 발전시켰던 신체 부분과 혼동되어서는 안 된다. 코는 안경을 걸기 위해 설계되었다고 생각했던 목적인 신봉자를 비웃었던 볼테르보다도 훨씬 전에 루크레티우스는 마치 필요가 발명의 어머니인 양 장인적 신의 존재를 가정하는 논리의 함정을 알아챘다. 천체의 존재 또한 설계론으로 설명할 수 없다. 여기서도 자연은 설계의 산물이 아니라 "태양의 경로와 달의 유랑"을 자신의 힘으로 조종하는 조타수(natura gubernans)이기 때문이다[V, 76~81].

루크레티우스는 지구가 신성한 계획에 따라 배치되었다는 신념, 신성한 계획이나 동식물의 성장을 촉진할 목적으로 태양과 달이 순환한다는 신념을 반박하는 데 굳이 자신의 원자론을 사용할 필요가 없다는 사실을 재빠르고 분명하게 밝힌다. 우주와 지구의 불완전성, 인간과의 관계에서 사나운 짐승의 역할, 새끼동물의 자립성에 대비되는 유아의 연약함과 무력함 등을 지적하는 것으로 충분했다.

루크레티우스는 인간에게 적합한 환경의 관점에서 바라본 물리적 악(惡), 즉 지구의 불완전성을 설계론의 반박 증거로 삼았다. 지구의 상당 부분은 쓸모없거나 인간에게 적대적이다. 설계의 산물이라고 하기엔 믿을 수 없는 배치다. 너무도 많은 결점이 있다. 많은 지역이 야생동물, 바위, 쓸모없는 웅덩이가 있는 산과 숲 그리고 "대지의 해안을 서로 떨어뜨린" 바다로 채워져 있다. 바다에 대한 이러한 태도는 바다를 무역과 항해, 민족 간 교류를 위해 합목적적으로 만들어진 고속도로로 보는 목적론자의 태도와 대조를 이룬다. 루크레티우스는 타는 듯한 열기나 끝없는 서리가 내리는 지역이 지구의 거의 2/3를 뒤덮는다고 말한다. 심지어 얼마 되지 않는 경작지마저도 이를 뒤덮는 자연적 식생을 제거하기 위해 쉴 새 없이 분투해야만 인간이 활용할 수 있다.

현재 지구의 토양 상태는 인간에게 그다지 적합하지 않기 때문에 열심히 일해서 토양을 적합하게 만들고 지속적으로 돌봐야 한다(루크레티우스는 황금시대 토양의 자생적 비옥함이라는 주제를 다른 곳에서 자세히 다룬다). 인간은 "생계를 위해 곡괭이를 세게 휘두르며 괴로워하고 쟁기를 깊이 내리찍어 땅에 고랑을 내는 일에 익숙하다. 그러나 보습날로 흙덩어리를 비옥한 흙으로 바꾸고 잡초를 뽑아 흙에게 생산을 명하지 않는다면 작물이 저절로 땅 위로 솟아오르지는 못할 것이다". 인간은 잡초, 거친 날씨, 작물의 병해와 끊임없이 싸우면서 반드시 지구를 자신의 필요와 목적에 맞도록 고쳐야만 한다. 경작 가능한 좁은 영역의 토양을 경작하는 데 성공하더라도 작물이 익어갈 때 열, 비, 서리, 바람으로 망쳐버릴 수도 있고, 계절이 바뀌면 질병과 역병이 따라온다.

루크레티우스는 인류에게 위협이 되는 사나운 짐승의 자리가 설계론에는 없음을 보았다. 게다가 변화무쌍한 날씨와 각 계절의 변화는 때마다 질병을 가져온다. 인간의 삶은 불확실하다. 루크레티우스는 자연이 창조자일지는 모르나 자연이 창조했을 때 그 눈이 인간을 향했던 것은 분명 아니라고 본다. 설계가 없었다는 증거로 제시되는 지구의 약점 목록은 좀더 보편적인 생각에 근거한다. 인간의 삶에 적합한 환경으로서의 지구의 불완전성과 충만의 원리가 가정된다.

이 두 사고의 조합이 생존을 위한 투쟁을 믿는 토대다. 유기물은 불완전한 대지조차 재빨리 채울 수 있다. 고대 세계에서는 농업이 지배적 생활양식이자 생산의 주된 원천이었기 때문에 투쟁이란 개념은 흙에서 생계에 필요한 것을 생산하는 일이 어렵다는 예로 설명되었다. 어린 동물이 환경에 쉽게 적응하는 것처럼 루크레티우스에게 지구는 인간보다 동식물에게 더 적합한 환경으로 보였던 듯하다. 삶이 '자연과의 수고스러운 싸움'이라는 루크레티우스의 해석은 인간이 경작되지 않은 흙에서도 행복하고 편안했던 황금시대의 전통에는 없는 것이 분명하다. 황금시대에는 자연 속에 경작되지 않은 부가 풍부했기 때문에 실제로 땅을 갈 필요가 없었다. 그는 자신이 살았던 시절의 이탈리아, 맨바위, 침식된 산과 늪 그리고 가난을 생각했던 것이 아닐까?[101]

루크레티우스는 설계론과 장인적 신의 개념 그리고 목적인 교의의 적이었지만 목적론적 가정에서 자유롭지는 못했다.[102] 게다가 자연의 노쇠라는 사고는 분명 목적론적이다. 하지만 이러한 목적론은 형이상학적 중요성에서 우선순위가 뒤떨어진다. 이 사고는 세계의 무한성이 우연적으로 창조되었다는 일반적 개념 속에서 작동하며 그들 간 차이를 설명하는 데 사용된다. 루크레티우스가 매우 설득력 있게 제기한 자연의 노쇠라는 사고는 원래 데모크리토스의 사고를 정교화한 것이 분명하다. 이 사고는 흙의 상태에, 그리고 글자 그대로 땅 자체에 적용된다. 또한 인간 행위자와 독립적인 목적론적 과정인 자연의 노쇠는 환경 변화를 설명하는 사고가 된다(물론 이는 콜루멜라가 보았듯이 잘못된 사고이다). 만일 땅이 작년만큼 소출을 보이지 못하면 땅이 나이가 들었기 때문이라는 오류로 연결된다.

루크레티우스가 노쇠라는 사고를 흙에 적용한 것은 지리학적 개념으로도 중요하기 때문에 특히 관심을 끈다. 이를 세계(코스모스)에 적용한 에피쿠로스에서도 이 같은 보편적 사고가 나타나지만, 루크레티우스에게 노쇠 과정은 생물학적 성격보다는 물리학적 성격을 가지는 것으로 보인

---

101) *Lucr.* V, 155~165, 195~234; 원시인에 대해서는 V, 925~987. Bailey, *Lucr.*, Vol. 3, pp. 1350~1351. 대중적이라기보다는 철학적 노선을 따르는 이러한 논거(V, 195~234)에 대해서 지우사니(Giussani)는 루크레티우스가 "에피쿠로스이기를 그만두고 루크레티우스가 된다"고 말한다. Bailey, *Lucr.*, Vol. 3, p. 1350에서 인용.

102) Patin, *Études sur la poésie latine*, ch. vii, "l'antilucrèce". V, 1204~1217과 베일리의 *Lucr.* Vol. 1, p. 17의 주석을 보라.

다.[103] 루크레티우스가 무엇을 증거로 간주하고 이를 어떻게 활용했는 살펴보는 것은 흥미롭지만, 그러한 증명은 고대 과학의 기준에서조차 성공적이라고 말할 수 없다. 오늘날이라면 주로 물리적 풍화, 침식, 퇴적 같은 지형학 용어를 사용하며 이야기할 수 있을 것이다.

루크레티우스가 4원소설을 받아들였던 것은 아니지만, 그럼에도 그는 자신의 주장을 입증하기 위해 세계를 구성하는 강력한 요소와 부분(*maxima mundi membra*)에 대해 통속적으로 기술했다. 루크레티우스의 논증은 지구가 소멸할 존재라는 사고에 호의적인 사람만을 설득할 수 있는 것이었는데, 그럼에도 루크레티우스의 증거는 근대에 제시되었던 것보다, 그리고 17세기에 헤이크윌(George Hakewill)이 지치지도 않고 유려하고 통렬하게 비난했던 것보다 훨씬 더 우수하다.[104]

각 원소에 대한 루크레티우스의 주장은 다음과 같다. 흙[V, 247~260]은 바람에 의해 먼지로 날려 비에 씻겨 늪으로 들어가며 개천에 의해 침식된다. 달리 말하면 물리적 풍화의 과정을 통해 이동한다.[105] 묘사된 것은 소멸에 대한 이야기라기보다는 순환에 대한 것이다. 흙은 동식물이 자랄 수 있도록 하지만 동식물이 죽고 남은 것은 흙이 주었던 것만큼의 먼지가 되어 흙으로 돌아간다[V, 257~260]. 흙은 부모와 같고 무덤과 같다.[106]

물의 경우[V, 261~272]에도 설득력은 없지만 주장이 자연지리적 과정

---

103) *Epistle* 1(*to Herodotus*), 73.

104) 8장 4절을 보라. 또한 루크레티우스가 4원소설을 평이하게 활용했다는 지우사니의 말을 인용하면서 V, 237에 대해 논의한 베일리의 주석을 보라. *Lucr.* Vol. 3, p. 1356.

105) V, 251~256에서 대지(*terra*)는 흙을 의미하며 마지막 네 줄에 가서 더욱 폭넓은 의미를 가진다고 베일리는 지적한다. *Lucr.* Vol. 3, p. 1357. V, 247 아래 주석.

106) 노쇠 논의에서 다루어지는 원소에 대한 논의를 살펴보려면 Bailey, *Lucr.* Vol. 3, pp. 1357~1366을 보라.

에 근거하기 때문에 흥미롭다. 산 아래로 흘러 결국 바다에 도달하는 물은 태양과 바람에 의해 주로 바다에서 증발하여 대기 속에 들어가 순환한다. 하지만 여기서 보이는 것은 소멸성이 아니라 순환성과 물의 변신태 그리고 지구상의 물의 양이 일정하다는 인식이다. 그렇지 않으면 바다는 점점 더 넓어질 것이다. [107]

흙과 물의 경우와 같이 공기의 경우[V, 273~280]도 (특히 바람의 형태일 때) 늘어난 양을 영원히 유지하지 않는다는 관찰에 근거한다. 여기서 다시 루크레티우스는 원소가 변형과 순환에도 불구하고 다른 것을 희생해서 양이 늘어나는 것이 아니라 거의 같은 양을 유지한다는 것을 설득력 있게 입증한 듯 보인다. 만약 공기의 양이 늘어난다면 만물은 공기 중에서 녹을 것이다. 관찰에 따르면 이것이 사실이 아니기 때문에 공기는 평형상태에 있다. 공기는 사물에서 유출된 것으로부터 창조되고, 궁극적으로는 자신이 얻은 것을 포기하여 사물들을 재생한다.

나는 이러한 주장이 과연 먼지를 한 곳에서 다른 곳으로 옮기는 돌풍이나 마른 나뭇잎을 희롱하는 산들바람을 목격한 경험보다 더 복잡한 관찰에 근거하는지 궁금하다.

루크레티우스의 논의에서 네 번째 원소는 예상과는 달리 불이 아니라 빛이다[V, 281~305]. 하지만 빛은 불의 입자로 구성되기 때문에 빛에 해당하는 것을 모든 형태의 불에 확장하여 적용할 수 있다. 빛은 다른 원소와 결부되지 않기 때문에 빛 개념은 순환적이지 않다. 빛은 원자론에 따르면 "끊이지 않는 흐름이 아니라 불연속적인 입자의 연속"이다. 구름이 그러하듯 모든 장애물이 그 흐름을 차단할 수 있다. 그러나 만약 흐름이 방해받지 않는다면 "입자가 너무도 빠르게 서로 이어져서 마치 빛이 연속적인 것처럼 보인다". 이처럼 흐르는 빛의 입자는 사실 소멸하지만 태양이 하늘에 끊임없이 새로운 밝음을 채워 부단히 재생된다[V, 281~283].

---

107) 물의 순환 형태에 대해서는 Lucr. VI, 608~638.

루크레티우스는 일상적 관찰 속에서 노쇠의 증거를 더 발견한다. 돌은 시간에 정복당하고 높은 탑은 쓰러져 폐허가 되며 바위는 부스러진다. 자연물과 인공물은 끊임없이 소멸의 증거를 드러낸다. 그는 기민하게 "신들의 성소와 상(像)이 닳아서 부서지지만 신성한 존재는 운명의 영역을 연장할 수도 없고 자연법칙에 맞서 싸울 수도 없다"고 비난한다. 인간의 기념비는 쓰러져 조각나는데 곤두박질치는 돌이 시간에 저항하면서 "끊임없는 세월의 포위 공격을 이겨냈다면 무너지지 않았을지도 모른다". 108)

소멸성의 또 다른 증거는 문명이 보여주는 명백한 유아성이다. 어떤 기예는 완벽해지고 또 성장한다. 선박의 개량이나 새로운 음악이 그 예이다. 만일 과거의 대재앙이 인간의 흔적 및 이들의 문명과 도시를 흔적도 없이 지워버렸다면 이는 세계가 얼마나 쉽게 파멸에 이를 수 있는지를 보여주는 것이다. 당신이 이를 믿는다면 "그만큼 더 당신이 정복될 운명이며 대지와 하늘도 마찬가지로 소멸할 것이라는 점을 인정해야만 한다"〔V, 324~344〕.

대지의 역사는 비슷한 이야기를 들려준다. "밝은 신록", "초록" 빛을 뿜는 "꽃으로 뒤덮인 들판"처럼 감각적이고 주관적으로 묘사되는 식물의 탄생 후에 대지가 만드는 생명체, 즉 비와 태양이 만드는 동물이 나타났다. 109) 대지가 젊었을 때는 더 크고 많은 동물이 있었을 것이다. 생명은 열과 습기, 대지는 음식, 온기는 의복, 풀은 어린 동물의 휴식처와 결부된다. 초기에는 지극히 뜨거운 열이 없었으므로 지구의 역사를 이렇게 시기 구분하는 것은 또한 기후 변화와 연관된다. 대지는 어머니이고, 어머니처럼 나이가 들면서 더 이상 아이를 갖지 못할 것이다. 생명을 주는

---

108) Lucr. V, 308~309, 315~317.

109) Cf. II, 1150~1174. 여기서는 세계를 낡은 것으로 간주한다. 저 구절에서 루크레티우스는 자연을 떠올렸던 것 같고 이 구절에서는 문명을 떠올렸던 것 같다. Bailey, *Lucr.* Vol. 3, p. 1370.

대지의 물은 어머니의 젖에 비유된다. 대지의 역사에 대한 이와 같은 해석은 토양 비옥도의 저하와 함께, 간접적으로는 빈곤과 삶의 고단함을 다룬다(V, 782~836).

이 주제는 부차적인 것이지만 나는 루크레티우스에게서 나타나는 자연의 노쇠 개념을 세밀히 검토했다. 이 내용은 목적론적 성격을 띠는 환경 변화의 형태를 가정한다는 점에서 중요하다. 여기서 환경 변화는 인간 행위자와는 독립적인 과정이며 문명과 생명의 본질이라는 후속 개념에 영향을 주었다. 만일 우리가 콜루멜라의 광범위한 진술을 신뢰할 수 있다면 이 개념은 그가 저술 활동을 하던 서기 60년경에 "지도적 인물" 사이에서 설득력을 가지는 것이었다. [110]

루크레티우스에게서 월리스(Robert Wallace)*와 맬서스 같은 18세기 인구이론가들이 즐겨 쓰던 표현인 "자연의 인색함"이라는 철학이 나타난다. 근대에는 자연은 자비롭고 모든 것을 알고 있는 설계의 산물이기 때문에 자연이 자애롭다고 생각하는 자연신학자들과, 자연의 재생산 능력과 생명을 지탱하는 지구의 제한된 능력의 차이를 강조하는 맬서스주의자 및 다윈주의자 사이의 분열이 있었다. 마찬가지로 고대에는 스토아주의자와 루크레티우스 사이에 분열이 있었다. 여기서 루크레티우스는 과학적 근거가 아니라 농부나 부모에게서 나왔음직한 관찰에 근거해 설계론을 공격한다. 루크레티우스에게 대지는 성장하고 성숙하고 죽는, 대지 위의 유기물질과 동일한 과정을 따르는 존재였다.

플리니우스는 스토아주의와 에피쿠로스학파의 견해 양쪽 모두를 피력했다. 4원소설 중에서 대지(흙)는 인간에게 가장 친절한 원소이므로 우리는 이를 어머니 대지라 불렀다. 하늘이 유일신에 속한 것처럼 대지는 인간에 속하기 때문이다. 삶 속, 그리고 죽음의 피난처 속에는 자애로운 대지가 있다. 친절하고 관대한 대지는 자발적으로든 강압에 의해서든 인

---

110) Columella, *On Agriculture*, Bk. I, Pref. 1, chap. 3, sec. 7을 보라.

간을 위해 수많은 자연의 산물을 만든다. 대지는 인간을 위해 비옥한 것이고, 대지의 약초는 인간에게 약을 제공하기 위한 것이며, 대지가 만드는 독마저도 삶을 견디기 어려운 인간이 삶에서 벗어날 수 있도록 한다. 대지의 아름다움과 풍요는 늘 이것을 남용하는 인간의 불완전성과 대비된다.

하지만 이러한 비판은 보전주의적인 것이 아니라 도덕주의적인 것이다. 인간은 흙을 바다에 던지고 수도를 만들기 위해 파헤친다. 또한 물, 철, 목재, 불, 돌, 경작으로 대지를 어지럽히며 금속과 돌을 채굴하기 위해 대지의 속을 헤집는다. 플리니우스는 인간에게 적대적인 야생동물이 인간의 무엄한 손으로부터 대지를 보호하는 대지의 수호자로 창조된 것이 아니었을까 생각한다. 111)

"자연이 인간에게 친절한 부모인지 아니면 혹독한 새어머니인지 판단하는 것이 거의 불가능할 정도로 자연은 자신의 관대한 선물에 대해 잔인한 대가를 요구하지만", 겉보기에 자연은 인간을 위해 만물을 창조한 것처럼 보인다. 플리니우스는 루크레티우스와 마찬가지로 태어나자마자 자립할 수 있는 보호 능력을 부여받은 동물과 인간 영아의 무력함을 대비시키는 비판적 비유를 한다. 하지만 그는 대지의 노쇠 그리고 콜루멜라를 상기시키는 구절은 믿지 않는다. 그는 소멸하는 존재는 늙어가지만 대지는 그렇지 않다고 말한다. 대지의 비옥함은 돌봄과 훌륭한 농사로 유지될 수 있다. 112)

이제 헬레니즘 시대의 목적론적 사고와 반목적론적 사고에 대하여 얼마간의 결론에 도달할 수 있게 되었다. 이 둘은 모두 자연의 아름다움과 효용이라는 자연에 대한 감정을 드러낸다. 《신들의 본성에 관하여》에 나오는(일부는 파나이티오스와 포시도니오스에 근거했을) 구절과 루크레티우

---

111) Pliny, *NH*, II, 63.
112) Pliny, *NH*, VII, 1; XVII, 3, 35~36.

스의 기록은 이러한 사실을 보여준다. 이 둘은 모두 만물의 조화와 상호 연결성을 인정했는데, 스토아주의자에게는 그것이 명백한 이유 때문이고 에피쿠로스학파에게는 자연이 창조주와 지배자(gubernan)의 역할을 맡았기 때문이다. 양자 모두에서 인간은 환경을 통제하거나 변화시킬 수 있는 힘을 지녔기 때문에 인간의 활동은 중요하다.

스토아주의는 그 이유를 인간이 신성한 원리에 참여하기 때문이라고 인식한다. 이러한 참여는 많은 부분 인간에게 이득이 되도록 창조된 대지의 자원을 인간이 사용할 수 있게 한다. 루크레티우스는 이것이 원시 생활에서 문명으로 발전한 인간 발전의 결과이기 때문이라고 인식한다. 인간의 성취는 필요와 모방의 산물이다. 발견과 발명을 통해(3장 7절 참고), 특히 야금술의 발견으로 인간은 루크레티우스가 적극적으로 애정을 담아 묘사했던 전원을 창조할 수 있었다.

10. 플루타르코스, 헤르메티카, 플로티노스

목적론적 설명이 1세기 후반에도 여전히 성행했다는 사실은 플루타르코스의 저술을 보면 분명하다. 대화편 《달 궤도에 나타나는 표면에 관하여》(De Facie Quae in Orbe Lunae Apparet)***에서 처니스(Cherniss: 플루타르코스 저서의 영역자_옮긴이)에 따르면 이 대화가 행해진 시점은 서기 75년 이후로 추정된다. 연설자 중에서 문학의 권위자인 테온(Theon)은 달이 생명을 키울 수 있는가와 관련하여 목적론적 설명의 문제를 제기한다. 만약 달에 생명이 존재할 수 없다면 어떤 명백한 존재의 목적도 없는 것이므로 달이 지구라는 주장은 불합리하다. 달은 열매를 맺지도 못하며 "우리 지구가 존재한 목적, 플라톤의 말을 빌면 '우리의 유모, 엄격한 보호자, 낮과 밤의 창조자'로서의 목적, 즉 인간에게 기원, 거주지, 생활수단 등을" 제공해주지도 않는다[937D]. 그리고 나서 테온은 달에 생명이 살

수 없도록 하는 어려움들(대체로 과도한 열이나 건조함 같은 환경적인 내용)을 제시한다[938A-B].

람프리아스(Lamprias)는 긴 답변을 통해 인간이 달에서 살 수 없다고 해서 달이 무의미하게 만들어졌다고 말할 필요가 있는 것인지 묻는다. 그는 이러한 주장을 부정한다[938D]. 만일 인간이 거주하지 않는다고 달이 무의미하게 목적 없이 존재하는 것이라면 같은 이유가 지구에도 적용될 수 있다(여기서 루크레티우스를 떠올릴 수 있다). 왜냐하면 지구상에서 동식물을 대량으로 생산하는 부분은 일부에 불과하고 넓은 지역이 황무지로 겨울의 폭풍우나 여름의 가뭄에 시달리거나 고도가 바다보다 낮기 때문이다.

이러한 주장의 함의는 지구의 표면에 그러한 특성을 부여하고 구별 짓는 것이 그릇된 일이라는 점이다. 지구상에서 사람이 살지 않거나 살 수 없는 지역은 거주하는 세계의 복리를 위해 반드시 필요한데 "이러한 지역이 까닭 없이 존재하는 것은 절대 아니기 때문이다". "바다는 부드럽게 수증기를 방출하며, 여름이 한창일 때 부는 가장 상쾌한 바람은 사람이 살지 않는 동토의 지역에서 조금씩 녹아내리는 눈으로 인해 생겨나 퍼져간다".113) 이런 논거는 17세기에 레이(John Ray),* 케일(John Keill),* 헬리(Edmund Halley)*가 황무지와 광대한 넓이의 바다를 정당화하기 위해 사용했던 논거와 닮았다. 이는 설계론을 옹호하고자 하는 사람이라면 반드시 준비해야 할 종류의 논거다.

생명체가 살지 않는다 하더라도 달은 주변에서 발산되는 빛을 반사하고 별빛을 모으는 초점이 되거나 지구에서 나오는 물질을 분해하며

---

113) Plutarch, *Concerning the Face Which Appears in the Orb of the Moon*, 938 D~E. 처니스(Loeb ed.)는 테오프라스토스의 *De Ventis*, ii, §11과 아리스토텔레스의 *Meteorology*, 364 a 5~13에 주목할 것을 요청한다. 대화집의 연대에 대해서는 p. 12를 참고하라. 라인하르트는 여기서 포세이돈적 우주론의 강력한 영향을 발견한다. Reinhardt, *Kosmos und Sympathie*.

〔928C〕 태양이 내뿜는 과도한 열기와 가혹한 조건을 누그러뜨리는 등의 유용한 기능을 수행한다. 플루타르코스는 고대의 믿음을 인용하면서 달은 처녀이자 불임인 아르테미스(Artemis)이며, 여성들에게 도움이 된다고 말한다〔938F〕. 또한 그는 아주 적은 비나 눈만으로도 살아가고 여름과 희박한 공기에 적응한 지구상의 식물체를 가리키면서 그와 비슷하게 적응된 식물이 달에서 자랄 수 있는지를 묻는다. 플루타르코스는 식물의 특성과 상이한 환경 조건(특히 건조 지역)에서의 식물의 적응력에 관한 이처럼 극히 흥미로운 문장 속에서 알렉산드로스의 원정에서 비롯된 지식과 테오프라스토스의 저작에 담긴 지식을 활용한다.114)

게다가 환경은 외형 면에서 기만적일 수 있다. 겉만 보아서는 바다 속에 풍부하고 다양한 생명체가 존재하리라고 누가 추측할 수 있겠는가? 지구 생명체가 생식, 영양 섭취, 생존의 목적을 위해 갖춘 특성과 동일한 특성을 달에 사는 생명체가 가질 필요는 없다. 그러한 사고는 자연의 다양성을 무시하는 것이다〔940B〕. 지구상의 생명이 우주에 사는 생명의 모델이 될 필요는 없다. 만일 인간이 달에 존재한다면 그들의 육체는 "그들 앞에 나타나는 그 무엇이든 그것에서 영양분을 섭취할 수 있을 만큼" 날렵할 것이다. 그들이 지구의 모습에 놀랄 수도 있다. 여기서 기만적 외형이라는 주제가 계속된다. "이를테면 그들이 습기, 수증기, 구름 속에서 어둡고, 낮고, 움직임 없는 점처럼 흐릿하게 보이는 우주의 침전물과 잔재를 자세히 살피고는 그것이 움직이고 숨 쉬고 온기를 가진 존재를 재생산하고 그들에게 양분을 제공한다고 생각할지도 모른다".115)

---

114) 939C~F. Bretzl, *Botanische Forschungen des Alexanderzuges* 문장 곳곳과 테오프라스토스에 대한 언급이 있는 Cherniss ed. in the Loeb Classical Library를 참고하라.

115) 섭리 및 제우스(Zeus)에 대한 람프리아스의 논의와 자연 조건이나 자연적 위치의 의미에 대한 논의는 927D~928C를 참고하라. 술라(Sulla)의 신화, 그중에서도 특히 육체, 영혼, 정신과 지구, 달, 태양의 관계 및 우주에서의 달의 목적과 영혼의 생애 주기에서 달의 역할에 대해서는 940F에서 끝까지, 그리고 20~

파나이티오스와 포시도니오스가 정교하고 풍부하게 만든 다음 키케로가 철저히 탐구했으며 플루타르코스가 주석을 단 크세노폰, 플라톤, 아리스토텔레스의 사고는 《헤르메티카》(*Hermetica*)***에 다시 등장한다. 세계에 대한 종교적 개념화인 점성학과 더욱 빈번히 연관되는 《헤르메티카》는 헤르메스 트리스메기스투스(Hermes Trismegistus)****의 이야기인데, 가장 최근 영역본을 낸 편집자와 번역자에 따르면 서기 3세기경 쓰인 것이라고 한다.

인간은 하늘을 묵상하기 위해 창조되었다. 신은 인간에게 생육하고 번성하라 명했고 "하늘 아래 모든 것들을 지배하라고" 했다. "그리고 신의 권능을 알 것이고 자연의 작동을 목격하는 증인이 될 것이라고 했다. 또한 선한 것이 무엇인지 알아차릴 수 있고 선하고 악한 사물의 다양한 본성을 식별할 수 있으며 모든 형태의 정묘한 기예를 발명하리라"고 했다.[116] 신이 만물을 만드는 것은 신의 영광이며 "사물을 만드는 일은 이른바 신의 존재 바로 그 자체다".[117] 창조자 자신과 관련하여 악으로 간주될 수 있는 것은 아무것도 없다. 악과 풍부성(*fullness*)은 창조라는 사건의 부산물이자 우발적인 것이며 금속에 붙은 녹이나 몸에 붙은 진흙에 비유된다. 이러한 사고 속에서 자연의 풍부성 원리와 악의 본성이 설명된다. 신이 악을 창조한 것이 아니라 사물의 "영속"이 "사물에서 악"이 발

26쪽의 헤르니스의 언급을 참고하라. "더 유용한 것은 불인가 물인가?"(*Whether Fire or Water is More Useful?*), 956F~957A에서는 바다가 높이 찬미된다. 바닷물은 자기 스스로를 통해 제5원소를 제공한다. 바다는 인간의 진보와 식물의 교환 등에 대해 엄청난 공적을 부여받는다. 왜냐하면 바다는 상업, 협력, 친교를 장려하기 때문이다. 그러나 이 부분은 이제 플루타르코스의 진본으로 간주되지 않는다. 처니스(Cherniss)의 서론, in the Loeb ed. of the *Moralia*, Vol. 12, pp. 288~289를 참고하라.

116) *Hermetica*, Lib. III 3b, Lib. ix, 6~8에서 우주의 작업은 훌륭한 남편의 활동에 비견된다. 그리고 Lib. x, 3에서는 신으로부터 선함을 수여받은 아버지에 비견된다.

117) *Hermetica*, Lib. xiv, 7.

생하도록 만든 것이다. 따라서 신은 세계를 정화하기 위해 변화가 일어나도록 고무한다.[118]

많은 근대 자연신학자가 그랬던 것처럼 만물을 포용하고 상호 연결된 자연을 신봉하는 사람들은 곤충이나 다른 하등 생명체의 존재와 그 효용 때문에 자주 혼란스러워 한다. 어떻게 이들이 자연의 조화로운 질서가 요구하는 존재의 그물망에 적합한 것일 수 있을까? 《헤르메티카》의 저자들 중 한 명은 파리나 벌레 같은 어떤 유기체는 오로지 파괴되기 위해 만들어진 것이라는 빈약한 답변을 내놓았다. 혹은 인간이 곤충의 용도를 알지 못하더라도 곤충은 자연 질서의 일부라는 답변도 있었다. 근대 신학에서조차 곤충과 다른 작은 피조물은 인간을 괴롭히고 인간이 이성을 지닌 데 대한 자부심을 유지시키며 인간의 타락을 상기시키기 위해 설계되었다고 했다. 근대의 살충제 생산자처럼 이러한 사상가들은 인류를 귀찮게 하는 존재로서 곤충이 지닌 분명 커다란 힘에 착안했고, 곤충은 무언가 다르게 취급되어야 한다는 결론을 내렸다. 왜냐하면 자연의 다른 구성물처럼 명백하고 가시적 효용을 갖지 못했기 때문이다.

마지막으로 우리는 생기 넘치고 때로는 극적이기도 한 플로티노스의 개념을 고려해야 한다. 지구는 생명체로 충만한 우주의 일부일 뿐이지만, 지구 자체는 살아 있는 물질의 모든 가능한 변화(*gradation*)로 가득하다. 다채로운 지구는 고유의 놀라운 아름다움을 지닌 동시에 투쟁과 갈등의 장인 것이다. 지구를 품은 우주는 영원하지만 우연의 산물도, 원자 운동의 산물도, 예정된 계획에 따른 장인 작업의 산물도 아니다.[119]

플로티노스의 세 가지 근본 원리 중 최상위이며 초월적인 첫 번째 원리

---

118) *Ibid.*

119) Plotinus, *Enn.*, III, 2, 1. 플로티노스는 또한 악을 창조한 창조주의 존재 문제를 논의하면서 창조주가 전혀 존재하지 않을 가능성에 대해서도 논의한다. 플로티노스에 대한 내용은 Armstrong, *Plotinus*, pp. 11~42과 Lovejoy, *The Great Chain of Being*, pp. 63~66에 많은 빛을 진다.

인 유일자(the One) 혹은 절대선(the Good)은 인간의 이해 범위를 넘어서는 것이다. "이는 무한한 힘과 만족, 그리고 흘러넘치는 탁월함을 지닌 매우 적극적인 실재(Reality)다". 일자는 무한하다는 점에서 형태가 없지만 "세계 '바깥의' 신은 아니다". 왜냐하면 존재의 모든 변화상은 일자의 일부를 자신 안에 담기 때문이다.[120] 정신(Nous)은 이 첫 번째 원리에서 유출된 것이다. 정신에서 유출된 우주 영혼(universal soul)은 선하고 신성하며, 물질세계를 형성하고 통치한다. 영혼은 두 수준으로 나뉘는데 높은 수준에서는 "형태, 질서, 지성의 방향 같은 초월적 원리로 작동하며 낮은 수준에서는 생명과 성장의 내재적 원리로 작동한다". 영혼의 낮은 수준은 자연이라 불린다. 우주는 유기적인 전체이며 생명으로 가득하고 존재의 모든 단계적 변화상이다. 플로티노스에게 물질적 우주는 "살아 있는 유기적 전체이며 '정신 속에 존재하는 형상들의 세계'가 갖는 살아 있는 다양성 속의 통일성이 보여주는 가장 최상의 모습이다".[121]

생명의 위대한 풍부성과 다양성은 궁극적으로 초월적인 첫 번째 원리에서 비롯된 것이다. 이는 완벽하기 때문에 그대로 남아 있지 못하고 다른 무언가를 생성하고 생산한다. 그리고 이는 선택권을 가지거나 가지지 못한 존재, 심지어 움직이지 않는 사물에게도 마찬가지다. 따라서 "불은 주변을 덥히고 눈은 차갑게 식히며 약은 효능을 발산한다".[122] 완전자(perfect being)가 자신의 모습 그대로 남는 일 — 질투심 넘치거나 무기력한 것처럼 — 은 불가능하다. 완전한 존재에서부터 무언가가 생겨나야만 한다. "그리고 일자에서 다자(many)의 생성은 계통을 이어가는 과정에서 가능한 존재의 다양성이 모두 실현되지 않는 한 끝나지 않는다".[123]

---

120) Amstrong, *Plotinus*, pp. 31, 32.

121) *Ibid.*, 두 인용문은 각각 p. 37과 p. 39에 있다.

122) Plotinus, *Enn.*, V, 4, 1. Lovejoy, *op. cit.*, p. 62에서 인용. 또한 V, 1, 6과 V, 2, 1을 보라.

123) Lovejoy, *The Great Chain of Being*, p. 62.

이처럼 생명 및 생명의 풍부성과 다양성을 강조하는 철학은 지구에 대한 생생하고 풍부한 관점을 낳는다. 나아가 플로티노스를 읽으면서 우리는 강한 개인적 편향과 평가가 추상적인 사고와 서로 얽혀 있음을 느낀다. 즉, 자연에 대한 평가, 사건 현장(theatre), 전쟁, 실용적인 일상사에 대한 관심이 얽혀 있는 것이다. 그는 자연 속에 끊임없는 전쟁이 있는 것은 사실이라고 말한다. 동물들은 서로를 잡아먹고 인간은 서로를 공격한다. 그러나 그가 보기에 포식하는 동물이건 포식대상이 되는 동물이건 전체 우주를 특징짓는 생명의 다양성과 풍부함을 위해서는 똑같이 필요하다. 투쟁은 상위의 개념에 종속된다. 왜냐하면 생명은 또 다른 형태로 되돌아오기 때문이다. 이는 마치 연극에서 배우가 살해되는 것과 비슷하다. 배우는 실제로 살해되는 것이 아니라 분장을 바꾸고 새로운 배역을 맡는다.

개별적 고통과 죽음이 존재하더라도 생명은 지속된다. 만약 이렇지 않다면 "생명의 황량한 꺼짐"이 초래될 수 있다. 왜냐하면 "계획이 효력을 발휘하는 한 단정하고 맵시 있는 사물들의 끝없는 행렬을 만드는 일 ― 활기찬 소일거리 ― 을 절대 멈추지 않으면서, 우주의 사물을 발생케 하고 다양성을 그 속에 짜 넣으면서 대우주(Universe) 도처에 생명을 풍부하게 쏟아"내기 때문이다. [124] 모든 생명은 아무리 낮은 존재라 하더라도 "하나의 활동이며, 화염의 움직임과 같은 맹목적 활동이 아니다". 생명은 "미리 정한 움직임에 맞춰 춤추는 무언극 배우"처럼 한 패턴을 지향한다. 플로티노스는 아름다움과 자연에 대한 인간의 느낌을 강력히 주장하면서 영혼이 자신의 힘이 쇠퇴한 후 창조를 단행했다는 견해를 비판한다.

그럴 수 없는 이유는 영혼의 창조적 행위가 바로 영혼이 신성한 존재와의 연결성을 상실하지 않았음을 보여주는 증거이기 때문이다. 영혼은 지구의 조각가처럼 자기 자신의 영광을 위해 계획을 세울 수 없었다. 영혼

---

124) *Enn,* , III, 2, 15.

은 자기 본성상의 필요 때문에 창조를 했고 자기 작업에 대한 후회도 있을 수 없다. 영혼은 "세계에 미리 적응되어 있어야만 했고 시간이 흐르면서 세계에 대해 좀더 부드러워져야 했다". 이 세계 안에 혼란스러운 사물들이 많다는 이유로 이 세계가 불행한 기원을 가진다고 믿을 만한 어떤 정당한 이유도 없다. 그렇게 믿는 것은 곧 세계가 지성적 영역의 단순한 반영이 아니라 지성의 영역 그 자체라고 생각하기 때문이다. 그리고 설령 세계가 하나의 반영에 불과하다고 해도 세계는 그 얼마나 경이로운가!

　　하지만 저 세계의 반영 중 우리의 이 세계보다 더 아름다운 것을 생각할 수 있겠는가? 어떤 불의 반영이 우리가 여기서 아는 불보다 더 고귀할 수 있을 것인가? 아니면 우리 지구 말고 다른 어떤 지구가 저 지구를 본떠 만들어질 수 있을 것인가? 그리고 우리 지구보다 더 세밀하게 완벽하거나 더 경외롭게 질서 잡힌 어떤 지구가, 지성적인 것으로 이루어진 세계의 자기중심적 순환이라는 상으로 고안될 수 있었겠는가?[125]

　우주의 질서는 성공을 보증하기 위해 복잡한 계획을 미리 수립하여 전투를 계획하고 군대를 준비시키는 장군의 일에 비견된다. 세속의 장군은 적수에 대한 지식이 없는 상태에서 계획을 세워야만 한다. 그러나 힘이 만물에 뻗쳐 있는 섭리라는 전능한 장군이 있는 곳에서 "누가 명령 없이 통과할 수 있으며, 무엇이 계획에 들어맞지 않을 수 있겠는가?"[126] 우리의 지구는 우주의 이러한 숭고함에 참여한다. "우리의 이 지구는 다양한 생명체와 불멸의 존재로 가득하다. 바로 저 하늘 끝까지 가득하다".[127]
　설령 여기에 신성한 장인이 없다고 해도 질서 잡힌 우주와 그 안에 있는 질서 잡힌 지구는 활동성을 띨 수밖에 없는 완전함의 본성에서 탄생한

---

125) *Ibid.*, 2, 16; II, 9, 4.
126) *Ibid.*, III, 3, 2.
127) *Ibid.*, II, 9, 8.

것이다. 하나에서 다른 하나로의 유출은 그 본질의 축소 없이도 이루어진다.[128]

지구상에서 관찰 가능한 것을 포함해 모든 자연현상의 질서에는 아름다움뿐 아니라 합리성(*reasonableness*)도 존재한다. 그 뿐 아니라 지구는 생명의 다양성으로 가득하고 풍부하다. 우리는 생명의 풍부함이 과밀한 지점에 거의 다다를 정도로 조밀해진다고 느낀다. 전체로서의 우주와 완벽한 모형을 본떠 만든 우주 안의 지구는 모든 가능한 세계 중에서도 최고다.[129]

플로티노스의 사고는 케임브리지 플라톤주의자(3부 8장 6절을 참고_옮긴이)에게 영감을 주었다. 이들이 가졌던 조형적 자연(*plastic nature*)[130] 개념은 서구 세계에서 쓰인 아마도 최고의 물리신학일 레이의 《피조물에 나타난 신의 지혜》(*Wisdom of God Manifested in the Works of the Creation*)의 철학적 배경을 제공하는 데 영향력을 행사했다. 이 책은 뒤에서 훨씬 상세히 다룰 것이다. 플라톤이 밑그림을 그리고 플로티노스가 발전시킨 충만의 원리는 서구의 사상가들이 식물, 곤충, 작은 동물의 번식에서 쉽게 관찰되는 자연의 번식력에 놀랄 만큼 빠져 있었다는 것을 보여준다. 후에 충만의 원리는 생명의 무한한 번식을 지탱하는 지구의 능력에 대해 비관적 결론을 내리는 근거를 제공하기도 했다. 이러한 관찰이 전쟁, 유아살해, 질병, 역병같이 자연의 번식력에 대한 자연적·인공적 억제라는

---

128) 가시적 세계 속의 아름다움과 질서의 찬미에 대해서는(II, 9, 8과 더불어) II, 16~17; III, 2, 3을 보라("우리가 반드시 성찰해야 하는 세계는 의도적 목적의 산물이 아니라 필연의 산물이다"). Pohlenz, *Die Stoa*, Vol. I, pp. 390~393 또한 참고하라. "플로티노스는 전적으로 스토아주의적 목소리를 내면서 가시적인 세계의 미와 질서를 찬미한다. 그 미와 질서는 가장 작은 생명체와 식물 세계의 화려함 안에서 스스로를 드러낸다"(p. 393).

129) Lovejoy, *The Great Chain of Being*, pp. 64~65.

130) 이를테면 Ralph Cudworth, *Science and Religion*, pp. 114~119에 대한 레이번(Raven)의 논의를 참고하라.

사고를 도입하게 했다. 그것이 가진 낙관적 측면은 생명의 풍요로움, 다양성이라는 원리를 우주 질서의 현현이라고 찬양하는 데서 드러난다.

고대 사상가들은 우주의 본성 및 우주의 일부인 지구의 본성, 데미우르고스, 신들, 섭리의 역할 — 지도적 원리나 작인은 규정되었지만 — 에 대해 성찰하면서, 철학적 성찰과 일상적 관찰에 근거한 지구 개념을 도출했고, 이는 서구의 지리 사상에 지속적 영향을 미쳤다. 지구를 '계획을 염두에 둔 신성한 장인의 산물'로 파악하건, 아니면 플로티노스처럼 일자의 유출 그 자체인 '정신의 유출'로 보건 간에 자연의 균형, 조화, 질서의 원리는 인간의 운명에서 지구가 맡은 역할에 관한 위대한 해석의 하나인 유대-기독교신학이 융성하기 전부터 이미 사상가들에게 인정받았을 뿐 아니라 중시되었다.

공기, 물, 장소

제2장

1. 환경론의 그리스적 근원

환경론의 근원은 그리스의 철학과 과학이론, 그리고 실제 생활과 흔한 관찰에서 이끌어 낸 결론 양쪽 모두다. 그리스인이 그들 문명이 가진 고유한 특징을 기후 — 아마도 기온 — 탓으로 돌렸다는 믿음을 뒷받침하는 몇몇 증거가 있다. 초기부터 환경론에는 두 가지 형태가 있었다. 하나는 (체액설 같은) 생리학, 다른 하나는 지리적 위치에 근거를 둔 것인데 모두 히포크라테스의 저작에 있다. 보통 생리학에 근거한 환경론은 건강과 질병이 각각의 체액 간 균형이나 불균형을 나타낸다는 개념에서부터[1] 발

---

1) Hippoc., *Nature of Man*. 히포크라테스는 신체의 단일원소구성론을 비판한다. I~II. "인간의 신체에는 피, 점액, 노란 담즙, 검은 담즙이 있다. 이들이 신체의 본성을 구성하며 이를 통해 인간은 고통을 느끼거나 건강을 누린다. 이러한 원소

전되었거나 고도(아마도 고지대가 말라리아 열병을 일으키는 늪지대보다 고도가 높기 때문에)나 물과의 근접성, 특정한 탁월풍과 관련해 특정 마을이나 집터, 위치가 갖는 이점 등과 같은 경험적 관찰로부터 발전했다. 그리스 시대부터 이 이론들은 영향력을 발휘했다. 아주 최근까지도 이 이론들은 심리-생리학 이론(활기찬 기후가 주는 정신적·육체적 자극)이나 지리적 위치에 근거했는데, 후자의 형태는 종종 정치 및 경제론 관련 문헌과 연관성을 가진다.

환경론의 역사는 설계론의 역사와는 구분된다. 질서 있고 조화로운 자연이라는 사고 속에 자연환경에 생명이 적응했다는 사실이 암묵적으로 전제된 것은 분명하지만 환경론을 유발한 주된 동인은 원래 의학에서 나온 것이기 때문이다. 몽테스키외와 헤르더가 좀더 폭넓은 관점을 취하긴 했지만 고대에서 근대, 그리고 리터(Carl Ritter)*의 시대에 이르기까지 생리학적 교의에 근거한 이론이 지배적이었다. 체액설은 위치, 지형, 또는 토질의 영향을 중시하는 이론보다 더욱 진전된 일반화를 가능케 했다. 왜냐하면 위치나 지형, 토질의 영향은 투키디데스가 아티케의 역사와 문명에 미친 열악한 토질의 영향을 논의할 때처럼 국지적으로만 적용되기 때문이다. 나중에는 수도 로마의 입지가 그 사례로 자주 언급이 되었다.

지리학적 관점에서 체액설이 중요한 것은 우리가 보았듯 체내 어떤 체액이 지배적인 이유를 환경적 조건에서 찾기 때문이었다. 따라서 체액의 혼합물이 육체 및 민족 전체에 미치는 영향의 문제로 관심이 쏠렸다. 이는 물론 히포크라테스의 저술과 아리스토텔레스의 《난제들》(*Problems*) — 철저하게 히포크라테스의 어조를 띠는 저술로 설령 이 책이 아리스토

가 혼합, 세력, 부피 측면에서 적당한 균형을 이루고 완벽하게 섞이면 인간은 가장 완벽한 건강을 누린다"(IV). (윤임중 역, 1998, "인간의 자연적 본성에 대하여", 제1, 2, 4절, 《의학 이야기》, pp. 109~113_옮긴이) 또한 Hippoc., *Ancient Medicine*, xix를 참고하라.

텔레스의 것이 아니라 하더라도 내용은 그에게서 나왔으리라고 여겨진다 — 에서 제기되는 많은 질문에서도 중요한 주제다. 체액설은 또한 육체와 정신 간의 공명을 전제하는데 육체의 좋거나 나쁜 체액이 정신에 영향을 미치고 정신의 열정과 동요가 육체에 영향을 미친다는 것이다. 따라서 체액(정신-육체 관계 포함)이 공기, 물, 장소의 영향과 서로 결합하면 이것으로 육체와 정신의 건강뿐만 아니라 민족 전체의 육체적·문화적 특성을 설명할 수 있었다. 우리가 관대하게 몽테스키외에서 멈추더라도 사실 근대 시기에 나온 익숙한 주장은 거의 모두 고대에서 조악한 형태로 찾아볼 수 있다. 따뜻한 기후는 열정적 본성을 낳고 차가운 기후는 육체적 힘과 인내를 낳는다. 온화한 기후는 우월한 지성을 낳는다. 그리고 비생리학적 이론 중에서는 비옥한 흙이 부드러운 사람을 낳고 불모의 흙은 사람을 용감하게 만든다는 설이 있다.

히포크라테스의 《공기, 물, 장소》의 두 번째 부분(12~24장)이 환경이 인간 문화에 미치는 영향에 관한 최초의 체계적 논문이긴 하지만 헤라클레이토스(Heraclitus)*와 아폴로니아의 디오게네스의 저술 단편들은 습기가 사고 활동에 부정적 영향을 미친다는 신념이 매우 오래된 것임을 보여준다. 이는 아마도 취한 상태를 관찰한 것에서 비롯된 생각인 듯하다. 헤라클레이토스는 "마른 영혼이 가장 현명하며 최상이다. 취한 사람은 풋내기 아이에게 이끌려 비틀거리며 자기가 어디로 가는지를 알지 못하고 영혼이 젖어들게 내버려 둔다"고 말한다.[2]

테오프라스토스에 따르면 아폴로니아의 디오게네스는 생각, 감각 및 생명이 공기에서 비롯한다고 보았다. 생각은 순수한 마른 공기에 의해 일어난다. "습기의 방출이 지성을 억제하기 때문이다. 이 때문에 잠자거

---

[2] Kirk & Raven, *PSP*, #233, 234, p. 205. 처음 것은 Fr. 118, Stobaeus, *Anth.* III, 5, 8; 두 번째 것은 Fr. 117, *ibid.*, III, 5, 7. 이들은 헤라클레이토스의 주요 철학 활동이 480년에 끝났다고 생각한다, p. 183. 이들의 활동기는 OCD를 따른 것이다.

나 취하거나 배부르면 생각이 줄어든다".

흙에서 나오는 습기 가득한 공기를 마시는 다른 생명체는 지성이 열등하다. 새들은 순수한 공기를 마시지만 물고기와 유사한 이들의 구조상 공기가 배 주위에만 스며든다. 식물은 속이 비어 있지 않아서 공기를 받아들일 수 없기 때문에 지성이 결여되어 있다.[3]

2. 히포크라테스의 "공기, 물, 장소"론

히포크라테스가 《고대 의학》(*Ancient Medicine*)과 《공기, 물, 장소》의 저자임이 자명한 듯 그의 이름을 이 책 전체에 사용하긴 했지만, 관행을 제외하고 그가 저자임을 보증할 수 있는 근거는 거의 없다. 18세기에는 전통적으로 그의 저작이라고 알려졌던 작품이 정말 그의 것이라는 일반적 합의가 있었다. 19세기에 들어서야 이러한 관점이 도전을 받아 진위 문제가 검토되었지만, 합의된 해결책은 찾지 못했다. 히포크라테스가 이것들 중 하나라도 정말 저술했는지는 아무도 알지 못한다. 《고대 의학》이 쓰인 시기는 〔서기전〕 5세기 말엽까지 거슬러 올라갈 수 있으며, 히포크라테스의 초기 제자들 중 누군가가 저술했을 가능성이 있다. 《공기, 물, 장소》는 이의를 제기하는 소수를 제외하고는 고대의 이른바 히포크라테스 전집에 포함되었다는 점에서 진본으로 본다.

히포크라테스의 저술을 편집한 이들은 리트레(Littré)*와 존스(Jones)의 견해에 따라 둘 모두를 히포크라테스 전집에 포함시켰다. 이 글들은 아리스토텔레스 같은 이들에게 영향을 미칠 만큼 충분히 이른 시기에 쓰였다고 가정하는 것이 합리적이며, 몇몇 사람들은 헤로도토스의 역사서 결론부에서 그 영향을 발견하기도 했다. 저술 시기와 진위 여부의 불확

---

3) Kirk & Raven, *PSP*, #615, p. 441. 출처는 Theophr. *de Sensu* 39~44= Diels, *Vorsokr.* 6th ed., 64 A 19, Vol. 2, pp. 55~56.

실성 때문에 옳건 그르건 간에 히포크라테스가 여러 세대 동안 진정한 의사이자 그 책의 저자로 생각되었다는 사실이 가려져서도, 《공기, 물, 장소》가 그의 논고 중 가장 대중적인 것이었다는 사실이 가려져서도 안 될 것이다. 4)

하지만 《공기, 물, 장소》의 독자들은 이 글이 통일성이 결여되었으며, 실제로 하나는 의학적이고 다른 하나는 민족지적·지리학적인 두 개의 상이한 글임을 금세 알아챈다. 1889년 프레드리히(Fredrich)는 이 책이 1~11장, 12~24장으로 상이하고 독립적인 두 부분으로 구성되었음을 지적했다. 이어지는 문헌 연구도 프레드리히의 견해를 입증했으나 이 두 부분과 필자의 관계에 대해서는 합의를 이루지 못했다. 5)

이 문제를 매우 흥미롭게 재검토한 에델슈타인(Edelstein)은 첫 11개 장의 목적은 낯선 도시에 오는 의사가 다른 사람에게 묻지 않고도 치료를 시작하기 전 치료에 관한 모든 중요한 요인에 익숙해질 수 있도록 하는 것이라고 주장한다. 이 책은 의사들이 환경 조건, 일상적 질병 및 계절에 따른 다양한 질병에 익숙해지게 하는 예후서로 저술되었다는 것이다. 6) 그리고 두 번째 부분인 유럽과 아시아 그리고 이들 두 지역 민족의 차이에 관한 주제에서 발견되는 몇 가지 어려움은 이집트와 리비아에 대한 묘사의 소실 등 본문에서 누락된 부분 때문이다. 두 부분이 서로 관련이 없음에도 이들이 통일된 저작을 구성하는 것처럼 서로 연결된 이유는 이 두

---

4) 히포크라테스의 저작에 대한 논의를 위해 히포크라테스에 대한 롭(Loeb)의 편집본에 수록된 W. H. S. Jones의 "General Introduction" in Vol. 1을 보라. 그리고 Sarton, *Ancient Science Through the Golden Age of Greece*, chaps. 13~14를 참고하라.

5) 이 비판에 관련된 간략한 역사를 알고 싶으면 Edelstein, *Peri Aerōn and die Sammlung der Hippokratischen Schriften*, pp. 1~4를 참고하라. 이 책에선 프레드리히, 빌라모비츠(Wilamowitz), 야코비(Jacoby), 하이베르크(Heiberg), 트뤼딩어(Trüdinger)의 기여를 간단히 논의한다.

6) *Ibid.*, pp. 5~6, 8, 31~32.

분야에 개인적 관심을 가진 사람이 이 둘을 하나의 저작처럼 간직했기 때문이라는 것이 에델슈타인의 견해이다. 이렇게 보면 12~24장이 의학 전집 속에 포함된 이유를 댈 수 있다. 왜냐하면 이 장들을 지리학자가 저술했을 수 있기 때문이다. 7)

또한 에델슈타인은 히포크라테스 전집의 기원에 대해 새로운 가설을 제기했는데 가장 흥미로운 측면은 이 전집과 그 저자에 관한 의견의 역사이다. 8) 만일 어떤 사람이 자신보다 앞선 시대의 자료에 의존해 주장하는 것이라면 히포크라테스가 당대에 뛰어나고 유명한 의사로 여겨졌다는 주장 이상으로 나아갈 수 없을 것이다. 그런데 그는 의사도 아니었고 신격화된 인물도 아니었다. 히포크라테스에 대한 태도의 중요한 전환점은 켈수스(Celsus)*가 히포크라테스를 높이 평가했을 때였다. 그는 히포크라테스를 "기억될 만한 내과의사들 중에서도 첫째"(*primus ex omnibus memoria dignis*)라고 묘사했다. 9)

켈수스가 보기에 히포크라테스는 이후의 의사들과 달리 모든 의학 분야에서 활동했으며 영웅적 면모를 보이는 인물이다. 에로티안(Erotian)은 히포크라테스를 호메로스와 어깨를 나란히 하는 저술가로 보았다. 갈레노스가 보기에 히포크라테스는 이상적 의사다. 히포크라테스 용어집과 주석서의 역사는 이른바 저작이라는 것들이 후대에 수집되었다는 것 — 가장 이른 저술이 하드리아누스 황제(Hadrianus)* 시대의 것이다 — 을 보여준다. 10) 하지만 모든 알려진 출처는 저술의 진위 여부에 대해선 침묵으로 일관한다. 에델슈타인의 확신에 찬 가설적 결론은 히포크라테

---

7) *Ibid.*, p. 59. 문헌상 문제에 대한 자세한 고찰을 원하면 chap. 1을 보라.

8) *Ibid.*, chap. 4, "Die Hippokratische Frage".

9) 출처는 Celsus, *De Medicina*, I, 18, 12~13. Edelstein, pp. 126~127.

10) *Ibid.*, pp. 128~129, 켈수스, 에로티안(네로 황제 시대에 활동했던 것으로 추정되는 히포크라테스 어휘사전 편찬자), 갈레노스에 대한 부분. 초기 주석에 대해서는 p. 150을 보라.

스의 저술이 알렉산드리아에 도달하지 않았지만(적어도 저술의 존재는 증명할 수 없으며), 저자 미상의 고대 의학 저술의 상당 부분은 그곳에 전해졌다는 것이다. 히포크라테스의 저술이 하나도 남아 있지 않음에도 역사가 그의 명성을 너무나도 높이 떠받들었기 때문에 사람들은 그에게 관심을 가졌고 그의 책을 읽고 싶어 했다. 고전 어학자와 의사들은 알렉산드리아 도서관에 소장된 히포크라테스 시대에 쓰였을 가능성이 있는 저자 미상의 전집 중에 히포크라테스의 저술이 포함되어 있지 않았을까 하는 문제를 제기했다. 처음에는 히포크라테스의 저술로 돌리는 부분이 매우 적었지만 히포크라테스에 대한 크나큰 존경 탓에 점점 그 분량이 늘어났을 것이다.

마지막으로 다음과 같은 지배적 견해가 등장했다. 〔서기전〕5세기의 한 의사가 자신의 명성을 이용해 덜 유명한 이름을 제거했고, 그 후 저자 미상의 전체 전집에 위대한 이름이 덧씌워졌다는 것이다. 전통적으로 《공기, 물, 장소》는 히포크라테스의 저술 중 하나로 여겨졌지만 에델슈타인은 이 책의 저자가 잊힌 과거의 의사 중 한 명일 것이라 생각한다. 그의 저술 역시 다른 많은 무명작가의 저술과 함께 알렉산드리아로 보내졌을 것이다. 11)

그러나 18세기 말에 이르기까지 히포크라테스는 실존 인물이었으며 《공기, 물, 장소》는 그가 저술한 대작 중 하나였다. 아마도 누군가는 존스처럼 히포크라테스를 의사가 아니라 서기전 5세기 말엽의 의학적 경향을 보여주는 인물로 여길 수도 있을 것이다. 히포크라테스의 글에 대해서는 이미 나온 저술이 너무나도 많아서 그에 대해 새로운 무언가를 말한다는 것은 사실상 불가능하다. 우리의 주제와 관련해서 그것이 갖는 가치는 의학, 지리학, 인류학의 초기 역사가 서로 얼마나 밀접하게 연관되었는지를 보여준다는 점이다. 《공기, 물, 장소》의 두 번째 부분이 보여

---

11) Edelstein, *op. cit.*, pp. 179~181.

주는 근본 철학은 세 가지 자연환경 — 매우 추운 환경, 매우 뜨거운 환경, 양 극단 사이 온화한 중간 환경 — 의 비교에서 비롯된다. 우선, 매우 추운 북부 지역(대략 우크라이나 지역의 남쪽 절반에 해당하는 동유럽 지역)은 스키타이인과 장두인(長頭人, μακροκέφαλοι, makrokephaloi)이 살며, 파시스(Phasis) 강 지역의 민족이 거주한다〔파시스 강은 아르고호 원정대 이야기로 유명한데, 그루지야 서부를 관통해 흑해 동해안으로 흘러나가는 오늘날 리오니(Rioni) 강이다〕. 남쪽의 매우 더운 지역의 환경은 이집트와 리비아가(이 부분은 소실되고 없다), 온화한 환경은 이오니아(Ionia)**가 대표한다. 이 글이 또한 관심을 보이는 아시아와 유럽의 대조는 또 다른 성격을 지닌다. 남북 대신 동서로 구분이 이루어지지만(즉, 위도 대신 경도에 따라) 스키타이인이 유럽 민족의 유일한 사례로 등장한다.

《공기, 물, 장소》에서 히포크라테스는 몇 가지 중요한 주제를 논의한다. 그중에는 태양과의 관계를 고려한 적절한 집터, 좋고 나쁜 수질, 질병의 계절적 분포 등이 있으며 개인이 아니라 민족과 관련된다는 점에서 가장 흥미로운 유럽과 아시아의 비교를 통해 "모든 측면에서 이들이 어떻게 다른지, 또 유럽과 아시아의 나라가 체격적인 면에서 어떻게 완전히 다른지를 보여준다". 12)

아시아는 온화한 기후 — 이 구절에서는 소아시아 해안의 지중해성 기후를 의미한다 — 때문에 거주자가 더 많고 식생이 더 풍부하며 아름답다. "압도적으로 우세한 것도 없지만 모든 측면에서 뒤떨어지는 것도 없을 때 성장이, 야생으로부터의 자유가 가장 크게 고취된다". 13) 숲과 비,

---

12) Hippoc., *Airs, Waters, Places*, xii.

13) *Ibid.*, xii. 히포크라테스는 계속 자연적 형태, 토지의 형태, 계절의 변화 사이의 상관관계를 규명한다(xii). 가장 큰 기후적 편이는 거칠고 굴곡 있는 땅과 상관 있는 반면에 작은 계절적 편이는 평평한 땅과 관련된다. 인간의 신체적 형태는 또한 나무가 많고 물이 잘 흐르는 산, 마른 땅, 축축한 초원, 벌거벗고 바짝 마른 지역의 평원과 상관이 있다. 이 구절에서 규명되는 상관관계는 물질적인 것이지 정신적인 것이 아니다.

샘물이 있고 야생식물을 길들일 수 있게 하는 풍부한 식생이 있으며 혈통이 좋은 가축떼가 있는 아시아의 또 다른 지역은 모든 사람들을 거의 차이 없이 훌륭한 체격의 키 큰 사람들로 만든다. 지역의 기후는 봄에 비견되지만 이들이 그 지역 태생이건 이민자이건 간에 이들 민족에게서 용기, 끈기, 근면 같은 고결한 영혼을 기대해서는 안 된다.

히포크라테스 자신은 비슷한 민족(ἔθνοι, ethnoi)에는 관심이 없고 본성이나 풍속 면에서 서로 다른 민족에 관심이 있다고 말한다. 이와 같은 자명한 진술은 고대의 사람들이 자연환경의 차이에 관심을 보였던 이유를 보여준다. 비록 히포크라테스가 민족 간 유사성이 아니라 차이에 관심을 보였다고는 하나 그의 관심사는 기본적으로 의학적인 것이지 민족지적 관심은 아니었다. 기후 차이, 계절 변화, 상이한 경관 형태 등은 최소한 이러한 차이를 부분적으로나마 — 히포크라테스는 엄격한 환경결정론자가 아니었기 때문에 — 설명할 수 있다. 만일 그가 차이점이 아니라 유사성을 설명하는 데 관심을 보였다면 환경론의 역사는 완전히 다르게 전개되었을 것이다.

그가 든 첫 번째 사례에서 민족 간 차이점은 문화적 이유로 설명된다. 민족의 기원과 유래가 분명치 않은 장두인은 획득형질이 유전되는 사례이다. 왜냐하면 갓 태어난 유아의 머리를 잡아 늘이는 이들의 풍속이 세대를 거쳐 계속 행해지면서 그 과정이 자연스러운 것이 되기 때문이다. 하지만 문화적 접촉으로 인해 그러한 관행은 일부 쇠퇴했다. "오늘날 장두가 예전보다 적게 나타나는데, 이는 다른 민족과 통교하면서 그 풍속이 덜 만연하게 되었기 때문이다".14) 기후가 아니라 풍속, 획득형질의 유전, 문화적 접촉이 이들 민족의 현재 조건을 설명한다.

그러나 아시아는 단일하지도 않을뿐더러 아시아의 모든 민족이 지중해 해안 쪽의 민족과 같은 것도 아니다. 가령 콜키스의 파시스 강 주변 사람

---

14) *Ibid.*, xiv.

들은 연중 많은 비가 내리는 뜨겁고 숲이 우거진 늪지대에서 산다. 파시스 강의 물을 비롯한 이 지역의 물은 늘 고여 있다. 과도한 물과 안개는 성장을 방해한다. 키가 크고 몸집이 큰 거주민들은 습하고 짙은 공기를 마시기 때문에 얼굴빛이 노랗고 목소리가 굵다. 15)

아시아인은 기상과 용기가 부족하며 유럽인에 비해 호전적이지 않은데 그들이 정신적 충격이나 격렬한 육체적 변화를 겪어본 일이 없기 때문이다. "이러한 일이 있어야 기질이 강철처럼 강해지고 변화 없는 단조로움이 아니라 강력한 열정이 생기는데" 말이다. 그러나 히포크라테스는 아시아 민족의 제도 또한 이들의 성격에 기여한다는 사실을 인식한다. 사람들보다는 통치자의 목적을 위한 전제정치와 징병제(사람들이 받는 보상이라고는 위험과 죽음뿐)는 자연적으로 용감하고 힘찬 기상을 가졌던 사람을 변화시키는 데 성공하기도 한다. 여기서 전제군주 치하에서 살아가는 아시아의 민족과, (그리스인이건 아니건) 전제군주 치하가 아닌, 즉 독립 생활을 하며 스스로의 이익을 위해 일하는 더 용감하고 호전적인 민족을 서로 비교한다. 16)

스키타이인의 행동을 설명하기 위해서는 기후적 원인과 문화적 원인이 함께 제시된다. 스키타이인은 단일(homogeneous) 민족으로 이집트인이 뜨거운 지역을 대표하듯 매우 추운 지역을 대표한다. 이집트인이 계속되는 더위의 영향을 받는 것처럼 스키타이인은 계속되는 추위의 영향을 받는다. 격렬한 계절적 변화가 없기 때문에 이들 사이에 정신적·육체적 동질성이 생겨난다. 하지만 이들은 남성의 불임으로 유명한데 인간의 육체에 기후가 영향을 미치며 이들이 말을 탄다는 사실로 설명된다. 이러한 고통은 부유한 스키타이인의 특징인데 너무 가난해서 말을 탈 수 없는 자는 불임 가능성이 줄어들기 때문이다. 이러한 사례를 활용하여 히포크

---

15) *Ibid.*, xv.
16) *Ibid.*, xvi.

라테스는 질병은 신성한 힘의 강림 때문이 아니라 특정 조건과 활동이 가져오는 자연적 결과라고 주장한다.

이와 마찬가지로 두드러지는 논의로는 여성의 불임에 대한 것이 있다. 히포크라테스는 여성의 불임 원인이 자궁이 정액을 흡수하지 못하게 방해하는 살 속의 지방과 수분, 생리불순 그리고 자궁 입구의 지방이 자궁을 막는 일 등이라고 말한다. 그 증거로 그는 뚱뚱하고 게으른 스키타이 여성과 스키타이 노예 여성을 서로 대조한다. "노예 여성들은 활동적이고 야위어서 남자에게 가자마자 아이를 가진다".

여기서 유명한 아나리스(Anaries)에 대한 묘사도 등장한다. 아나리스는 불임으로 인해 여성화되어 여성처럼 차려 입고 행동하며 여성의 일을 수행하는 스키타이 남성을 가리킨다. [17]

히포크라테스는 유럽인에 대해 언급하면서 민족의 특징과 습도, 고도, 지형 같은 환경의 특징 간에 나타나는 몇몇 상호 관련성을 보이려 시도한다. 바위투성이에 고도가 높고 물이 많으며 급격한 계절 변화를 겪는 산지에 사는 민족은 체격이 크고 끈기 있고 용감하며 거칠고 사나운 경향을 보일 것이다. 차가운 바람보다는 더운 바람이 주로 부는 답답한 초지 같은 분지의 거주민은 "몸집이 크고 살이 많고 짙은 색의 머리카락을 가질 것이다. 살결이 희기보다는 어두운 편이며 점액보다는 담즙의 지배를 받는다. 앞서의 민족과 마찬가지로 용감하고 끈기 있는 특성이 나타나는 것은 타고난 것이라기보다는 법(νόμος, nomos)의 집행을 통해 인위적으로 만들어질 수 있는 부분이다". 다시금 히포크라테스는 사회제도의 힘을 언급하면서 환경결정론에 제약을 가한다. 바람이 많이 불고 물이 많은 고지대에 사는 민족은 키가 크고 서로 비슷한 용모를 지닐 것이지만

---

17) *Ibid.*, xxi~xxii. 또한 Herodotus, I, 105; IV, 67을 보라. 헤로도토스는 그들을 예나레스(*Enarees*)라 불렀다. 사르통(Sarton)은 이 이름이 양성애자나 동성애자를 가리키는 스키타이인의 단어일 것이라고 생각한다. *Hist. of Science. Ancient Science Through the Golden Age of Greece*, p. 369, fn. 65.

"성격은 오히려 나약하고 순종적일" 것이다. 좁고 건조하고 흙이 드러나 있으며 급격한 계절 변화를 겪는 지역의 민족은 강인하고 살갗이 희며 고집이 세고 독립적일 것이다. 그리고 땅이 풍요롭고 부드러우며 관개가 잘 되고 (여름에는 뜨겁고 겨울에는 차가워지는) 지표 근처에 물이 있어서 계절 변화가 그리 심하지 않은 땅에 사는 민족은,

> 살집이 많고 논리정연하지 못하며, 분비물이 많고 게으르며, 보통 비겁한 성격을 지닌다. 굼뜨고 잠이 많은 모습을 보이며, 기예에 관한 한 머리가 둔하고 민감하지도 날카롭지도 못하다. 반면에 땅이 헐벗고 물이 없으며 거칠고 겨울의 눈보라에 시달리며 여름에 태양이 작열하는 곳의 사람들은 강인하고 마른 몸, 명료하고 꼿꼿한 자세를 지니며 털이 많다는 것을 관찰할 수 있을 것이다. 성격과 기질에서 힘이 넘치고 조심성 있고 고집 세고 독립적인 본성이 발견될 것이다. 온순하기보다는 거칠고, 기예에서도 평균 이상의 예리함과 지성을 보이며, 전쟁에서는 평균 이상의 용기를 드러낸다. [18]

이와 같은 거친 환경과 부드러운 환경의 대조는 헤로도토스가 자신의 역사서를 끝맺는 유명한 구절에 종종 비견되곤 했다(192~193쪽 참조). 실제로 산, 계곡, 늪, 거칠고 부드러운 환경의 영향에 관한 추론의 상당 부분이 이 글에서 촉발되었다고 평가해도 좋을 것이다. 비록 《공기, 물, 장소》가 몇몇 선도적 사고(문화와 환경 간의 밀접한 관계, 획득형질의 유전, 직업병의 유행, 정부와 제도의 영향)들을 보여주지만, 이 글이 발휘하는 영향력은 그중에서 첫 번째로 공기, 물, 장소의 영향에서 비롯한다. 이 글은 환경적 사고에 대한 최초의 정식화를 보여주지만 민족지 부분에서는 문화 연구에 대해 좀더 독단적인 진술 — 하지만 후대에 복제된 것은 이 부분이었다 — 에서 드러나는 것보다는 훨씬 더 절충주의적인 접근이 나

---

18) Hippoc., *op. cit.*, xxiv.

타난다.

　문화인류학과 지리학의 역사에 관심을 가진 인문주의 사상가들이 오로지 《공기, 물, 장소》만을 계속해서 언급했다는 사실 또한 중요하다. 《고대 의학》은 인간의 문화에 대해 완전히 상이한 전제를 깔고 있다. 즉, 인간은 자신의 필요와 불만족에 자극받아 자신의 환경을 정복하며, 또한 동식물을 길들이고 요리를 발명하여 현재의 높은 문명 수준에 도달했다는 것이다. 인간은 필요에 의해 의학을 연구했다. 아픈 사람이 건강한 사람과 같은 생활 방식과 섭생을 따라해 봤자 득이 되지 않기 때문이다. 인간이 소나 말 같은 인간 외의 동물이 먹는 바로 그 음식과 음료에 만족했다면 지금 먹는 음식들은 발견되지 않았을 것이다. 처음에는 인간도 비슷한 영양을 섭취했기 때문이다.

　심지어 고대인들도 조악한 음식으로 고통받았으며 대다수가 몸이 너무 약해서 죽었다. "이러한 이유에서 고대인은 자신의 체질에 잘 맞는 영양분을 찾아야만 했고 그리하여 우리가 현재 활용하는 방법을 발견했을 것이다". 밀에서 빵, 보리에서 과자가 만들어졌다. 이들은 끓이고 굽는 음식을 인간의 체질에 맞게끔 다양한 조합으로 섞어 보면서 실험했다. 이러한 실험이 바로 의학의 본질이다. 건강을 보증하고 영양을 제공할 목적으로 이루어졌기 때문이다. 체조 및 운동을 공부하는 사람들이 쉽게 소화되고 인간을 더욱 강하게 만드는 음식물을 계속 발견하는 것을 보면 이러한 실험은 끊임없이 진행되는 연구 분야라 할 수 있다.[19]

　하지만 《공기, 물, 장소》가 후대 역사학, 민족학, 지리학 이론가들에게 영향을 미쳤다는 점에서 가장 흥미로운 것은 이 유산의 본질이다. 이 글에는 개인의 육체적·정신적 특질에 미치는 환경적 영향이 드러나면 이를 전체 민족에 확장해 적용할 수 있다는 오류를 만든 책임이 있다. 만일 히포크라테스가 환경, 의학, 민족학이 서로 상이한 학문이며 개인에

---

[19] Hippoc., *Ancient Medicine*, iii.

게 미치는 기후의 영향은 의학의 연구 주제이고 민족학에는 다른 방법론이 필요하다는 것을 분명히 했더라면 — 실제로 그 자신의 묘사가 입증하듯 — 히포크라테스에게서 도출된 경직된 상호 관련성이 적어도 2천 3백년 이상에 걸쳐 그토록 열렬히 강조되지는 않았을 것이다. 또한 우리 시대에 토인비(Arnold Toynbee)*가 문명의 기원을 논의하면서 히포크라테스의 사고를 반박할 필요도 없었을 것이다. 20)

3. 풍속과 환경에 대한 헤로도토스의 관심

헤로도토스와 히포크라테스(아니면 미지의 저자)가 활용하는 문화적 · 환경적 소재의 대비는 두 사람이 살았던 서로 다른 세계를 보여준다. 히포크라테스는 주로 의학 및 관련 분야, 헤로도토스는 역사, 여행, 풍속 및 상이한 환경에 관심을 가졌다. 헤로도토스의 사고는 역사가들이 별로 언급하지 않았기 때문에 일정 정도 독자들이 해석해야만 한다. 그의 사고에는 개인과 도시의 생애 전반에 대한 염세주의적 태도가 보이는 듯하다. 여기에는 우연이 강력한 역할을 담당한다. 권력은 전복되며 약함이나 행복은 한곳에 오래 머무르지 않는다. 풍속의 힘 그리고 문화적 변화에 대한 저항을 강조하는 것이 특징이지만 문화적 차용에 대한 생생한 관심도 보인다.

헤로도토스는 자연환경의 대조에 민감하고 다음에서 논의할 유명한 구절(IX, 122)에서처럼 때로는 《공기, 물, 장소》를 연상시키며, 스키타이인에 대한 묘사에서는 환경과 문화의 상호 관련성을 제시하고자 한다. 21)

20) Toynbee, *A Study of History*, Vol. I, pp. 249~271. 토인비의 이 책 I~VI권에 대한 서머벨(Somervell)의 요약본 pp. 55~59에서 보다 간결한 내용을 볼 수 있다. 토인비는 《그리스 역사 사상》(*Greek Historical Thought*)에 있는 《공기, 물, 장소》의 일부분을 번역했다. pp. 143~146(Mentor Books).

헤로도토스는 스키타이인의 생활양식과 땅의 특성이 결합하면서 이들은 사실상 다른 민족이 정복할 수도, 심지어 공격할 수도 없는 민족이 되었다고 언급한다. 스키타이인을 공격하는 사람들은 스스로 파멸을 부르는 셈이다. 이 유목민족은 자신의 거처를 들고 다니며 말의 등에서 화살을 쏘고 가축과 마차 위에서 생활하기 때문이다. 이들이 사는 땅과 강의 특성은 이들이 공격을 방어하는 데 큰 도움을 준다. "땅은 평평하고 물이 많으며 목초지가 풍성한 반면 그곳을 가로지르는 강은 이집트의 수로 수만큼이나 많기 때문이다". 22)

그러나 대부분의 글에서 환경은 단순하게 묘사된다. 이오니아 도시들의 공기와 기후는 세계에서 가장 아름다운 것으로, 반면 다른 나라는 춥거나 습하고, 아니면 뜨겁고 가뭄에 시달리는 것으로 묘사된다. 23) 반면 리비아인은 그렇지 않지만 이집트인은 기후의 급격한 변화를 겪지 않아서 세계에서 가장 건강한 민족이라고 헤로도토스는 믿었다. 24)

헤로도토스나 플라톤이 충분히 밝힌 것처럼 그리스인은 이집트 환경(과 문화 및 역사)의 독특함과 두 나라 간의 환경적 대비에 관심을 가졌다. 이러한 관심은 헤로도토스의 역사서, 플라톤의 《크리티아스》, 《법률》, 《티마이오스》에서 찾아볼 수 있으며, 그 반향이 요세푸스(Josephus)*의 저술에 나타난다. 근본적 대비는 두 나라의 수자원에 대한 것으로 이

---

21) 이 관계에 대한 논의는 Heinimann, *Nomos und Physis*, pp. 172~180을 보라. 전통적 견해는 헤로도토스와 히포크라테스가 헤카타이오스(Hecataieus)*의 저술을 공통의 자료원으로 가졌다는 시각이다. 폴렌츠는 헤로도토스가 히포크라테스의 저술을 자료원으로 삼았을 것이라고 생각했다. 네슬(Nestle)도 헤로도토스가 자신의 견해를 히포크라테스로부터 도출했을 것으로 생각했다. 하이니만(Heinimann)은 의학과 민족지학 모두 이전부터 상당한 발전이 있었으며 《공기, 물, 장소》의 정확한 저술 시기를 측정할 수 있게 한 이 두 학문 사이의 직접적 관계는 없다고 결론을 내렸다.

22) Hdt. IV, 46~47. 인용은 47장.

23) *Ibid.*, I, 142.

24) *Ibid.*, II, 77.

집트인은 강, 그리스인은 비에서 물을 얻는다는 것이다(우리는 이미〔서기전 14세기에 쓰인〕《아톤 찬가》의 여덟 번째 구절에서 이집트인이 지하에서 나오는 진정한 나일 강을 소유한 자신들과 하늘에 있는 나일 강을 가진 외국 민족을 구분하는 것을 볼 수가 있었다(107~108쪽을 보라).

이집트인은 손쉽게 물을 사용할 수 있어서 거의 일을 할 필요가 없었지만, 비에 의존하는 그리스인은 가뭄과 홍수를 지속적으로 기다려야 했다. 주기적으로 퍼붓는 비 때문에 발생하는 것이 분명한 대홍수는 아틀란티스****가 물에 잠겨 파괴되기 이전의 그리스 문명사에서 중요한 역할을 한다. 헤로도토스는 이집트 사제와의 대화에서 나일 강의 퇴적이 계속되어 하상이 급속하게 높아지면 장차 나일 강이 과거의 역할을 못할지도 모른다는 이론을 전개한다. 사제들은 그에게 다음과 같이 말했다. "모에리스(Moeris) 왕* 시절에는 나일 강이 멤피스(Memphis)** 아래의 이집트 전역에서 넘쳐 순식간에 8큐빗(cubits)****이나 차올랐소이다". 이제 땅이 잠기려면 최소한 15큐빗이 차올라야 한다. "그러므로 내가 볼 때 지금 정도로 땅이 계속 높아진다면 모에리스 호(Lake Moeris)** 아래 (일명) 삼각주 및 여타 지역에 사는 이집트인은 어느 날 범람이 멈추면 언젠가 그리스인에게 닥칠 것으로 예견한 운명으로 영원히 고통받을 것이오".

그리스인이 오로지 비에 의존해 물을 얻는다는 말을 들은 사제는 다음과 같이 말했다. "어느 날 그리스인은 자신들의 원대한 희망이 꺾이고 비참하게 굶주릴 것이오".[25]

범람원 위에서 살아가는 이집트인은 쟁기나 괭이로 땅을 팔 필요가 없다. 다른 곳의 농부는 열심히 일해야 하지만 이집트의 농부는 "강이 저절로 온 들판에 퍼졌다 다시 원래 자리로 돌아가길 기다렸다가 경작지에 씨를 뿌린다. 그 후 돼지를 풀어 놓는데 돼지가 돌아다니면서 씨앗을 땅속에 박아 넣는다. 그리고는 추수를 기다리기만 하면 된다".[26]

---

25) *Ibid.*, 13.
26) *Ibid.*, 14.

헤로도토스는 또한 이집트의 곡창지대와 늪지대를 구분한다. 늪지대의 민족은 다른 이집트인과 같은 풍속을 가지지만 가용자원이 서로 다르다. 이들은 수련, 장밋빛 백합, 비블루스(파피루스)를 이용하며 몇몇 민족은 생선만 먹고 살기 때문이다. [27] 글로버(Glover)와 마이어스(Myres)가 지적한 대로 헤로도토스는 자신의 저술 전반에서 실제로 문화를 이러한 요소의 결합으로 해석하면서도 광산, 광물, 식량자원의 위치 그리고 환경, 경제학 및 사회제도의 문제에 날카로운 관심을 드러낸다. [28]

헤로도토스에게서 볼 수 있는 환경론에 관한 유일한 사례는 히포크라테스의 가르침을 닮은 키루스(Cyrus)의 연설이 담긴 저술 말미에 등장한다. 키루스는 같은 나라 사람으로부터 페르시아인이 거주하는 머나먼 거친 지역보다는 새로운 정복지에서 사는 것이 더 편하다는 사실에 동의할 것을 재촉받는다. 그는 비옥한 점령지에서 노예로 호사스런 삶을 누리느니 거친 환경에서 지금처럼 자유인으로 살아가는 게 훨씬 낫다고 답한다. 이 구절은 헤로도토스가 페르시아의 위협이 여전히 존재한다는 것을 경고하기 위해 집어넣었을 것이라고 추측되었다. 또한 거친 환경의 자극이 문명의 기원이라는 토인비의 사고와 흥미로운 유사성을 보이는 키루스의 유명한 연설에서 그리스인이 교훈을 얻었을 것이라는 추측도 있었다. 비슷한 생각을 크세노폰도 피력한 적이 있다. 그는 칼데아인을 비옥하지도 생산력이 높지도 않은 산악 지역에 살며 가장 호전적이고 가난한 용병 민족으로 묘사한다. [29]

---

27) *Ibid.*, 92.
28) Glover, *Herodotus*, pp. 115~119; Myres, "Herodotus and Anthropology", in Marett, *Anthro. and the Classics*, pp. 152~157, 160~163.
29) Hdt., IX, 122. How and Wells, *Commentary on Herod.*, 이 구절 하단과 Xen., *Cyr.* III. ii. 7을 보라.

4. 입지론과 히포크라테스의 영향

히포크라테스의 사유 토대가 비록 건강과 체액의 균형론이기는 했지만 투키디데스는 히포크라테스에서 이미 찾아볼 수 있는 지리학적 설명 방식을 이어갔다. 하지만 토양, 위치, 입지, 고립, 해상 위치 같은 지리적 요소는 의학론에 기초할 필요가 없다. 이런 점에서 투키디데스는 초기 헬라스(Hellas)를 이주가 매우 잦았던 곳으로 묘사한다. 그곳의 민족은 과잉 인구의 압박 때문에 이곳저곳으로 이동했다. 이러한 이주는 헬라스의 비옥한 지역인 테살리아(Thessaly),** 보이오티아(Boeotia),** 그리고 펠로폰네소스(Peloponnesus)**의 넓은 지역에 영향을 미쳤다. 중앙부에 위치한 바위투성이의 아르카디아(Arcadia)**만이 탐욕과 침략을 장려했기 때문에 예외였다.

반면 아티케는 안정을 누렸다. 거주민이 일정하게 유지되었는데 토양이 너무 척박해서 침입자에게 매력적이지 않았기 때문이었다. 아테네의 문화적 전통이 지닌 안정성이 아티케의 성장을 가능케 했다. 아티케의 번영은 이 지역의 토착민뿐 아니라 아테네 인구가 이오니아로 식민 개척단을 보내야 할 수준으로 증가할 때까지 이 지역에 유입된 피난민 때문에 가능했다. 아티케의 척박한 토양은 그리스가 소아시아를 식민지화하는 간접적 원인이 되었다. 또한 그리스의 식민화는 평화와 안정에 필요한 조건을 제공했고 이는 다시 인구의 증가와 식민화로 이어졌다.[30]

문명을 구성하는 복잡한 문화적·경제적·환경적 요소에 대한 많은 통찰력을 보여주는 소논문이 있다. 이 논문이 작성된 시대는 아마도 초기 펠로폰네소스 전쟁****기로 거슬러 올라가며 크세노폰의 저작 속에 보전되었는데, 육지와 바다의 관계 및 자원의 지리적 분포가 갖는 중요성에 대해 언급한다. 육지 권력에 복속된 민족은 해양 권력에 복속된 민족에

---

30) Thuc., I, 1~2.

비해 해방 전쟁에서 단결할 가능성이 더 큰데, 이는 바다로 갈라져 있어 자신의 자원만으로 생활할 수 없고 수입과 수출에 의존해야 하는 복속 민족을 해양 권력이 통제할 수 있기 때문이다.

아테네는 바다를 통제해 다양한 땅에서 자원을 가져올 수 있었고 그로 인해 번영을 누렸다. 또한 아테네 문명은 무역을 통해 얻은 사고의 융합 덕분이다. "아테네인은 헬레니즘 세계 전체와 비헬레니즘 세계가 조공을 통해 기반을 닦은 세계시민적 문명을 누린다". 바다를 통제하는 일은 자원의 지리적 분포로 인해 민족 간에 서로 의존하지 않으면 안 되는 상황 때문에 중요하다. 목재도 아마(亞麻)도 생산되지 않으며 구리나 철도 발견되지 않는다. "서로 다른 두세 가지 물질이 한 나라에 동시에 존재하지는 않는다. 언제나 하나는 이곳에 다른 하나는 저곳에 있다". 바다를 통제하는 나라는 육지에 근거를 둔 나라의 자원 — 한두 가지 선호하는 자원에 의존하지만 이들의 번영에는 불충분한 — 을 활용하여 번영한다.[31]

플라톤의 대화편에 나오는 독자적 언급은 자연환경의 영향에 관련된 사고가 당시에도 통용되었음을 보여준다. 《파이돈》(Phaedo)***에 나오는 한 구절과 《티마이오스》에 나오는 한 구절은 환경결정론에서 자유롭다. 《파이돈》에서 소크라테스는 지구의 광대함에 대해 유명한 언급을 남겼다. 그는 파시스 강부터 헤라클레스의 기둥(즉, 거주 세계의 한계)에 이르는 지역까지의 해안가를 따라 사는 우리는 개미나 못에 사는 개구리와 마찬가지로 지구의 일부에서만 거주하는 셈이며, 여러 비슷한 지역에 사는 다른 많은 사람들도 마찬가지라고 말한다.[32] 이와 관련된 사고가 《티마이오스》에 나타난다. "방해가 될 만큼 과도한 더위나 추위가 없는 모든 장

---

31) Pseudo-Xenophon, *Athenian Institutions*, ed. by E. Kalinka, 1913. Teubner edition, 2. 2~8, 11~16. Trans. in Toynbee, *Greek Historical Thought*, pp. 162~164, under the title, "The Influence of Sea Power on History".

32) Plat, *Phaedo*, 109b(박종현 역주, 2003, 《플라톤의 네 대화편: 에우티프론, 소크라테스의 변론, 크리톤, 파이돈》, 서광사, pp. 439~440_옮긴이).

소에서는 많든 적든 어느 정도의 사람들이 산다".[33]

훗날 이집트 사제는 아테나 여신이 우선 그리스인, 다음으로 이집트인에게 우주의 질서에 근거한 질서를 지구에 부여했다고 말한다. 그리고 "여신은 당신[솔론]이 태어난 그곳을 선택해서 당신의 국가를 세웠다. 그곳에서 적당히 조화된 기후를, 그리고 그것이 가장 지혜로운 사람들을 탄생시키리라는 점을 간파했기 때문이다. 그래서 전쟁을 사랑하고 지혜도 사랑하는 여신은 자신과 가장 닮은 사람을 낳아줄 곳을 골라 맨 먼저 이곳을 건설했다".[34]

플라톤은 《법률》에서 이 덕과 지리적 위치의 관계를 살펴보았는데 ─ 비슷한 사고가 훗날 키케로와 카이사르(Gaius Julius Caesar)*에게서 나타난다 ─ 그는 바다라는 위치는 도덕에 대한 위협이 가장 큰 곳이며 외국의 영향을 받을 기회가 가장 많다고 보았다. 하지만 그의 언급은 사실 문화적 접촉의 해악에 대한 것이었으며 바다라는 위치는 이러한 일이 일어날 보다 편리한 가능성을 제공할 뿐이다.[35] 히포크라테스의 전통에 나타나는 사고가 여기서도 등장한다. 지역마다 좋은 조건의 기후, 물, 토양 같은 특징을 부여받기도 하고 그렇지 못하기도 한다.

가장 훌륭한 지역은 천상의 미풍이 불며 땅의 일부는 정령의 보호를 받는다. 법을 만드는 자는 가능하면 그 지역의 물리적 특징을 최대한 검토하여 그에 따라 법의 틀을 짜야 하며 식민화할 때도 동일한 정책을 추구해야 한다.[36] 통치자가 올바른 법을 만들기 위해서는 자신의 땅을 철저히 알아야 한다는 이러한 주제는 아퀴나스, 보댕, 보테로(Giovanni Botero),* 몽

---

33) Plat, *Tim.* 22E~23A(박종현·김영균 역, 2000, 《티마이오스》, 서광사, pp. 64~65_옮긴이). 이것은 과거의 이집트 사제가 솔론에게 그리스 문명의 유아성과 멸망의 물리적 원인에 관해 말한 내용의 일부이다.

34) *Ibid.*, 24C~D(박종현·김영균 역, 2000, 《티마이오스》, 서광사, pp. 67~69_옮긴이).

35) Plat, *Laws.* IV, 704D~705D.

36) *Ibid.*, V, 747D~E.

테스키외에 의해서 반복되었다.

이러한 관점을 서로 조화시키거나 《티마이오스》에 등장하는 플라톤의 신성한 장인이라는 사고와 화해시키려는 시도는 아무런 득이 없다. 체계적 이론이 없기 때문이다. 우리가 말할 수 있는 최선은 《티마이오스》가 창조 및 창조자에 대한 만물 포용적 개념을 전체적으로 제시했으며, 또한 플라톤의 이 책은 관찰, 공통의 신념 그리고 직간접적으로 히포크라테스의 저술로부터 수집된 지상의 환경에 관한 이와 같은 사고가 (서로를 화해시키려는 의도적 사유 없이) 전체의 거대한 조화 속에서 작동하는 낮은 수준의 질서의 영향을 보여준다는 것이다. 그러나 플라톤의 언급은 히포크라테스, 헤로도토스, 아리스토텔레스의 언급과 마찬가지로 그리스인 자신들의 문명은 많은 부분 온화한 지중해 기후 덕분이라고 생각했다는 몇몇 근대 학자들이 제기한 주장에 실체를 제공한다.

가령, 아리스토텔레스의 이론은 단순화시킨 히포크라테스 이론에 정치적 해석이 덧붙여진 것이다. 유럽에 사는 민족을 비롯하여 추운 지역에 사는 민족은 힘찬 기상을 지녔지만 기술과 지성이 부족하다. 자유를 유지하지만 정치적 조직화가 부족하고 타인을 통치할 능력이 없다. 아시아의 민족은 정반대다. 지성 있고 독창적이지만 힘찬 기상이 결여되어 있어서 종속된 노예 상태다. 매우 덥고 추운 지역 사이의 중간 지역에 사는 그리스인은 양자의 이득을 함께 누린다. 드높은 힘찬 기상과 지성 모두를 지녔다. 그리스인 간의 반목만 아니었다면 기후의 덕으로 통일 제국을 이루었을 것이다. 37) 히포크라테스가 그렇듯 아리스토텔레스도 엄격한 결정론자로 볼 수는 없다. 아리스토텔레스가 보기에 그리스인의 실패는 인간적인 것으로, 그 원인을 자연환경에서 찾을 수 없는 것이기 때문이다.

아리스토텔레스에게 그리스의 황금분할적 위치는 두 극단 사이에서 최

---

37) Arist., *Politics*, IV, 7, 1327b(천병희 역, 2009, 《정치학》, 도서출판 숲, pp. 383~384_옮긴이).

악이 아닌 최상의 것이 조합된 매혹적 특질을 가졌다. 그에게 기후와 민족의 상관관계는 어떠한 생리학적 설명의 매개도 필요 없는 직접적인 것이다. 황금분할은 환경과 문화 모두에 적용된다. 이는 기후와 민족의 관계에 대해 여태껏 나왔던 진술 중 가장 영향력 있는 것인데, 독창성 때문이 아니라 — 그렇게 주장하긴 어렵다 — 아리스토텔레스와 그의 저술이 지닌 권위 때문이다. 내가 아는 한 이 진술은 이 주제를 다룬 고전 저술가들의 다른 어떤 진술보다도 널리 인용되었다. 《공기, 물, 장소》와 헤로도토스의 키루스 연설 정도가 예외가 될 수 있을 것이다. 이것이 역사적으로 중요한 까닭은 가장 선진적인 국가는 온화한 기후대에 자리한 나라라는 자화자찬 격의 결론을 퍼뜨려 환경론을 의학에서 정치 및 사회사상 쪽으로 가져다 놓았기 때문이다.

《정치학》에 등장하는 히포크라테스적 교의의 짧은 변형태보다 기술적(技術的)으로 더 관심을 끄는 것은 빨라야 5세기에서 6세기경에 조합된 것으로 보이는 아리스토텔레스의 《난제들》에 나오는 소재들이다. "《난제들》은 아리스토텔레스적 전제에 주로 근거하긴 하지만 훗날 소요학파(Peripatetic school)****의 특징이었던 유물론의 흔적을 상당히 많이 보여준다". 이 저술은 분명히 테오프라스토스 전집, 히포크라테스학파의 저술 그리고 몇몇 경우 아리스토텔레스의 현존 저술들에서 조합된 것이었다. "이는 아리스토텔레스가 자기 제자들을 자극했던 연구가 얼마나 다양한지 보여주는 흥미로운 증거를 제공한다". 38)

의학 관련 문제에 대한 접근(제1권)과 지역성이 기질에 미치는 영향에 관한 문제들에 대한 접근(제14권)은 서로 비슷하며 저작은 의학, 민족지, 지리학적 사고에 미친 히포크라테스 전집의 영향이 강력하고 지속적이었음을 입증한다. 대개 질문의 형태로 진술되는 이러한 문제는 근대의 과학적 탐구가 조사 대상으로 고려했음직한 주장을 담는다. 아리스토텔

---

38) Ross, *Aristotle*, 19.

레스의 두 책 《정치학》과 《난제들》에서 나타나는 지배적 사고는 어떤 종류든 과도함이 탈선과 왜곡을 낳으며 성질의 적절한 조합이 극단 사이에서 적당하고 중간적인 것을 만든다는 것이다. 이 두 책에 영감을 주었음에 의심의 여지가 없는 히포크라테스의 논문과 마찬가지로 이 책들은 계절 변화, 탁월풍, 비, 습도, 과도한 더위와 추위, 말라리아 창궐의 원인이 틀림없는 늪지대의 문제 같은 영향을 강조한다. 움푹한 분지나 늪지대에 사는 사람들은 왜 빨리 늙는가? 늪지대에서는 왜 더 둔해지는가? 어째서 배 위에서 사는 사람들, 심지어 물 위에서 사는 사람들조차도 늪지대에 사는 사람들보다 건강한 혈색을 띠는가?[39]

매우 춥거나 더운 여건에서 사는 사람들은 성격이나 특성이 왜 잔인한가? 두 경우 모두 원인이 같은가? 최상의 조건을 조합하면 정신과 육체모두에 이득이 되지만 조건이 과도할 경우 그게 어떤 형태든 교란을 야기하고 육체를 왜곡하는 것처럼 정신적 기질도 망쳐 놓는다.[40]

따뜻한 지역의 거주자들은 왜 겁이 많으며 추운 지역에 사는 사람들은 왜 용감한가? 지역성과 계절의 영향에 반작용하는 자연적 경향이 있기 때문일까? 양자가 동일한 영향을 미친다면 인간은 필연적으로 더위나 추위로 인해 곧 파멸될 것인가? 본래 뜨거운 사람은 용감하고 차가운 사람은 겁이 많다. 그러나 더운 지역에 사는 사람들에게 더운 지역이 미치는 영향은 이들이 차가워지는 것이고, 추운 지역은 거주자들에게서 자연적인 열을 발생시킨다.

따뜻한 지역에 사는 사람은 추운 지역에 사는 사람들보다 왜 더 현명한가? 나이 든 사람이 젊은이보다 더 현명한 것과 같은 이유인가? 추운지역에 사는 사람들은 훨씬 더 뜨거운데 그들의 본성이 사는 지역의 추위에 반발을 일으키기 때문이다. 그래서 이들은 마치 취한 상태에 있는 것 같으며 탐구적 정신이 부족한 반면 용감하고 쾌활하다. 그러나 더운

---

39) Arist., *Problemata*, XIV, 7, 909b 1~3; 11, 909b; 38~40; 12, 910a 1~3.
40) *Ibid.*, 1, 909a 13~17.

지역에 사는 사람들은 맑은 정신을 가지는데 이들이 차갑기 때문이다. 어디에서나 두려움을 느끼는 사람들은 자만하기보다는 사물을 탐구하려는 시도를 더 많이 하며 따라서 더 많은 것을 발견한다. 혹은 따뜻한 지역에 사는 사람들의 종족이 더 오래되었고 추운 지역에 사는 종족은 대홍수로 멸망했기 때문에 두 종족 간의 관계가 젊은이와 노인과의 관계와 동일한 것인가?[41]

《난제들》은 아마도 수 세기에 걸쳐 의술을 행하는 사람뿐 아니라 이러한 의학적 사색을 민족과 그 환경을 이해하는 수단으로 활용했던 사람들의 흥미를 자극했고, 또한 이들이 의문을 품었던 질문의 유형을 대표하는 저작일 것이다.

5. 문화적 다양성의 문제

폴리비오스는 환경론에 대해 아리스토텔레스보다 좀더 독창적인 기여를 했다. 폴리비오스에게도 문화적 배경(*milieu*)은 존재한다. 히포크라테스는 자연환경으로 야기되는 특성을 제도가 변화시킬 수 있다고 말했다. 폴리비오스는 이러한 사상을 더욱 끌고 나가 환경적 영향과 문화적 영향의 힘을 보이기 위해 아르카디아 원주민의 두드러진 사례를 상세히 묘사한다. 그는 그리스의 역사가이자 로마의 볼모로서, 그리스의 몰락에서 카르타고의 몰락에 이르기까지 세계를 지배한 로마의 급속한 성장을 기록한 연대기 작가였다. 그는 펠로폰네소스 반도의 아르카디아에서〔그는 메갈로폴리스(Megalopolis)**에서 태어났다〕잔인성과 무법성에 야만성으로 악명 높았던 키나이티아인(Cynaetheans)과 "이방인에게 친절하고 생활과 행동에서 친절할 뿐만 아니라 무엇보다 종교적 경건함 때문에

---

41) *Ibid.*, 8, 909b 8~25; 15, 910a 26~35.

모든 그리스인 사이에서 덕망 높았던" 다른 아르카디아인 사이의 차이점을 묘사했다.

키나이티아인이 가진 불쾌한 자질과 아이톨리아인(Aetolians)****에게 정복당한 불행은 자연과 조화를 이루기 위해 아르카디아인이 창조했던 제도를 포기한 탓이었다. 이러한 제도는 민족 존재에 핵심적이었던 음악을 중심으로 구성되었다. 아이들은 신과 나라의 영웅을 찬양하는 송가와 찬가를 불렀다. 이들은 피리 축제와 경기에서 서로의 실력을 겨루었고 청소년과 성인 간의 경연도 있었다. 유아 때부터 시작되는 음악 교육은 평생 이들을 떠나지 않았다. 어려서부터 민족에게 음악이 가지는 가치를 강조하는 일은 군대의 행진, 정교한 춤, 연극 등을 통해 계속되었다. 고대 아르카디아인은 즐거움 때문이 아니라 필요에 의해 음악을 도입한 것이었다. 아르카디아에서의 삶은 고된 것이었고 그곳 사람들의 근검한 생활 태도는 쌀쌀하고 어두운 기후의 결과였다. "우리 모두는 필요에 의해 기후에 적응한다". 성격, 형상, 안색, 풍습의 본질은 기후의 영향이다. 아르카디아인은 거친 기후의 혹독함을 덜기 위해 음악, 공동 회합, 소년 소녀 합창단을 도입했고 "요컨대 교육을 통해 영혼의 경직성을 길들이고 부드럽게 만들 수 있는 모든 수단과 방법을 고안했다".

키나이티아인은 특히나 가혹한 기후 때문에 부드러워질 필요가 가장 컸음에도 전쟁과 서로 죽고 죽이는 싸움에 관여하는 것 말고는 아무것도 하지 않았다. 폴리비오스는 독자들에게 아르카디아인이 사치를 위해 음악을 향유한 것이 아님을 염두에 둘 것을 요청한다. 그리고 생략부호를 통해 신이 키나이티아인에게 교육, 특히 음악을 통해 스스로를 문명화하고 야만성에서 스스로 벗어나도록 허락하기를 바라는 희망을 표현한다.[42]

이것은 환경이 특정한 종류의 민족성을 만들지만 의식적이고 합목적적

---

42) Polybius, IV, 20. 이 발췌문은 또한 러브조이와 보아스가 쓴 *Primitivism and Related Ideas in Antiquity*, pp. 345~347에도 번역되었다.

이며 힘든 노력을 통해, 예컨대 음악같이 보편적인 문화적 제도에 의해 환경의 영향이 상쇄될 수 있다는 사고에 대한 내가 아는 최초의 완전한 설명이다. 여기서 (환경으로 인해 야만 상태였을) 원시의 상태에서 문명으로의 이행은 문화-영웅이나 연장자 집단이 내리는 의식적 결정을 통해 이루어진다. 이 개념은 '문명의 역사는 자연이 인간을 통제하던 시대로부터 인간이 자연을 통제하게 되기까지의 인간의 이야기'라는 근대 역사지리학을 지배했던 사고와 비슷하다. 둘 사이의 차이점은 근대 역사에서는 환경의 통제에서 벗어난 것을 문화-영웅의 의식적 노력 덕분이 아니라 지식, 기술적 숙련, 발명이 증대된 덕분으로 여긴다는 것이다. 이 시점에서 디오도로스가 언급한 두 구절을 소개하는 것이 좋을 것 같다. 둘 다 서기전 116년경 젊은 프톨레마이오스의 근위병이 되었던 아가타르키데스가 홍해에 대해 기록한 저작의 단편으로 추정된다. 여기에는 아프리카와 홍해 해안의 민족지에 대한 당대의 관심이 드러나 있다. 출처가 여럿일 것으로 추정되는 첫 번째 구절은 인류의 기원에 관한 것이다.

디오도로스의 설명에 따르면 역사가들은 에티오피아인이 최초의 인간이었다고 말한다. 이들은 이주민이 아닌 토착민이었고 그곳의 자연환경은 인간의 탄생에 호의적이었다. 한낮의 태양 아래 사는 사람들이 최초로 대지에서 탄생했다. 우주가 탄생할 당시의 태양열은 "계속 젖어 있던 대지를 말려서 생명을 잉태시켰기" 때문이다[III, 2, 1]. 아! 시간과 리키 부부(Leakeys)*는 디오도로스, 에티오피아인, 역사가를 거칠게 다루었구나. 올두바이 협곡(Olduvai gorge)**은 한낮의 태양이 하늘 위에 높이 뜨는 곳(적도_옮긴이)에서 훨씬 남쪽에 있지만 아프리카가 인류의 고향이라고 주장했다는 점에서는 그들이 옳았음이 이제는 확실해 보인다.

아가타르키데스의 것으로 간주되는 두 번째 구절은 일상적 상관관계를 흥미롭게 변주한 것이다. 폴리비오스처럼 그는 풍속이 민족에 미치는 힘을 강조한다. 아가타르키데스는 극단적 기후를 가진 나라, 즉 추운 스키타이와 뜨거운 상(上)이집트 그리고 야만스러운 나라를 대비시킨다. 이

202

처럼 황량한 나라에 사는 사람들은 자신의 것을 너무나도 사랑하기 때문에 이를 빼앗기지 않기 위해서는 목숨도 버릴 것이다. 왜냐하면 이들 나라는 그곳에 적응한 사람들에게 주문을 걸고 유아기 때부터 보낸 시간은 이들이 기후의 역경을 극복하게 하기 때문이다. 그는 가장 추운 북쪽에서 인간이 거주하는 남쪽의 가장 따뜻한 곳까지 24일이면 갈 수 있을 것이라고 말한다. 이처럼 뚜렷한 기후의 차이로 인해 "거주민들의 육체뿐만 아니라 삶의 상황, 방식이 우리와 매우 다르다는 점은 전혀 놀라운 일이 아니다"[III, 34, 8].

우리는 설계된 세계라는 사고에 대한 포시도니오스의 기여와 인류의 거주지로서 태양, 별, 달의 영향을 받는 지구라는 그의 개념은 이미 언급했다. 하지만 지구상의 민족이 다양하다는 문제는 영구적 수수께끼로 남았다. 즉, 지구 환경에서 살아가는 인류의 통일성, 민족의 다양성, 광범위하게 다양한 환경에서의 삶 등의 문제 말이다. 포시도니오스는 (확신할 수는 없지만) 통일성과 다양성의 문제가 갖는 두 측면을 고려했던 최초의 사상가 중 하나였던 것으로 보인다. 플라톤이나 아리스토텔레스 같은 초기 저술가들은 목적론과 설계, 기후의 영향에 관심을 두었지만 이들의 사고는 너무 우연적이었다. 이들은 환경적 사고를 설계라는 사고와 밀접하게 관련시키지 않았다. 포시도니오스가 이를 했는지 확실치는 않지만 그랬던 것으로 보인다. 그는 히포크라테스의 《공기, 물, 장소》에서 사고를 차용했고 후대 사상가들에게 히포크라테스의 사고를 전한 중간 매개자 중 하나였을 것이다. [43]

일관성 있는 전체로서의 그의 저작에 대해 상세히 알려진 것은 거의 없지만 그는 분명 인간과 관련된 환경적 문제에 대해 이전의 그 어떤 저술가들보다도(히포크라테스나 아리스토텔레스보다도) 할 이야기가 많았음이 분명하다. 포시도니오스는 역사의 의미와 원시종족의 민족지에도 깊이

---

43) Berger, *Gesch. d. wiss. Erdkunde der Griechen*, p. 545.

관여했다. 그는 폴리비오스가 택한 주제에 영감을 받아 폴리비오스의 역사관을 이어나갔다. "신의 섭리가 로마에 제국 건설의 과업을 부여했고, 이 제국은 복속민에게 실제로 물질적·도덕적 이득을 안겼다". 포시도니오스에게 "분명 신의 국가는 전 세계에 걸친 로마 공화국에 반영되었고, 역사의 통일성은 로마제국의 통일성 속에서 실현되었다".44) 또한 그는 갈리아와 게르만의 민족지를 연구했는데 아마도 이들을 "켈트인과 구별하지 못했던" 것 같다. 그리고 그는 현존하는 원시종족이 인류 역사의 초기 상황을 보여준다는 믿음을 가졌다는 점에서 비교방법론의 역사 중 한 자리를 차지한다.45)

전해지는 그의 저작은 단편들뿐이지만 이 단편들은 민족지에 대한 그의 강렬한 관심을 분명히 보여준다. 또한 그가 문화를 연구하는 데 심오한 관심을 가졌고 특히 갈리아와 에스파냐에서 풍속에 대한 1차적 탐구를 다수 수행했다는 믿음을 뒷받침한다(카이사르는 켈트인을 묘사할 때 포시도니오스를 출처로 활용했다).

스트라본과 아테나이오스(Athenaeus)*의 저작들이 이러한 관심을 특히 풍부하게 묘사한다.46) 그러나 포시도니오스에 대한 인용 대부분은 풍속, 경제 활동, (에스파냐의 광산 작업 같은) 기술, 인과적 설명이 없는 직접적 묘사에 대한 것이다. 사실의 출처는 포시도니오스다. 스트라본이

---

44) Piero Treves, "Historiography, Greek", in *OCD*, p. 433.

45) Piero Treves, "Posidonius(2)", in *OCD*, p. 722. 내 생각에 이 짧은 논문은 포시도니오스의 선도적 사고에 대한 최고의 진술이며 그의 중요성에 대한 가장 객관적 평가다. 독일인의 길고 사색적이며 논쟁적인 저술 뒤에 이 책을 읽는 일은 신선한 일이다.

46) Ninck, *Die Entdeckung von Europa Druch die Griechen*, pp. 8, 193~200, 241~245. 아테나이오스의 글에서는 포시도니오스에 대해 간단히 넘어가는 언급이 많이 있지만 켈트족과 파르티아인(Parthians)에 대한 포시도니오스의 언급에 대한 인용문을 보려면 특별히 *Deipnosophistae* IV, 151e~153d, 154a를 참고하라. 이들은 직접적인 민족학적 언급이다. 더 많은 흥미로운 묘사를 보려면 IV, 210e~f를 참고하라.

에스파냐와 켈트에 대한 내용 대부분을 그에게 의존하는 데서 이를 알 수 있다. 스트라본, 갈레노스, 비트루비우스의 저작들을 통해 포시도니오스가 환경과 문화의 인과관계에 매우 커다란 관심을 가졌다는 점 또한 알려져 있다. 그것도 현존하는 단편보다 훨씬 더 강렬하게 추구했을 것이다. 스트라본은 "모든 원인을 감싸는 극단적인 어두움 때문에 우리〔스토아주의자〕는 철저히 피하는 주제인 원인을 파고드는 아리스토텔레스적 성향을 모방하는 것을 그는 너무도 좋아한다"고 동료 스토아주의자(포시도니오스_옮긴이)를 비판했다.47)

포시도니오스는 지구를 지역별로 두 가지 고유의 방식, 즉 클리마타 (klimata) 혹은 지대(zone)별로 구분했다(이것이 훗날의 주석에서 많은 혼동을 불러왔다). 클리마타는 근대의 기후(climate) 개념과 상관이 없다. 고대의 일곱 가지 클리마타는 북쪽의 보리스테네스(Borysthenes) 입구〔드네프르(Dnieper) 강*〕를 지나는 평행선에서 시작해 남쪽의 메로에에 이르는 거주 가능한 대지를 구분한 것이었다. 또한 가장 긴 낮의 길이의 차이가 반 시간 간격으로 구별되는 특징도 있다. 이는 기후대는 아니었지만 상당한 위도 차이를 보이는 지역들이었다.48)

포시도니오스는 분명 각 클리마타에서 태양광선이 기온에 미치는 영향을 더욱 세밀하게 조사했던 최초 인물 중 하나였다. 하지만 그는 클리마타와 민족성의 상관관계가 아니라 민족성과 다섯 지대 간의 상관관계를 고려했다.49) 그중 북극과 적도 지역의 두 지대는 너무 춥거나 뜨겁기 때문에 거주 불가능한 지역으로 배제되고, 온화한 세 지대만 지구상에 남는다. 이 지대는 북극권처럼 상상의 선으로 구분되는 것이 아니어서 그 경계선이 나라마다 달랐다. 온화한 지대의 북부는 추운 북극과 경계를 두었고 온화한 지대의 남부는 뜨거운 적도와 경계를 두었다. 오직 북반

---

47) Strabo, II, iii, 8. Hamilton trans.
48) Honigman, *Die Sieben Klimata*, pp. 4~9, 25~30.
49) Strabo, II, iii, 7. Honigman, *op. cit.*, p. 25.

구에만 인간이 거주했기 때문에 지구상의 온화한 세 지대가 거주 가능한 세계에서 살아가는 민족의 관심사였다.

포시도니오스는 지대를 더 세분했는데(이 때문에 스트라본 또한 그를 비난했다) 이는 위도와는 무관했다. 이 지대는 좁은 띠 형태로 동쪽과 서쪽 지대를 나눴던 각 회귀선과 경계를 이뤘다. 아마도 이 점에서 민족 간의 차이를 위도만으로는 설명할 수 없다는 점을 인정하는 것 같다. 같은 지대의 동쪽과 서쪽에 거주하는 민족 간에도 차이가 있을 수 있기 때문이다. 이러한 구분은 에라토스테네스에 따른다면 동일한 위도 근방에서 사는 것으로 알려졌던 인도인과 에티오피아인 간의 차이가 알려져 있었기에 가능한 것이다. 인도인은 에티오피아인보다 더욱 강건하고 태양열에 의해 건조해지는 정도가 덜했다. 50)

포시도니오스도 히포크라테스처럼 기후를 민족성에 영향을 미치는 중요한 원인으로 간주했다. 갈레노스에 따르면 그는 공기의 혼합물이 육체 활동에 영향을 미치고 정신 활동을 자극한다고 생각했다. 또한 환경적 조건으로 인간이 겁이 많거나 용감한 이유, 쾌락을 사랑하거나 열심히 일하는 이유를 설명할 수 있다고 생각했다. 51) 포시도니오스가 이러한 상관관계를 너무 멀리 밀고 나갔다고 분개하면서 유명한 말을 남겼던 스트라본에게도 이와 비슷한 증거가 있다. 간단히 논의하면 스트라본은 환경론이 가지는 결정주의를 비판한다.

---

50) Strabo, II, iii, 7~8을 보라.

51) 포시도니오스의 단편을 보려면 Jacoby, *FGrH*, IIA, pp. 222~317과 주석 IIC, pp. 154~220을 보라. 민족 간 차이점에 대한 논의는 Fragment 28(=Strabo II, 2, 1~3, 8); Fr. 80(=Strabo XVII, 3, 10); Fr. 102(=Galen, *de plac. Hipp. et Plat.* 5); Fr. 120(=Manilius IV, 715ff); Fr. 121(=Virtuvius VI, 1); Fr. 122(=Pliny, *NH* II, 80〔189~190〕)을 보라. 참고문헌이 달린 포시도니오스의 민족학은 Trüdinger, *Studien zur Gesch. der Griechsch-römischen Ethnogr.*, pp. 80~126에서 철저하게 다뤄진다. 트뤼딩어는 포시도니오스의 저술과 마닐리우스(Manilius)의 구절을 동일시하는 것에 반대한다.

실제로 스트라본은 민족지와 역사에서 정신적·언어적·문화적 인과 관계의 문제에 대해 흥미로운 논의를 남겼다. 그는 "무리와 공동체를 이루는 민족들(nations)에서" 이름의 어원을 탐구하는 포시도니오스의 방법론을 인정한다. "따라서 아르메니아인, 시리아인, 아랍인 사이에는 방언, 생활양식, 육체적 특성, 그리고 무엇보다 나라의 인접성에 있어서 강력한 유사성이 있다. 세 민족이 섞인 메소포타미아가 그 증거다. 왜냐하면 이 세 민족 간의 유사성은 매우 주목할 만한 것이기 때문이다". 자신의 견해인지 아니면 포시도니오스의 견해를 표출한 것인지는 확실치 않지만 스트라본은 동일한 특성이 대부분 지배적으로 적용되긴 하지만 북쪽의 아르메니아인, 남쪽의 아랍인, 그 사이의 시리아인 간에는 위도에 따른 차이가 있을 수 있다고 덧붙인다.[52]

스트라본은 또한 회귀선 아래에 놓여 있으면서 이 선으로 인해 둘로 나뉘는 두 협소한 지대, 태양이 매년 보름 동안은 머리 위에서 수직으로 내리쬐는 곳에서의 삶에 관한 포시도니오스의 사고를 인용한다. 뜨겁고 건조하며 모래로 뒤덮인 불모지는 작열하는 태양의 힘을 보여주는 증거다. 실피움(Silphium)****과 밀을 닮은 바짝 마른 곡식이 그곳에서 자랄 수 있는 유일한 식물이다. 구름을 끌어들일 만한 산도 없고 강도 없다. "그 결과 덥수룩한 털과 주름진 뿔, 튀어나온 입술, 넓은 콧구멍을 가진 다양한 생물종이 태어난다. 그들의 사지가 비틀릴 정도다. 이 지대 안에는 익티오파기[물고기를 먹는 사람들]도 거주한다".[53]

다른 사람들이 남긴 저작의 도움 없이는 포시도니오스의 사상을 일관된 전체로 파악할 수 없다는 것은 크나큰 손실이다. 스트라본의 지리학은 거의 손상되지 않고 살아남았다. 이런 형태의 생존이 그의 유명세를 더해주지만 포시도니오스는 근대의 수고스러운 연구와 라인하르트의 인

---

52) Strabo, I, ii, 34를 참고하라.
53) Strabo, II, ii, 3.

상적 저작에도 불구하고 여전히 논란의 여지가 많은 인물이다. 가령 환경에 대한 그의 사고가 점성술적 민족지와 정확히 어떤 관련인지 어느 정도의 관련인지도 잘 알려져 있지 않다. 포시도니오스는 우주의 통일성 그리고 지구에 대한 우주의 영향력의 실재를 믿었다. 라인하르트는 훗날 로마제국에서 점성술이 도가 지나쳤던 것과는 달리 포시도니오스의 점성술과 점성술적 민족지는 합리적이었다고 생각한다.

왜냐하면 지상의 생명에 미치는 태양의 영향과 조수에 영향을 미치는 달의 영향에 대한 연구를 수반해 지구를 우주적 힘의 영향을 받는 우주의 일부로 해석하기 때문이다. 반면 볼(Boll)은 포시도니오스 때문에 로마공화국에 점성술이 도입되었다고 본다. 포시도니오스는 이런 점에서 점성술을 용인하지 못했던 스승 파나이티오스와는 달랐다고 알려졌다. 그러나 트뤼딩어(Trüdinger)는 볼의 견해를 반박했다. [54]

포시도니오스의 근본적 입장은 법칙처럼 우주를 지배하는 공명을 반영하는 천체가 지구상의 생명에 대한 일반적 영향력을 좌우하며, 특정 지역에만 적용되는 영향력은 지구상에 존재하는 환경적 조건에서 비롯된다는 — 점성술 또한 그러한 세부사항에 적용되는 사례로 활용될 수 있다 하더라도 — 입장으로 보인다. (짧게 논의될 키케로의 항의가 보여주듯이) 점성술이 우주에서의 인간의 위치에 관한 사유에 강력한 영향을 미쳤으며 천체의 영향에 대한 일반이론보다도 일상적 관찰에서 비롯된 증거 때문에 환경영향론이 더 많은 비판·분석·수정을 겪었다는 것 또한 의심

---

54) 포시도니오스와 점성술에 대해선 Boll-Bezold, *Sternglaube und Sterndeutung*, p. 23을 보라. "당시 그리스의 학문에 만연했던 점성술은 그리스도를 따라 1세기가 시작될 때 그리고 위대한 스토아주의자인 포시도니오스에게서 나타난다"(p. 23). 또한 pp. 26, 99~100도 보라. Cumont, *Astrology and Religion Among the Greeks and Romans*, pp. 40, 46~48. 그러나 태양, 기후의 중요성과 포시도니오스의 환경적인 사고가 좀더 강조되는 Trüdinger, *op. cit.*, pp. 117, 119~126도 보라. 그는 티마이오스나 아가타르키데스 같은 "사변민족학자"(*Stubenethnograph*)는 아니었다(p. 119).

의 여지가 없어 보인다. 혹자는 우주적 교감과 조잡한 대중적 점성술의 탄생을 구별하기도 한다. 2세기에 목적론과 '설계된 세계'의 신봉자이자 히포크라테스의 찬미자였고 히포크라테스와 포시도니오스의 전통에 있는 환경적 사고의 신봉자였던 갈레노스는 가장 조잡한 형태의 점성술에 지배당했던 로마 대중들에게 박해받았다.

6. 로마 저작선에서의 민족지와 환경

환경적 인과관계에 대한 고대 이론이 히포크라테스와 포시도니오스를 중심으로 형성되었다는 것에는 의문의 여지가 없다. 2차문헌, 특히 독일 문헌에서는 저술과 사상 어디에나 포시도니오스가 존재하며 누구나 그를 인용한다. 상당수의 문헌이 다른 이들의 저작 속에서 그의 것을 찾아내고자 한다. 키케로, 비트루비우스, 프톨레마이오스, 카이사르가 바로 머릿속에 떠오른다. 그러나 많은 사고가 포시도니오스에서 나온 것이 사실이라 할지라도 나는 많은 구절을 각 저작에 나타난 대로 논의하려 한다.

많은 로마 저술가들이 기후의 영향을 염두에 두었다는 사실에도 의문의 여지가 없다. 그 모두를 열거할 필요는 없을 것이다. 확증을 줄 순 있겠지만 이론적 중요성은 없기 때문이다. 호라티우스가 보기에는 비열한 시인이지만 알렉산드로스가 좋아했던 음유시인인 이아수스의 케릴로스(Choerilus of Iassus)*는 "투박하고 모양새가 좋지 않은 시"의 대가를 필리포스 왕(Philip)*의 동전으로 지불받았다. 호라티우스는 알렉산드로스가 화가와 놋쇠 주형공에 대한 심미안이 뛰어났지만 시에 대해서는 잘 알지 못했다는 이유를 들어 누구나 그가 보이오티아의 무거운 공기에서 태어났음을 짐작할 것이라고 말한다.

후에 세네카와 플로루스(Florus)*가 얼어붙은 북부의 가혹함과 혹독함을 언급한다. 그 둘 모두 그곳에 사는 사람들이 기후만큼이나 야만적 성격을 가진다고 믿었다. 폴리비오스를 추종하며 200년경에 활발하게 활동했던 아테나이오스 또한 민족의 강인함과 엄격함이 춥고 우울한 기후와 상관관계를 가지는 것으로 본다. 나아가 루크레티우스는 환경생물학이라는 주제로 그의 시를 마친다. 외부에서 유래하는 유행병은 구름과 안개처럼 다가오거나, 쏟아지는 비나 태양광선으로 썩어가는 대지에서 생겨난다. 그는 기후 적응의 어려움과 함께, 익숙하지 않은 기후가 민족에게 미치는 영향에 감명을 받는다. 그리고 잉글랜드와 이집트의 기후를 대비하며 크림 반도와 검은 피부의 사람들이 사는 카디스(Cadiz)** 남쪽의 기후를 대비한다. 이 네 지역은 네 가지 바람과 하늘의 방위로 구분되며 거주민들은 피부색, 용모, 질병에 걸리는 경향에 따라 구분된다. 루크레티우스는 심리적·문화적 영향을 부수적으로만 고려한 반면 질병의 분포 및 원인론에는 매우 커다란 관심을 보였다. 그는 이집트의 상피병, 아티케의 통풍, 아카이아의 눈병 발병률을 언급한다. 공기의 차이 때문에 지역마다 건강하지 않은 신체 구성 요소나 기관들이 달라지는 것이다.

이러한 언급과 함께 루크레티우스는 시 말미에 아테네의 전염병에 대해 길게 묘사한다. 공기는 안개나 구름처럼 스멀스멀 퍼지고, 곡식이나 다른 인간이나 동물이 먹는 음식에 들러붙거나 떠다니는 원소를 인간이 들이마셔 한 지역을 오염시킨다. 마찬가지로 인간이 나쁜 공기가 있는 곳으로 옮겨가거나 나쁜 공기가 인간에게 이동할 때 치명적인 결과가 발생한다. 그에 따라 루크레티우스는 아테네의 전염병 경로를 그가 전염병의 근원지로 파악한 이집트의 심장부에서부터 추적하고, 그로 인한 비참함을 묘사하면서 시가 끝난다. 55)

키케로는 스승인 포시도니오스에게서 많은 것을 배웠고 스승의 저술

---

55) Horace, *Epistles* II, 1, 244. Seneca, *De ira*, II, 15, *De consolatione ad Helviam*, 7; Florus III, 3; Ath. XIV, 626. *Lucr.*, *De rerum natura*, VI, 1138~1286〔라탐(Latham)의 번역에 근거〕. 또한 *Lucr.*, Vol. 3, pp. 1723~1744에 대한 베일리의 주석을 보라.

중 많은 부분을 자신의 저술을 위한 기초로 활용했지만 지리적 사안들에 가졌던 스승의 관심은 가지지 않았다. 플라톤이 이미 표출했던 도시의 연안 입지에 대한 불신은 키케로의 저술에서 다시 등장한다. 항구도시가 국제 무역의 이익에 관여한다면 이를 통해 외래의 사고 역시 수입하는데, 이는 삶의 불안정성에 기여하면서 사람들을 고대의 풍속과 전통에서 멀어지게 한다. 연안이라는 위치는 인간의 정신을 떠돌게 하는 원인을 제공한다. 사람들은 희망, 꿈, 유혹, 사치의 욕망을 가지며 해상 무역은 이를 고무시킨다. 문화 접촉에 대한 두려움은 고대의 저술에서 반복적으로 등장하는 주제로 헤로도토스, 플라톤, 키케로, 스트라본 시대에 이르기까지 폭넓게 나타난다. 키케로는 카르타고와 코린토스(Corinth)**(및 사실상 그리스 전체)의 멸망은 연안 도시가 가지는 이러한 불이익 때문이라고 보았다.

바다와 가까우면서도 연안이 갖는 약점을 하나도 가지지 않은 강변을 로마 건국의 장소로 선택한 로물루스(Romulus)****는 어떻게 "이 같은 신성한 지혜를 가지고" 행동할 수 있었는가? 그는 "어느 날 도시가 자리를 잡을 것이며 위대한 제국의 심장부가 될 것이라는 신성한 암시를" 받았음에 틀림없다. "왜냐하면 이탈리아의 다른 지역에 위치한 도시라면 현재의 광범위한 지배를 더 쉽게 유지할 수 없었을 것이기 때문이다". 〔가령 폰티네 습지(Pontine Marshes)** 같은〕해로운 지역의 한복판에 있으면서도 로마는 건강하다. 샘이 있고 언덕이 있어 "미풍을 누릴 뿐 아니라 계곡 아래에 그늘을 드리워주기" 때문이다. 56) 이와 비슷한 정서를 훗날 스트라본 또한 표현한 바 있다.

키케로는 어떤 구절에서 체액에 근거한 환경론에 대한 그의 인식과 특정한 상황에 이를 과도하게 적용하는 것을 참지 못하는 모습을 보여주었다. 하지만 그의 비평을 보면 스토아주의자인 크리시포스와 포시도니오

---

56) Cic., *Rep.* I, 4~6.

스의 숙명론과 점성술을 훨씬 더 강하게 거부했던 것 같다. 또한 이 구절
은 습윤함이 정신적 활력의 부족과 연관된다는 생각이 얼마나 확고했는
지도 드러내준다.

> 우리는 상이한 지역의 자연적 특성에 폭넓은 차이가 있음을 본다. 몇몇
> 은 건강하고 몇몇은 건강하지 못함을, 어떤 곳의 거주자는 무기력하고
> 마치 습기에 흠뻑 젖어 있는 것 같고 어떤 이는 바짝 마르고 건조해진다
> 는 것을 목격한다. 또 어떤 장소와 다른 장소 간에는 폭넓은 차이점이
> 여럿 존재한다. 아테네는 공기가 희박한 기후인데, 이는 사람들이 평균
> 이상의 날카로운 지혜를 가지는 원인이 된다. 테베(Thebes)**의 기후
> 는 농밀해서 테베인은 강건하고 당당하다. 마찬가지로 아테네의 희박
> 한 공기는 학생들이 제논, 아르케실라오스(Arcesilaus),* 테오프라스토
> 스의 강의 중에서 쉽사리 선택할 수 없도록 만들며, 테베의 농밀한 공기
> 는 코린토스보다는 네메아(Nemea)**에서의 경주에 이길 수 없도록 만
> 들 것이다. 이러한 구분을 좀더 끌고 가보자. 한번 말해 보라. 그 지역
> 의 자연이 우리를 회랑이 아니라 폼페이의 광장에서 걷도록 만들 수 있
> 는가? 다른 사람들이 우리보다 당신 무리를 더 빠르게 걷도록 만들 수
> 있는가? 한 달의 첫째 날이 아니라 15일째 날에 걷도록 만들 수 있는가?

여기서 키케로가 조롱하는 것은 환경론이 아닌 점성론이다. 이러한 환
경적 영향이 개인의 결정과 편향을 설명하는 데 무용하다면 점성술의 영
향 역시 같은 목적으로 활용될 수 없다. 천체의 조건은 "어떤 사물에는 영
향을 미칠 수 있겠지만 확실히 만물에 영향을 미치지는 않을 것이다".57)
  그러나 우리는 고전적 민족지가 항상 물질적 자연에 대한 인과적 설명
을 발견하거나 비판하기만 했다고 생각해선 안 된다. 그중 다수가 묘사
적이었다. 카이사르의 민족지는(그중 일부는 포시도니오스에게서 유래한
것으로 생각된다) 갈리아인, 로마인, 헬베티아인(Helvetii)**** 같은 민족

---

57) Cic., *De fato*, IV, 7~8.

간의 뚜렷한 차이를 지적하지만 이러한 차이에 대한 설명은 환경적이라기보다 문화적이다. 벨가이족(Belgae)****은 고립되어 외부와의 접촉이 적었기에 이들의 용맹과 강인한 자질을 유지할 수 있다. 한편 문화 접촉을 경험한 갈리아인은 과거에 지녔던 강인함과 호전성이 약화되었다. 카이사르는 또한 외국의 풍속을 받아들여 민족의 질이 저하되고 부드러워진다는 점에서 연안의 생활과 상황을 확고히 불신한다.

타키투스(Tacitus)*의 민족지는 카이사르와 비슷하다. 대체로 이론적 강조가 없는 직설적 묘사다. 타키투스는 《농업》(Agricola)에서 영국 원주민과 대륙 원주민, 특히 잉글랜드 남동부의 민족과 갈리아인 사이에 닮은 점이 있는지 논의한다. 이들이 공통의 기원을 가졌는가(durante originis vi)? 서로 상반된 방향으로 외부로 뻗어 나간 갈리아와 잉글랜드 두 지역은 유사한 기후(positio caeli)였던가? 타키투스는 기후 가설을 거부하고 갈리아인이 스스로 이웃한 섬인 잉글랜드를 점령했다는 사고가 좀 더 신뢰할 만하다고 본다. 그러나 여기에는 철학도 없고 편견도 없다. 왜냐하면 타키투스는 다른 곳에서는 마티아시족(Mattiaci)이 바타비족(Batavi, 둘 다 게르만족의 일족_옮긴이)과 매우 닮았지만 이들의 기질은 이들 나라의 흙과 공기 때문에 활기를 띤다는 점에서 서로 다르다고 언급하기 때문이다. 58)

---

58) Caesar, *The Gallic Wars*, Bk. I; Bk. VI, 11~20(김한영 역, 2005, 《갈리아 전쟁기》, 사이_옮긴이). 핸드포드(Handford)의 번역서 《갈리아 정복》(*The Conquest of Gaul*)에는 1권에서 4권까지의 민족지적 자료가 저술 첫머리에 배치된다. Tac., *Agr.*, XI, 2; *Germ.*, 29(이광숙 편역, 1999, 《타키투스의 게르마니아》, 서울대 출판부_옮긴이).

7. 스트라본의 절충주의

스트라본의 문화지리학은 이전 사상가들보다 절충적이었다. 그는 지구를 역사적 사건이 일어나는 배경, 즉 하나의 무대로 간주했던 것 같다. '오이쿠메네'라는 그리스적 사고를 채택한 그는 '지리학자는 거주하는 지구에만 관심을 가져야 한다'고 말한다. 그의 언급은 문화지리학과 인문지리학을 고려할 것, 그리고 인간이 살아가고 환경을 활용하는 지구의 부분을 연구할 것을 주장하는 초창기의 단호한 주장이다.[59] 스트라본은 유럽의 거주 가능성에 대한 유명한 구절에서 잘 관리하면 황량한 산악 지역을 거주 가능한 곳으로 만들 수 있다고 말한다. 그리스인이 이에 성공한 것은 정부, 기예, 기술을 잘 경영했기 때문이다. 로마인 또한 상업에 완전히 무지했던 많은 이들에게 상업을 가르쳤다.

척박한 환경에 대한 그의 논의에서는 히포크라테스와 헤로도토스의 그림자를 찾아볼 수 있다. "기후가 고르고 온화한 곳에서는 자연 자체가 이러한 이점을 만드는 쪽으로 많은 일을 한다. 이처럼 선호되는 지역에서는 만물이 평화의 경향을 보이는 것처럼 불모지에서는 용기와 호전성을 만든다".[60] 그러나 스트라본은 이러한 사고를 모든 경우에 무조건 적용하지는 않았다. 그는 에스파냐 북부의 종족들을 언급하면서 이들의 거칠고 야만적인 태도는 전쟁과 고립의 결과이지만 이들이 평화를 되찾고 로마인과 접촉하면서 이러한 성격이 부드러워졌다고 말한다. "이런 [영향을] 경험하지 못한 민족은 더욱 거칠고 야만적이다. 이런 난폭한 성격은 산악 지역과 이들이 사는 장소의 황량함 때문에 더욱 심해진다".[61] 아우구스투스는 이들의 전쟁을 종식시켰고 티베리우스(Tiberius)*는 이들에게 문화적 정치 체제를 도입했다. 환경적 영향과 문화적 영향의 결합은

---

59) Strabo, II, v, 34.
60) Strabo, II, v, 26.
61) Strabo, III, iii, 8.

히포크라테스와 폴리비오스를 떠오르게 하지만 스트라본은 이러한 설명을 좀더 광범위한 전망과 상이한 문화적 상황에 적용했다.

스트라본은 이탈리아의 환경 조건과 그것이 로마의 패권에 미친 영향을 상세히 논의한다. 로마는 마치 섬처럼 바다에 둘러싸여 있고 북쪽 변경은 산으로 둘러싸여 있다. 비록 항구가 많진 않지만 훌륭하다. 이러한 상황은 "대기와 기온 같은 기후상의 많은 이점을 가진다. 그곳의 동식물 그리고 생명을 유지하는 데 활용 가능한 만물은 온화하고 혹독한 기온 양쪽 모두가 주는 어떠한 다양성에도 적용할 것이다 … ". 아펜니노 산맥 덕분에 땅 전체는 "언덕과 평원 양쪽에서 최상의 산물을 얻는 이점을 누린다". "마찬가지로 위대한 국가들, 즉 그리스와 아시아 최고 지역들의 한가운데에 자리한 이탈리아는 자연스럽게 패권을 획득할 위치에 놓여 있다. 이는 이탈리아가 국민의 용맹함과 영토의 범위 면에서 주변 나라들을 능가하기 때문이며 이들과 인접했기 때문에 어렵지 않게 이들을 정복하라는 계시를 받은 것처럼 보인다".[62]

스트라본은 포시도니오스처럼 스토아주의자였고 그의 저술에 이러한 영향을 받은 흔적이 있지만 자신과 포시도니오스를 독단적 상관관계로 연결시키려는 데 저항했다. 그는 문화와 환경에 대한 고대의 이론적 진술 중 가장 유명한 구절에서 설계라는 사고를, 그리고 민족과 그 환경 간의 인과적 관계를 비판한다.

사실 〔나라마다〕 다양한 제도적 장치는 민족이나 언어의 다양성과 마찬가지로 계획의 결과가 아니다. 이는 모두 상황과 우연에 의존한다. 특정한 〔내적〕 근원에서 부상하는 기예, 정부의 형태, 생활양식은 이들이 어떤 기후에 처하든 간에 번성한다. 하지만 기후는 영향력을 지니며, 따라서 어떤 특성은 그 나라의 자연에 기인하는 것이지만 어떤 특성은 제도와 교육의 결과이다. 아테네인이 웅변을 발전시킨 반면 라케다이

---

62) Strabo, VI, iv, 1.

모니아인 (Lacedaemonians) ****이 그렇지 않은 것은 그 나라의 자연 때문이 아니라 오히려 교육 때문이다. 더 가까운 곳에 위치한 테베인도 아직까지 웅변을 발전시키지 않았다. 바빌로니아와 이집트 철학자들도 본성적으로 그런 것이 아니라 그들의 제도와 교육 때문이다. 이처럼 말, 황소 및 다른 동물의 뛰어난 자질은 거주하는 장소 때문만이 아니라 품종 때문에도 발생한다. 포시도니오스는 이 모든 차이점을 혼동한다.[63]

스트라본은 서기전 64년경〔근대 터키의 삼순(Samsun) 항구 남서쪽에 위치한〕폰투스 왕국의 수도 아마시아(Amasia)**에서 태어났고 서기 24년경 죽었으며, 아우구스투스와 티베리우스의 치세에 장년기를 보냈다. 그의 지리학은 제국의 무역을 장려했던 아우구스투스 시대에 정부와 행정에 기여할 목적으로 쓴 것이다.[64] 그의 지리학에 등장하는 민족 묘사는 과거 4백여 년 동안 이어진 사실 수집의 정점을 이룬다. 그리고 그 정도의 인상을 남기지는 못했지만 그의 사후에 이어진 연구 중 플리니우스의 저술이 주목할 만하다. 알렉산드로스의 침공과 발견의 여파 그리고 지리상의 발견 시대와 19세기 말 이후에 발생할 수밖에 없었던 일들이 스트라본에게도 일어났다. 전 세계의 민족과 주목할 만한 이들의 다양성에 관한 지식이 축적되자 과거에는 만족스러웠던 단순한 인과적 설명이 여러 도전에 직면했다.

이것이 스트라본이 망설임 — 심지어는 일관성의 결여 — 을 보였던 이유다. 어떤 사고는 전통에, 또 어떤 사고는 당대의 관찰에 기초한다. 더욱 광대한 규모에서 언어와 생활 양식의 차이가 분명해져 인과적 설명은 과거보다 좀더 절충적이어야 했다. 19세기 말 지리학자들이 자신들이 발

---

63) Strabo, II, iii, 7.
64) 아우구스투스가 제국의 무역을 장려한 일에 대해서는 Charlesworth, *Trade-Routes and Commerce of the Roman Empire*, pp. 9~13을 보라. 또한 스트라본에 대한 찰스워스(Charlesworth)의 평가도 보라(pp. xiv~xv, 13).

견한 모든 것으로 인해 바로 이전 세대 연구자들의 설명을 용인할 수 없게 되었던 것과 마찬가지였다. 스트라본의 지리학은 고전적 문화-지리론의 정점이다. 그 이후에는 플리니우스, 프톨레마이오스 혹은 비트루비우스 등 누구의 저술이든 간에 만족스럽거나 지적 자극을 주는 내용을 거의 찾아보기 어렵다. 스트라본의 글은 인간의 활동, 탐사, 기술에 대한 내용으로 가득해 교의적 설명은 더 이상 어울리지 못하며 (그의 자료출처에 혼동이 있음에도) 근대 지리학자들이 그를 존경할 만한 확고한 이유가 있다. 65)

8. 비트루비우스의 건축론

건축에 대한 비트루비우스의 저술에는 히포크라테스 시대 이래로 문화와 환경에 대한 가장 광범위한 논의가 담겨 있다(포시도니오스와 스트라본의 저술은 예외로 할 수 있을 것이다). 하지만 근대의 학자들은 비트루비우스의 환경론과 문화발전론이 포시도니오스에서 유래한 것임을 강조했다. 그렇지만 여기서는 비트루비우스 저술에 나타난 대로 이에 대해 논의해 보자. 이 논의 역시 그가 하고자 한 작업에 부합하기 때문이다.

흥미로운 네 가지의 사고가 있다. 그중 먼저 등장하는 세 가지가 집중적으로 논의된 반면 나머지 하나는 부수적으로 언급되는데, ① 기후가 건

---

65) Bunbury, *A History of Ancient Geography*, Vol. II에서 스트라본을 잘 다룬 장들을 보라. 스트라본의 지리학에서 라틴어 저술가들이 소홀히 다루어졌다는 내용에 대해서는 Vol. II, p. 216을 보라. 소홀히 했다는 사실 자체는 지식과 사고의 상호 교환을 방해하는 물리적 장애나 여타 장애물이 가져오는 결과에 대한 교훈을 준다. "그러나 우리가 스트라본 자신의 위대한 저술이 그 중요성과 커다란 장점에도 불구하고 긴 기간 동안 상대적으로 거의 알려지지 않은 상태였으며 광범위한 권위자들의 목록을 만들었던 플리니우스조차도 한 번도 언급하지 않았다는 사실에 직면한다면 스트라본이 아마시아에서 저술 활동을 하면서 로마에 잘 알려진 저서들을 몰랐다는 사실을 이상하게 여길 수는 없다".

축상 문제와 갖는 관련성, ② 민족 본성과의 관련성, ③ 집의 발전, ④ 문화적 접촉의 효과 이렇게 네 가지다. 기후와 건축에 대한 비트루비우스의 논의는 《공기, 물, 장소》의 첫 부분에 등장하는 유사한 논의를 떠올리게 한다. 성곽도시는 안개나 서리가 없는 높은 곳에 위치해야 하고 늪지대에서 떨어진 온난한 기후여야 한다. 여름의 더위는 본래 건강에 좋은 장소든 안 좋은 장소든 모두를 약화시키는 반면 겨울이 되면 본래 건강에 안 좋은 지대마저도 훨씬 더 건강에 좋은 환경이 된다. 뜨거운 바람을 피해야 하는데 4원소 중 하나인 열이 지배적이라면 4원소로 이루어진 육체의 "다른 모든 원소를 힘으로 파괴하고 해체할" 것이기 때문이다.

인간 육체는 열보다는 추위에 더 잘 적응한다. 추운 곳에서 더운 곳으로 이동하는 사람은 쇠약해지는 반면 더운 곳에서 추운 북쪽으로 이동하는 사람은 도리어 더 건강해지기 때문이다. 체액혼합론에서 도출되는 결론은 온대기후가 균형과 건강에 최상이라는 것이다. 늪과 열 — 말라리아와 뜨거운 날씨 — 은 고대 의사와 건축가들에게 주된 공포의 대상이었던 듯하다. 열(즉, 불)에 대한 강조는 만약 비트루비우스가 포시도니오스에 의존했음을 강조하는 사람들이 옳다면 불을 중시했던 스토아 철학에서 비롯된 것이다. 66)

후에 비트루비우스는 지대(zone)와 문화적·생물학적 유형 간 상관관계를 제시한다. 비트루비우스의 저술 중 이 부분은 아마도 전적으로 포시도니오스에게서 비롯된 것으로 보인다. 분명 비트루비우스는 북부와

---

66) 비트루비우스가 포시도니오스에게 의존한다는 내용에 대해서는 Pohlenz, *Die Stoa*, Vol. I, p. 360과 Reinhardt, *Posidonios*, pp. 43, 79~83, 402를 참고하라. Vitr., I, iv, 1, 4~6, 8. 원소론은 새, 물고기, 육상동물이 자신들의 환경에 적응할 수 있음을 설명하는 데 활용된다, I, iv, 7. 비트루비우스는 또한 목초지와 소의 먹이를 건강한 자질의 지표로 논의한다, I, iv, 10. 히포크라테스처럼 그는 늪의 위험성에 매우 민감하다, I, iv, 11~12. 초기의 비트루비우스는 건축가가 의학을 연구할 필요성을 강조하는데, 이는 기후(κλίματα), 공기, 건강에 유익한 입지선택, 물 때문이다, I, 1, 10. (오덕성 역, 1985, 《건축십서》, 기문당을 보라_옮긴이).

남부를 집중적으로 대조시키는 가운데 지대 구분을 세밀화하지 못했다. 스트라본의 주장에 따르면 이러한 한계는 포시도니오스가 놓친 것과 비슷하다. 하지만 이러한 문제를 논의하는 그의 동기는 건축에 관한 실질적인 것이다. 집은 기후 조건에 맞추어야 하는데 "자연에 맡길 경우 자칫 자연이 훼손할지도 모르는 것을 기예를 통해 수정할 수 있기" 때문이다.

매우 차고 습윤한 북쪽 공기는 몸속에서 습기를 빼지 않기 때문에 이곳 민족은 많은 피를 공급받아 전쟁에서 용감하다. 붉은 직모를 가지며 키가 크고 건장한 민족, 즉 게르만족이나 갈리아족은 열병 앞에서 무력하다. 또한 차갑고 습윤한 공기는 낮은 목소리를 주며, 따뜻한 날씨와 차가운 날씨에 뱀이 각각 어떻게 움직이는지 관찰하여 증명했듯 고밀도의 습윤한 공기로 차가워진 육체와 정신은 둔해진다. 북쪽 사람들은 용감하지만 판단력이 결여되어 이러한 특질의 장점을 상실할 가능성이 크다.

남쪽은 그와는 반대의 조건이다. 이곳 민족은 직사광선에 노출된다. 따라서 육체는 습기를 과도하게 빼앗겨 핏기가 부족하다. 이곳 민족은 열병과 더위를 쉽게 견디지만 전투에 겁을 낸다. 북쪽 민족이 가진 강한 피가 없기 때문이다. 작고 피부가 거무스름하며 곱슬머리에다 눈동자가 검고 다리는 튼튼하다. 목소리는 북쪽 민족과는 달리 따뜻하고 건조한 요소가 조합되어 날카로우며, 더위와 희박한 대기는 북쪽의 밀도 높은 공기와는 달리 육체와 정신을 짓누르지 않는다. 태양의 열기 때문에 용기가 빠져나가지만 대신 지성은 날카롭다.

여기서 비트루비우스는 아마 북아프리카의 민족지에 대한 개인적 지식에 의존하는 것 같다. 카이사르가 오늘날 튀니지의 수스(Sousse)**인 하드루멘툼(Hadrumentum)에 상륙했던 아프리카 전쟁****에 그도 참전했기 때문이다. 그가 묘사한 민족은 아마 이 지역의 사막 민족인 것 같다. 게르만 부족에 대한 관찰은 아마도 포시도니오스에게서 비롯된 것으로 보인다. 따뜻한 사막의 민족과 북서유럽의 추운 지역에 사는 민족을 대비시키는 그의 설명은 체액론에 근거하며 친숙한 생리학적 설명이다. 67)

그리스인에 대한 아리스토텔레스의 설명처럼 비트루비우스는 적당히 겸손하게 양 극단 사이에 위치한 "진정으로 완벽한 영토는 로마 민족이 점령한 곳"이라고 선언한다.

그는 섭리에 따른 설계라는 사고와 환경론을 결합시키고 약간의 점성술을 가미해 이탈리아가 자신의 탁월함으로 "야만족들의 용맹한 공격을" 격파하고 "자신의 영향력으로 남쪽 민족의 열망을 좌절시킨다고 결론 내린다. 따라서 전 세계를 호령할 권리를 얻을 수 있도록 비길 데 없이 적당한 땅에 로마 민족의 도시를 건설할 수 있었던 것은 신성한 지성 덕분이었다". 국가적 정책과 신성한 목적을 동일시하는 이런 매우 근대적인 공언과 더불어 그는 당장 눈앞의 과제로 돌아온다. 즉, "우리는 자연의 전문적인 지도를 받는 만큼 민족과 인종의 특성에 적합하도록" 계획을 세워 집을 지어야 한다. 68)

하지만 우리는 집의 기원과 발전에 관한 이론에서 도출된 문화발전론 속에서 비트루비우스의 전혀 다른 면모를 볼 수 있는데 이 또한 포시도니오스에서 유래한 것이라고들 한다. 모든 인류는 사회의 성립을 가능케 한 불을 우연히 발견하기 전까지는 단순한 야만 상태에서 짐승처럼 살았다. 불 주위에서 사람이 냈던 소리가 말과 언어로 이어졌으며 이는 후에 숙의를 위한 모임과 사회적 교류로 이어졌다. 이러한 조건은 주거지를 건설하는 데 유리했다. 주거지의 개선은 모방, 지성, 근면을 통해 이루어졌다. 이는 목수의 숙련을 더욱 진전시켰고 후에는 다른 기예와 기술의 발전으로 이어지면서 조야한 문화가 문명으로 이행할 수 있도록 했다. 과거의 단순한 오두막은 토대를 닦아 짓는 대칭성을 가진 집으로 발전했다. 목수가 풍족히 나무를 구할 수 있는 갈리아, 에스파냐, 루시타니아(Lusitania: 지금의 포르투갈_옮긴이), 아키타니아(Aquitania),** 카프카스, (흑해와 카

---

67) Vitr. VI, i, 2~9.
68) *Ibid.*, 10~12.

프카스 사이의) 콜키스 지역의 이엉이나 참나무 널을 얹은 가옥 지붕에 대해, 그리고 심지어 나무가 귀한 프리지아(Phrygia: 소아시아)**의 집에 대해 비트루비우스는 집의 형태가 집의 발전 단계와 함께 지역에서 나는 재료를 활용하는 독창력 덕분에 가능한 지역적 적응과 발명을 보여준다고 언급한다.

자연은 짐승과 마찬가지로 인간에게도 감각을 주었지만 인간에게는 사유와 이해의 힘도 주었다. 이러한 능력을 통해 인간은 동물을 정복하고 "조야하고 야만적인 생활양식에서 우아하고 세련된 양식으로의" 경로를 따라 건축에서부터 시작해 다른 기예와 과학에 이르는 진보를 이룩했다.[69] 그것은 독자적 발명론이었다. 이 이론의 역사는 비교법이나 역사적 방법을 활용한다는 점에서 근대의 발전론과 비슷하다. 근대의 발전론은 인간의 심리적 동일성(*psychic unity*)****을 가정하는데 모든 민족이 비슷한 지적 능력을 부여받은 탓에 비슷한 문제에 비슷한 답을 내놓는 환경적 조건에 반응하여 오랜 시간에 걸쳐 서로 무관한 다양한 장소에서 유사한 발명이 발생한다고 가정한다. 더욱이 비트루비우스의 이러한 두 가지 서로 상반되는 접근법에는 이미 묘사했던 히포크라테스의 《공기, 물, 장소》와 《고대 의학》 접근법 간의 차이에 대한 암시가 있다.

비트루비우스는 할리카르나소스(Halicarnassus)** 언덕 정상에 있는 샘 이야기를 한다. 샘의 물을 마신 사람들에게서 애욕의 병이 싹튼다는 악명이 자자했다. 그렇지만 샘물에 책임이 있었던 것은 아니다. 그리스 이주민은 샘 주위에 가게를 차렸고 (그리스 이주민들이 예전에 산으로 쫓아냈던) 야만인들이 샘을 찾아왔다. 이들은 그리스인을 만나면서 자신들의 풍속을 버렸다. "이때부터 이 물은 특별한 명성을 얻었는데, 진짜로 나쁜 행실을 불러와서가 아니라 문명의 매력을 통해 야만인들이 교화되었기 때문이었다".[70] 비트루비우스의 두 가지 사고, 즉 기후의 영향 그리고

---

69) Vitr. II, I, 1~7; 인용은 par. 6.

일련의 단계를 통한 문화적 발전이라는 사고는 문화 자체에 대한 근대 연구와 문화와 환경의 관계에 대한 근대 연구 중 다수에 강력한 영향을 주었던 두 가지 접근법이 오래된 것임을 보여준다. 각각은 상이한 전제를 가지며 따라서 이들로부터 상이한 종류의 결과를 예상할 수 있다.

역사적으로 환경론은 본질적으로 정적인 이론이었다. 인간의 제도를 통해 수정될 수 있다 하더라도 민족과 문화는 환경적 조건 때문에 그렇게 존재하는 것이다. 문화는 환경에 대응하여 환경의 영향을 강화하거나 반작용하는 것으로 자주 간주되지만, 실제로는 문화도 환경도 하나의 전체로 연구되지는 않았다. 환경론은 환경 변화로 야기되지 않은 문화 변동에는 잘 들어맞지 않으며 문화 접촉의 결과를 설명하는 데도 적합하지 않다.

고대와 근대에 환경론이 미친 영향의 역사는 실망스러운 것이었다. 환경-문화의 상관관계를 너무 맹목적으로 모방한 나머지 독자적 사유와 연구는 설 자리가 없었다. 과거의 이론은 민족과 환경의 다양성에 주목하도록 하는 유용한 목적에 봉사했다. 그러나 그 다음 단계, 즉 상이한 환경으로의 문화 확산, 그리고 각 문화가 자원을 활용한 방식에 따라 문화 간에 나타나는 차이에 대한 연구는 이루어지지 않았다. 지루하게 반복되는 영향에 사로잡힌 이러한 관점은 19세기까지도 분명하고 체계적으로 정식화되지 않았다.

이상적인 일련의 단계를 거쳐 문화가 발전한다는 사고에서 자연환경은 오직 일반화된 역할만 수행한다. 서로 멀리 떨어진 환경에서 각기 상이한 자극을 받은 인간도 동일하거나 유사한 기술, 기예, 발명에 도달할 것이기 때문에 이때 중요한 것은 인간의 창조성과 심리적 동일성이다. 일단 이러한 초기의 환경적 자극을 인정하면, 다음으로는 문화적 진화와 이를 특징으로 하는 단계가 강조된다. 지역의 환경적 차이 때문에 소소

---

70) *Ibid.*, viii, 11~12. 인용은 par. 12.

한 편차가 있을 수는 있더라도 발전 그 자체는 보편적 현상이다. 이런 두 접근 속에서 한 문화가 자신의 환경 속에서 만든 변화는 거의 철저히 무시되었다. 고대로부터 '인간이 만든 환경 변화'와 '인간에 미치는 환경적 영향'은 서로 독자적 역사를 가졌기 때문이다. 이 둘은 서로 화해된 적이 없으며 이들의 상이한 전제조건은 19세기까지도 검토되지 않았다.

플리니우스의 환경론은 특히 흥미롭다. (《박물지》 2권에서 플리니우스가 개괄적으로 목록화한 권위자의 한 사람인) 포시도니오스와 히포크라테스의 사상으로부터 받은 영향이 꾸준히 나타나고, 기후론을 인종 간 차이의 기원에 적용하기 때문이다. 그는 "가까이에 있는 태양의 열 때문에 그을린" 에티오피아인과 하얀 피부와 금발 직모를 가진 추운 북쪽 민족을 대비한다. "북쪽 민족은 엄혹한 기후 때문에 사납지만 에티오피아인은 이동성으로 인해 현명하다". 한쪽은 "불의 압박 때문에", 다른 한쪽은 "영양분을 공급하는 습함의 효과 때문에" 두 지역 사람들 모두 키가 크다. 양극단이 혼합된 지구의 중간 지역은 "모든 종류의 산물에 적합한 비옥한 땅을" 가지며 사람들의 키는 중간 정도이고 심지어는 피부색마저도 혼합된다. "풍속은 온화하고 감각은 명료하다. 지성이 풍부하며 자연 전체를 이해할 수 있다. 또한 이들은 외부 인종이 한 번도 가진 적 없는 정부(政府)를 가졌으며, 중앙부 지역의 자연적 야만성 때문에 고립되어 고독한 존재로 남은 인종에 복속된 적도 없다".[71] 이 구절은 온대기후가 문명에 적합하며 온대지역의 자연은 극한 기후의 야생성과 야만성을 갖지 않는다는 사고가 얼마나 끈질기게 지속되는지 보여준다. 또한 인종적 또는 문화적 상호 혼합으로 설명될 수도 있었던 민족 간 차이를 설명하기 위해 기후론이 어떻게 활용되었는지를 보여준다.

---

71) Pliny, *NH*, II, 80. 이 구절은 포시도니오스의 단편으로 여겨졌다. Note 51, *supra*.

9. 필론과 요세푸스의 비판

그리스 문명에서 환경적 영향이 미친 역할을 비판한 사람으로는 필론과
요세푸스가 있다. 필론은 우주를 하나의 헌법과 하나의 법, 즉 "해야 할
것과 해서는 안 될 것을 명령하는 자연의 법(logos)"을 가진 거대 도시
(megalopolis)에 견준다. 다양한 지역에 분포하는 무수히 많은 지구상의
도시는 서로 다른 헌법과 법을 가지는데 "각자가 새로운 풍속과 법을 발명
하여 보탰기 때문이다. 그 이유는 그리스인은 야만인과, 야만인은 그리스
인과 서로 섞이고 연합하기를 꺼릴 뿐 아니라 각 인종 내에서도 혈통에 따
라 서로를 꺼리기 때문이다". 필론은 헌법과 법이 다양한 이유에 대한 그
리스인의 설명을 비판한다. "우호적이지 않은 계절, 불임, 척박한 토양,
그리고 장소 즉, 연안이나 내륙 혹은 섬이나 본토 등과 같은" 환경적 설명
은 남의 것을 서로 탐내고 불신하게 하는 진정한 원인이 아니다. 탐욕과
불신 때문에 자연의 법에 불만을 갖도록 하는 것은 바로 문화적 환경이다.
"비슷한 생각을 지닌 사람들의 공동체에 보편적 효용을 갖는 듯 보이는 것
을 사람들은 법이라 부른다". 개별 헌법은 자연 헌법에 추가된 것이며 개
개의 법은 자연의 법에 추가된 것이다. [72]

아피온(Apion)＊이 유대인에게 가한 다양한 비방에 맞서 요세푸스가 이
들을 옹호한 것은 사실상 그리스 역사가들의 방법론에 대한 비판이 된다.
요세푸스는 과거의 자연 재난이 그리스인의 자의식에 영향을 미쳤다고
재치 있게 논한다. 그도 필론처럼 민족의 역사를 만들어가는 데 (가령 세
심하고 정확한 기록 보관 같은) 문화와 전통이 중요함을 이해했다. 그는 그
리스 역사가들이 유대인의 역사를 거의 다루지 않았다는 데 경악하고,
이들의 무지, 부정확성, 자신들끼리도 합의에 도달하지 못하는 점, 비헬

---

72) *De Josepho*, VI, 28~31, in Boas, *Primitivism and Related Ideas in the
Middle Ages*, p. 8; 또한 p. 7~8의 이 구절에 나타난 스토아적 사고에 대한
보아스의 논의와 p. 1~14의 필론에 대한 논의를 참고하라.

레니즘권 역사가들을 대하는 오만한 태도를 비판한다.

헬레니즘 문명은 최근의 것이지만, 이집트, 칼데아, 페니키아 문명 같은 더 오래된 문명도 역사 기록을 가질 뿐 아니라 그 기록은 보전되었다. 이 민족들이 과거의 기록을 파괴하는 재앙을 겪지 않았던 장소에 자리했기 때문이다. 그러나 그리스인의 영토는 과거의 기억을 휩쓸어버린 자연재해를 수도 없이 겪었다. 따라서 그리스인의 기록은 파괴되었으며 새로이 삶을 시작해야만 했다. 이들은 이와 같은 갱생의 과정에서 자신들이 새로 시작할 때마다 그 시작이 만물의 새로운 시작인 줄 착각했다. 따라서 그리스인은 역사의 전문가인 척할 뿐이고 유대인을 비롯한 다른 민족과는 달리 공적인 등록부를 유지하고 사건을 기록하는 데 소홀했다. 여기서 그리스인의 부정확성이 발생했고 자신의 생활양식이 오래된 것이라는 잘못된 느낌을 가졌다.[73]

10. 환경론적이고 점성술적인 민족지

스트라본, 디오도루스, 비트루비우스, 플리니우스의 시대 이후 로마제국 초기의 환경론적 기록에는 실질적으로 내용이 거의 없다. 이들 사고의 대부분이 흩어져 단편으로 남았고 반복적이고 교의적인 경우도 많았지만, 그럼에도 앞으로 다가올 시대와 비교하면 계몽의 시대였다. 히포크라테스의 사고를 반복하는 2세기의 갈레노스는 의학적 협잡이 만연하는 로마 의학의 황야에서 들리는 하나의 목소리였다. 더욱 전형적인 것은 프톨레마이오스의 《테트라비블로스》였다. 이 책은 점성술의 세력

---

73) Josephus, *Against Apion*, Bk. I, 1~59, 그중에서 특히 pp. 6~14를 보라. (김지찬 역, 1987, 《요세푸스 4: 요세푸스 자서전과 아피온 반박문》, 생명의 말씀사_옮긴이) 또한 Toynbee, *Greek Historical Thought*, pp. 63~69의 선집을 보라.

과 광범위한 수용을 지적하는 놀랄 만큼 방대한 기록이다. 이 시기부터 16세기에 이르는 내내 우주적 환경론인 "점성술적 민족지"는 과거의 사상들과 경합하면서 종종 많은 사상을 대체하기도 했다.

갈레노스는 체액의 기원에 대한 짧은 역사론에서 고대인들〔그가 언급한 인물은 히포크라테스, 아리스토텔레스, 프락사고라스(Praxagoras),* 필로티모스(Philotimos)*〕의 기여에 더 보탤 것이 거의 없다고 말한다. "직업, 장소, 계절, 그리고 무엇보다도 자연 자체〔생명체〕중에서는 차가울수록 점액질이 더 많고 따뜻할수록 담즙이 더 많다". 갈레노스에게는 의학론이 목적론과 결부되는데 이는 자연 속에 기예와 설계가 들어 있는 것처럼 육체의 부분들도 그러하기 때문이다. [74]

하지만 우리는 2세기 프톨레마이오스의 저작 속에서 또 다른 세계와 만난다. 이 책에는 친숙한 환경론과 점성술적 민족지의 요소가 모두 등장한다. 《테트라비블로스》 II, 2와 II, 3을 비교하면 각 요소를 독립적으로 다루긴 하지만 말이다. 이 두 요소는 환경론과 점성술이라는 서로 다른 역사적 전통을 대표한다. 그의 저작은 환경론과 점성론의 연관성을 보여준다는 점에서 중요하다. 프톨레마이오스의 방법론은 개략적으로만 살펴볼 수 있다. 그의 논의와 그가 보인 상관관계가 너무 복잡하고 많아서 독자들이 본문 자체를 참조하지 않으면 안 되기 때문이다. [75]

프톨레마이오스는 천문학적 예측을 크게 두 부분으로 나눈다. 전체 인종, 나라, 도시에 관한 보편적이고 일반적인 것, 개인에 관한 개별적이고 특수한 것이 그것이다. 일반적 탐구는 나라, 도시 및 (전쟁, 기근, 역병, 지진, 홍수 등과 같은) "더 거대하고 간헐적인 조건"과 (계절적 기온변

---

74) Gal. *Nat. Fac.* II, viii (117~118). 자연에 담긴 목적론적 사고를 보여주는 다른 전형적 구절은 I, xiv (46); II, iii (87~88); II, iv (88~89) 를 참고하라. 이 논의는 *De Usu Partium*, I, 1~4; III, 10; XI, 14에서 보다 세부적 논의로까지 발전된다.

75) Ptolemy, *Tetrabiblos*, II, 1~3 (53~75).

화, 그리고 폭풍, 더위, 바람, 작물 생산의 강도차 같은) "좀더 작고 자주 나
타나는 조건"으로 세분화된다. 다음으로 남부, 북부, 중간 지역을 나누
어 각 클리마타별 거주민들의 특성을 묘사하는데 이러한 논의는 비트루
비우스와 플리니우스를 연상시킨다. 적도와 북회귀선 사이의 지역에 거
주하는 에티오피아인은 동식물과 마찬가지로 머리 위의 태양빛으로 태워
진다. 이들은 "피부가 검으며 머리카락이 굵고 곱슬곱슬하다. 형태는 수
축되어 주름졌으며 천성적으로 명랑하며 관습은 대부분 야만적인데, 이
는 이들의 고향이 열로 인해 지속적으로 억압받기 때문이다". (위도상 더
북쪽이라) 태양과 황도대(黃道帶: zodiac)에서 떨어진 스키타이인은 냉각
된다. 하지만 습기를 더 많이 공급받으며 더위에 지치지 않는다. 피부색
은 희고 머리카락은 직모이며 "키가 크고 영양이 충분하며 천성적으로 상
당히 차갑다. 이들의 거주지가 늘 춥기 때문에 관습 역시 야만적이다".
양 극단의 사이에 거주하는 민족은 고른 기온을 공유한다. 기온은 차이
가 있지만 "더웠다가 추웠다가 하는 급격한 변화는 없다. 따라서 이들은
피부색이 중간이고 적당한 체격을 가지며, 본성이 온화하고 서로 가까이
에서 살면서 관습은 문명화되어 있다".[76]

   프톨레마이오스는 이러한 일반적 구분 안에서 좀더 미세한 구별이 가
능하다는 점을 인식한다. 즉, "위치, 고도 혹은 인접성" 때문에 생기는 특
수한 지역성이 일반적 특성을 바꿀 수도 있다는 것이다. "그리고 어떤 민
족은 평원에 거주해서 말 타기를 좋아하는 것처럼, 바다 근처에 사는 민
족은 배타는 일을 좋아하는 것처럼, 토양이 비옥해서 문명화되기 쉬워지
는 것처럼 우리는 자신들의 특수한 풍토(즉, 클리마타)와 황도대의 별들

---

76) *Ibid.*, 2(56~58). 《테트라비블로스》의 번역자인 로빈스(Robbins)는 점성술적
   민족지가 포시도니오스에서 비롯되었다고 믿는다(그의 참고문헌 또한 참고하
   라). 또한 Berger, *Gesch. der Wiss. Erdkunde der Griechen*, pp. 556~558을
   보라. 강력한 의견 차이에 대해서는 Trüdinger, *Studien zur Gesch. der Grie-
   chischrömischen Ethnogr.*, pp. 81~89를 참고하라.

과의 자연적 친숙함에서 비롯된 특성을 다시 한 번 발견할 것이다". 77)

이 지점에서 프톨레마이오스는 좀더 순수한 형태의 점성술적 민족지를 고안한다. 간단히 말하면 다음과 같다. 오이쿠메네는 황도대의 네 삼각형과 상관관계를 갖는 네 구역 — 북서쪽(서쪽의 목성과 화성이 지배하는 양자리, 사자자리, 궁수자리), 남동쪽(금성, 토성, 수성이 공동으로 지배하는 황소자리, 처녀자리, 염소자리), 북동쪽(동쪽의 토성과 목성이 지배하는 쌍둥이자리, 천칭자리, 물병자리), 남서쪽(동쪽의 화성과 금성이 지배하는 게자리, 전갈자리, 물고기자리) — 으로 나누어진다. 이러한 구분과 세부 구분(가령 북서쪽은 북풍 때문에 주로 목성의 지배를 받지만 남서풍 때문에 화성의 보조를 받는다)으로 거주 가능한 세계를 구분하여 광범위한 지역뿐 아니라 그 속에서 살아가는 개별 민족에게 미치는 점성술의 영향을 보여줄 수 있다. 프톨레마이오스는 이러한 영향과 당시에 알려진 민족의 특성 간의 상관관계를 제시한다. 이러한 내용은 흥미롭고 종종 독서의 재미를 느끼게 한다. 하지만 중요하고도 우울한 이 문헌을 더 따라가는 것은 여기서 적절치 않을 것 같다. 너무나 대단한 정확성, 확신, 합목적성을 가지고 상관관계를 제시하는 데 동원된 민족지적 소재의 폭과 세부 묘사는 놀랄 만하지만 말이다. 78)

이후에 등장한 플로티노스의 비판으로 판단을 내린다면 점성술적 사고와 환경적 사고 간에 미묘한 혼합이 일어났다고 할 수 있다. 식물의 생장

---

77) Ptolemy, *Tetrabiblos*, II, 2(58).

78) *Ibid.*, 3(59~74). 특정한 성적(性的) 행위에 대해 추정된 내용을 설명하기 위한 논의를 확장시키기 위해서는 번역자의 각주 4, p. 135와 거기에 언급된 문헌을 보라. 프톨레마이오스 시대 점성술에 대해서는 번역자의 서론 pp. ix~x를 참고하라. 점성술적 민족지에 대해서는 트뤼딩어의 각주 76, *supra*와 *PW*, Supp. Vol. 4, col. 656의 기징어(Gisinger)의 논문 "Geographie"에 대한 볼(Boll)의 각주를 참고하라. 볼에 따르면 마닐리우스(Manilius, IV, 744ff)와 《테트라비블로스》는 고대 세계에서 점성술의 중요성을 가리키는 주된 출처이다. 볼은 Manilius IV, 711~743, *Tetrabib.*, II, 2가 포시도니오스로부터 비롯되었을 가능성을 지적하는 근대의 연구를 인용한다. 볼이 언급한 문헌 또한 참고하라.

과 분포는 태양의 통제 아래 있으며 달의 영향, 특히 파종에 미치는 영향에 관한 방대한 양의 구전이 있다. 따라서 이는 별들에게서 비슷한 영향을 찾고자 하는 한 걸음 더 나아간 단계일 뿐이다. 인간의 행동 또한 별의 영향권에 넣을 수 있을 것이다. 태양은 계절 변화와 지역별 기후의 차이를 만들어 인간에게 영향을 미친다. 태양의 영향에 별의 영향이 중첩된다. 플로티노스는 이러한 이론들을 검토한 뒤 이 이론들을 기각한다. 플로티노스가 보기에 점성술의 옹호자들은 "우리의 모든 것, 의지에 따른 행동과 우리의 국가, 우리 안의 모든 악, 우리의 인간성 전체를 천체에 제물로 바치기 위한 또 다른 술책을 고안했을 뿐이다. 우리에게는 아무것도 허용되지 않는다. 우리는 인간, 본성적으로 과업을 갖는 존재가 아닌 구르기만 하는 돌멩이 신세가 된다". 이 감동적인 문장이 점성술과 예언을 겨냥함에도 그는 이러한 비판이 점성술적 사고와 함께 언급되는 자연환경의 영향론을 적용하는 데 반대하는 것임을 분명히 한다.

장소와 기후는 의심의 여지없이 더 따뜻하거나 차가운 체질을 만든다. 그리고 부모와 자식 간의 유사성에서 알 수 있듯이 부모는 자식에게 영향을 미친다 … 하지만 외형의 유사성과 유사한 환경에도 불구하고 기질과 사고에서 가장 커다란 차이점을 관찰할 수 있다. 인간의 이러한 측면은(외부적 원인이나 운명이 아니라) 다른 어떤 대원칙에서 비롯된다.

플로티노스가 언급하는, 그래서 그로 하여금 이러한 결정론을 거부하게 만든 원칙은 "원래 우리의 것, 우리 개인이 소유한 것이 있고, 거기에 만물(*all*)에서 비롯되는 유입물이 덧붙여진다 … "는 그의 철학의 핵심적 사고에 근거한다. 79)

---

79) Plotinus, *Enneads*, III, 1. 5. 이 구절의 나머지는 점성술에 대한 통렬하고 압도적 비판에 할애된다. 플로티노스 또한 헤르메티카와 관련된 사상가들의 사고에 빈번히 표출되는 점성술적 사고를 비판하는 것이다.

11. 세르비우스의 베르길리우스론

초기 그리스인이 원소, 체액에 대해 그리고 공기, 물, 장소가 이에 미치는 영향에 대해 사색한 지 8백여 년이 지난 뒤에 4세기의 문법학자 세르비우스(Servius the Grammarian)*는 베르길리우스의 저술에 대해 유명한 주석서를 썼다. 《아이네이스》*** VI, 724에 대한 그의 주석은 신학, 육체론, 환경영향론을 일관된 하나의 이론으로 만들어 생명의 통일성과 다양성을 설명한다. 세르비우스의 주석은 아이네이아스의 아버지 앙키세스(Anchises)*의 말로 시작된다. "처음에는 하늘과 대지와 흐르는 바다의 수면과 달의 빛나는 표면과 태양과 별들을 그 속에 있는 정신이 부양했단다. 그리고 마음이 사지 속으로 스며들어가 이 모든 것을 움직이며 그 거대한 육체와 섞였단다".80)

이에 대해 세르비우스는 그리스어로 만물을 뜻하는 단어(τό πᾶν, to pan)는 4원소와 신으로 구성된다고 말한다. 우주를 생성했던 신은 원소에 스며든 신성한 정신의 일종이다. 모든 사물이 신과 원소에서 비롯되었기 때문에 이들은 하나의 기원을 가진다. 즉, 이들은 동일한 본성을 나눠 가진다. 우리 안에 있는 무엇이 신에서 유래한 것이며 무엇이 4원소에서 유래한 것인가?

우리의 영혼은 신에서, 육체는 원소에서 비롯되었다. 육체 안에서는 흙, 습기, 수증기, 열을 원소로 인지할 수 있다. 원소와 마찬가지로 신체는 이해력을 지니지 않는다. 하지만 영혼은 신과 마찬가지로 이해 능력을 지닌다. 원소로부터 비롯된 존재인 육체와 마찬가지로 원소는 변화한다. 반면에 신은 소멸하지 않으며 영혼도 그러하다. 부분은 항상 자신이 속한 집단의 특성을 공유한다. 그러나 만약 소멸하지 않는 존재가 실제 존재하며 그 존재가 하나의 기원을 가진다는 사실이 거부된다면 살아 있

---

80) Virgil, *Aeneid*, VI, 724. W. J. Jackson Knight(Penguin Classics) 번역, (천병희 역, 2004, 《아이네이스》, 숲, p. 274_옮긴이).

는 모든 피조물을 마찬가지로 사고하지 않을 까닭이 있는가?

다름(dissimilarities)은 영혼이 아니라 육체에서 기원한다. 생명력이 넘치거나 게으른 육체는 각각 활발한 정신과 그렇지 못한 정신을 만든다. 이를 하나의 동일한 육체에서 찾아볼 수 있다. 건강한 육체에는 그에 상응하는 정신의 생명력이, 병든 육체에는 게으름이 깃든다. 매우 심각한 경우에서는 착란의 경우처럼 이성이 사라지기도 한다. 따라서 정신이 육체 깊숙이 깃들면 정신이 가진 본성을 표출하는 것이 아니라 정신의 속성이 변화한다.

우리는 아프리카인은 교활하고 그리스인은 변덕스러우며 갈리아인은 좀더 게으르다는 성향을 관찰할 수 있다. 이러한 특성은 프톨레마이오스가 보았듯 지역의 자연에서 기인한다(가정컨대 각 지역은 체액을 통해 육체적 그리고 궁극적으로 정신적 상태에 미치는 각각의 영향력을 창출하는 듯하다). 또한 프톨레마이오스는 사람이 한 지역에서 다른 지역으로 이동하면 그의 본성이 부분적으로는 변화한다고 보았다. 그러나 본성 전체가 변화하지는 않는다. 왜냐하면 후에 발생하는 환경 변화로는 완전히 바뀌지 않는 신체적 성향을 태어날 때부터 부여받기 때문이다.

민족성에 대한 문장, 즉 "우리는 아프리카인이 교활하고 그리스인은 변덕스러우며 갈리아인은 좀더 게으르다는 성향을 관찰할 수 있다. 이들의 특성은 프톨레마이오스가 보았듯이 기후에서 기인한다"라는 문장은 세비야의 이시도루스(Isidore of Seville)*가 그대로 차용했고, 13세기의 잉글랜드의 바르톨로메우스(Bartholomaeus Anglicus)*의 지리학에 계승되었다. 그러면서 이 이론은 신학, 육체론, 의학이 갖는 보다 심원한 맥락으로부터 멀어져 갔다.[81]

---

81) *Servii Grammatici Qui Feruntur in Vergilii Carmina Commentarii*, ed. by Thilo, Vol. 2(Books VI~XI of the *Aeneid*), VI, 724. 문장은 다음과 같이 이어진다. "어떻게 인간이 다른 기후로 이동하면 그 지역의 본성에 따라 변형된다고 말하는가? 사실 날 때 타고난 신체적 운명 때문에 완전히 변형될 수는 없

이처럼 그리스와 로마의 환경적 영향론은 강인한 지중해의 잡초와 올리브처럼 풍상을 겪으며 중세와 근대 세계에서 그 힘과 생명력을 입증했다. 수많은 변주곡을 가진 주제 선율은 새로운 작곡가들에 의해 새로운 상황에 맞게 끊임없이 편곡될 수 있었다. 중세 사상가들은 이를 토대로 했으며, 뒤이은 발견의 시대에 나온 항해와 여행 보고문들은 심지어 종종 이를 강화하기도 했다. 불쾌하고 더러운 도시에 사는 검소하고 부지런한 어떤 유럽인이 따뜻한 열대지방의 천국 같은 섬에서 살아가는 민족이 누리는 편안하고 근심 걱정 없으며 행복한 삶을 목도했을 때 과연 무슨 생각을 했을까? 새로운 장면은 이국적이고 흥미로우며 당황스러운 것이었겠지만 그 장면을 보는 사람들이 쓰던 안경은 사람들이 분별없이 너무 오래 쓴 탓에 이미 낡아빠진 것이었다.

다"(pp. 99~101).

제3장

제2의 자연 창출

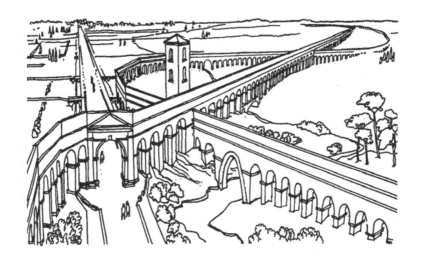

1. 장인성과 자연에 관하여

자연의 명백한 통일성과 질서로 인해 인간이 그 이면에 어떤 계획, 즉 인간이 깊이 개입된 어떤 목적이 있을 것이라 믿는다면, 만일 민족 간 차이가 지중해 동부에서 일상적으로 관찰되는 문제로 받아들여졌다면, 그리고 이것이 풍속(νόμος, custom)이나 본성(φύσις, nature)의 탓으로 여겨졌다면, 자연 속에서 인간이 창조할 수 있는 창의성에 대한 인식, 즉 인간이 기예나 가축의 통제를 통해 얻는 힘을 토대로 가져올 수 있는 차이에 대한 인식 또한 존재한다.

인간은 질서의 창조자이자 통제의 행위자였으며 장인의 독특한 기술 (skill)을 소유한 존재였다. 그리스인보다도 훨씬 오래전부터 야금, 광업 및 고대 문명(특히 이집트 문명)의 건축물에서 이러한 기술에 대한 인상적인 증거가 존재했다. 많은 사람들이 그리스 과학은 근대 과학과 달리 자연의 통제로 이어지지 않았다고 말했지만, 1) 직업, 세공물, 일상생활에 쓰이는 기술은 그런 변화가 가능했다는 증거다. 이런 변화는 질서를 가져오거나 보다 인간 중심적으로 인간이 필요로 하는 사물에 좀더 질서 정연하게 접근할 수 있도록 했다. 만일 '자연에 대한 통제'가 근대적 의미에서의 자연에 대한 통제, 즉 이론과학을 응용과학과 기술(이 둘을 깔끔하게 나눌 수 없다는 것은 인정한다)에 적용함을 뜻한다면 고대 세계에 그러한 의미의 통제는 없었다. 하지만 우리가 로마의 센추리에이션(centuriation: 고대 로마의 토지 측량법_옮긴이)의 사례에서 잘 알듯이, 의식적인 환경 변화가 꼭 복잡한 이론과학에 의존해야 할 필요는 없다. 정신의 힘은 창조주-장인 비유와 자연현상을 재배치할 수 있는 잠재력, 가령 마을의 형성이나 동물의 훈육, 무기나 덫 등을 동원한 야생 동식물에 대한 간접적 통제 속에서 인정되었다.

마지막으로 영토와 사원에 대한 천상의 원형(原形) ─ 지상에 있는 것들은 복제된 것들이다 ─ 신화가 있다. "인간의 존재와 노동이 느껴지는 세계, 즉 인간이 오르는 산, 거주하고 경작하는 지역, 항해할 수 있는 강, 도시, 성소 등의 원형은 지구 바깥에 존재하는데 즉, 계획이나 형상으로, 혹은 순수하고 단순히 상위의 우주적 차원에 존재하는 '동일한 것'으로 간주된다". 사막 지역, 미경작지, 미지의 바다 등 인간이 점령하지 못한 낯선 영역은 이러한 종류의 원형을 가지지 않는다. 이런 곳들은 "도시 바빌론이나 이집트의 놈(nome)****과는 달리 차별화된 원형을 모방할 특권이 없다. 이것들은 신화적 모형에 조응하는 또 다른 자연일 뿐이다. 이처럼 모든 경작되지 않은 야생지역들은 혼돈에 흡수된다. 이들은 차별화되지 않고 형상이 없는 창조 이전의 양식에 계속 참여한다. 이 때문에 어떤 영토를 점령해서 이를 이용하기 시작할 때는 창조의 행위를 상징적

---

1) 이를 주장한 학자 중에는 샘버스키(Sambursky)가 있다. in *Physical World of the Greeks*, p. 17.

으로 반복하는 제의가 수행된다. 미경작 지대는 우선 '우주화'(*cos-micized*)****된 다음에야 인간이 거주한다". 따라서 "미경작된 미지의 새로운 나라에 정착하는 일은 창조 행위와 맞먹는 것이다".[2]

이런 종류의 신화는 인간이 자연에 질서를 부여하는 존재임을 강력하게 시사한다. 뒤에서 살펴보겠지만 인간이 환경에 가하는 변화를 해석하는 문헌들에서, 즉 이러한 변화들에 의미를 부여하려는 시도 속에서 인간은 창조의 완성자이자 자연에 질서를 부여하는 존재이며 유럽인이 신대륙을 발견한 시대 이후에는 그 땅에 원시종족이 존재했음에도 창조 이후 변한 것이 없고, 따라서 변형을 가하는 인간의 손길을 기다린다는 주제가 반복됨을 알 수 있다.

인간은 어떻게 스스로를 자연의 변형자이자 새로운 환경의 창조자로 인식한 것인가? 더 고등한 지성을 가지고 직립보행을 한다는 점에서 동물과 구분되기 때문인가? 인간의 장인성이 우주를 창조할 수 있도록 했기 때문인가? 인간 스스로 코스모스 — 질서 — 를 창조한다는 인식을 가졌기 때문인가? 동식물에 대한 지배력을 통해 질서를 유지하고 지속시킬 수 있었기 때문인가? 이 주제에 관한 초기 그리스 저술은 거의 없긴 하지만 이러한 인식이 존재했음을 시사한다.

인간이 자연환경에 가한 변화에 관한 고대 저술가들의 언급을 읽으면 두 가지 인상을 받는다. 우선 이들은 환경적 영향의 우위가 시사하는 외견상의 안정성에도 불구하고 인간을 능동적이고 활동적이며 성취하는 존재로 인식했다(내 생각에 이러한 사고는 체계적 연구를 기반으로 하지 않아 모순을 일으키며 이로 인해 화해를 시도하지 않은 채 고립적 발언만이 나타나는 상황이 초래되었다). 그리고 이러한 인간이 관찰하고 종종 사랑했던 살아 있는 자연은 우리가 이제 알게 된 것처럼 이미 인간에 의해 엄청나게 바뀐 존재였다.

---

2) Eliade, *Cosmos and History*, pp. 9~10(정진홍 역, 1999, 《우주와 역사: 영원회귀의 신화》, 현대사상사_옮긴이).

고대 세계에는 자연자원에 대한, 그리고 이를 활용하는 방법에 대한 관심이 활성화되었다. 광산, 식량 확보법, 농사법, 수로, 토양 비옥도 유지, 배수, 방목 및 기타 여러 가지 경제 활동에 대한 관심이 있었다. 비록 이러한 관심이 '자연의 일부로서의 인간'이라는 편협한 철학만을 만들었을 뿐이더라도 이 활동들은 인간의 분주함, 즉 인간이 자기 주변의 지구를 변화시키기 위해 쉴 새 없이 부단히 움직였음을 보여주는 설득력 있는 증거다.

개별 사상가들이 더 행복하고 덜 복잡한 과거로 눈을 돌렸건, 문명의 편리함을 인정했건 간에 기술에 대한 선입견이 원시주의(primitivism) 관련 문헌에서 분명하게 나타난다. 과거의 황금시대는 대개 단순함의 시대이자 경작할 필요가 없는 흙의 시대였다. 즉, 경작과 질서 정연한 파종에 의해서라기보다는 흙이 저절로 생명체를 키워내던 시대였다. 만일 현재 철기시대의 어려운 현실 속에 도덕적 타락이 있었다면 이는 기예와 과학의 발전 및 응용기술 때문이었다. 세네카는 포시도니오스에 대한 유명한 비판에서 단 하나의 사례를 활용한다.

그는 그리스 철학자들이 도시와 거주지를 건설한 자, 생선을 절여 보관한 자, 도구·베 짜기·농사·도자기 물레를 발명한 자를 현자나 철학자라고 말하는 것을 꾸짖는다. 그는 "이 모든 높은 집을 세우고 그 안에 사는 사람들을 위험에 빠뜨린 것이 진정 철학인가?"라고 묻는다. 세네카는 여기서 도시 생활에 대해 즉, 너무 부주의하게 지어지고 그 높이를 지탱할 만한 기초를 확보하지 못해 끝없이 무너지는 여러 층짜리 공동주택 건물을 짓는 건축가들에게 납득할 만한 적대감을 보이며 말한다.

아니다. 이는 인간 지혜의 산물이 아니라 독창성의 산물이었다. 이것들은 실용적인 인간, 장인 그리고 생활의 일상사에 관심을 가지는 사람의 작품이지 철학자의 작품이 아니다. 왜냐하면 지혜는 손이 아니라 정신을 훈련시키며 현자는 본성적으로 장인을 필요로 하지 않기 때문이다. 이처럼 장인을 날카롭게 비하하면서도 장인의 힘과 영향력은 충분히 제시되었다. 왜냐하면 자연에 변화를 가져왔던 것은 — 철학자, 최소한 세네카 같은 철학자에게는 전혀 관심사가 아닌 — 장인의 작업이었기 때문이다.[3] 발명, 개량 및 잡다한 일상사와는 무관했던 현자를 유려하게 칭송하는 세네카는 기계, 노동절약적 도구 및 그것이 창조한 안락에 지나치게 의존하는 문명의 죄악을 날카롭고 성난 언어로 강렬하게 묘사한다. 세네카는 스키타이인의 복식보다 더 세련된 의상 취향을 지닌 사람들조차 참지 못했다. 그 시대 장인들이 일을 진행했던 열정을 감안한다면 세네카의 원시주의가 많은 이들의 공감을 얻지는 못했을 것이다.

이런 많은 사상가가 두루 여행했다고는 하지만 가장 잘 알고, 또 가장 커다란 애정을 갖고 기록했던 환경은 역시 지중해 연안이었다. 이곳에 인간이 정착한 것은 그보다도 훨씬 오래된 일이었다는 것이 서기전 5세기에도 알려져 있었다. 히포크라테스는 조악한 음식을 먹던 이전 시대와는 다른 현재의 생활양식이 오랜 기간에 걸친 발견과 세련화의 성과라고 말했다.[4] 이들은 변화와 인간 활동을 보여주는 증거로 가득 찬 주위 환경에 적응했다.

이토록 오래전부터 인간에 의한 변화의 기록이 남은 지역에서 환경론이 기원했다는 사실은 뜻밖이다. 이는 열대지방을 여행하며 식생의 풍부함에 압도되어 그 속에서 인간의 흔적을 거의 보지 못했던 훔볼트나, 브라질의 울창한 숲 속에서 인간과 인간의 업적을 무의미하게 만들 만큼 거대한 규모의 경이로운 자연을 보았던 젊은 다윈과는 다른 것이었다. 이러한 저술가들, 그리스나 로마의 저술가들 모두의 기록에서 포도원, 올리브 농장, 관개수로, 바위산 꼭대기에서 풀 뜯는 염소, 마을, 집과 건조

---

3) Sen., *Ep mor.*, 90, 7~13. 속이 뻔히 보이는 공동주택 건물(*insulae*), 비도덕적이고 탐욕스러운 건축가들, 그리고 건물 붕괴의 위험성에 대해서는 Jérôme Carcopino, *Daily Life in Ancient Rome*(New Haven: Yale University Press, 1960〔1940〕), pp. 23~33을 보라.

4) Hippoc., *Ancient Medicine*, III.

한 지중해 여름의 바짝 마른 언덕, 지역에 따라 수많은 이름을 가진 바람, 바다의 깊은 푸름, 찬란한 지중해의 하늘과 같은 경관이 서로 분리될 수 없었다는 것을 느낀다. 이들이 응시했고 이들이 사랑했던 것은 이처럼 변형된 경관이었다.

2. 《안티고네》와 《크리티아스》

인간이 지구에 가하는 변형에 대해 고대에 이루어진 관찰은 대략 세 가지 형태로 구분된다. ① 일반적 묘사로 본질상 역사적으로 인간이 특정 장소의 자연지리에 실제로 변화를 일으킨다는 인식을 보여준다. ② 좀더 구체적이지만 산재한 언급들로 식물, 농업, 농장 관리, 가축 사육, 방목에 관한 저술에서 나타난다. ③ 에피쿠로스 철학이나 스토아 철학 같은 상위의 신념 체계하에서 이루어지는 언급이다.

그러나 두 구절, 즉 소포클레스의 《안티고네》(Antigone)***의 한 구절과 플라톤의 《크리티아스》(Critias)***의 한 구절은 그 자체로 하나의 범주가 된다. 《안티고네》의 합창 중 유명한 구절 속에서 우리는 열의가 넘치는 성 아우구스티누스의 《신국론》22권 24장을, 열광적으로 과학을 칭송하는 18세기를, 그리고 인간의 자연 통제에 대한 오늘날의 열광을 떠올린다. 바다를 항해하고 쟁기를 사용할 수 있는 인간의 힘, 그리고 사냥, 동식물의 가축화·작물화, 건축에서의 성공, 또한 기예가 인간에게 선사한 보호는 인간이 꿈꾼 것 이상의 성공을 안겼다. 죽음 이외의 모든 것을 정복했던 것이다.

무시무시한 것이 많다 해도
인간보다 더 무서운 것은 없다네

인간은 항해를 통해 바다를 정복했고, 대지는 인간의 손길을 느꼈다.

　　그는 사나운 겨울 남풍 속에서도 잿빛 바다를 건너며
　　내리 덮치는 파도 아래로 길을 연다네.
　　그리고 신들 가운데서 가장 성스러우며 다함이 없고
　　지칠 줄 모르는 대지를
　　그는 말(馬)의 후손으로 갈아엎으며 해마다
　　앞으로 왔다가 뒤로 돌아서는 쟁기로 괴롭힌다네

새, 숲 속의 야생동물, 물고기는 인간을 피하지 못했다.

　　그리고 마음이 가벼운 새의 부족들과
　　야수의 종족들과 심해 속의 바다 족속들을
　　엮은 그물의 코 안으로 꾀어 들여 사로잡아 간다네,
　　재치가 뛰어난 인간은.
　　그는 산속을 헤매는 야수들을 책략으로 제압하고,
　　텁수룩한 갈기의 말을 길들여 그 목에 멍에를 얹는가 하면,
　　지칠 줄 모르는 산(山) 소를 길들인다네.

　　인간은 말과 산지의 황소를 길들여 인간에게 봉사하게 만들었다. 인간은 말(言), 사상, 기예를 통해 건축을 하여 추위와 비에서 스스로를 보호할 수 있었다.

　　또한 말(言)과 바람처럼 날랜 생각과,
　　도시에 질서를 부여하는 심성을 그는 독학으로 배웠다네,
　　그리고 맑은 하늘 아래 노숙하기가 싫어지자
　　서리와 폭우의 화살을 피하는 방법도.
　　그가 대비할 수 없는 것은 아무것도 없다네.
　　아무 대비 없이 그가 미래사를 맞는 일은 결코 없다네,

다만 죽음 앞에서 도망치는 수단만을 손에 넣지 못했을 뿐.
허나 그는 좌절시키는 질병으로부터
도망치는 방법을 이미 궁리해냈다네.

합창은 "인간의 수단이 지닌 재주 때문에 자신의 꿈을 황급하게 선하거나 악한 목표로 넘겨버렸다"는 생각으로 끝이 난다. 법과 신에 대한 맹세를 최고 덕목으로 삼는 인간과 이러한 자질을 결여한 맹목적 인간이 서로 대조를 이룬다. 인간의 노동, 계략을 써서 사냥하고 물고기를 잡는 일, 동물을 길들이고 농업을 수행하는 데 기술에 대한 칭송은 인간이 스스로의 적이며 인간의 성취는 정의와 공정함 없이는 아무것도 아니라는 깨달음과 대조를 이룬다. 5)

《크리티아스》의 구절은 아틀란티스인과 헤라클레스의 기둥 안쪽에 살았던 아테네인 간에 벌어진 전설적 전쟁을 다룬다. 지금은 기억조차 희미한 이전 시기에 대부분의 사람들은 장인, 농부, 아니면 전사였다. 플라톤은 아티케가 어느 곳보다도 훌륭한 흙을 지녔기 때문에 많은 사람들이 농업의 고역에서 벗어날 수 있었다고 말했다. 그 증거는 아테네에 남은 흙이었다. "우리에게 지금 남은 흙은 그 어떤 흙보다도 생산력이 높고 작물을 풍성하게 기르며 어떤 종류의 소도 방목할 만큼 풍부한 풀을 낸다. 그리고 그 시대에는 풀이나 작물의 질이 훌륭할 뿐 아니라 생산량도

---

5) Soph., *Ant.*, lines 332~375. Trans. by Gilbert Murray, in Toynbee, *Greek Historical Thought*, pp. 128~129. 소포클레스의 비관론에 대해서는 Kitto, *Greek Tragedy*, pp. 122, 151, 154~155 및 J. C. Opstelten, *Sophocles and Greek Pessimism*, pp. 143~145를 참고하라. 옵스텔텐(Opstelten)의 견해에 따르면 합창곡에 영감을 준 것은 일부는 극 전체의 분위기였고 일부는 아이스킬로스의 《제주를 바치는 여인들》(*Choëphoroi*)(vv. 583~596)였다고 한다. 이 합창곡은 인간의 영리함(δεινότης, deinotes)의 양 측면, 즉 인간의 창의성과 결점, 특히 "… 시인에 따르면 인간이 자신의 창의적인 정신의 성취물에 담긴 잠재성에 대해 자부심을 가질 이유가 전혀 없다"는 것을 이해하지 못하는 결점을 묘사한다.

상당했다".

플라톤은 왜 우리가 지금의 땅을 과거 땅의 잔여물이라고 불러야 하는지 자문한다. 왜냐하면 그 땅은 바다 쪽으로 튀어나온 곳이기 때문에 9천 년의 세월 동안 흙이 씻겨 내려가 바다 속에 퇴적되었기 때문이다. "그리고 작은 섬에서 일어나는 일처럼 당시에 있었던 것과 비교했을 때 지금 남은 것은 뼈만 앙상한 병자에 비유할 수 있다. 대지가 지녔던 비옥하고 부드러운 흙은 모두 쓸려 내려가고 불모의 땅 껍데기만 남았다".

그러고 나서 플라톤은 과거에는 경작 가능했던 언덕, 비옥한 계곡, 숲이 우거진 산지의 "흔적이 오늘날에까지 남아 있는 것을 볼 수 있다…"고 묘사한다. 벌들만이 먹을 것을 구할 수 있는 오늘날의 산지에는 얼마 전만 해도 거대한 건물에 쓰일 만한 나무가 자랐고, 그 나무로 만든 건물의 서까래는 여전히 튼튼하다. 벌목된 숲은 가축을 먹일 목초지를 제공했고 흙에는 물이 많았으며 비는 "지금처럼 벌거벗은 땅을 바다로 쓸어내려 흙을 유실시키는 일이 없었다". 플라톤은 나무가 자랐고, 흙에 수분이 많았다는 증거를 당대의 신전 주변 환경에서 찾는다. 옛날 그 지역의 탁월함은 양질의 흙, 숙련된 농업 기술, 풍성한 물 공급, 온화한 계절 덕분이었다.

플라톤이 너무도 먼 과거에 대해 기록해 그의 설명을 사실로 받아들일 수도 없거니와 머나먼 과거에서 플라톤 시대에 이르는 기간 동안 일어났던 자연재해 및 인위적 재난으로 인한 지중해 경관의 악화 증거로 받아들일 수 없다는 것은 분명하다. 그러나 여기서 자연 침식과 벌목 같은 인간 활동이 시대에 걸쳐 누적되면서 경관을 바꾸는 영향을 미칠 수도 있음을 플라톤이 인식했다는 사실은 분명하다. 이 경우 벌목은 산꼭대기에서 물이 흙을 바다로 쓸어내리는 정상적인 침식 과정을 부추기는 행위였을 것이다. [6]

---

6) Plato, *Critias*, 110C~111D(이정호 역, 2007, 《크리티아스》, 이제이북스, pp. 49~50_옮긴이).

내가 알기로 이 중요한 구절은 문화와 환경에 관한 후대의 사상에 거의 영향을 미치지 못했다. 다만 18, 19세기 동안 가끔 인용되었을 뿐이다. 그러나 이 구절은 20세기 들어 보전주의 문헌에서 자주 언급되었다. 《법률》과 《티마이오스》는 문화 발전론을 개관하는 데 훨씬 더 영향력이 컸고, 나아가 《티마이오스》는 질서 정연한 우주를 창조한 데미우르고스라는 관념을 도입한 점에서 그러했다. 만약 플라톤이 《법률》에서 인간이 오랜 정착을 통해 환경을 변화시키고 토양 침식과 벌목이 문화사의 일부라고 언급했더라면 그는 이런 핵심적 사고를 보다 일찍 문화사에 도입할 수 있었을 것이며, 인간과 환경에 대한 성찰의 경로를 바꿀 수도 있었을 것이다.

3. 헬레니즘 시대의 환경 변화

헬레니즘 이전 시대부터 여러 글을 통해 환경 변화에 대한 인식이 드러나기는 했지만 그러한 인식은 파편적으로만 존재한다. 고대 세계 전반을 통해 변화를 인식했다는 증거가 없는 것은 아니지만 그에 대한 해석은 드물다. 접붙이기, 퇴비 주기, 마을 배치에 대한 이야기는 있지만 대부분 사실에 대한 진술일 뿐 그 이상은 아니다. 가끔씩 저술 이면의 정신적 태도 또는 묘사된 활동 이면의 정신을 추론할 수는 있다. 프톨레마이오스 왕조기 이집트의 《테브투니스 파피루스》(Tebtunis Papyri), 아폴로니오스와 제논의 서신, 파이윰 [즉, 카이로에서 남서쪽으로 50마일 거리에 있는 모에리스 호(Lake Moeris)]에서 클레온(Cleon)과 테오도루스가 수행한 간척 사업 등에서 탁월한 사례가 보인다. 이 모두는 활동의 철학, 낙관주의, 토지 개량의 열망을 암시하면서 그리스 식민주의자들이 이집트에서 자신의 과업을 수행하면서 보였던 열정을 시사한다.

시라쿠사의 히에론(Hieron of Syracuse)*이 조선(造船)에 나서고 아르키메데스가 이를 감독하며 자신이 만든 권양기를 사용해 배를 진수할 때 〔Ath. 206-d, 207-b〕, 우리는 도시나 배를 건설하거나 식물을 도입해 인간이 의식적으로 자신의 환경을 변화시키려 한다는 인상을 받는다. 마치 프톨레마이오스 시대를 묘사한 칼릭세노스(Callixenus)*의 유명한 기록 ─ 아테나이오스가 보전했던 ─ 일부에서 칼릭세노스가 그랬던 것처럼 말이다.

서기전 256년 2월 16일, 장관이자 지주인 아폴로니오스는 올리브와 월계수 묘목을 필라이의 공원에 심어야 한다는 제논의 의뢰서를 승인한다. 그때 제논은 아폴로니오스의 재산 관리인으로 필라이에 살았거나 아니면 살려던 상태였다.[7] 서기전 256년 12월 27일자 편지에서 제논은 아폴로니오스의 개인 정원과 멤피스의 궁전 터에서 배나무 묘목과 어린 식물을 가능한 많이 가져오고 헤르마필로스(Hermaphilos)에게 사과나무(*sweet-apple*) 몇 그루를 가져오라는 명을 받는다. 이것들은 모두 필라이에 있는 과수원에 심을 것이었다.

같은 날짜의 다른 편지에서 아폴로니오스는 제논에게 정원 전역과 포도원 및 올리브나무 주변에 최소 3백 그루의 전나무를 심으라는 명을 내린다. "나무가 눈에 띄는 외관이라 왕에게 쓸모가 있을 것이다". 이 나무

---

7) *P. Cairo Zen.*, 59125; 또한 *HW*, Vol. I, pp. 287~280을 보라. 헬레니즘 세계의 환경 변화에 대한 이 절을 준비하면서 나는 로스토프제프(Rostovtzeff)의 위대한 저작에서 큰 도움을 받았다. 참고문헌 중에서 그 저작 이외의 출처는 거의 없다. 이런 종류의 저작에서는 그 문제에 대해 그가 제시한 모든 증거를 검토하는 것은 불가능하다. 그가 발견한 것을 요약하는 것만으로도 여러 쪽을 채울 수 있을 것이다. 특히 중요한 것은 헬레니즘 군주들의 자원 개발과 헬레니즘화, 도시화에 대해 언급한 부분이다. 여기서 나는 내가 논의하는 사고에 이 시기가 많은 것을 부가했다는 사실을 이해할 수 있도록 하는 사례를 제시하고자 했다. 또한 하이켈하임(Heichelheim), 카에르스트(Kaerst), 탄(Tarn), 폴렌츠의 저술에서도 많은 도움을 받았다. 제논 파피루스에 대해서는 Rostovzeff, *A Large Estate in Egypt in the Third Century*와 Préaux, *Les Grecs en Égypte d'après les Archives de Zénon*을 보라.

는 왕의 배를 지을 목재를 제공하고 왕의 농장을 장식할 것이었다.[8) 서기전 255년 1월 7일 아폴로니오스는 제논에게 포도나무, 올리브, 기타 묘목을 심을 시기임을 일깨웠다. 제논에게 멤피스에 사람을 보내 묘목을 가져오게 했고 식재 시작을 명하라는 것이다. 아폴로니오스는 더 많은 포도나무 묘목과 쓸모가 있을 다른 종류의 과실수 모두를 알렉산드리아 구역에서 보내겠다고 약속한다.[9)

서기전 255년 10월 8일 아폴로니오스는 제논에게 자신의 정원과 멤피스의 정원에서 최소 3천 개의 올리브 묘목을 가져오도록 명한다. 과일이 수확되기 전이라 그는 가지를 꺾기로 한 나무 하나하나에 표시를 해야 했다. 그리고 무엇보다도 야생 올리브와 월계수를 골라야 했다. 이집트 올리브는 정원에만 적합할 뿐 올리브 농장에는 적합하지 않기 때문이다.[10)

《테브투니스 파피루스》에서 가장 유명한 문서 중 하나는 부하에게 주는 재정관리인(dioecetes)의 지시서인데 서기전 3세기 후반으로 거슬러 올라간다. 부하는 물이 예상 깊이만큼 유입되었는지, 또 물을 가둘 충분한 공간이 있는지 살피기 위해 수도관을 검사할 책임이 있다. 그리고 관개 시스템을 감독하는 것은 놈(nome)의 재정담당관(oeconomus)의 의무다〔29~40〕. 그는 파종을 검사하고 작물의 싹을 관찰하며 파종이 잘못되었거나 파종하지 않은 땅을 찾아내어 정확히 파악한다〔49~57〕.

필수 임무 중 하나는 각각의 작물이 계획에 맞춰 놈에 제때 파종되었는지 살피는 것이다(이 지시는 분명 왕가의 토지에 해당되는 것이다)〔57~60〕. 그는 다 자란 지역의 나무를 제철에 심어야 하는데, 즉 버드나무, 뽕나무, 아카시아, 능수버들을 키아크월(Choiak: 이집트력으로 4월_옮긴이)에 심어야 한다. 재정담당관은 나무 및 관목의 식재, 보호, 벌목을 전반적으로 관장했다. 그는 나무를 양묘장에 심었고 충분히 자라면 왕가의 둑

---

8) *P. Cairo Zen.*, 59156, 59157.

9) *Ibid.*, 59159.

10) *Ibid.*, 59184.

으로 옮겨 심었다. 양이나 다른 위험으로부터 이 나무를 보호하는 책임은 특별 청부인이 수행했다.[11]

　다시 헬레니즘 시대가 결정적이다. 가장 영향력 있는 사고, 묘사, 해석은 거의 예외 없이 3세기에 걸친 이 시대 동안, 혹은 여기서 영감을 받아 비롯되었다. (뒤에서 논의할) 에라토스테네스, 테오프라스토스, 《신들의 본성에 관하여》의 스토아주의 대변인, 헬레니즘화된 로마 시대의 루크레티우스, 헤르메티카의 저자처럼 후대에 등장하지만 헬레니즘 사상가들과 밀접하게 관련됨이 분명한 인물들의 인상적 진술은, 그것이 전해지는 과정에 많은 부분이 소실되지 않았는가 하는 의문을 불러온다.

　로스토프제프에 따르면 헬레니즘 초기의 동 그리스를 지배했던 정서는 경쾌한 낙천주의였다고 한다. 그들은 선도 철학학파의 지지하에 "인간과 이성의 무제한적 능력"을 확신했다.[12] 이러한 관찰은 분명 스토아주의자 다수에 적용되었을 것이고, 루크레티우스가 판단하기에 에피쿠로스주의자에게도 적용되었을 것이다. 농업과 목축업 같은 농업 관련 직업은 고대 세계에서 가장 중요한 부의 원천이었다. 그러한 경제 활동의 집약화는 눈에 보이는 경관 변화를 쉽게 야기한다. 운하가 나타나고 늪이 사라지며 강줄기가 바뀐다. 농업에 대한 고전 저술가들의 글에서 유추할 수 있듯이 당시 토양에 대한 경험적 판단이 원시적 수준이었고 좋은 토양이 알려진 지 이미 오래되었다면 토지의 개량은 새로운 땅을 획득해야만 가능했을 것이다. 이 시대 동안의 토지 개간은 역학(*mechanics*)이라는 과학에, 그리고 운하 굴착, 관개, 습지 배수라는 실용적 경험에 근거했다. 알렉산드로스 군대의 광산 기술자 크라테스(Crates)의 감독하에 보이오티아의 코파이스 호수(Lake Copais)**의 배수라는 유명한 계획의 목적은 명백히 그리스의 경작지 면적을 늘리기 위함이었다.[13] 또한 비슷한 사업이

---

11) *The Tebtunis Papyri* 703 = Vol. 3, pp. 66~102.
12) *HW*, Vol. 2, p. 1095.
13) Strabo IX, ii, 18은 이것이 목적이었다고 말하지 않는다. 크라테스는 알렉산드

동방의 헬레니즘 군주국과 이집트에서 수행되었다. [14]

로스토프제프는 프톨레마이오스의 경제 체계가 "국가 건설의 주목적에, 다시 말해 부유하고 강력한 왕권의 수립과 함께 생산의 조직화라는 하나의 동기에 고무된 것"이었다고 말한다. [15] 헬레니즘 세계의 다른 대부분의 지역보다 훨씬 더 많은 것이 알려진 프톨레마이오스 시대의 이집트에서 이루어진 의식적인 자연자원 개발의 목적은 자급이 가능한 나라를 만들고, 근대적 용어로 하자면 '무역수지 흑자'를 창출하는 것이었다. 여기서, 그리고 뒤에 나올 에라토스테네스의 인용문에서 환경 변화는 의식적인 정부 정책의 산물이다. [16] 이 정책을 수행하면서 프톨레마이오스 왕조가 그리스인 정착민에게 베푼 배려는 토지의 외관에 가시적 변화를 가져왔다. 이를 '다른 나라에 수출된 민족적인 취향과 음식의 영향'이라고 묘사하는 것이 적당할 것 같다. 이집트인의 음료는 맥주였던 반면 그리스인은 포도주를 좋아했는데, 곧 프톨레마이오스 시대의 이집트에는 광대한 포도밭이 생겨났다. 그리스인에게 없어서는 안 될 품목이었던 올리브 역시 마찬가지였다. 그래서 포도밭과 올리브 숲은 과일나무나 양과 마찬가지로 그리스인의 존재를 입증하는 물건이 되었다(이전에 이집트에도 알려져 있긴 했지만 극소수였고 그다지 성공적이지도 못했다).

식물의 기후적응(acclimatization) 시도에 관한 역사, 특히 이집트의 역사를 기술한 책에는 그리스적 음식 및 의복 취향에 관한 장이 하나 있어야 할 것이다. 실험이 이집트에만 국한된 것은 아니었다. 하르팔로스(Harpalus)*가 메소포타미아에 소나무를 적응시키려 시도했기 때문이다. 테오프라스토스는 하르팔로스가 바빌론의 정원에 담쟁이를 심으려 계속 시도했지만 실패했다고 말한다. [17] 그리스인이 의복으로 양모를 선

로스에게 보내는 편지에서 많은 장소가 이미 배수되었다고 말했다.

14) 이집트에 대한 폭넓은 논의를 살펴보려면 *HW*, Vol. 1, pp. 351~380을 보라.

15) *Ibid.*, p. 316.

16) *Ibid.*, pp. 351, 353.

호했기 때문에 프톨레마이오스 시대의 이집트에서는 양이 중요해졌다. 외국의 양이 수입되었고 이를 적응시키려는 노력이 행해졌다. 프톨레마이오스 필라델푸스(Ptolemy Philadelphus)*의 엄청난 행렬 속에는 아라비아, 에티오피아, 에보이아(Evvoia)**의 양이 있었다〔Ath. V 201c〕.

동식물의 도입과 적응이 헬레니즘 시대에만 나타났던 것은 아니다. 적어도 크세노폰의 시대 이래로 필요한 식물의 도입과 작물화는 그리스 세계에서 익숙한 것이었다. 18) 콜루멜라를 통해 알 수 있듯이 헬레니즘 시대 이후에도 유사한 활동이 성행했던 것으로 보인다. 어떤 장소는 특정 품종의 포도나무, 곡물, 동물 품종으로 유명하다. 그리고 콜루멜라는 흔하게 쓰이는 그리스어와 라틴어 개 이름의 목록까지도 제공한다.

만일 우리가 프톨레마이오스 시대의 이집트를 적당한 간격을 두고 연속적으로 촬영할 수만 있다면, 최소한 초창기 동안은 경관을 더욱 다양하게 만드는 서로 다른 작물, 새로운 장치, 도입물을 지속적으로 볼 수 있을 것이다. 19) 헬레니즘 군주들의 벌목 정책을 고찰하는 것은 감질 나는 일이다. 왜냐하면 이것이 아마도 전(前) 산업사회에서 다른 어떤 것보다도 생태계와 토지의 외관을 변화시켰을 것이기 때문이다. 이집트의 통치자들은 나무를 심고 또 자르는 데 주의 깊은 관심을 보였지만 이들이 보전에 관심이 있었는지의 여부는 알려지지 않았다. 20)

헬레니즘 시대 동안 엄밀한 과학에서 이루어진 눈부신 성공이 새로운 기술적 장치의 발명을 통해 생산 및 교환법의 개량에 기여했다. 21) 로스

---

17) 적응을 위한 하르팔로스의 시도에 대해서는 Bretzl, *Botanische Forschungen des Alexanderzuges*, pp. 234~236을 보라. Theophr., *Enquiry into Plants*, IV, iv, 1.

18) *HW*, Vol. 2, p. 1162를 참고하라.

19) *Ibid.*, Vol. 2, pp. 1167~1168.

20) *Ibid.*, Vol. 2, pp. 1169~1170; note 113, pp. 1612~1613과 이미 논의된 *The Tebtunis Papyri* 703, 191~211, 그리고 5, 200. 숲 정책은 Heichelheim, "Monopole", *PW*, Vol. 16:1, col. 188; *HW*, Vol. 1, pp. 298~299.

토프제프는 소아시아 해안, 보스포루스 해협, 프로폰티스(Propontis)**에 자리한 주요 섬과 거대 상업 도시에 들어선 엄청나게 많은 건물을 근거로 건축가와 기술자들의 특별한 지위를 강조했다. 항구의 재건축 그리고 밀레토스, 에페소스(Ephesus),** 스미르나(Smyrna)**와 소아시아의 작은 도시의 재설계와 재건축 등이 그 사례이다. 새로운 도시와 사원이 건설되었고 기존 건물도 배수로와 수도교의 건설을 통해 생활이 더욱 편리해지도록 재건축되었다. 또한 건축은 명백히 광산, 채석장, 그리고 이것들이 입지한 숲의 이용과 밀접하게 관련되었다. 전쟁과 군사용 건설 또한 결정적인 부분이었다.

또한 로스토프제프는 비트루비우스가 《건축십서》**에서 묘사한 것은 이상적 건축가가 아니라 헬레니즘 시대로부터 물려받은 건축가 개념이라는 견해를 피력한다. 비트루비우스가 건축가의 기능을 행사하는 데 있어 한편에는 과학과 학습, 또 다른 한편에는 실용적 기술 간의 "조화로운 협력"을 주장한 점으로 미루어 알 수 있다는 것이다. 만일 이것이 사실이라면 비트루비우스와 15세기의 알베르티(Alberti: 9장 2절을 보라)*가 표출했던 건축가의 이상(理想)을 서로 비교하는 일이 유익할 것이다. 둘 모두 조화, 철학, 그리고 건물 — 집이건 도시건 간에 — 과 넓은 의미에서의 주위 환경 간의 관계에 관심을 가졌다.[22] 건물 건축과 군사 공학 그리고 과학과 기예 사이에는 농업에서의 이론과 실천 사이보다 긴밀한 동맹관계가 있었던 것 같다. 건축과는 달리 농업에서는 과학적 실험이 부재했다. 그러나 건축에서 발생한 기술 혁신이 혁명적인 것은 아니었다. 일부는 과학적 발견에 의존했고, 일부는 헬레니즘 세계를 구성한 나라 사이에서 오랜 기간에 걸쳐 확립된 방법을 교환하는 데 그쳤다.[23]

---

21) *HW*, Vol. 2, p. 1180; Heichelheim, "Effects of Classical Antiquity on the Land", *MR*, p. 169 and Sarton, *Hellenistic Science, passim.*

22) *HW*, Vol. 2, p. 1234. 로스토프제프의 말에 비추어 Bk. I, ch. 1, and Bk. VII, Pref. 에 나오는 비트루비우스의 두드러진 논의를 참고하라.

도시 또한 자연환경이다. 도시는 인간의 목적이 낳은 산물이 극히 조밀하게 집중된 것이 특징이다. 물론 그 속에는 나무, 산책로, 정원, 공원에 포함된 자연경관도 나타난다. 도시는 나무가 간간이 보이는 집들과 도로로 가득할 수도 있고, 비록 인공적인 냄새가 좀 나더라도 목재, 돌, 기타 대칭적으로 짜인 물질들의 집약체와는 대조적인 정원, 산책로, 공원으로 가득할 수도 있다. 우리가 보았듯이 헬레니즘 시대에는 도시와 농촌 간의 대비가 극명했다고 믿을 만한 이유가 있지만 그 증거는 대부분 간헐적이다. 전원의 매력에 대한 묘사는 지중해 세계에서 탄생한 것은 아니지만 그곳에서 크게 번성했던 도시의 오랜 전통과 대조를 이룬다.

알렉산드로스는 근동 지역에 그리스 도시 형태를 띤 대형 주거지를 몇 개 건설했다. 알렉산드리아가 두드러진 사례이다. 그는 팔레스타인의 가자(Gaza), 추정컨대 페니키아의 티레(Tyre)** 같은 몇 개의 도시를 파괴한 뒤에 이를 재건했다. 우리는 헬레니즘 시대를 도시 건설의 시대라기보다는 당시 만개했던 도시 생활의 다양성과 이를 번성시킨 활동의 측면에서 이야기해야 한다. 당시엔 이미 많은 도시가 존재했기 때문이다. 오래전에 건설된 도시는 확장되었고, 확장된 형태를 가진 새로운 도시가 건설되었다. 몇몇 도시는 이름을 유지했지만 프톨레마이스-아케(Ptolemais-Ake: 페니키아 시대의 고대 도시_옮긴이) 같은 도시는 역동적인 새 이름을 부여받았다. 몇몇은 최근에 건설된 것이었고 몇몇은 프톨레마이오스 시대 이전의 것이었다. 헬레니즘 시대 동안 그리스 수출 무역 중심지에 새 생명이 불어넣어졌다. 시돈(Sidon),** 알-미나(Al-Mina)** 항구 같은 그리스-페니키아 도시가 부활한 반(半) 그리스 상업 중심지(emporia)로 가장 두드러진 곳이었다. 24)

수많은 그리스식 폴리스는 아시아 제국의 동방 지역, 즉 "위대하고 전

---

23) *HW*, Vol. 2, pp. 1230~1238, 1302.
24) *HW*, Vol. 1, pp. 130~131.

략적인 상업용 도로들" — 기억할 수도 없는 먼 옛날부터 동방세계에서 가장 문명화되고 가장 진보한 지역과 서로 연결되었던 — 에 입지했다. 따라서 알렉산드로스가 창조한 그리스식 폴리스의 대부분은 완전히 새로운 도시도 작은 마을의 변형태도 아니었다. 폴리스가 건설된 대부분의 도시가 이미 상업의 중심지였다. 그가 길을 창조한 것도, 거대한 대상 무역 중심지와 바다를 연결시킨 것도 아니었다. "〔그가 만든 식민지〕의 새롭고도 신기원적인 특징은 동방의 상업 중심지를 그때까지 동방에 알려지지 않았던 형태의 상업 중심지로 바꾼 것이었다". 25) 따라서 우리는 헬레니즘 시대의 도시화와 이후 로마 세계의 도시화를 구분하는 로스토프제프의 주장을 받아들일 수도 있다. 그는 로마제국이 거의 순전히 부족적인 마을생활을 하던 지역에 그리스-이탈리아 형태의 도시 생활과 도시 정신을 도입했다고 말했다. 셀레우코스 왕조(the Seleucids)*는 그리스 도시를 여러 가지 목적에서 건설했는데, 첫째이자 가장 중요한 목적은 군사적·정치적 용도의 식민지였다. 그러나 알렉산드로스 훨씬 이전부터 시리아, 바빌론, 메소포타미아에서는 진정한 도시화가 이루어졌다. 26)

앞선 논의에서 헬레니즘 시대는 능동적인 시대로 묘사되었다. 즉, 인간의 본성, 우주에서의 위치, 다른 생명체와 구별되는 요소 등을 비롯하여 인간과 환경에 대한 광범위한 철학적 전망, 그리고 헬레니즘 군주의 경제적·정치적 열망 속에 체화된 자원에 대한 실용적 전망이 이 시대의 특징이다. 대부분의 중요한 구절은 헬레니즘 시대의 것이거나 이에 영감

---

25) *HW*, Vol. 1, pp. 132~133.

26) *HW*, Vol. 3, note 262, p. 1436. 또한 V. Tscherikower, "Die hellenistischen Städtegründungen von Alexander dem Grossen bis auf die Römerzeit", *Philologus* Supp. Bd. 19, Heft I(1928), vii + 216 pp를 참고하라. 또한 *HW*, Vol. 3, note 5, p. 1091, *Hellen. Civiliz.*, ch. 3의 탄의 논의와 Heichelheim, "Effects of Classical Antiquity on the Land", *MR*, pp. 168~169를 참고하라.

을 받은 저술에서 유래한 것이다. 물론 헤시오도스(Hesiodos),* 헤로도토스, 이소크라테스(Isocrates),* 크세노폰처럼 이전 시대의 저술에도 몇몇 구절이 등장하긴 하지만 이 역시 플라톤이나 소포클레스에서처럼 흐름을 형성하지 못하고 고립된 사례이다.

4. 환경 변화에 대한 일반적 서술

역사적으로 살펴보면 환경 변화의 중요성에 대한 어떠한 해석도 없이 환경의 변화를 인식하는 경우가 이따금 있다. 가장 빈번하게 인용되는 것이 이집트가 "강의 선물로 이루어진 나라"라는 헤로도토스의 말이다. 그러나 헤로도토스는 이것이 절반의 사실임을 알고 있다. 이집트 문명은 나일 강의 선물 그 이상의 것이다. 이집트인 스스로가 자신의 땅을 변화시켰기 때문이다. 신화적 인물인 세소스트리스(Sesostris)****는 운하를 건설했고 강제노동이 전원의 모습을 변화시켰다. 말과 마차가 다니기에 적합했던 이집트의 시골은 운하가 교통수단을 대체하고 도로망을 바꾸면서 이제 말이나 마차에는 부적합한 환경이 되었다.[27]

이소크라테스는 이집트의 또 다른 신화적인 왕 부시리스(Busiris: 그리스 신화에 등장하는 이집트 왕_옮긴이)에 대해 기록했다. 그는 포세이돈(Poseidon)과 리비아(Libya)****의 아들로 자신의 어머니가 태어난 나라가 자신에게 어울리지 않는다 생각하여 이집트를 복속시켰다. 어떤 종류의 작물도 잘 자랄 수 있는 기후나 상황을 갖추지 못하고 큰 비로 범람하거나 더위로 황폐화된 장소와는 달리 세상에서 가장 아름다운 곳에 위치한 나일 강 삼각주인 이집트는 강의 영원한 보호 아래 가장 풍부하고도 다양한 산물을 생산할 수 있었다. 나일 강은 이집트인이 자신의 땅을 생

---

27) Hdt., II, 5, 108; Kees, "Sesostris", *PW*, 2A:2, col. 1873.

산성 있게 만드는 데 마치 신과 같은 능력을 갖게 했다. 제우스는 다른 민족에게는 비와 가뭄을 나눠 주었지만 이집트인은 이를 직접 통제한다는 점에서 제우스 자신과 같았다(이집트와 다른 나라의 수자원 사이의 대비는 헤로도토스와 플라톤도 이미 언급했던 것이다. 앞서 《아톤 찬가》에서 이러한 내용을 살펴본 바 있다).[28]

후대 헬레니즘 시대의 테오크리토스는 프톨레마이오스 왕조뿐 아니라 이집트와 나일 강, 인간의 기술 역시 칭송했다. 수만 개의 나라와 민족은 제우스가 내려 주는 비의 도움을 받아 자신의 땅을 경작한다. 하지만 나일 강이 물을 가져와 땅을 흠뻑 적시고 길들이는 이집트의 저지대만큼 풍성한 생산물을 내는 나라는 없다. "어떤 나라도 노동에 숙련된 사람들의 도시를 그렇게 많이 보유하지 못했다. 그 안에 건설된 도시들의 수는 엄청나게 많다. 그곳의 군주이자 이 모든 것의 주인은 자랑스러운 프톨레마이오스다".[29]

서기전 4세기 안티오크(Antiok)**의 목욕탕 바닥에는 아직도 아름다운 모자이크가 남아 있다. 이집트의 풍경에는 비옥한 대지, 신중한 경작, 그리고 나일 강이라는 풍요로움을 지닌 세 가지 사물이 의인화되어 있다. 그 조합을 이해하기란 어렵지 않다. 기술이라는 고리가 창조적 인간과 자연 사이를 연결하는 것이다.[30] 스트라본 또한 이집트인이 자국에 가한 환경 변화에 대해 언급하면서 부수적으로 이집트인의 치수 능력에 대해 상세히 설명한다. 그리스인에게 이집트의 환경은 이집트인의 문명만큼이나 환상적인 것이었음이 분명하다.

---

28) Isoc., *Bus.*, 10~14. 전설에 대해서는 Hiller v. Gaetringen, "Busiris, 5", *PW*, 3, cols. 1074~1077을 보라.

29) Idyll XVII, 77~85.

30) *Nat. D.*, II, 60, 150~152; *de fin.* V, 74; Lucr. I, 159~214. 금속판 (*plate*)에 대해서는 *HW*, Vol. 1, facing p. 352를 참고하라.

나일 강에 쏟아지는 관심과 보살핌은 근면함이 자연을 이길 정도로 너무나도 큰 것이었다. 땅은 자연적으로 물을 공급받아 더더욱, 엄청난 양의 풍요로운 열매를 생산한다. 또한 자연적으로 강의 수면이 상승하면 더 넓은 땅에 물을 대 준다. 그러나 자연의 부족함을 교정하는 데 완전히 성공한 것은 근면함 덕분이다. 그래서 강의 수면 상승이 평소보다 낮은 때에는 나라의 대부분이 운하와 제방을 통해 관개되는데 그 수준은 강의 수면 상승이 큰 때와 맞먹을 정도이다.[31]

헬레니즘 시대의 지리학자 중 에라토스테네스는 환경 변화에 수반된 복합적인 문화적·역사적 요인에 대해 두드러진 인식을 보여준다. 그가 말하길 과거 키프로스의 평원은 숲으로 뒤덮여 있었는데 구리와 은을 녹일 땔감과 "바다에서 안전하게 항해하고 거대한 해군을 가지면서" 선박 건조에 필요해진 목재를 대기 위해 개간이 이루어졌다. 이런 목적의 벌목은 "숲에서 재목으로 쓰일 나무의 성장 속도를 확인할 여력이 없었고" 따라서 사람들이 나무를 베고 "어떤 지불도 없이 개간지를 자신의 재산으로 삼는 것"이 허용되었다. 이렇게 에라토스테네스는 광업, 항해 및 정부의 토지정책을 경관의 변화와 관련짓는다.[32]

5. 가축화·작물화 및 기후 변화에 대한 테오프라스토스의 입장

역사적으로 동식물과 지형을 연구하는 사람들은 인간 활동이 이러한 현상에 미치는 영향에 관심을 보였다. 가령 식물학자들은 작물화의 본질과 인간 때문에 발생하는 식물의 천이(遷移)에 관심이 있었다. 고대 세계에서는 테오프라스토스가 그러한 연구자였다. 그는 두 가지 질문을 던졌

---

31) Strabo, XVII, i, 3.
32) Strabo, XVII, vi, 5.

는데 그 질문은 근대에도 탁월한 관심사가 되었다. ① 작물화된 식물은 어떤 점에서 야생식물과 다른가? ② 인간이 기후를 변화시키는 것이 가능한가? 이 두 질문 모두 침식에 대한 플라톤의 논의가 그러하듯 식물을 변화시킬 수 있는 인간의 능력 그리고 식물 생장에 이롭거나 방해하는 환경 조건을 가져올 수 있는 인간 능력에 대한 호기심을 드러낸다.

야생식물과 작물화된 식물에 대한 테오프라스토스의 구분은 흔한 관찰을 반복하는 것 이상이 아니란 점에서 실망스럽다. 그는 식물 각각은 야생의 형태와 작물화된 형태를 가진다는 히폰(Hippon)*의 사고를 거부하고, 작물화는 인간의 보살핌을 전제로 한다는 것과 어떤 야생식물은 경작이 불가능함을 인식했다. 하지만 씨앗에서 자라는 모(母)나무보다 퇴화한 어떤 나무는 경작되어 특별한 관심을 받으면 개량되기도 한다. 석류나무는 풍부한 강물과 돼지거름을 제공하면 성질이 변한다. 아몬드 나무는 나무에 관을 꽂아 고무 성분을 빼내고 다양한 보살핌을 주면 성질이 변한다. 33)

작물화된 식물은 인간과 밀접한 관계를 맺고 살아가는 가축화된 동물과 비슷하다. 아마도 테오프라스토스는 가축화된 양을 염두에 두었을 것이다. 다음 구절은 비록 작물화되었다가 다시 야생으로 돌아간 식물에 대해 말하는 것처럼 보이지만 원하는 형질에 대한 인위적 선택이 야생과 작물화된 나무를 구분하는 주된 기준임을 암시한다. "다시 야생화되면 열매의 질이 점점 떨어지고, 잎, 가지, 나무껍질 및 일반적인 외관 자체가 작아진다. 왜냐하면 경작하에 있을 때는 이러한 부분뿐만 아니라 나무의 전반적 성장이 촘촘하고 치밀하며 단단해지기 때문이다. 경작종과 야생종 간 차이는 이러한 측면에서 주로 나타난다". 34)

---

33) Theophr., *An Enquiry into Plants*; on Hippon, I, iii, 5, and III, ii, 2; I, iii, 6; II, ii, 6, 11.

34) Theophr., *An Enquiry into Plants*; III, ii, 3. IV, iv에서 우리는 알렉산드로스 정복이 가져온 식물학적 결과를 언뜻 볼 수 있다. 이 주제에 대해서는 Bretzl,

하지만 우리의 주제에서 더 의미 있는 것은 인간에 의한 기후 변화를
다룬 그의 논의다. 이 주제와 관련된 오랜 성찰의 역사가 여기서부터 시
작되기 때문이다. 테오프라스토스는 테살리아의 라리사(Larissa: 그리스
테살리아 지방의 수도_옮긴이) 같은 지역은 과거에 나무가 얼지 않고 공기
가 농밀하며 더 따뜻했으며 전체적으로 거대한 소택지의 모습을 띠었다
고 말했다. 그러나 물을 배수하고 다시 모이지 못하도록 하면서부터 이
지역은 추워지고 얼음이 더 자주 얼었다. 그는 이와 같은 국지적 기후 변
화의 증거로 과거에는 크고 아름다웠던 올리브나무가 심지어 도시 내에
서조차 사라진 것과 포도나무가 전례 없는 추위의 공격을 자주 받은 것을
든다. 또 다른 사례로 에브로스 강(Hebrus: 발칸반도를 남동류하는 강으로
마리차(Maritza) 강이라고도 함_옮긴이)의 아이노스(Aenos)는 강물이 더
가까이 흐르자 더 따뜻해졌다. 다른 한편으로는, 필리피(Philippi)** 인
근의 경우 과거에는 지금보다 더 많이 얼었다. 들판의 물을 배수시키자
그 지역 대부분에서 물이 빠지면서 경작이 시작되었다. 이 경우 미경작
된 지역은 더 춥고 공기가 농밀해진다. 숲 안에 물이 고여 있다 해도 숲이
태양빛이나 미풍의 통과를 가로막기 때문이다.

라리사의 사례에서 배수는 더 극단적 추위를 가져온 반면 물의 존재는
추위를 완화하는 효과를 가졌다. 또한 필리피의 사례에서 숲의 개간은
지면을 태양에 노출시켜 기후를 더 따뜻하게 한다. 이와 유사한 플리니
우스의 진술은 분명 테오프라스토스에게서 나온 것이다. 35)

인간에 의한 기후 변화를 관찰한 테오프라스토스의 사례는 매우 좁은
지역을 관찰한 결과지만 그는 분명 여기서 작동하는 보편적 원리를 보았

---

*Botanische Forschungen des Alexanderzuges*를 참고하라.

35) Theophr., *De causis plant.* V, 14, 2~4, 5(=*Opera, quae supersunt omnia*,
   p. 284). 이 구절은 Capelle, "Meteorologie", *PW*, Supp, Vol. 6, col. 354
   의 도움을 많이 받았다. 또한 *De Ventis*, 13, *Opera* p. 379를 참고하라. 그러
   나 크레타의 기후 변화에 대해서는 별다른 근거가 제시되어 있지 않다. 또한
   Pliny, *NH*, XVII, iii, 30을 보라.

을 것이다. 이 점은 이러한 설명이 기반을 두는 이론을 보면 명백하다. 이러한 탐구는 아리스토텔레스의 제자인 테오프라스토스와 더불어 조심스럽게 시작되어 근대에 이르기까지 — 특히 18세기와 19세기 — 수없이 많은 저술가들의 주제가 되었다.

하지만 이 같은 특별한 사고가 후대의 탐구를 자극했다고 말하는 것은 부정확할 것 같다. 왜냐하면 후대의 탐구는 서로 다른 시대의 많은 사람이 독자적으로 진행했던 것 같기 때문이다. 개간이 기후에 미치는 영향은 중세의 성 알베르투스가 논하였으며 발견의 시대 이후 이에 관한 논의는 엄청나게 늘어났다. 수많은 여행자, 그중에서도 특히 북아메리카의 여행자들이 새로 발견된 땅의 숲을 개간했을 때 기후가 더 따뜻해진다는 것을 관찰했거나, 관찰했다고 생각했거나 아니면 그와 관련된 과거의 회상을 믿었기 때문이다.

6. 농촌 생활과 황금시대

고대 저술가 사이에서 인간에 의한 환경의 변형은 농업에 대한 저술에서 가장 빈번하게 언급된다. 크세노폰이나 카토(Cato)* 같은 저술가들은 기예의 실용적 세부사항에 관심이 많았고, 다른 저술가들은 황금시대 토양이 주는 풍성한 수확과 밭을 가는 고된 노동을 대비하면서 당대의 농업을 황금시대의 비옥함과 연관시켰다(헤시오도스, 루크레티우스, 베르길리우스가 좋은 사례이다). 하지만 바로, 콜루멜라, 플리니우스 같은 다른 저술가들은 농업을 문화사와 철학이라는 광범위한 문제와 연결 지었다.

크세노폰은《오이코노미코스》에서 농촌 생활의 도덕적 가치를 묘사한다. 이 책에서 주 대변인으로 나오는 소크라테스는 페르시아 왕이 농업에 관심이 많고 페르시아인이 낙원이라 부르는 "토지가 생산할 수 있는 모든 훌륭하고 좋은 것들로 가득한 것"을 장려한다며 이를 칭송한다〔서기

100~150년경 새겨진 비문에 따르면 다리우스(Darius)*는 이오니아 지방 총독이었던 것이 분명한 가다타스(Gadatas)가 유프라테스 강 너머 — 즉 강의 서쪽, 시리아로 추정됨 — 에서 과실수를 들여와 재배했다고 칭찬했다].[36] 대지는 인간에게 생필품과 사치품을 제공하며 방목술은 "농업과 밀접한 관련을 가진다". 그러나 이러한 것을 얻기 위해 인간은 반드시 일해야만 한다.[37] 농부는 흙을 끊임없이 비옥하게 만들도록 권장받는다.

모든 사람이 거름의 가치를, 자연이 거름을 만든다는 사실을 알지만 거름이 풍부함에도 불구하고 누군가는 그것을 모으고 누군가는 이를 게을리 한다. 자연이 비를 내려주어 씨 뿌리기 전에 농경지에서 깨끗이 없애야 할 식물이 물속에 던져지면 "시간이 저절로 흙이 좋아하는 것을 만들 것이다". 모든 종류의 식물과 흙은 고인 물속에서 거름으로 바뀐다. 인간은 또한 땅을 적절히 배수하고 과도한 소금기를 제거하는 방법을 배워야 한다. "왜냐하면 다른 기예와 마찬가지로 게으른 자는 무지를 항변할 수 없기 때문이다. 모든 사람이 알듯이 땅은 좋은 대접에 반응한다. 농사는 게으른 영혼에게 분명하게 죄를 묻는다".[38]

카토, 콜루멜라, 플리니우스의 농업 저술에도 적절한 보살핌과 거름주기를 통해 흙의 비옥함을 유지하라는 비슷한 조언이 공통적으로 등장한다. 농업적 방식을 존중하는 데 크세노폰과 의견이 같은 카토의 다음 문장은 자주 인용된다. "좋은 경작이란 무엇인가? 밭갈이를 잘 하는 것이

---

36) "Letter of Darius, 521~485 B. C.", in Tod, *Greek Historical Inscriptions*(2d ed., Oxford, 1951), No. 10, pp. 12~13. 이 문서는 진본 여부를 의심받아왔다. 가다타스에 대해서는 Xen., *Cyr.* V. iii, 10을 보라. 또한 Xen., *Oec.* IV, 8(오유석 역, 2005, 《크세노폰의 향연·경영론》, 작은 이야기, pp. 108~109_옮긴이)도 보라.

37) Xen., *Oec.* IV, 13; V. 2~3. *Oec.* V에서는 농사의 아름다움과 도덕적·경제적 이점에 대해 길게 논의한다. 인용문은 V, 3에 있다(오유석 역, 2005, 《크세노폰의 향연·경영론》, 작은 이야기, pp. 112~113_옮긴이).

38) Xen., *Oec.* XX, 10~15(오유석 역, 2005, 《크세노폰의 향연·경영론》, 작은 이야기, pp. 195~197_옮긴이).

다. 다음은 무엇인가? 역시 밭갈이다. 세 번째는? 거름주기다". 39)

플리니우스 또한 흙을 비옥하게 하고 토양 고갈을 막는 언덕 밭갈이의 이점을 논의한다. 40) 또한 농업 저술은 헤시오도스 이래로 많은 저술가들이 묘사했던 황금시대의 신화와 관련된다. 황금시대의 사람들은 육체적·도덕적으로 우월했을 뿐만 아니라 이들의 흙은 너무나 비옥해서 밭갈이할 필요도 없이 인간에게 양식을 제공했다. 헤시오도스에서 비롯하여 세네카, 오비디우스(Ovid), * 바로, 베르길리우스 같은 후대의 저술가들이 반복했던(또는 복제했던) 주제는 황금시대에 대지가 저절로 인간에게 부여했던 생계를 현 시대에 유지하려면 적극적으로 수고를 해야 하며 땅을 조심스럽게 관리해야 한다는 것이다. 41)

추측에 가까운 역사와 도덕적·농업적 교훈이 결합된 시를 쓴 헤시오도스는 신들이 인간의 생계수단을 감춰버렸다고 믿었다. 만일 신들이 그러지 않았다면 인간이 자기 임무를 내팽개쳐 들판은 경작되지 않을 것이다. 42) 환경 변화는 필요를 추구하는 가운데 생겨나는 것이다.

헤시오도스는 인간의 문화사에는 5단계 — 황금시대, 은시대, 청동시대, 반신반인시대, 현시대(철의 시대) — 가 있다고 생각했다. 황금시대를 살았던 사람들은 슬픔을 겪지 않았고("노고와 불행에서 멀리 떨어져 자유로웠다") 노령에 시달리지도 않았으며 삶의 모든 좋은 것을 누렸다. "풍요로운 대지는 그들에게 그 열매를 자진하여 아낌없이 듬뿍 날라다 주었

---

39) Cato, *On Agriculture*, LXI, 플리니우스가 *NH*, XVIII, 174에서 인용했다.

40) Pliny, *NH*, XVIII, 2.

41) 이 주제는 고전 문헌에서 언제나 되풀이된다. 이를테면 Lovejoy, *Primitivism and Rel. Ideas in Antiquity*에서 Ovid(*Met.*, I, 76~215)의 구절을 인용하며 논평한 내용을 보라, pp. 43~49. ; *Amoros*, III, viii, 35~36, p. 63, Virgil (*Georgics*, I, 125~155, p. 370) ; Dicaearchus, in Porphyry, *De abstinentia*, IV, 1, 2, p. 94. 또한 문화적 원시주의에 대한 pp. 7~11의 언급과 pp. 38~41에 나오는 그리스 희극 시인들이 묘사한 황금시대에 대한 재미난 패러디를 참고하라.

42) Hes., *Works and Days*, lines 42~45.

소. 그리고 그들은 한가로이 즐겨 밭을 가꾸었소, 풍성한 축복을 받으며 많은 가축떼를 갖고 축복받은 신들의 사랑을 받으며". 43)

행복한 양치기와 원래부터 비옥한 흙이 황금시대의 특징이다. 이 신화에서 중요한 요소는 흙은 인간의 기예에 의한 간섭을 가장 덜 받을 때 가장 비옥하다는 개념이다. 그 의미가 철기시대의 문화적 쇠락에 따른 현시대 토양 비옥도의 하락을 표현하는 것인지(가능성이 적은 해석이다) 아니면 단순히 황금시대가 흙에서 생계수단을 구하기 어려운 철기시대와는 정반대의 조건이 만연한 시대였음을 의미하는 것인지 단언하기는 어렵다. 하지만 밭갈이와 휴경을 통해 땅을 경작에 적합하게 준비하고 좋은 상태로 유지하는 고된 노동의 역할은 분명 두드러진다. "쟁기질할 계절에는 마른땅도 진땅도 쟁기질하되 아침 일찍 서둘도록 하시라, 그대의 밭들이 가득 차도록. 먼저 봄에 갈아엎어 놓았다가 여름에 다시 갈아엎으면 그대는 실망하지 않으리라. 그래 놓았다가 휴경지에다 아직 땅이 푸석푸석할 때 씨를 뿌리시라. 휴경지는 파멸을 막아주고 하데스를 달래지요". 44)

'황금시대의 비옥한 흙'이라는 사고는 헤시오도스에서 세네카의 시대에 이르는 기간, 즉 거의 7세기에 걸쳐 문화사의 한 주제로 고대를 주름잡았다. 후대에 수없이 많은 반복이 이루어졌음은 더 말할 나위도 없다. 아마도 황금시대의 비옥한 흙은 철기시대의 덜 풍부한 자연과 상반되도록 설정된, 오래전 시대에 축복받은 삶의 한 측면에 불과했을 것이다. 하지만 이 사고는 너무 자주 오랫동안 반복되어 특별한 의미 없이 쓰이는 문학적 관습이 되었을 수도 있다. 영웅시대의 세네카는 다음과 같이 말

---

43) *Ibid.*, lines 110~120(천병희 역, 2004, "일과 날", 《신통기》, 한길사, pp. 94 ~95_옮긴이). 이 구절의 역사적 중요성에 대해서는 Lovejoy, *op. cit.*, pp. 27 ~28을 보라.

44) *Ibid.*, lines 460~464(천병희 역, 2004, "일과 날", 《신통기》, 한길사, pp. 109 ~110_옮긴이).

한다. "바로 그 흙은 갈지 않을 때 더 생산적이고, 사람들이 서로를 해치는 일을 하지 않을 만큼 충분히 생산했다".45)

오비디우스 역시 황금시대를 사람이 원시 환경에 거의 변화를 가하지 않았던 시대로 묘사했다. "자라난 산 위에 넘어진 소나무가 아직까지도 물 많은 평원으로 흘러내려가 다른 땅을 찾아가지 않았다. 인간은 자신의 해변만 알 뿐, 다른 해변을 알지 못했다 … 대지는 어떠한 강제도 받지 않은 채 괭이나 쟁깃날에 닿는 일 없이 필요한 모든 것을 스스로 제공했다".

인간은 아르부투스(arbutus: 진달래과에 속하는 관목에서 나는 딸기와 비슷한 열매_옮긴이), 딸기, 도토리 같은 주변의 식량을 모았다. 대지가 저절로 내어놓는 작물은 인간의 기예로 길들인 식물과 같았다. "머지않아, 경작되지 않은 대지는 곡식의 곳간을 열었고, 들판은 휴경되지도 않았는데도 수염투성이의 묵직한 밀로 하얗게 되었다. 하천에는 우유와 달콤한 과일즙이 흘렀고, 푸릇푸릇한 참나무에서 노란 꿀을 얻었다". 바로는 디카이아르코스를 인용하여 "손대지 않은 대지가 저절로 생산하는 것들로 살았던" 먼 옛날의 인간 생활은 분명 자연 상태였을 것이라는 데 동의한다.46)

황금시대의 비옥한 흙에 대한 이러한 사고를 어떻게 해석하건 — 비옥한 흙은 그저 모든 것과 서로 조화를 이루는 목가적 실존의 하나에 불과하다고 해석하건, 아니면 이런 사고가 당대의 어려운 삶의 현실과 비교되는 원시주의 및 이에 부여한 가정적 위엄에 대한 동경의 일부라고 해석하건 — 간에 덜 목가적인 나중 시대의 흙은 경작, 흙의 보충 및 보호라는 기예와 기법을 통해 자연에서 생계를 얻기 위해 분투하는 인간의 적극적 협력을 필요로 했다는 결론이 합리적이라는 것이 나의 생각이다. 황금시

45) Sen., *Ep. mor.*, 90, 40.
46) Varro, *On Farming*, Bk. II, chap. I, 3~4. 또한 *Fragment I*, *Vita Graeciae*, Porphyry, *De abstinentia*, IV, I, 2의 본문과 Lovejoy & Boas, *Doc. Hist.*, pp. 94~96의 번역을 보라.

대의 '무위성'(*spontaneity*)과 현재의 합목적적 노동을 서로 대비시키는 가운데 사람들은 사악하긴 하지만 인간 사회의 존재를 위해 원시적 경관을 변화시킬 필요가 있음을 인식했다.

황금시대에 대한 헤시오도스의 묘사는 아마도(서기전 8세기로 추측) 당시의 가혹한 현실과 날카롭게 대비되었을 것이다. 아리스토파네스의 시대(서기전 5~4세기) 조건 역시 가혹했다. 거의 헐벗은 아티케의 농부는 "많은 경우 불모의 자갈밭으로, 종종 아직 개간되지도 않은" 땅에서 일했다. 삼림 파괴에도 불구하고 여전히 목탄을 태웠고 이는 중요했다. "이른바 '부유한 아테네'라는 유명한 구절이나 아리스토파네스의 아름다운 애국심의 표출—'오, 아티케 토박이인 사랑스러운 케크롭스(Kekrops)****의 도시여, 훌륭한 땅의 젖통인 너의 풍요로운 흙을 맞이하라!'—에도 불구하고, 지리적으로 '들판의 엉덩이'로 묘사될 수 있는 언덕은 드물었다 … 이는 풍부한 곡식이 고된 노동 없이도 자랄 수 있는 동화 속 꿈동산에나 존재할 뿐이었다". 47)

7. 대지는 사멸하는 존재인가?

토양 고갈론은 또한 대지 자체에 유기체 유비를 적용한 자연의 노쇠라는 사고와 관련되었다. 이 이론은 서기 1세기경 인물로 추정되는 콜루멜라가 훌륭하게 표현하고 또 반박했다. 비록 그가 루크레티우스의 이름을 거론한 것은 아니지만, 그가 공격한 것은 루크레티우스의 교의다.

대지의 노쇠라는 사고는 중세를 거쳐 근대까지 그 명맥을 이어나갔다. 이 사고는 고대인과 근대인 사이의 논쟁 주제 중 하나였다. 헤이크월, 존스턴(John Jonston),* 이블린(John Evelyn)* 같은 사람들이 이에 대해 논

---

47) Ehrenberg, *The People of Aristophanes*, pp. 75~76.

했다. 그리고 몽테스키외는《페르시아인의 편지》(*Persian Letters*)***에서 근대의 인구가 고대보다 적다고 주장한다. 이 책에서 1718년 페르시아인 레디(Rhedi)는 베네치아에서 파리의 우스벡(Usbek)에게 보내는 편지에서 다음과 같이 묻는다. "과거에 비해 세계의 인구가 이리도 감소된 이유는 무엇일까요? 자연이 어떻게 태초의 그 놀랍던 번식력을 잃어버리게 되었을까요? 자연은 이미 노쇠한 지경에 다다른 것일까요? 결국은 지쳐서 허물어질까요?"[48]

우리가 살펴보았듯이 루크레티우스는 대지가 사멸하는 존재라고 믿는다. 점차 늙어 궁극적으로는 죽음에 이를 것이다. 또한 신성불가침의 존재도 아니다. 인간을 위한 신들의 신성한 계획에 따라 "세계의 영광스러운 본성"이 만들어졌다고 생각하는 것은 말이 되지 않는다. 인간을 위해 영원불멸의 거처를 창조한 신성한 장인을 상정하는 것은 어리석은 일이다. 그는 "신들의 오래된 지혜로 인류를 위해 만들어준 것을 어떤 힘으로든 뒤흔들거나, 반박논리로 공박하거나, 위에서 바닥으로 끌어내리는 것은 죄악 …"이라는 식의 사고를 조롱한다.[49]

여기서 잠시 이야기를 돌려 루크레티우스가 조롱하는 것은 '인간의 기예를 통해 신성한 배치에 간섭하는 일은 죄악'이라는 근대에 일반화된 태도라고 볼 수 있다. 근대에는 강의 물줄기를 돌리고 운하를 파는 것에 반대하는 관점이 강요되었는데, 예컨대 약학에서 마취의 시행[에 대한 반대]이 두드러진 사례이다. 만일 조물주가 이러한 것들을 의도했다면 애초부터 창조되었을 것이다. 아마도 루크레티우스는 다음 세기에 타키투스가 언급한 것과 비슷한 대중적 신념을 비판하는 것 같다. 타키투스는 눈길을 끄는 구절에서 자연 질서의 보전에 대한 종교적 신념의 효과에 주목할 것을 요청한다. 그러면서 자연 자체가 수원지와 물길, 강어귀를 가

---

48) Montesquieu, *The Persian Letters*, Letter 112, trans. by Loy(이수지 역, 2002,《페르시아인의 편지》, 다른 세상, p. 316_옮긴이).

49) *Lucr.*, V, 156~164.

장 잘 배치했다는 이유로 강의 물길을 돌리기를 거부하는 대중에 대해 언급한다.

그가 말하길 강의 지류와 호수의 물길을 돌려 테베레(Tiber) 강**의 범람을 막아야 할 것인지에 대한 논의는 원로원에서 시작되었다. 시 정부와 식민지에서 온 다양한 대표자가 이야기했다. 플로렌티아(Florentia)** 사람들은 만일 키아나 강〔Chiana, 클라니스(Clanis) 강〕의 물길이 아르노(Arno) 강**으로 비껴가면 자신들은 망할 것이라고 호소했다. 만일 큰 물줄기를 작은 개울로 쪼개는 이 계획이 시행되어 나르 강〔Nar, 네라(Nera) 강〕이 범람한다면 이탈리아의 가장 생산력 높은 들판이 재앙을 맞을 것이었다. 레아테〔Reate, 근대의 리에티(Rieti)인〕인은 나르 강으로 흘러들어가는 벨리네 호〔Veline Lake, 라고 디 피에-디-루고(Lago di Piè-di-Lugo)〕에 둑을 쌓는 것을 반대했다. 그들은 다음과 같이 말했다. "자연은 인류에게 이익이 되도록 최상을 제공했다. 자연은 적절한 경로를 따라 적절한 위치의 강어귀로 흘러가도록 강을 배치했고 발원지와 경계를 정했다. 또한 신성한 의식과 숲과 제단을 전원의 시내 곁에 두었던 선조들의 믿음을 고려해야만 한다. 게다가 이들은 테베레 강의 지류가 사라지면 그 위엄이 줄어들지 않을까 주저했다".

이에 대해 타키투스는 다음과 같이 언급한다. "결정적 요인이 식민지의 탄원자건 작업상의 어려움이건 미신이건 간에 '아무것도 바뀌어서는 안 된다'는 피소(Piso)*의 발의가 동의를 얻었다".[50] (그러한 믿음의 효과는 인간 정주의 역사에서 실로 큰 것이었다. 자연경관의 보전에 관한 종교적 신념의 영향은 전 세계 많은 지역 그리고 역사상 여러 시대의 사례에서 볼 수 있다. 한 가지 사례만 들자면 성소 주위의 신성한 숲은 종종 지금은 사라져버린 과거 경관의 지표다. 나무를 보전하는 일이 바람직하다는 관념과 무차별적인 벌목이 악이라는 거친 관념이 신성한 숲에 깃들어 있는 신들에 대한 믿음과 섞

---

50) Tac., *Ann.*, I, 79. 또한 I, 76도 보라(박광순 역, 2005, 《타키투스의 연대기》, 범우사_옮긴이).

여 있는 것을 자주 볼 수 있다)

그러나 루크레티우스는 이를 반박하며 말을 잇는다. 우주는 너무도 불완전하고 지구는 사용할 수 없는 땅으로 가득하기 때문에 신성한 힘이 인간을 위해 대지를 창조했다는 것은 인정할 수 없다(1장 9절을 참고하라). 나아가 대지는 당시보다 더 노쇠했다. 황금시대의 비옥함은 대지의 젊음에서 기인한 것이다. 인간의 힘과 인간이 부리는 황소의 힘은 점차 쇠락한다. 쟁기는 불평 가득한 들판의 흙을 거의 바꾸어 놓을 수 없다. 쟁기질하는 농부는 자신의 불운을, 흙에서 생계를 훨씬 쉽게 유지했던 선조들의 축복과 비교한다. "늙고 쭈그러진 포도나무를 심는 사람은 너무도 우울하게 시대적 추세에 악담을 퍼붓고 나이를 저주하며 불평하는 탓에 경건함으로 가득했던 옛 세대가 어떻게 좁은 땅에서도 생계를 쉽게 이어나갔는지를 생각지 못한다. 예전에는 각자에 할당된 토지가 훨씬 더 적었기 때문이다. 또한 해가 지나고 생명이 다하면서 만물이 조금씩 쇠하고 무덤으로 들어간다는 것을 이해하지 못한다".[51]

콜루멜라는 이와 비슷한 사고를 공격했는데, 분명히 이런 사고는 국가의 행정가 사이에서 널리 수용되었던 것 같다. 사실 이런 사고를 공격하는 것으로 저술을 시작한 후 나중에 자신의 반대 입장을 재차 강조한다. 국가의 지도층은 토양 비옥도가 부족하고 몇 년 동안 기후가 좋지 않아 작물 소출이 나빴다고 불평한다. 이들의 불만은 "그들의 견해에 따르면 과거의 과잉 생산으로 토양이 고갈되고 소진되어 사멸할 존재(인간_옮긴이)에게 과거의 자비를 더 이상 제공할 수 없다는 나름 근거 있는 추론에" 바탕을 둔 것처럼 보인다. 콜루멜라는 더욱 평이한 언어로 말을 잇는다.

우주의 창조주로부터 영원한 비옥함을 부여받은 대자연이 어떤 질병에 걸린 것처럼 불모에 감염된다고 가정하는 것은 죄악이기 때문이다. 또한 신성과 영원한 젊음이라는 운명을 부여받았으며 항상 만물을 낳으며

---

51) *Lucr.*, II, 1157~1174.

끊임없이 그렇게 해야 하는 운명 때문에 만물 공통의 어머니로 불리는 대지가 점점 늙어서 사멸할 것이라고 믿는 것은 좋은 판단력을 지닌 인간에게 온당치 않은 일이기 때문이다.

콜루멜라는 흙이 고갈되지 않고 영원히 생산적이라고 말하는 것이 아니라, 흙의 기능 고갈을 초래한 것이 인간일 수 있다고 말하는 것이다.[52] 어머니 대지를 인간의 어머니에 비유하는 것은 잘못이라고 콜루멜라는 말한다. 특정 나이가 지나면 어떤 여성도 더 이상 아이를 낳을 수 없다. 일단 상실된 생산력은 회복될 수 없다. 그러나 이 비유를 오랫동안 버려진 흙에 적용해서는 안 된다. 경작이 재개되면 흙은 "게으름의 시기에 대해 농부에게 높은 이익으로 되갚아주기" 때문이다. 토양 고갈은 대지의 노령화가 아니라 농업 관행과 관련된다. 콜루멜라는 흙에 관한 존경받는 노령의 저술가였음이 분명한 트레멜리우스(Tremelius)*를 인용한다. "사람 손이 닿지 않은 숲 지역은 일단 경작이 시작되면 풍성한 소출을 내지만, 그 후에는 경작자의 수고에 커다란 반응을 보이지 않는다".

콜루멜라는 그의 관찰은 올바르지만 해석이 틀렸다고 말한다. 그러한 땅이 생산력이 높은 것은 오랫동안 휴경되었고 젊기 때문이 아니라 매년 낙엽과 풀이 제공하는 양분이 축적되었기 때문이라는 것이다. 개간이 시작되어 도끼와 쟁기가 식물의 뿌리를 뽑아내면 흙의 영양 공급원이 사라진다. 그러면 과거에는 비옥했던 땅이 이제는 과거의 양분 공급원을 빼앗기면서 불모지가 된다. 이는 대지가 나이를 먹거나 노령화되기 때문이 아니라 "우리의 정력 부족으로 경작지의 소출이 줄어들기 때문이 분명하다. 만일 적절하게 자주 적당한 거름을 주어 대지를 다시 빠르게 소생시킨다면 풍성한 수확을 할 수 있을 것이다".[53]

뒤에는 거름 ─ 녹비와 퇴비 ─ 에 관한 내용이 길게 이어진다.[54] 소떼

---

52) Columella, *De re rustica*, Pref., 1~3.
53) *Ibid.*, II, 1, 1~7.

가 짓밟았던 땅에 남은 수분을 연구하는 것 같이 사소해 보이는 토양에 대한 영향도 관찰해야만 한다. 콜루멜라는 중국의 거름기 이동(migrant fertility)에 대한 테오프라스토스의 논의를 연상시키는 구절에서, 2월 중순경에 경사면의 높은 곳에 위치한 농경지에 건초 씨앗을 섞은 거름을 줘야 한다고 말한다. "왜냐하면 퍼붓는 비나 인위적으로 만든 도랑이 액체 상태의 거름을 아래쪽 농경지에 보내기 때문이다. 이 때문에 현명한 농부는 같은 경작된 땅이라도 계곡보다는 언덕에 거름을 더 많이 뿌린다. 왜냐하면 … 언제나 비가 모든 풍부한 물질을 저지대로 싣고 내려가기 때문이다".55)

콜루멜라는 "모든 푸른 것, 심지어는 인간과 다른 생명체에 대해서도 생식력 균등의 법칙이 적용된다"고 믿는다. 자연은 자신의 선물을 모든 지역에 골고루 나눠주었다. 그는 "인간이 베푸는 보살핌에 가장 민감한" 이탈리아에 내려진 자연의 선물을 예로 든다. 이탈리아의 농부들이 그 일에 매진하자 이탈리아는 거의 모든 종류의 과일을 생산하는 법을 알게 되었다. 그러므로 우리는 과일이 토종인지, 다시 말해 우리 땅에 속하고 난 것인지 자꾸 의심하려 하지 말아야 한다. 19세기의 헨(Victor Hehn)*처럼 콜루멜라는 이탈리아가 다른 나라에서 작물화되어 도입된 식물을 많이 보유한다고 생각한다. 56)

콜루멜라에서 비롯되었을 것으로 여겨지는 이와 유사한 사상은 플리니우스에게서도 나타난다. 왜냐하면 그가 여러 농업 권위자 중에서 마고 (Mago the Carthaginian), * 콜루멜라, 바로의 소실된 저술을 인용하기 때문이다. 그는 작물화의 중요성을 알았다. 그는 야생에서 저절로 자라는

54) Ibid., II, xiv~xv; 또한 index, Vol. III, of Loeb edition도 보라.

55) Ibid., II, xvii, 6~7; Thorp, Geog. of the Soils of China, pp. 433~436.

56) Columella, De re Rustica, III, viii, 1, 5. Victor Hehn, Kulturpflanzen und Hausthiere in ihrem Übergang aus Asien nach Griechenland und Italien sowie in das Übrige Europa.

나무와 인간이 실제로 탄생시킨 것은 아니지만 인간의 기예와 창의성이 발휘되어 만들어진 과수원의 나무를 구분한다.

흙에 대한 플리니우스의 논의에는 콜루멜라의 상식이 얼마간 들어 있다. 왜냐하면 흙은 사멸한다는 의미에서 늙은 것으로 간주되어서는 안 되기 때문이다. 흙은 보살핌을 받으면 지속될 것이다. 만일 쟁기질이 능숙하다면 언덕 사면의 나무를 모두 없앨 필요가 없다. 농부가 언덕 사면에서 쟁기질할 때는 위아래 방향으로 해서는 안 된다. "오직 언덕 사면과 직각 방향으로 쟁기질을 해야 한다. 하지만 쟁깃날은 어떤 때는 언덕의 위, 혹은 언덕의 아래를 향하도록 해야 한다".[57] 플리니우스는 또한 테오프라스토스가 창시한 이 주제의 관찰을 따라가면서 인간에 의한 기후 변화에 대한 사고를 남겼다.

크세노폰에서 베르길리우스에 이르는 농업 저술들에서 자연 질서를 변화시킬 수 있는 인간의 능력에 대한 인식이 확장됨을 포착할 수 있다. 그러한 확신은 관찰과 경험적 지식에 근거한다. 그러나 거의 예외 없이, 주된 강조점은 경작지의 비옥도에 맞춰졌다. 경작지에 대한 이러한 일반적인 강조는 비록 방목의 문제가 이따금 고려되긴 했지만 리비히(Liebig)* 의 시대를 관통하는 근대적 농화학의 특징이다. 방목지와 숲 같은 경작 불가능한 환경의 변화에 대한 세부적인 연구는 비록 중세의 저술에서도 '그러한 곳도 역시 변화하고 그것이 매우 중요하다'는 암시가 나타나긴 하지만 근대적 관심사다(2권 281~298쪽 참고).

---

57) Pliny, *NH*, XVII, I, 1; 3, 29~30; XVIII, 49, 178에서 인용.

8. 광범위한 문명 철학에서의 환경 변화 해석

광범위한 철학의 일부를 환경 변화를 해석하는 데 할애한 저술가들의
저작 중에는 키케로, (아마도 이 문제에 대한 사고를 스토아학파에게서 가져
왔을 것으로 생각되는) 헤르메티카의 작자, 루크레티우스, 바로, 베르길
리우스의 저작이 가장 유익하다. 스토아 철학에서는 인간의 기술적 성
취, 발명, 자연에 가져온 변화는 손 기술과 정신의 발견, 감각의 관찰이
서로 결합된 산물이다. 인간은 세계 — 특별히 인간에 적합한 지구 — 속
에 스며든 장인적 기술과 이성 중에서 자기 몫을 가진다. 그 증거는 인간
의 노력과 돌봄이 있어야 존재하는 나일 강, 유프라테스 강, 인더스 강
같은 외부 자연의 배치에서 찾을 수 있다. [58]

인간에 의한 환경 변화, 즉 자연 세계 내에 "또 다른 제 2의 자연"을 창
조하는 것은 본질적으로 인간의 기예와 동물의 기예 간 기본적인 질적 차
이로 설명된다. 인간은 이성을 지녔고 시간을 통해 누적되는 경험에 의
해 혁신하고 발명하는 것이 가능하다. 인간은 세계 전체에 스며든 창조
적 생명과 영혼에 참여한다. [59]

루크레티우스의 자연주의적 견해는 장인 유비나 설계론의 도움을 받지
않는 대안적 해석을 제시한다. 인간은 자연이 이미 제공한 것에 투쟁을
통해 무언가를 덧붙인다. 경작된 땅은 경작되지 않은 땅보다 낫다. 경작
된 땅이 더 많이 생산한다. 생계유지는 자연적이고 인간적 순환 속에 얽
여 들어간다. 하늘에서 내리는 비는 궁극적으로 마을에 먹을 것을 가져
다준다. 그리고 시내를 흐르는 물은 바다로 돌아간 뒤에 다시 하늘로 올
라간다. [60] 루크레티우스는 인간이 자신이 창조한 환경을 유지하는 과정

---

58) *Nat. D.*, II, 52, 130; *de fin.* 5, 39.
59) Pohlenz, *Die Stoa*, Vol, 1, pp. 227~228; 또한 Kaerst, *Gesch. d. Helleni-
   smus*, Vol. 2, pp. 124~125를 참고하라.
60) Lucr. I, 208~214, 250~264, 782~788.

에서 부딪히는 육체적인 어려움을 잘 알았다. 실패, 부주의, 게으름, 가시나무, 관목 숲, 잡초가 경작지에 또다시 침입할 것이다.

하지만 자연 세계로의 인간 개입에 대한 루크레티우스의 논의 중 가장 주목할 만한 것은 동물의 가축화 개념이다. 이는 놀랄 만한 목적론적 특성을 지니는데 동물에 의한 자의식적인 선택이라는 가정 역시 놀랍다. 동물의 가축화는 '위임'이다. 즉, 동물은 인간의 후견에 맡겨진다. 그러나 루크레티우스는 누가 동물을 인간의 후견에 맡겼는지 또 이를 지시했는지 말하지 않을 뿐만 아니라 이 곤혹스러운 사제(師弟) 관계의 목적도 설명하지 않는다.

동물은 스스로의 운명을 자의식적으로 결정하는 역할을 떠맡는다. 자연에서의 힘든 삶에서 도망치려는 특정 동물종에게 가축화는 생존 대안들을 서로 비교하는 동물의 자의식적이고 합목적적인 행동이 존재하며 가축화는 동물 입장에서는 반(半) 계약적인(semicontractual) 것이지만 인간에게는 인도주의보다는 효용이 주된 목적이라는 사실을 루크레티우스는 암시한다(가축화에 대한 효용론적 설명은 에피쿠로스철학이나 스토아 철학 어느 쪽과도 조화될 수 있다. 스토아 철학의 경우에는 설계와 부합한다. 특히 인간에 유용한 세계의 자원이 실은 인간을 위해 창조된 것이라고 가정될 때 그러하다).

루크레티우스의 철학에서(에피쿠로스에게도 적용될까?) 동물의 멸종은 두 가지 방식으로 설명할 수 있다. 자연 속의 동물이 생존 투쟁에서 살아남는 데 실패했거나 인간의 보호를 찾는 데 실패한 것이다. 하지만 자연 선택과 생존 투쟁에 대한 루크레티우스의 구절은 다윈의 진화론과는 유사점이 거의 없다. 종은 고정된 것으로 가정되고 인간의 역할은 좀더 온순한 몇몇 동물종에게 결정적인 것이며 동물 세계에 대한 인간의 간섭은 아주 오래된 것으로 가정된다. 인간은 자신의 생존과 번성을 더 이상 자연환경에만 의존하는 것이 아니라 인간에 의존하는 특정 종의 동물을 골라내는 방식으로 매우 이른 시기부터 자연 질서에 개입한다. [61] 여기서 나타난 루크레티우스의 사고는 18세기에 쓰인 가장 인상적인 자연사 저술인 뷔퐁의 《박물지》에 나오는 가축화 논의에서 다시 등장한다. 뷔퐁은 루크레티우스 저술의 열렬한 숭배자였다.

오늘날보다 더 강건하기는 했지만 과거의 인간들은 밭갈이, 심기, 가지치기를 몰랐기 때문에 밭갈이에 힘을 쓰지 않았다. 황금시대의 사람들처럼 이들은 대지의 자발적 선물을 공짜로 받았다. 불의 발명은 자연의 정복으로 나아가는 위대한 한걸음이었다. 아마도 번개나 나뭇가지의 마찰이 최초의 불을 가능케 했을 것이다.[62] 그러고 나서 인간은 태양과 태양이 대지의 물질에 미치는 영향에서 얻은 교훈을 통해 요리하는 법을 익혔다. 불의 발명은 야금술의 발견으로 이어졌다.

루크레티우스의 야금술 기원론은 그가 인간의 활동을 얼마나 의식했는지를 보여준다. 번개, 전쟁 때문이거나 아니면 숲을 베어 내어 경작지와 목초지를 넓히고 싶었거나 야생동물을 절멸시키려 했던 사람들에 의해 시작됐을 것으로 추측되는 거대한 산불이 금속(구리, 금, 철, 은, 납)의 발견을 가져왔다는 것이다. 예를 들어 "함정에 빠뜨려 동물을 사냥하려면 수풀에 그물을 치거나 사냥개로 동물을 위협하기 전에 먼저 불을 피웠다".[63] 원인이 어쨌든 산불은 맹렬하게 타오르면서 금, 은, 구리, 납을 녹여 시내를 이루어 지표면의 우묵한 곳으로 흘러들어가게 했다. 그리고 금속의 광택과 품위에 매료된 인간은 기묘한 형태를 띤 금속을 보면서 주형이 가능하다는 것을 알았다. 인간은 숲을 벌채해 목재를 만들고 들판을 경작할 도구를 만들 수 있게 되었다. 처음에는 구리 도구, 나중에는 철제 쟁기를 만들었다.

인간은 자연을 보고 배운 후 이를 모방하여 식물을 심었고 접붙이기를 했으며 다양한 경작 형태를 실험했다. 부드러운 보살핌을 통해 야생 열

---

61) *Lucr.*, V, 855~877.
62) *Ibid.*, V, 925~987, 1091~1104.
63) *Ibid.*, V, 1241~1296. V, 1250~1251에서 인용.

매를 인간의 보호와 경작의 손길 아래로 가져왔으며 자연의 제안을 따라 변화의 영역을 넓히면서 원시 환경을 길들인 환경으로 대체했다.

> 그리고 날마다 이들은 점점 더 많은 숲을 산 위로 물러나게 할 것이고, 쟁기날 아래 땅을 굴복시켜 언덕과 들판에 초지, 웅덩이, 시내, 작물 그리고 근사한 포도밭을 만들 것이며 그 사이엔 회색 올리브로 이루어진 띠가 언덕과 분지와 들판에 펼쳐질 것이다. 여기저기에 달콤한 열매를 내는 나무를 심고 사방에 열매를 내는 관목으로 울타리를 쳐 모든 땅이 다양한 아름다움을 뽐내며 정돈된 걸 심지어 지금도 볼 수 있다. [64)]

루크레티우스의 시는 오늘날 세 가지 맥락에서 논의된다. 설계론을 지지하는 기본 사고에 대한 반박, 대지가 본질적으로 유기체적이며 따라서 사멸할 운명이라는 개념, 환경 변화를 문화사의 일부로 보는 사고가 그것이다. 세 번째 사고는 이론적이라기보다는 역사적인 성격을 띠며 따라서 나머지 두 사고와 구분된다. 방금 인용한 문구에서 그는 시적인 언어로 소멸이나 죽음에 대한 암시를 전혀 하지 않은 채 인간이 경관을 변형하는 방식을 분명하게 묘사한다. 인간 기예의 진보는 환경에도 역시 영향을 미친다. 인간은 모방을 통해, 정신을 이용해 배워 나갔고 실행과 경험을 통해 지식을 늘려 갔다. 인간은 많은 동물종을 수집해 나갔다. 또한 식물을 작물화했고 땅을 개간하고 배수했으며, 인간 주변의 경관은 적어도 부분적으로는 인간이 가진 고유한 창조력의 결과물이다.

농사에 대한 바로의 저작은 우리의 주제에서 중요한 의미를 가진다. 토지 이용의 역사적 순서를 기술하려는 시도로 근대에 그 영향력이 매우 컸기 때문이다. 이 저작은 소요학파이자 아리스토텔레스의 제자로서 《그리스의 생활》을 써 많은 저술가들, 특히 포시도니오스에게 영향을 미쳤던 디카이아르코스로부터 영감을 받았다. 바로에 따르면 디카이아

---

64) *Ibid.*, V, 1370~1378.

르코스는 인간이 원래 대지가 자발적으로 제공했던 산물들을 이용하며 자연 상태에서 살았다고 생각했다. 이들에게는 그것이 행복한 상태였으며 황금시대였다. 포르피리오스(Porphyry)*에 따르면 디카이아르코스는 황금시대가 행복했던 이유는 인간이 육체적·정신적·도덕적으로 후세대보다 우월했기 때문이 아니라 고된 육체적 노력을 해야만 획득할 수 있는 풍요로움을 바라지 않았기 때문이라고 생각했다. 그들은 더 큰 열망을 가지지 않았기 때문에 신경 쓰거나 슬퍼할 일이 거의 없었다. 음식이 더 단순하고 긴장도 적어서 질병도 적었다. 싸울 대상이 없어서 그때는 전쟁도 없었다.

이러한 자연 상태에서 인간은 그보다 덜 바람직한 상황인 목축 단계로 내려왔다. 목축 단계의 인간은 야생에서 자라는 도토리, 아르부투스 열매, 오디 및 다른 열매와 사로잡아 가두어 길들인 동물에게서 영양을 섭취했다. 양은 유용하며 유순했고 인간에게 잘 적응해 우유, 치즈, 양모, 가죽을 줄 수 있었으므로 최초의 가축이었을 것이다.

목축 단계 다음은 농업 단계다. 이 단계는 이전의 두 단계 특징 중 많은 부분을 유지하면서 현 시대 전까지 오랜 기간 지속되었다. 몇몇 야생동물종이 살아남았다. 프리지아의 양, 사모트라체(Samothrace)**의 염소, 이탈리아의 야생 염소가 있다. 돼지의 경우도 마찬가지며 '다르다니아(Dardania), 마이디카(Maedica), 트라체(Thrace)**'의 수많은 야생 소, 프리지아와 리카오니아(Lycaonia)**의 야생 나귀, 히더 스페인(Hither Spain)**의 야생 말이 있다. 디카이아르코스의 입장에서 현존하는 이 동물들은 가축화가 길들임에서 비롯되었으며 현재의 가축 사육은 목축 단계의 산물이라는 자신의 이론을 입증하는 것이다. 65)

---

65) Varro, *On Farming*, I, 2, 15~16; II, 1, 3~4. 디카이아르코스의 *Vita Graeciae*(각주 47)의 Fragment I을 보라. Cf. *Doc. Hist.*, n. 159, p. 95. 여기서 저자들은 "참나무는 이제 질렸다"라는 속담의 의미가 도토리 섭취로 인한 포만감과 더 나은 식사와 생활에 대한 욕구라고 논평한다. 또한 *PW*,

바로는 이에 동의한다. 그리고 《라틴어에 대하여》(*De lingua latina*)의
저자(바로를 가리킨다_옮긴이)가 이 주장을 한 걸음 더 진전시켜 가축화,
특히 양의 가축화가 오래되었음을 철학적 토대에서 입증하려고 한다는
사실은 그리 놀랍지 않다. 가장 유명한 고대인은 양치기였음이 그리스어
와 라틴어에서 드러난다. 염소와 양은 고대인들의 존중을 받았고 점성가
들은 별자리에 그 이름을 붙였다. 많은 지명에서 동물 이름의 흔적을 찾
아볼 수 있다. 로마인 자신도 양치기 출신이었다. 66)

이 이론의 역사적 의미는 무엇인가? 우선 이 이론은 환경 자체에 대한
관심을 문화사를 특징짓는 일련의 연속적인 단계로 돌렸다. 바로의 방법
은 문화가 일련의 이상적 단계를 거친다는 근대의 비교방법론이나 역사
적 방법론과 유사하다. 여기서 초기 단계는 고대부터 현재까지 살아남은
것이나 당대에 존재하는 다양한 발전 단계의 민족 속에서 인식된다. 단
계론은 민족학적이고 역사적 관점에서 보았을 때 추상적인 정식화를 선
호한 나머지 역사적 물증을 소홀히 했다는 이유로 20세기에 심한 비판을
받았다(그러나 지금은 훨씬 더 정교한 형태로 부활한다).

그러나 마찬가지로 중요한 것은 그러한 이론은 환경의 역사, 즉 문화
가 환경을 바꾸는 방식에 대한 연구를 애초부터 좌절시킨다는 사실이다.
바로는 자신의 이론에 대해 훗날 그를 모방한 많은 모방자들보다 훨씬 덜
독선적이었다. 왜냐하면 그는 로마인이 도시를 위해 시골을 불모지로 만
들고 해외에서 곡식과 포도주를 수입하며 농업 생활을 목축 생활로 바꾸
어 역사적 과정을 역전시킨다고 비난했기 때문이다(동시대인이었던 키케
로와 마찬가지로 그는 소농의 경작지 중 너무나 많은 부분이 대지주의 목초지
로 바뀐다고 경고했다). "그래서 도시의 창건자들이 양치기였고 후손들에
게 농업을 가르쳤던 이 나라에서 후손들은 그 과정을 역전시켰다. 법이

"Dikaiarchos"와 Wehrlii, *Die Schule des Aristoteles. Texte und Kommentar.
Heft. I. Dikaiarchos*, pp. 56~59도 보라.
66) Varro, *op. cit.*, II, 1, 3~9.

있음에도 불구하고 탐욕 때문에 이들은 농업과 방목의 차이를 알지 못한 채 곡물 경작지를 목초지로 바꿨다".67)

바로가 자연 질서의 변형이 문화사와 경제사의 일부라고 인식한 것은 사실이다. 경제 체계에 토대를 둔 다른 종류의 문화는 자신의 환경을 다른 방식으로 이용한다. 그러나 과정을 단계로 축소하는 가운데 구체성, 즉 풍부한 역사적 · 지리적 소재는 사라진다.

인류의 경제적 발전에서 목축 단계가 농업 단계에 앞선다는 사고는 근대에 이르러서야 제대로 반박을 받는다. 비록 18세기 케임즈 경(Lord Kames)*과 19세기 훔볼트가 신대륙에서는 목축이나 유목 단계를 관찰할 수 없었다 지적하긴 했지만 단계론이나 그것의 여러 변형태는 20세기의 많은 경제학 교과서에 등장했다. 나아가 근대의 연구는 유목주의가 후대에 등장했음을 강조했다.68)

바로는 다른 구절에서 농업과 목축에 대한 흥미로운 논평을 남긴다. 그는 농업의 생산성과 풀 뜯는 동물이 식생을 제거하는 것을 구분한다. 따라서 농업과 목축업을 함께 행하면 가장 좋은데 농부들이 식물 성장을 돕는 거름이라는 부가적 이득을 볼 수 있기 때문이다. 또한 바로는 이탈리아 남부의 이목(移牧)을 묘사한다. "… 아풀리아(Apulia)**에서 겨울을 보내는 내 가축떼가 레아테 인근의 산지에서 여름을 난다. 이 두 초지는 멀리 떨어져 있지만 마치 멍에로 연결된 한 쌍의 바구니처럼 공용 도로로 서로 연결되어 있다".69)

근대의 이목 논의와는 달리 과잉 방목이나 더 많은 목초지를 얻기 위한

---

67) *Ibid.*, II, Intro. , 4.

68) 이 단계론의 보편성에 대한 최초의 비판은 내가 아는 한 헨리 홈〔Henry Home, 즉 케임즈 경(Lord Kames)〕의 비판이다. *Sketches of the History of Man*, Vol. II, pp. 82~84를 참고하라. 케임즈 경은 이 수수께끼는 지식이 더 많이 쌓여야 풀릴 수 있을 것이라고 생각했다.

69) Varro, *On Farming*, II, Intro. , 4~5; 이목에 대한 인용은 II, 2, 9와 II, 1, 16~17을 보라. 그리고 양치기의 자질에 대해서는 II, 10, 1~3을 보라.

벌목에 대한 언급은 없다. 바로는 또한 염소에 대한 비방을 남겼다. 바로의 장인인 푼다니우스(Fundanius)는 농업을 얕잡아보는데 디카이아르코스가 보여주듯 목축 생활이 농업보다 앞서 시작되었기 때문이었다. 이에 대해 "소크라테스학파에 속한 로마의 기사(eques)"인 아그리우스(Agrius)가 정착민을 위한 법을 인용하면서 다음과 같이 응답한다. "어린 나무를 심은 땅 위에는 정착민에게 암염소의 자손 — 점성술에서도 황소자리에서 멀지 않은 곳으로 옮겨갔던 창조물인 — 의 목축은 허용되지 않는다". 푼다니우스는 이 법이 '특정 가축'에 적용된다고 응답한다. 왜냐하면 암염소 같은 "특정 동물은 모든 어린 식물들을 뜯어먹어 파괴하고 특히 포도나무와 올리브나무를 망치기 때문에 경작과 식물에 해가 되기 때문이다". [70]

숫염소는 자신의 악행으로 포도나무의 발견자인 리베르(Liber)**** 신에게 제물로 바쳐졌다. 반면 미네르바에게는 염소가 바쳐지지 않았는데 염소는 올리브나무를 상하게 하고 염소의 침이 식물에게는 독이 되기 때문이다. 아테네에서 염소는 1년에 한 번 제물로 바치기 위해서만 아크로폴리스(Acropolis)****로 들어갈 수 있었다. "그곳에서 처음으로 솟아났다고 전해지는 올리브나무를 암염소가 건드리면 안 되기 때문"이었다. 바로는 염소 육종과 선별에 관한 다음 장에서, 염소는 숲의 공터에 있을 때 목초지에 있을 때보다 행복해하고 야생 관목과 경작지의 작은 나뭇가지를 좋아하며, 일반적으로 소작계약에서 소작인이 임대한 농장에서 염소를 먹이는 것은 금지된다고 말한다. [71]

바로의 언급은 가축화된 동물의 힘(인간 통제하에 있다는 점에서 이는 인간 활동의 연장이다)을 농장 식생이나 야생 산지의 파괴자로 바라보는 인식을 드러낸다는 점에서 흥미롭다. 19세기 이래로 매우 자주 등장하는

---

70) *Ibid.*, I, 2, 1, 15~18; 푼다니우스는 19~20으로 이어진다.
71) *Ibid.*, I, 2, 20; II, 3, 7~8.

광범위한 환경 악화의 원인으로 염소의 파괴적인 풀 뜯기 습성을 지적하는 시끄러운 불평이 적어도 내가 아는 한 고대에는 별로 없었다. 아마도 염소의 습성이 (식생 변화를 연구하는 근대 학자들이 바라보는 것처럼) 광범위한 생태 문제의 일부로 해석되지 않았기 때문일 것이다. 또한 그런 환경 변화의 누적적 영향에 대해 알려진 것이 거의 없었기 때문이기도 할 것이다.

베르길리우스의 재구성 속에서 문명의 발전은 땅의 변형을 수반한다. 그는 황금시대의 신화를 차용하면서 심지어 유피테르(Jupiter)****보다도 먼저 "자발적이고, 아무도 너그러움을 청하지 않았는데도 저장한 모든 것을 아낌없이 내어 주는 대지"를 보았다. 그러나 유피테르는 이러한 너그러움을 멈추게 하고 자연을 지금 우리가 아는 것과 같은 모습으로 만들었다. 뱀에게 독을 주었고, 늑대를 포식자로 만들었으며, 바다를 잔뜩 부풀게 했다. "나뭇잎에서 꿀을 흩어버렸으며 불을 치우셨노라. 어느 개울에나 흘러내리던 포도주를 멈추게 하셨노라 …". 그래서 경험에서 무언가를 얻는 인간은 농업이나 광업 같은 기예를 발전시킬 것이었다. 유피테르가 움직인 후에야 강과 바다 항해법이 알려졌고("강은 속을 파낸 오리나무(alder:통나무배_옮긴이)를 느꼈고, 그 다음에 선원은 별을 헤아리고 거기에 이름을 붙였다 …"), "덫으로 새를 속이고 숲 속 빈터를 사냥개로 에워싸 …" 야생동물을 잡고 시내와 바다에서 물고기를 잡는 것이 가능해졌다. "그리고 나서 강인한 철과 끽끽 소리 내는 톱날이 등장했다. 옛날에는 부드러운 목재를 쐐기로 쪼갰다! 그러자 기예가 계속 이어졌다".

케레스(Ceres)****는 인간에게 흙을 바꾸는 방법을 보여주었다. 이제 인간은 식물의 병해와 작물을 약탈하는 동물과 싸우는 법을 배워야만 했다.[72] 베르길리우스는 농부에게 땅을 경작하며 식물을 재배할 것을 요청한다. "이리 오시오, 농부들이여. 땅의 특성에 맞춰 경작하는 법을 배우

---

72) Virgil, *Georgics*, I, 120~159. 땅을 불태우고 거름 주고 휴경하는 일에 대해서는 I, 71~99를 참고하라.

고 거친 열매를 경작으로 달콤하게 만듭시다. 들판도 놀려서는 안 된다오. 이스마로스(Ismarus)**에 포도나무를 심는 기쁨이 있고, 위대한 타부르누스(Taburnus)**에 올리브 옷을 입히는 기쁨이 있다네".

자연은 정복될 수 있다. 접붙이거나 밭에 옮겨 심은 야생 나무는 "야생성을 포기할 것이고 꾸준한 경작의 힘으로 당신이 원하는 모든 특성을 가질 것이다". 흙에 대해 알고 가축떼를 포도밭과 분리할 산울타리를 짜라. 강철 같은 가축떼의 이빨과 "초목을 깊이 갉아먹은" 흔적은 눈과 서리 혹은 "메마른 바위산에 강하게 내리쬐는 여름 태양"보다도 포도나무에 더 해롭기 때문이다. 73)

이어서 베르길리우스는 처음에는 유피테르, 다음에는 인간의 기예가 가져온 땅의 변화를 묘사한다. 인간은 야생동물로부터 작물과 가축을 보호하고 병들지 않도록 관리하며 올리브와 포도의 경작을 현재의 미경작지로 넓히는 감독관이다. 이 모든 인간의 활동은 지성과 경험적 지식의 산물이다. 인간은 이를 통해 삶의 양식을 바꿨고 자신이 의존하는 전원을 변화시켰다.

내 생각에는 인간에 의한 환경 변화를 인간의 철학 및 자연 질서와 화해시키려 했던 가장 중요한 시도는 스토아 철학자 그리고 이들의 영향을 받게 된 사람들 — 파나이티오스와 포시도니오스의 기여를 포함한 키케로의 저술에서 가장 분명하게 나타난다 — 에게서 찾아볼 수 있다. 인간은 자연과 협력하며 심지어 자연의 원래 조건을 개량시킨다. 인간이 만들었고 또 만들 변화는 사실 세계를 창조하는 신성한 목적의 일부이다. 이 개념 또한 중요한데 헬레니즘 시대에 스토아주의가 떨쳤던 막대한 명성 때문이다. 또한 스토아 사상은 공화국 후기와 제국 초기 동안에 널리 수용되었다.

---

73) *Ibid.*, II, 35~39, 49~53, 371~380.

그러나 스토아주의자에게 대우주와 인간 속에서 작용하는 것은 동일한 로고스였다. 따라서 인간의 안에도 창조적 에너지 — 장인 같은 생산적 활동으로 이끄는 — 가 있으리라고 자연스럽게 추론되었다. 확실히 과거 스토아학파는 기예와 공예품에 큰 관심을 보이지 않았다. 그래서 파나이티오스는 감각과 손을 부여받은 인간이 장인성을 갖는 데 무척 적합하고, 로고스는 그 도움을 받아 실제로 모든 가능한 기예를 발전시켰으며 이를 이용해 자신의 목적에 맞게 지표면 전체를 변형시켰고, 자연 안에 이른바 또 다른 제2의 자연을 창조했다는 것을 입증하기 위해 모든 노력을 기울였다. 이후 그의 제자 포시도니오스는 인간의 실용적 목표가 무엇이 되어야 하는지 정확하게 규정했다. "대우주의 실제적인 형성과 질서 부여를 위해 모든 에너지를 동원해 자연과 더불어 일하는 것이다".74)

포시도니오스는 인간이 자연을 모방하고 동물의 기술을 모방해 기예를 발전시켰다는 데모크리토스의 견해를 거부했다. 그는 인간이 이런 것으로부터 일부 자극을 받았을 것이라는 점은 인정하지만 뛰어난 개인 속에서 스스로를 드러낸 인간 고유의 로고스 덕분에 인간은 자신의 존재에 걸맞은 완전히 다른 무언가를 창조했다고 주장했다. 인간의 기예는 거미줄이나 벌집 같은 본능적 행동의 산물이 아니었다. 인간의 기예는 개인의 창조적 활동을 통해서 매우 다양한 방식으로 스스로를 펼쳐나가면서 삶의 모든 영역을 포괄했다.75)

---

74) 폴렌츠(Max Pohlenz)의 독일어본 *Der Hellenische Mensch*, pp. 276~277을 저자가 번역함.

75) Sen, *Ep.mor.*, 90, 7~13; Pohlenz, *op. cit.*, p. 277을 다시 참고하라. 세네카와 포시도니오스는 광업과 농업 때문에 인간에 의해 발생한 환경 변화를 인식함을 보여준다. 세네카는 포시도니오스가 "'대지가 산불로 그을려 지표면 아래 광맥을 녹여 금속이 바깥으로 펑펑 솟아나도록 했을 때' 현자가 철과 구리 광산을 발견했다고 말하는" 것에서 자신과 포시도니오스가 서로 다르다고 말한다(90, 12). 세네카는 또한 농업 개량에 대한 포시도니오스의 사고를 비판한다. "그는 토양 경작자가 토양 비옥도를 높일 수 있는 수많은 새로운 방법을 오늘날까지 발

그러므로 인간은 자연의 일부이다. 인간은 자신의 창조적 자질을 우주 전체와 공유하지만 인간의 기예는 동물과는 다른 영역에 자리한다. 인간은 자신의 손, 도구, 지성을 통해 농업, 어업, 가축화, 광업, 개간, 항해의 기예와 기법을 창조해 대지를 변화시켰다. 키케로는 스토아주의자인 발부스로 하여금 생명을 부여하는 나일 강, 유프라테스 강, 인더스 강의 범람과 같은 기회를 자연이 인간에게 부여했다는 설계론과, 이와 반대로 인간이 돌보지 않았으면 멸종되었을 동식물을 보호할 뿐 아니라 가축화·작물화했다는 사고를 통합하도록 한다.

자연은 인간에게 손, 정신, 감각 같은 기예의 기초를 내려주었다. 정신은 발명하고 감각은 인지하며 손은 실행한다. 인간의 손으로 자연의 대부분이 통제되고 변화되었다. 인간의 식량은 노동과 경작의 결과물이다. 야생동물과 가축화된 동물은 여러 용도로 쓰인다. 철의 채굴은 경작에 필수적이다. 불을 피우고 요리하며 집과 선박을 짓기 위해 벌목이 이루어진다. "우리는 들판과 산에서 나는 과실을 누린다. 강과 호수는 우리 것이다. 곡식을 심고 나무를 심는다. 관개를 통해 흙을 비옥하게 한다. 강물을 가두고 물길을 곧게 하거나 방향을 바꾼다. 요컨대 우리는 자연 세계 안, 말하자면 또 다른 제2의 세계를 우리 손으로 창조하려 시도한다".[76] 스토아주의자 발부스가 이와 같이 말했다면 키케로는 다른 곳에서 인간 주변의 대지를 변화시키는 인간의 힘에 대한 칭송을 드러낸다.

견하지 못했더라도 농업 또한 현자의 창조물이라고 선언한다!"(90, 21~22).

[76] Cic., *Nat. D.*, II, 60, 151~152. 여기에 인용하기에는 너무 길어서 인용하지는 못했지만 또한 II, 60, 150~152의 구절 전체를 참고하라. 그리고 Pease, *De Natura Deorum*, II, pp. 939~945에 나온 이 구절에 대한 중요한 논평도 보라. 이들은 후대의 사상가들, 특히 초기 기독교 교부들이 이용한 원전을 언급한다. 폴렌츠는 *Nat. D.*, II, 59~60, 147~153이 파나이티오스에서 비롯된 것이라고 논의한다. 각주 75를 참고하라.

요약하면, 인간이 도와주지 않았다면 야만적 창조물로부터 그 어떤 이득과 편리함을 실현할 수 있었겠는가? 인간은 의심의 여지없이 최초로 모든 동물로부터 실현할 수 있는 유용한 결과를 발견했다. 심지어 지금도 인간의 도움 없인 먹이고 길들이고 보전하거나 시의적절한 이득을 끌어낼 수 없지 않은가? 그리고 인간의 도움을 통해 해로운 것은 파괴하고 유익할지도 모르는 것을 취하는 것도 마찬가지다. 생명을 유지시키는 데 없어서는 안 될 다양한 인간의 기예를 굳이 일일이 열거할 필요가 있을까?[77]

키케로에게 이 문제는 분명 철학의 문제만은 아니었다. 과거와 현재의 로마가 기술적으로 성취한 것에 대한 관찰이기도 했을 것이다. 광업, 상업, 무역, 클로아카 막시마(*Cloaca Maxima*: 로마 시대의 하수도_옮긴이), 토지 조사, 도로는 인간의 힘이 위대할 뿐 아니라 다른 생명체들의 힘과는 상이한 질서를 가진다는 증거였다. [78]

설계된 지구를 변화시키고 개선하는 인간의 역할은 헤르메티카에서 더욱 분명하게 표현되었다. 《아스클레피오스》(*Asclepius*)***에서 스토아 학파가 주장하는 사고는 신, 자연, 인간 사이의 상호 관계 개념에서 절정에 이른다. 인간의 창조는 두 가지 목적을 성취한다. 즉, 하늘을 숭배하는 것과 신의 동반자로서 지상의 사물을 통치하는 것이다. "인간은 공손한 눈을 들어 하늘을 바라본다. 그리고 눈 아래의 대지를 보살핀다". 고대 문헌 가운데 자연환경을 변화시켜 신의 설계에 내재한 운명을 충족시키는 인간의 활동을 이처럼 분명하게 표현한 구절은 키케로의 저술 외에는 없다.

그리고 내가 '대지의 사물'이라고 말할 때 자연이 인간에 종속시킨 물과 흙이라는 두 원소만을 의미하는 것은 아니다. 인간이 땅과 물 위에서 행

---

77) Cic., *De officiis*, II, 4.
78) 또한 Cic., *De senectute*, XV, 53; *De oratore* III, xlv를 참고하라.

하는 혹은 흙과 물로 만드는 모든 것을 의미한다. 가령 경작, 방목, 건축, 부두 노동, 항해, 교제와 상호 봉사 등 인류의 구성원을 한데 연결하는 강력한 결속을 모두 포함한다. 〔왜냐하면〕 흙과 물로 구성된 우주의 일부는 〔인간에게 주어진 책임〕이기 때문이다. 그리고 지상의 질서는 인간의 지식 그리고 기예와 과학의 적용을 통해 유지된다. 인간이 자신의 책임을 다하기 전까지 우주가 완성되어서는 안 된다는 것이 신의 뜻이기 때문이다.

인간이 자신의 역할을 달성할 수 있는 이유는 후에 키케로가 부연했다. 인간의 지식은 기억에 의존하고 "인간의 기억력이 인간에게 대지의 지배권을 주었다".[79] 만일 헤르메티카의 저자가 말하듯 우주 중에서 지상의 질서는 인간에 의해 유지되어야 한다면 고대 경관 속에서 이 같은 질서의 극적인 사례를 보여준 것은 바로 근대 항공고고학일 것이다.

사진은 관념이 아니라 경관을 보여준다. 그러나 중부 지중해 지역에서 일어난 그러한 변화의 증거를 살피면 왜 창조하는 인간(homo artifex)이 고전 세계에서 더 중요한 인물로 취급되지 않았는지 의아해진다. 로마의 센추리에이션 말고 그 무엇이 더 효과적으로 계획되고 질서 잡힌 기하학적 경관을 보여주겠는가? 센추리에이션의 기원은 불분명하긴 하지만 서기전 3세기에 시작된 것으로 추정되는데, 새로 점령한 토지를 사방 20악투스(actus, 약 710㎡)로 나누는 이와 같은 분할 방식은 포 강(Po) ** 계곡과 아풀리아 지역 항공사진에 아직도 두드러지게 나타나며 다른 많은 지중해 지역에서도 덜 선명하긴 하지만 나타난다. "정교하게 구획된 도로 시스템을 보여주는 강력한 흔적을 중부 지중해 지역의 양쪽으로 수천 평방마일에 걸쳐 여전히 추적할 수 있다".

브래드포드(Bradford)는 센추리에이션이 로마 행정당국의 "자의적이지만 체계적인 자질을" 잘 보여준다고 덧붙인다. "절대적인 자기 확신과

---

79) Hermetica, *Asclepius* I, 6a; 8; III, 32b. 또한 I, 11b를 참고하라.

위대한 기술적 능력으로 공식적인 지형적 토지 구획틀이 포 강 계곡의 수량이 풍부한 충적층과 사막에 가까운 투니시아(Tunisia)**에 동일하게 적용되었다. 원론적 부분과 시의적절한 부분이 매우 균형 있게 섞여 있다". 이와 같은 토지 구획은 대규모의 경작을 더욱 쉽게 만들었다.

건조한 투니시아에 센추리에이션이 시행된 이후 집약적인 건조 농법이 손쉬워졌고 들판의 경계를 이루는 둑과 도랑은 표토의 침식을 막아주었다. 이곳은 저지대의 환경이지만 목초지, 숲, 언덕, 산이 서로 잘 맞물려 들어갔다. 이는 〔17세기 신대륙의〕 개척 상황 그리고 새로운 거주지와 식민화를 떠올리게 하는 경지 시스템이었다. 센추리에이션은 자연경관을 놀라우리만큼 재창조했다. 이는 베르사유 궁전의 파르테르(*parterres*: 화단과 길을 장식적으로 배치한 정원_옮긴이)의 복잡한 설계 같은 프랑스의 정식 정원이 보여주는 기하학적 질서에 필적하거나 아마도 이를 능가하는 것이다.[80]

9. 결론

고대 사상가들은 지구가 인간 생활과 문화에 적합한 환경이라는 개념을 발전시켰고 그 힘은 19세기에도 여전히 감지할 수 있었다. '설계된 지구'라는 개념은 플라톤학파와 스토아학파 사이에서 가장 강력했지만 에피쿠로스학파조차도 인간과 자연 간 조화 — 설계의 산물은 아닐지라도 질서 정연한 — 가 존재할 수 있다고 여겼다. 지리학적으로 이것이 가장 중요한 사고였다. 만일 자연 속에 인간이 일부 역할(필요는 인정하지만 투쟁이나 죄악 같은 종속된 역할)을 담당하는 조화로운 관계가 존재한다면 동식물과 인간의 공간적 배치는 이 계획을 따르며 그러한 계획이 존재한다

---

80) John Bradford, *Ancient Landscapes*, pp. 145, 149; 센추리에이션의 기원에 대해서는 p. 166을 보라.

는 증거를 제공한다. 만물은 제자리가 있고 또 제자리에 놓여 있다. 여기서 모든 생명체는 지구상에서 발견되는 자연의 배치에 적응하는 것으로 가정된다.

나아가 이 개념은 인간에 미치는 환경의 영향 그리고 자신의 용도에 맞게 환경을 변화시키는 인간의 능력이라는, 모순되지는 않지만 서로 상이한 두 가지 사고에도 잘 들어맞았다. 첫 번째 것은 지구상의 다른 기후와 그 속에서 살아가면서 적응하는 인간과 동식물이라는 설계의 증거를 지적해 수용될 수 있었다. 두 번째도 마찬가지였다. 창조물 중 높은 지위에 있는 존재인 인간은 기예와 발명을 통해 자연을 변화시키고 심지어 더 좋게 만든다. 스트라본의 말을 빌리자면 기예가 자연과 동반자 관계에 있음을 보여주는 것이 인간의 거주지이다.

마을과 도시, 센추리에이션, 개간지, 관개 작업, 농사와 포도 재배 같은 인간의 환경은 인간의 기예로 일군 환경일 수 있다. 그러나 실제로 이것들은 인간이 신성하게 부여받은 지성의 산물이다. 인간이 원시의 지구를 개량하여 최종적인 형태를 가져오듯 인간의 발명, 도구 및 기술은 더욱 고도의 창조적 원천에서 비롯되는 것이다.

마찬가지로 중요한 것은 이와 같은 성찰이 갖는 효용론적 편향이다. 이는 특히 창조를 인간의 필요에 봉사하는 것으로 보았던 이들과, 현재를 관찰하여 과거를 해석하면서 곡식, 짐 나르는 짐승, 개와 양과 염소의 유용성에서 그 창조 이유를 찾는 사상가들에게서 두드러졌다. 이러한 개량은 과거에 목적을 갖고서 이루어진 것인데 그 목적은 이것들이 현재 지니는 유용성으로 설명된다. 마지막으로 우리가 현대적 언어로 고대의 사상을 이야기하자면 설계라는 사고는 그 성격상 반(反)전파론적이었다. 모든 부분을 제자리에 배치하고 만물을 포용하는 조화 속에 서로가 적응한다는 설계라는 사고는 안정성과 영속성을 의미했다. 자연과 그 속에서의 인간 활동은 생명과 활력, 갈등과 아름다움, 다양한 개별적 변이 가운데에서 지속되는 조화 그리고 이를 떠받치는 안정성으로 가득한 거대한 모자이크였다.

고전 시대 이래로 '설계된 지구' 개념은 더 광범위한 목적론과 목적인 철학의 일부로 존재했지만, 창조에 목적이 존재함을 보여주는 신빙성 있는 증거와 신의 존재를 입증하는 전통적인 증명을 제공한 것이 (적절히 선택하여 모질고 비생산적인 부분만 피한다면) 바로 지구상의 자연이 가진 아름다움, 효용, 생산성이라는 것을 잊어서는 안 된다. 고전 사상가들과 이들을 따르는 근대 사상가들이 발전시킨 지구 개념은 추상적인 자연법칙이 아니었다. 자연을 사랑스럽게 때로는 시적으로 묘사해 더욱 풍부해질 수 있었다. 그 힘과 영향력은 모든 것을 끌어안는 포용적 특징에서 비롯했다. 모든 사고가 거기에 맞춰질 수 있었고 이러한 친화성이 실패의 이유였다.

거주 가능한 행성으로 지구가 갖는 특징 중 목적과 설계의 산물로 설명하기 어려운 것들을 무시한다면(루크레티우스는 이를 거부했다), 존재하는 모든 것과 모든 관계가 설계의 일부로 설명될 수 있을 것이다. 스토아주의와 에피쿠로스주의 간의 불일치는 19세기의 페일리, 체임버스 (Chambers)* 등과 같은 많은 자연신학자들의 주장과 라이엘(Lyell),* 다윈 및 그들에 동조하는 사람들의 주장 간의 불일치와 놀라울 정도로 유사했다.

고전 시대에 생리학과 체액론에 근거한 환경론의 역사는 기본적으로 히포크라테스의 《공기, 물, 장소》에 주석을 다는 과정의 역사이다. 상황에 근거한 이론의 역사는 다양한 원천에서 도출된 것이다. 즉, 지중해적 삶의 다양성과 지중해 유역 및 그보다 덜 유명한 주변 지역의 지형과 장소의 다양성이 가져온 결과다. 그리스 역사에서 바다의 역할, 제국의 국제 수도로서 로마의 등장 그리고 그리스 및 로마 문명이 주변에 살던 야만족에 미친 영향 등에서부터 일반화가 시작되었다. 고대에는 환경론에 대한 비판이 풍속과 전통 및 문화적 접촉이 갖는 힘에 감명을 받은 사람들로부터 나왔다는 사실에 주목할 만한 가치가 있다. 대안적 관점으로 환경을 변화시키는 인간의 역할을 강조했던 비판가는 없었다.

고대의 파나이티오스, 포시도니오스, 키케로, 그리고 헤르메티카의 저자들은 인간에 의한 환경 변화에 철학적인 의미를 부여하는 데 가장 근접했다. 만일 지구가 생명을 위해 신성하게 질서 지어진 것이라면 지구 상에서 인간의 사명은 이를 개량하는 것이다. 이런 해석은 관개, 배수, 광업, 농업, 식물 육종에서의 성공에서 여지를 찾았다. 만일 인간이 신의 동반자로서 지구를 감독하는 자라는 이러한 해석이 올바른 것이라면 자연 속 인간의 위치를 이해하는 것은 어렵지 않은 것이었다.

하지만 인간에 의해서 바람직하지 않은 자연의 변화가 일어난다는 확실한 증거가 18, 19세기에 커다란 규모로 축적되기 시작하면서 고전 시대 및 이후 기독교 시대의 청지기 소명이라는 사고가 가진 철학적·신학적 기초가 위협을 받았다. 왜냐하면 만일 인간이 숲을 너무 빠른 속도로 개간한다면, 무분별하게 야생동물을 사냥한다면, 개간 때문에 급류와 토양침식이 발생한다면 이는 만물의 영장인 인간이 부여받은 임무에 실패하는 것이기 때문이다. 즉, 인간이 신의 의지와 대자연의 계획을 변덕스럽고 이기적으로 어기고 자기 멋대로의 길을 가는 것이기 때문이다. 그러나 이러한 종류의 혹평은 18, 19세기가 되어서야 등장하고 마시의 《인간과 자연》에서 정점에 달한다.

이러한 고전적 사고의 영향은 기독교신학과 초기 기독교 교부들의 저술에서도 부분적으로 발휘되었다. 하지만 지구에 대한 유대-기독교적 사고 또한 반드시 고려해야 한다. 왜냐하면 이 두 가지 전통이 근대적으로 융합되면서 19세기까지 이어질 '거주 가능한 행성으로서의 지구' 개념이 생성되었기 때문이다. 17, 18, 19세기의 물리신학자들은 플라톤학파와 스토아사상가들을 존경했지만 이들에게는 기독교의 신이 있었고, 이들의 종합은 고전 사상, 기독교신학 및 근대 과학이라는 더욱 매혹적 요소를 지닌 것이었다.

인간 행위에 의한 지구의 변형에 대해 고대와 근대 문헌 사이에는 확연한 차이가 존재한다. 만일 고대로부터 살아남은 저작들이 고대를 대표할 수 있다면 그 차이는 근대에 변화의 양과 속도가 엄청나게 증가했음을 보여주는 척도일 뿐 아니라 변화에 대한 인식의 척도가 된다. 이러한 변화는 중세 시대에 축적되어 17~19세기에 급속한 진전을 이루고 우리 시대에 정점을 찍었다. 그리고 이에 대해 우리는 묘사, 기술적 해결, 과학에 대한 순진한 신념보다 좀더 나은 설명을 여전히 찾는 중이다.

유대-기독교신학에 나타난
신, 인간, 자연

제4장

1. 서 론

기독교 사상은 다양한 주제에 대한 다양한 사고(이를테면 신, 자유, 자연, 진보에 대한 사상)에 초점을 두는 다른 사상들과 마찬가지로 하나의 덩어리를 이루지는 않는다. 그보다는 '문서에 대한 주석'과 또 '다른 주해의 주석으로 이루어진 수많은 주해'가 축적된 일련의 문헌에 가깝다고 할 수 있다. 이 문헌 안에는 인간, 자연, 신, 세계(여기서 세계란 우주나 물리적 공간으로의 지구를 의미할 수도 있고 사회 환경을 의미할 수도 있다)에 대한 태도가 담겨 있는데 서로 모순적인 사고도 있다.

이들 간의 균형을 잡거나 조화시키는 일은 드물며 한다 해도 유지되기 어렵다. 가령 — 한 사람 혹은 그 이상의 사람이 가하는 잔혹 행위나 노아의 홍수 등 인류에게 비극적 결과를 안겨주는 — 물리적이고 도덕적인 악의 문제를 생각할 수 있다. 신은 선하고 세계와 자신의 피조물을 사랑한다. 또한 그분은 그 모든 것을 파괴할 힘도 있다. 지구의 아름다움은 그의 작품이다. 인간은 그 아름다움 사이를 조심스럽게 거닐어야만 하는데 인간의 운명은 현세에 있는 것이 아니라 다음 세상에 있기 때문이다. 그럼에도 신은 인간이 지구상의 모든 생명체에 대한 지배권을 가지도록 인간의 창조력과 번성을 용인한다.

인간도 창조된 존재이므로 지구에 거한다. 우리가 다루는 주제와 관련된 기독교 사상 대부분은 이 두 창조물 사이에 연계를 구축하는 일과 연관된다. (우리가 살펴본 대로 유대-기독교 사상에 앞서) 세계 — 인간, 동식물, 물리적 지구 — 를 돌보는 신이라는 주제에 대한 탐구가 이루어진 바 있다. 그러므로 세계를 돌보는 신이라는 주제는 통합적 주제라고 할 수 있다. 이러한 사실을 이번 장과 뒤에 이어지는 장에서 실례를 들어 설명할 것이다. [1]

창세기 1장에서 창조에 대한 문구가 가지는 종교적 중요성 외에도 눈에 띄는 것은 그 간결성이다. 연속적으로 일어나는 천지창조 활동을 묘사하기 위해 사용된 단어가 매우 절제된 관계로, 기독교가 성장하고 유대교의 세력이 유지됨에 따라 창세기 1장에 대한 방대한 분량의 주해서가 생겨날 수밖에 없었다. 기본적으로 창조 활동은 물리적·생물학적 소재와 관련된다. 그리고 이에 붙은 주해는 — 초기 기독교 시대에 기록된 필론의 주해이건 성서의 내용을 종교와 조화시키려고 노력했던 19세기의 주해이건 — 식물학, 동물학, 물리학, 천문학, 역사학(성/속) 심지어 민족학에 이르는 분야에서 당시 활용할 수 있는 소재를 모두 동원해야 했다. 또한 창조신학에는 자연에 대한 애정 및 그 연구를 지향하는 강력한 동기가 있다. 속세나 자연의 아름다움은 신에 대한 인간의 명상을 방해

---

1) 개괄적 내용은 Rudolf Bultmann, *Primitive Christianity in its Contemporary Setting*, pp. 15~34를 참고하라(허혁 역, 1993, 《기독교 초대교회 형성사》, 이화여대 출판부_옮긴이).

한다는 이유에서 생겨난 강한 피안 지향성 (*contemptus saeculi*) 이나 자연의 아름다움에 대한 부인은 성서 자체에서 생겨났다기보다는 신학적 저술을 통해 정교화된 것이다.

신은 하늘과 땅의 창조자다. 그리스적 추론과는 달리 창세기 1장은 하늘과 땅의 기원에는 관심을 가지지 않는다. 또한 플라톤의 《티마이오스》에 등장하는 다루기 힘든 물질에 질서를 부여하는 장인적 신과도 다르다.

창조물은 신이 존재함을 증명하는 것이지 이를 신과 혼동해서는 안 된다. 창조물의 아름다움과 영광은 그 자체로 사랑받아서는 안 된다. 창조물이 신에게 속한 것이지 신이 창조물에 속한 것이 아니다. 창조물은 신의 말씀을 빌린 인류의 스승이 되어 죽음 뒤에 따라오는 삶으로 인간을 이끌 수 있다. 신은 인간이 악에 빠질 경향을 가짐에도 불구하고 인간에게 강력한 힘을 부여했는데 이에 따라 인간은 창조물 전체를 통제할 신성한 임무를 가진다. 그 임무의 달성을 위해 신은 인간이 번성하고 지구상에 퍼져 창조 세계를 지배하도록 계획한다.

2. 창조, 원죄, 지배

하느님께서 하늘과 땅을 지어내셨다. 땅은 아직 모양을 갖추지 않고 아무것도 생기지 않았는데 어둠이 깊은 물 위에 뒤덮여 있었고 그 물 위에 하느님의 기운이 휘돌고 있었다. [2]

---

2) Clarke, *Concise Bible Commentary*: "구약 기자들에게 히브리 역사는 아브라함으로부터 시작된다. 창세기 1~11장의 이야기는 히브리 역사가 아니라 세계사에 포함된 것으로 이해된다"(p. 10). 또한 p. 336을 참고하라. "〔창세기 2장 4절에 처음으로 등장하는〕 야훼는 창세기 1장에 보이는 권능의 신격이 많이 사라진 모습이다. 진흙으로 옹기를 빚는 옹기장이처럼 야훼는 진흙으로 인간을 빚어 만든다". 야훼의 활동상은 마치 그가 '확장된 인간'인 것처럼 보인다. 또한 창세기 1

창세기 1장을 보면 "주간 (週間)에 인간을 창조하고 마지막 날을 신성한 날로 정하신 것은 하느님이 의도하신 것으로 단 한 주 만에 창조 작업이 마무리되었음이 나타나 있다".[3]

빛은 태양이 창조되기 전 첫째 날(히브리인의 하루 계산법인 저녁에서 저녁까지)에 창조되었다. 둘째 날 그분은 창공, 즉 하늘을 창조하고 그 아래에 물을 두어 분리했다. 셋째 날엔 두 가지 작업이 이루어졌는데 물을 가두어 마른 땅이 드러났다. 그곳에는 다양한 온갖 식물이 생겼다. 넷째 날에는 창공에 빛나는 것을 만들어 하나는 낮을 비추고 하나는 밤을 비추게 하시고, 계절과 해의 지나감을 표시하게 했다. 다섯째 날에는 바다생물과 새를 창조했다. 마지막 날인 엿새째에도 두 가지 작업이 이루어졌으니 동물과 사람을 창조한 일이다.

신은 자신이 창조한 생명체 — 큰 바다생물, 물고기, 새 — 를 축복했다. "새끼를 많이 낳아 바닷물 속에 가득히 번성하여라. 새도 땅 위에 번성하여라!"(창세기 1장 22절). 신은 인간에게도 말했다. "자식을 낳고 번성하여 온 땅에 퍼져서 땅을 정복하여라. 바다의 고기와 공중의 새와 땅 위를 돌아다니는 모든 짐승을 부려라!"(창세기 1장 28절). 인간과 동물을 위해 씨를 만드는 식물과 과일나무를 먹을 것으로 주었는데, 이는 이들이 채식을 했기 때문이다.

창조의 중심에 놓여 독특한 위치를 차지하는 인간은 다른 모든 형태의 생명체나 물질과는 구별된다. 왜냐하면 신이 인간을 위해 특별한 역할을 예비했기 때문이다. 인간은 "하느님의 작업에서 정점을 이루며 청지기로서의 사명을 부여받는다. 그는 지배권을 부여받은 세계에서 자신이 행한 일에 대해 자신의 창조주에게 책임을 지는 존재다".[4]

~8장에 대한 클라크(Clarke)의 주석과 Frazer, *Folk-lore in the Old Testament*, Vol. I, pp. 3~6, 45~52를 참고하라. 더불어 창조 교의에 관한 불트만(Bultmann)의 논의를 참고하려면 *op. cit.*, pp. 15~22를 참고하라.

3) Wright & Fuller, *The Book of the Acts of God*, p. 50.

기독교 사상의 역사에서 다른 형태의 생명체나 무생물 자연이 다루어질 때 '청지기 소명'이라는 이 사고는 흥미로운 역할을 했다. 최근 청지기 소명은 자연 보전과 보호를 위한 구실로 등장했는데 청지기 소명이란 지구에 일시적으로 머무르는 체류자가 그 후손에 대해 가지는 책임감과 밀접한 관련을 가지기 때문이다. "인간은 신의 형상을 따라 만들어졌다"(창세기 1장 27절). "인간의 전(全) 존재는 하느님의 전(全) 존재와 흡사하다. 지구상에서 오직 인간만이 하느님과 닮았다. 동물은 그렇지 않다"(이교 사상에서는 동물도 신의 형상을 닮았다고 한다). 5)

우주와 우주 안의 모든 요소는 생존을 위해 신의 돌보심에 줄곧 의존한다. "하느님의 끊임없는 관심이 없다면 자연의 질서는 순식간에 사라지고 본래의 혼돈으로 복귀할 것이다". 6) 내가 볼 때 신의 지속적 돌보심에 대한 믿음은 저 유명한 계속적 창조(creatio continua)라는 사고의 기초를 이룬다. 계속적 창조란 중세와 근대에는 보편적으로 받아들여졌던 사고로 레이의 《피조물에 나타난 신의 지혜》에서도 찾아볼 수 있다. 창조가 신의 항구적인 돌봄, 활동, 염려를 필요로 하는 계속적인 과정이라는 것이다.

그분은 초월적인 창조자이므로 그분이 이룬 작업의 증거는 창조물이다. 그러나 그저 창조물에 불과한 이것이 드러낼 수 있는 내용에는 한계가 있다. 창조물을 통해 신에 대해 많은 것을 알 수 있지만 전부를 알 수는 없다. "하느님은 인식 가능한 모든 것을 뛰어넘는 궁극의 신비다. 하느님이 스스로를 드러내기 때문에 우리가 그를 아는 것이다". 7)

두 번째 창조 신화에 드러난 인간과 지구의 관계는 완전히 상이하다. 비가 오지 않은 관계로 식물이 전혀 없는 상태의 지구가 이미 존재한다.

---

4) *Ibid.*, p. 49.
5) *Ibid.*, p. 54.
6) *Ibid.*, p. 51.
7) *Ibid.*, p. 53.

창조의 순서는 인간으로부터 시작한다(인간은 흙으로 빚어지며 신이 인간의 콧구멍에 숨결을 불어넣어 생명을 얻는다). 뒤이어 식물(신이 에덴동산에 돋아나게 했다), 동물(신이 진흙으로 빚어 만들었다), 여자(아담의 갈비뼈에서 나왔다)를 창조했다. 아담은 에덴동산에 거하며 "이 동산을 돌보게"(창세기 2장 15절) 되었다. 인간이 자연의 관리자이며 자연이 인간의 정원이 될 것이라는 단서가 여기에 이미 보이지 않는가? 신화에 사용된 단어는 농부의 언어다. 식물은 재배된다. 에덴동산의 정원사는 잡초를 뽑고 식물을 돌보지만 관리인일 뿐 농부는 아니다. 8) 동물은 인간의 조력자로서 창조되었다. '주'(主, Lord)는 동물을 아담에게 데려와 이름을 짓게 하셨다. 9) 아담에게는 그에 걸맞은 조력자가 반드시 필요했지만 동물은 조력자가 되기에 부족했다.

하와가 뱀의 꼬임에 넘어가 아담, 하와, 뱀에게 돌이킬 수 없는 결과를 초래했을 때 '주'는 아담에게 "땅 또한 너 때문에 저주를 받으리라"(창세기 3장 17절)고 말씀하셨다. 앞으로는 목숨을 보전하기 위해 수고를 기울여야 할 것이다. 자연에 대한 기독교적 사고에서 타락설화는 중요한 위치를 차지한다. 왜냐하면 인간의 타락이 자연의 무질서를 초래하고 자연력을 감소시켰다는 17세기에 광범위하게 받아들여지던 믿음의 근원이기 때문이다. 이 사고는 분명 유기체 유비(*organic analogy*)에 기초했던 '자연의

---

8) Clarke, *Concise Bible Commentary*: "이 이야기는 열매와 식용식물의 존재를 전제한다. 사람이 할 일은 오직 정원을 돌보고 안전을 유지하는 일뿐이다. 경작하는 사람의 수고로움은 장래의 일이다. 진정 농부의 낙원이다"(p. 342). "인간은 정원을 경작하고 돌봐야만 한다. 최초의 정원사 인간이 존재한다면 그 기초를 이루는 것은 직업과 노동의 가치에 대한 근대적-개신교적 관념이 아니라 오히려 고대 농부의 소박한 이상이다. 인간의 노동이 전혀 없어도 정원의 나무는 매년 열매를 맺는다. 그러나 들은 매년 수고를 기울여 경작되어야 한다(3 17ff). 그러므로 정원사가 되어 수고를 기울이지 않고 나무 열매를 먹으며 살아가는 것은 농부의 이상이다. 즉, 낙원의 정원사 말이다!"(Hermann Gunkel, *Genesis*, p. 10).

9) "동물의 이름을 지어 아담은 그들에게 본원적 본성을 부여한다"(Clarke, *op. cit.*, p. 342). 또한 Gunkel, *Genesis*, p. 11을 참고하라.

노쇠'라는 고전적 사고와는 구분되는 것이다. 10) 이 구절은 또한 역사적으로도 중요하다. 왜냐하면 수고가 죄의 결과라는 사고를 도입했기 때문이다. 그러나 많은 기독교 주해가는 농업이 즐거운 활동이라는 생각을 가지며 죄와 결부시켜 생각하지 않는다.

생활은 고되어졌다. 아담과 하와는 동산에서 쫓겨났다. 후대에 이르면 신은 인간을 창조한 것을 후회하고 인간, 동물, 새를 모두 쓸어버리겠다 결심한다(창세기 6장 7절). 신은 노아와 동행한 동물을 구했고 그들이 방주를 떠날 때 "땅 위에서 떼 지어 살며 새끼를 많이 낳아 땅 위에 두루 번져 나게 하여라"(창세기 8장 17절) 라고 말했다.

3. 자연 질서 속의 인간

노아가 제단을 쌓고 번제물(燔祭物: 이스라엘 민족이 구약 시대에 야훼에게 올린 가장 일반적인 동물의 희생의식_옮긴이)을 드릴 때 신이 다음과 같이 속으로 다짐하기를 "사람은 어려서부터 악한 마음을 품게 마련, 다시는 사람 때문에 땅을 저주하지 않으리라. 다시는 전처럼 모든 짐승을 없애버리지 않으리라. 땅이 있는 한 뿌리는 때와 거두는 때, 추위와 더위, 여름과 겨울, 밤과 낮이 쉬지 않고 오리라"(창세기 8장 21~22절).

신은 노아와 그의 아들들을 축복하고 모든 생명체를 지배하도록 자손을 많이 낳고 번성해 지구에 가득할 것을 다시 한 번 당부했다. "살아 움직이는 모든 짐승이 너희의 양식이 되리라. 내가 전에 풀과 곡식을 양식으로 주었듯이 이제 이 모든 것을 너희에게 준다"(창세기 9장 3절). 신은 이제 홍수로 지구를 쓸어버리는 일은 없다는 계약을 노아와 그 아들들과

---

10) 이 주제에 대한 보다 상세한 논의는 중세에 대한 논의를 통해 이루어질 것이다. George Boas, *Essays on Primitivism and Related Ideas in the Middle Ages*를 참고하라.

후손들 및 방주에 올랐던 피조물과 맺는다(창세기 9장 11절). 그 후로 인간과 피조물은 세계에 죄가 가득함에도 불구하고 질서 잡힌 세계를 기대할 수 있었다. 더 이상 전 지구 차원의 파국은 일어나지 않을 것이다. 인간은 자연의 질서, 규칙성, 영속성을 기대할 수 있고 지구가 인간에게 영원한 거주지로 남을 것임을 확신할 수 있다(창세기 9장 8~17절). 서기전 165~63년까지 한 세기에 걸쳐 작성된 외경인 에녹서(*book of Enoch*)[11]에 따르면 자연의 요소는 사실상 계약의 선언이다.

우주의 질서와 자연에서의 인간의 위치는 구약의 다른 곳에서도 재확인된다. "야훼는 질서 잡힌 세계의 하느님이시다 …".[12] 그는 인간이 살아갈 수 있도록 창조한 세계를 돌보신다. "야훼께서 말씀하신다. 하늘을 창조하신 그분, 하느님이신 그분, 땅을 빚어 만드신 그분, 땅을 단단하게 다지신 그분, 땅을 황무지로 창조하지 아니하시고 사람이 살 수 있도록 빚어 만드신 그분께서 말씀하신다 …"(이사야 45장 18절).

이 같은 주제 의식은 시편 8편의 주제 의식과 비교될 수 있다. 시편 8편에서는 달과 별들로 둘러싸인 우주 안에서 인간은 미미한 존재임에도 불구하고("사람이 무엇이기에 이토록 생각해 주시며 사람이 무엇이기에 이토록 보살펴 주십니까?"), 신의 목적을 표현하고 증거하는 고귀한 역할을 수행한다. "그를 하느님 다음가는 자리에 앉히시고 존귀와 영광의 관을 씌워 주셨습니다. 손수 만드신 만물을 다스리게 하시고 …"(시편 8편 5, 6절), "하늘은 야훼의 하늘이요, 땅은 사람들에게 주셨다"(시편 115편 16절). 죄가 많은 인간임에도 불구하고 우주에서의 신에 필적하는 지위 — 청지기로서의 개인적인 지배권이지만 — 를 인간이 지구에서 차지한다는 주제

---

11) Robinson, *Inspir. and Rev. in the OT*, p. 10; *I Enoch* lxix, 16ff. 찰스 (Charles)가 옮긴 책의 chap. 4, p. 247, note 11을 참고하라. 《제1 에녹서》 (*I Enoch*)에 대해서는 Wright & Fuller, *The Book of the Acts of God*, pp. 234~235를 참고하라.

12) Stanley Cook, *An Introduction to the Bible*, p. 129.

는 자연에서의 인간의 위치에 관한 서구 문명의 종교적・철학적 사상에 핵심적 사고 중 하나로 자리 잡았다.

4. 세속의 환경

신의 권능은 무한하다. "뭉게구름으로 물을 싸두셨는데 … 구름을 밑에 깔아 당신의 보좌를 가리시고 … 하느님께서 꾸짖으시면 하늘을 받친 기둥들이 놀라 흔들거리니 그의 힘은 바다를 잠잠케 하셨고 … 그의 콧김으로 하늘은 개고 …"(욥기 26장 8~13절). 지구의 환경 조건은 신의 작품이다. 신은 전능한 기상학자며 특히 열, 비, 바람에 관심을 많이 가진다. "여보시오, 욥이여, 내 말을 귀담아 들어 보시오. 잠깐 멈추고 생각해 보시오, 하느님께서 하시는 신비한 일을 … 구름이 어떻게 두둥실 떠 있는지 …" 불어오는 남풍에 땅은 죽은 듯하고 "구리거울을 두드려 펴듯이" 창공을 두드려 펴는지(욥기 37장 14~18절; 욥기 36장 24~33절 참고).

'주'는 목수와 석공의 언어로 욥을 잠잠케 한다. "내가 땅의 기초를 놓을 때 넌 어디에 있었느냐? 그렇게 세상물정을 잘 알거든 말해 보아라. 누가 이 땅을 설계했느냐? 그 누가 줄을 치고 금을 그었느냐? 어디에 땅을 받치는 기둥이 박혀 있느냐? 그 누가 세상의 주춧돌을 놓았느냐? …"(욥기 38장 4~6절). 누가 바다의 경계를 정하고 "여기까지는 와도 좋지만 그 이상은 넘어오지 마라. 너의 도도한 물결은 여기에서 멈춰야 한다"고 명했느냐?(아마도 지중해 특유의 건조한 기후 때문일 것으로 생각되는데, 물과 바다의 경계에 주목하는 것은 성서뿐 아니라 교부 시대의 문헌에서도 매우 두드러지는 현상이다)(욥기 38장 11절). "네가 언제고 동이 틀 것을 명령해 본 일이 있느냐? 새벽의 여신에게 '이것이 네 자리다' 하고 일러준 일이 있느냐 …?"(욥기 38장 12절).

'주'는 욥에게 자연의 질서를 이해하는지 묻는데 그것은 마치 계획 당시부터 참여한 이가 이해하는 것과 같은 수준의 진정한 이해인지를 묻는 것이다. 욥이 바다의 깊이나 지구의 크기, 빛과 어둠의 처소, 눈과 우박의 저장고를 알 리가 있겠는가? "누가 구름을 셀 만한 천재이냐? [사막의 언어로] 하늘에서 독을 기울여 물을 쏟을 수 있는 사람이 누구냐? 먼지가 덩이와 덩이로 굳어졌다가 하나로 뭉쳐지게 되도록"(욥기 38장 37~38절).

'주'는 욥에게 산양의 습성, 들나귀가 야생인 이유["들나귀를 광야에 깃들게 하며 소금기 머금은 땅에서 살게 한 것은 바로 나다"(욥기 39장 6절)], 들소가 인간에게 성실하게 봉사하는 이유, 타조의 습성, 말의 힘과 유용성, 매의 솟구쳐 날아오름, 벼랑에 둥지를 트는 독수리에 관해 묻는다(욥기 39장). 창조를 거의 이해하지 못하는 인간 사례는 베헤못(Behemoth)****이나 레비아단(Leviathan)****의 습성에 대한 묘사로 이어진다. 13)

질문을 통해 '주'는 욥에게 질서 잡힌 세계가 움직이기 위해서는 욥이 짐작조차 할 수 없는 수많은 관계가 고려되어야만 한다는 사실을 가르친다. 또한 다양한 자연환경에 대해 언급한다. 사막, 강, 산, 초지, 그곳에 거하는 동물과 양육 습성, 다른 동물의 피식자이면서도 종을 보전하도록 만드는 자기보호 수단 등에 대해서도 설명한다.

지구상의 자연 질서에 드러난 신의 목적, 선견과 지혜는 경건하고 끈기 있고 이해력 깊은 사람의 통찰력조차도 초월하는 것이다. '주'는 자연이 인간에게 제약이 됨에도 불구하고 인간을 위해 봉사한다고 설명한다. 하지만 자연은 인간만을 위한 것이 아니며 자연의 중요성 역시 인간의 필요에 의존하는 것이 아니다. "소나기가 타고 올 길을 누가 텄는지, 먹구름이 천둥치며 쏟아져 내릴 곳을 누가 팠는지, 너는 아느냐? 사람이란 얼씬도 하지 않는 곳, 인종이란 있어본 적도 없는 광야에 비가 쏟아져 거칠어진 들을 흠뻑 적시고 메말랐던 땅에 푸성귀가 돋아나게 하는 것이 누구

---

13) Clarke, *Concise Bible Comm.* : 욥기 40, 41장에 나타난 야훼의 점강적(漸降的) 발언은 야훼의 두 번째 발언이 이집트의 지혜서에서 비롯되었을 수 있다는 사실에 기인할 수 있다. p. 473; 또한 p. 474도 참고하라.

냐?"(욥기 38장 25~27절). 14)

욥기는 자연 과정이 인간의 이해력을 뛰어넘는 것일 수 있음을 보여준다. 그러나 인간에게만 신비한 것일 뿐이다. 왜냐하면 자연은 신성하고 합리적인 목적의 산물이기 때문이다. 이러한 생각은 시편 104편의 사고와 유사하지만 전달하고자 하는 의미는 보다 긍정적이고 밝다. 우주는 질서 있고 아름답다. 우주는 신이 창조했지만 신이 우주의 일부는 아니다. "인간은 일견 아주 작은 부분을 차지한 것처럼 보이긴 하지만 아무튼 그림의 중심에 자리한다". 15) 그 핵심은 인간이다. "인간이 하느님을 찬양한 내용인 시편의 정점"에는 "찬양 속에 분명히 표현된 지상의 한 피조물"이 있기 때문이다. 16)

지혜의 '주'는 다양한 방법으로 지구를 안전하게 하고 바다의 경계를 정하고 모든 생명체가 물을 수월하게 확보할 수 있도록 했다. 신은 인자함과 측은한 마음으로 지구상에서 벌어지는 자연 과정을 지속적으로 돌보는 존재다. "온 땅이 손수 내신 열매로 한껏 배부릅니다"(시편 104편 13

---

14) "오늘날 가장 필요한 교훈은 아마 38장 26절〔"사람이란 얼씬도 하지 않는 곳, 인종이란 있어본 적도 없는 광야에 비가 쏟아져"〕일 것이다. 자연은 인간의 운명에 영향을 미치지만 그렇다고 하느님을 위한 자연의 존재 의미가 퇴색되는 것은 아니다". *ibid.*, p. 474.

15) Robinson, *Inspir. and Rev. in the OT*, p. 8. "만일 욥기에 나타난 야훼의 첫 번째 발언이 신비로운 자연을 속속들이 파악하는 온전한 구약의 시각을 제공한다면 자연에 대한 최고의 그림은, 일부 내용을 이집트의 《태양찬가》에서 빌려왔음에도 불구하고 시편 104편을 통해 파악할 수 있다"〔이 주장에 대해서는 1장 각주 6을 참고하라〕. "시편 104편의 시각의 핵심은 '욥기'의 시각과는 차별화된다. 시편 기자의 눈을 사로잡는 것은 이러한 자연의 이해 불가능한 신비가 아니라 달과 태양을 통해 그 모든 것을 다스리는 조화로운 질서로 밤은 야생을 위해 주어지며 낮은 인간을 위해 주어지는 것이다". *ibid.*, pp. 8~9.

16) "시편은 이사야 45장 18절의 사상을 잘 묘사한다. 이사야 45장 18절에는 하느님이 지구를 사람이 살 수 있도록 만들었다고 기록하는데 시편 8편은 하느님의 피조물 가운데 최고 지위를 인간에게 주었다고 기록한다". *ibid.*, p. 9, footnote 1.

절). 그는 동물을 위해 야생식물, 인간을 위해 경작된 작물을 예비했고 새와 육지의 동물을 위해서는 적절한 보금자리를 주었으며 ["높은 산은 산양들의 차지, 바위틈은 오소리의 피신처"(시편 104편 18절)] 심지어 육식동물을 위해서도 먹이를 주었다. "야훼여, 손수 만드신 것이 참으로 많사오나 어느 것 하나 오묘하지 않은 것이 없고"(시편 104편 24절). [17]

설계론에 공감하는 사상가들이 시편 104편을 신이 존재한다는 물리신학적 증거로 그토록 자주 활용한 것은 당연한 일이다. 불가사의한 내용 없이 기쁨이나 심지어 의기양양하게 자연 안의 생명력, 아름다움, 활동, 질서, 합리성을 묘사하기 때문이다. 신은 자연과 분리되어 있지만 자연을 통해 부분적으로 신을 이해할 수 있다. 17세기 후반에 레이는 자신의 책 《피조물에 나타난 신의 지혜》에 시편 104편 24절을 담은 서문을 실었다. 레이 및 그와 비슷한 신념을 지닌 사상가들은 신의 작품 속에서 지혜를 발견하여 신을 찬양하는 것이 과학과 종교의 가교를 놓는 일, 곧 '주'를 찬양하고 사랑하며 연구와 배움을 통해 그 사랑을 드러내는 일이라고 생각했다. 왜냐하면 이런 식으로 인간은 자연 지식을 습득하며 신의 작업을 더 깊이 이해할 수 있기 때문이다.

'주'의 위엄과 인간에 대한 그의 돌보심이라는 주제는 성서의 다른 곳에서도 반복적으로 나타난다. "야훼, 우리의 주여! 주의 이름 온 세상에 어찌 이리 크십니까!"(시편 8편 1절). 또한 창조자는 자신과 거의 같게 창조한 인간을 늘 염려하셨다. "손수 만드신 만물을 다스리게 하시고" 양, 소, 들짐승, 새, 바다생물 등 "모든 것을 발밑에 거느리게 …"(시편 8편 6절) 하셨다. 인간을 환경을 지배하고 변형시키는 존재로 파악하는 사고는 우리 주제와 관련된 기독교신학에서 가장 중요한 사고다. 하늘과 땅의 창조자 신은 인간에게 지구를 다스리라고 주었다. 인간은 두 가지 방식으로 동물에게 지배력을 행사하는데, 하나는 가축화이고 다른 하나는 식량

---

17) 시편 148편과 비교하라.

획득이나 기타 목적을 위해 동물의 목숨을 빼앗는 일이다.

5. 자연에 대한 태도와 지혜 문학

"하늘은 하느님의 영광을 속삭이고 창공은 그 훌륭한 솜씨를 일러 줍니다"(시편 19편 1절). 신은 "땅 끝, 먼 바다 끝까지 사람들의 희망이십니다"(시편 65편 5절). 주는 지구를 창조하시고 그곳에 물을 두셨으며 토양에 복을 내려 식물이 자라게 하셨다. "이렇듯이 복을 내려 한 해를 장식하시니 당신 수레 지나는 데마다 기름이 철철 흐릅니다. 광야의 목장에도 졸졸 흐르고 언덕마다 즐거움에 휩싸였습니다. 풀밭마다 양떼로 덮이고 골짜기마다 밀 곡식이 깔렸으니 노랫소리 드높이 모두들 흥겹습니다"(시편 65편 11~13절). 인간과 자연이 어우러지며 만든 경관을 노래하는 이 구절은 구약, 특히 시편에 자주 등장하는 자연의 아름다움에 대한 묘사 중 하나로 이 탁월한 구절에 필적할 만한 것은 오직 시편 104편의 아름다움뿐이다.

자연에 대한 사랑, 자연 안에서 찾을 수 있는 기쁨, 자연이란 신이 손수 만드신 것의 표현이라는 신념에 대한 추가적 증거는 지혜 (wisdom) 개념으로부터 온다. 지혜는 특히 구약의 잠언, 외경의 지혜서 (the Wisdom of Solomon), 집회서 (Ecclesiasticus) 에서 발전된 것이다. "지혜는 하느님에 의존적 존재로 파악되었지만 그분으로부터 분리된 면도 있다". [18] "지혜" 는 인격이자 신격이다. 야훼는 창조 자체가 이루어지기 전에 지혜부터 창조했다. "지혜는 인격을 획득해 거의 인간에 가깝게 되었다. 지혜는 모든 것의 제작자다". [19] 지혜는 "중간적, 준인격화된 존재다". [20] 대부분의

---

18) Rankin, *Isreal's Wisdom Literature.* 이 문헌의 세부 목록을 알고 싶다면 pp. 1~2 footnote 1을 보라. 특히 pp. 1~15, 35~52, 198~210, "지혜의 형상"에 대한 9장을 보라. 이들은 우리 주제와 관련해 중요한 논의다. 인용은 p. 224.

저술가들은 지혜 문학의 곳곳에서 헬레니즘의 영향을 찾아냈지만 지혜는 분명 내재성(內在性)의 교의도 아니며 스토아적인 로고스도 아니다. 가장 명쾌하게 지혜의 개념을 표현한 것은 잠언에 나타난 지혜 자신의 발언이다(잠언 8장 22~31절).

> 야훼께서 만물을 지으시려던 한처음에 모든 것에 앞서 나를 지으셨다. 땅이 생기기 전 그 옛날에 나는 이미 모습을 갖추었다. 깊은 바다가 생기기 전에, 샘에서 물이 솟기도 전에 나는 이미 태어났다. 멧부리가 아직 박히지 않고 언덕이 생겨나기 전에 나는 이미 태어났다. 평평한 땅과 땅의 흙을 만드시기도 전에 나는 이미 태어났다. 그가 하늘을 펼치시고 깊은 바다 둘레에 테를 두르실 때 내가 거기 있었다. 구름을 높이 달아 매시고 땅속에서 샘을 세차게 솟구치시며 물이 바닷가를 넘지 못하게 경계를 그으시고 땅의 터전을 잡으실 때, 나는 붙어 다니며 조수 노릇을 했다. 언제나 그의 앞에서 뛰놀며 날마다 그를 기쁘게 해 드렸다. 나는 사람들과 같이 있는 것이 즐거워 그가 만드신 땅 위에서 뛰놀았다. [21]

이 구절에 나타나는 자연 속의 기쁨, 인간으로 살아가는 기쁨, 제일 잘 할 수 있는 일을 행하는 기쁨은 욥기 같은 다른 지혜 문학에서 드러나는

---

19) Cook, *Intro. to the Bible*, p. 68. 필론이 지혜의 존재를 로고스로 대체한 문제와 관련해서는 위의 책(*ibid.*)을 보라. 헬레니즘의 영향에 대해서는 지혜서 p. 67을 보라. 또한 Robinson, *op. cit.*, pp. 10~11, Bultmann, *Primitive Christianity*, pp. 96~98을 보라.

20) Robinson, *Inspir. and Rev. in the OT*, p. 10. "히브리 관습에 지혜가 등장한 정확한 기원은 불분명하며 논쟁적인 문제다. 여기서는 이란 종교 같은 외부의 영향으로 지혜가 등장했다는 말로 충분하다(Rankin, *Isreal's Wisdom Literature*, pp. 228~254를 따름). 자연과 관련한 지혜의 통일된 기능은 명확하다. 세계는 신성한 지혜의 현시가 되었고, 자연은 신성한 창조주와 유지자(*upholder*)의 지혜를 드러낸다는 의미에서 통일체다"(p. 11).

21) 그러나 이 구절은 지혜에 대한 송가의 일부이다. 잠언 8~9장 6절을 참고하라. 9장 1~6절을 보면 지혜는 사실상 전능한 아내다.

음습한 주제와는 놀라운 대조를 이룬다.

지혜도 창조주도 플라톤의 '장인적 신'은 아니다. '주'는 감독자의 모습으로, 아주 조금은 설계자의 모습으로 나타나며 지혜는 무엇을 해야만 하며 어떻게 처리할지를 한눈에 파악하는 고도의 능력을 지닌 장인의 모습으로 나타난다. 주인과 훌륭한 하인이 들판을 나란히 거닐면서 어디까지를 경계로 정하고 어디에 작물을 심고 집을 지을 것인지를 상의하는 모습을 떠올릴 수 있을 것이다.

시편 8편의 가르침이 확장된 것으로 볼 수 있는 지혜서[22]는 신의 영이 세계를 가득 채우며[23] 죽음은 신이 창조한 것이 아니라고 한다. 그의 창조는 모든 것이 살아 있어야 함을 의미한다. "하느님은 모든 것을 살라고 만드셨으며 세상의 모든 피조물은 원래가 살게 마련이다. 그래서 피조물 속에는 멸망의 독소가 없고 …"(지혜서 1장 14절). 이러한 구절들은 창조는 선하고 이에 '주'는 만족하셨다는 창세기 1장 31절의 사상을 자세히 설명한 것이다.[24]

인간의 지식은 신으로부터 비롯한 것이다. 그 지식에는 우리의 존재와 언어, 우리의 이해력, 우리의 신중함, 우리의 기술, 세계의 질서, 구조, 각 요소의 활동에 대한 지식(7장 16~18절), 달, 계절 변화, 태양, 한 해의 순환 주기, 별자리(19~20절) 등이 속한다. "만물을 만드신 하느님의 지혜의 가르침을 받아서 나는 드러나 있는 것은 물론 감추어진 모든 것까

---

22) 클라크의 *Concise Bible Commentary*에 따르면 지혜서(=불가타 역본 지혜서) 본문의 통일성이 결여됨을 미루어 볼 때 여러 저자가 기록했음을 알 수 있다고 한다. 지혜서는 시편 8편의 가르침에 기초해 쓰였다. 저자는 "혹 간접적이라고 할지라도 플라톤과 스토아학파의 그리스 철학에 대한 상당한 지식을" 갖춘 자다(p. 646). 지혜서가 신약 저술, 특히 바오로의 '로마인에게 보낸 편지' 저술에 미친 영향에 대해서는 p. 647을 참고하라.

23) 클라크는 앞의 책(*op. cit.,*)에서 이러한 사고가 스토아학파의 "세계혼"(*soul of the world*)과 유사하다는 점을 지적한다.

24) 지혜서 1장 13~16절에 대한 클라크의 주석을 보라. *op. cit.,* p. 647.

지도 알게 되었다"(7장 21~22절). 지혜는 스승일 뿐 아니라 "하느님께서 떨치시는 힘의 바람 …"이다(7장 25절). "지혜는 세상 끝에서 끝까지 힘차게 펼쳐지며 모든 것을 훌륭하게 다스린다"(8장 1절). "젊은 연인이나 신부로 비유되는 지혜는 그녀를 사랑하시는 하느님과 함께 거하며 그의 하실 일에 참여한다(8장 2~5절). 신은 말씀으로 세계를 창조하시고 "거룩하고 의롭게" 창조물을 지배하라고 인간을 창조하셨다(9장 3절). 그러나 지혜는 신의 조력자다. "지혜는 당신과 함께 있으며 당신께서 하시는 일을 알고 있습니다. 지혜는 당신께서 세상을 만드셨을 때부터 있었습니다. 지혜는 당신께서 보시고 기뻐하실 일이 무엇인가를 알며 당신의 율법에 맞는 것이 무엇인가를 알고 있습니다"(9장 9절). 지혜는 아담을 보호했고 다른 모든 것을 다스릴 지배권을 부여했다(10장 1절). 그리고 창조물에 대한 신의 사랑이 강조된다(11장 25~26절). 그러나 인간은 왜 신을 볼 수 없고 알 수 없는가? 인간은 "눈에 보이는 좋은 것을 보고도 존재하시는 분을 알아보지 못했고 업적을 보고도 그것을 이룩하신 분을 알아보지 못했다 …"(13장 1절). 25) 인간은 신을 알아보는 대신 불, 바람, 별들, 바다의 폭풍우, 태양, 달의 신을 만들었다. 아마도 그 아름다움에 취해 이들을 신으로 오해했을 것이다(13장 2~3절). "피조물의 웅대함과 아름다움으로 미루어 보아 우리는 그것들을 만드신 분을 알 수 있다"(13장 5절).

종종 잠언 8장을 암시하는 비슷한 주제가 집회서, 즉 시락의 아들 예수의 지혜서(*Wisdom of Jesus the Son of Sirach*)에도 등장한다. 26) 모든 창조물을 다스리는 인간의 힘은 인간의 탄생, 생애, 죽음을 위해 예비된 신성한

---

25) 이 구절은 우상숭배에 관한 기나긴 논쟁을 불러왔다. "이방인들은 설계론을 이해하지 못했거나 아름다움으로부터 아름다움의 창조자를 추론하지 못했다. 이들은 이 주제를 철저히 그리스적 방식으로 다룬다. 9절이 1절과 모순됨을 주목하라", Clarke, commentary on Wis. of Sol., 13: 1~9, *ibid.*, pp. 649~650.

26) 집회서(불가타)는 집회서 즉, 시락의 아들 예수의 지혜서다. 서기전 200~180년 사이에 쓰인 것으로 추정된다. Clarke, p. 651.

계획임이 다시금 선언된다(집회서 17장 1~3절). 지혜는 여주인과 같고 아마도 유일한 여종일 것이다. "지혜는 스스로 자신을 찬미하고 군중들 속에서 자기의 영광을 드러낸다. 지혜는 지극히 높으신 분을 모신 모임에서 입을 열고 전능하신 분 앞에서 자기의 영광을 드러낸다. '나는 지극히 높으신 분의 입으로부터 나왔으며 안개와 같이 온 땅을 뒤덮었다'"(24장 1~3절).

지혜는 자신과 자연 속의 창조물에 대한 주의 돌보심을 일상적 이미지를 동원해 스스로 묘사한다. "나는 레바논의 송백처럼, 헤르몬 산의 삼나무처럼 자랐고" 혹은 종려나무, 장미, 올리브나무, 플라타너스처럼 자랐다. "나는 포도나무의 어여쁜 첫순처럼 돋아나서 꽃을 피웠으며 영광과 부귀의 열매를 맺었다"(24장 13~17절). 나무, 꿀, 포도주, 열매, 곡식, 개울 같은 이미지를 통해 지혜의 아름다움과 고귀함, 풍요로움이 드러난다. '주'가 그러했던 것처럼 지구의 지리를 만들 때의 지혜를 묘사하는 은유는 매우 아름답다. 이때 쓰인 상징은 지중해 사람들이 공유한 것이었다. "그분의 말씀 한마디로 흐르는 물이 멈추고 괴어 그분의 말씀 한마디로 큰 저수지가 생겼다"(39장 17절).

계속적 창조자로서의 신은 선인에게는 보상을, 악인에게는 저주를 내리는 방식으로 자연이 질서 정연하게 예정된 길을 따라가도록 중재하고 합당한 때에 지구의 물리적 구조를 바꾼다(39장 27절). "화재와 우박과 기아와 죽음, 이것들은 벌주기 위하여 만드신 것이다. 야수들의 이빨과 전갈과 독사 그리고 죄인들을 없애버릴 복수의 칼도 …"(39장 29~30절).

죄 ─ 종종 집단적 죄로 등장하는 ─ 에 대한 응징으로서의 자연재해, 즉 지구의 물리적 자연에서의 의도적이고 격렬한 변화라는 주제는 기독교신학에서 언제나 강력한 것이었다. 이러한 사고가 정점에 달한 것은 1755년 11월 1일 리스본 지진 때였는데 이 사건은 기독교의 '신의 징벌' 관념과 여타 신념을 뿌리부터 뒤흔드는 계기가 되었다.[27]

크세노폰의 회고나 초기 교부들의 해석을 연상시키는 인간 중심적 해석은 태양이 움직이고 달이 차고 이지러지는 것이 그러한 변화를 통해 하늘의 달력을 인간에게 주기 위함이라고 설명한다(43장 1~8절). 별들은 "주님의 높은 곳을 찬란하게 비추는 장식이다"(43장 9절). 바람, 눈, 서리 등의 모든 자연현상은 그분이 만든 것이다. "위에 말한 것보다 더 크고 놀라운 일들이 많다. 우리는 단지 주님의 업적 중에 극히 일부를 보았을 뿐이다"(43장 32절). 창조물에 대한 감탄은 신이 그 안에 존재하지 않으며 초월적 존재라는 것이다. "그분을 뵙고 그분을 정확하게 묘사할 수 있었던 사람이 있느냐! 누가 주님에게 합당한 찬양을 드릴 수 있으랴"(43장 31절).

6. 로마인에게 보낸 편지 1장 20절

신약에서는 신, 인간, 지구의 상호 관계가 때로 명확하지 않다. 아마도 종교의 혼합주의 때문일 것이다.[28] 가장 중요한 사고는 바오로의 저술에 나타나 있는데 하나는 축소판 자연신학(*theologia naturalis*)이며 다른 하나는 창조로까지 소급되는 허영과 타락의 표현이다. 이 둘은 자연에 대한 기독교의 태도와 나아가 자연사 연구에 깊은 영향을 미쳤다. 바오로는 인간이 자신의 죄로 인해 자연 안에 담겨진 신의 작업을 이해하지 못하게 되었다고 한다.[29] "창조물을 통하여 당신의 영원하신 능력과 신

---

27) 11장에서 다시 논의될 것이다. T. D. Kendrick, *The Lisbon Earthquake*, pp. 113~169를 참조하라.

28) Rudolf Bultmann, *Primitive Christianity in its Contemporary Setting*, "Primitive Christianity as a Syncretistic Phenomenon". pp. 175~179를 참고하라. "기독교의 선교 설교는 그리스도의 선포일 뿐 아니라 이방인 청중에 대해서는 유일신론의 설교이기도 했다. 그리고 이 설교는 구약적 사유와 함께 스토아의 자연신학의 모티브도 이용했다"(p. 177). 또한 이 논의의 일부로 신약에 나타난 혼합주의에 대한 묘사(pp. 178~179)도 참고하라.

성과 같은 보이지 않는 특성을 나타내 보이셔서 인간이 보고 깨달을 수 있게 하셨습니다"(로마인에게 보낸 편지 1장 20절).

이러한 언명은 조금만 변화를 주면 스토아주의 철학자들도 쓸 수 있는 말이며 더불어 시편 104편의 보충이기도 하다. 인간이 신을 모르고 경배하지 않는 데는 변명의 여지가 없다. 또한 우상숭배에도 변명의 여지가 없다. "인간은 스스로 똑똑한 체하지만 실상은 어리석습니다. 그래서 불멸의 하느님을 섬기는 대신에 썩어 없어질 인간이나 새나 짐승이나 뱀 따위의 우상을 섬깁니다"(로마인에게 보낸 편지 1장 22~23절).

창조물이 아니라 창조주를 경배하라는 것 역시 기독교신학에서 자주 반복되는 주제다. 창조물 속에서 신의 작업을 깨달을 수 있다. 하지만 신은 초월적이다. 그분에 의해 창조가 이루어지지만 그분이 창조물의 일부가 아니므로 창조물은 불완전한 스승일 뿐이다. 창조물 안에서 그분의 방식을 이해할 수 있지만 경배는 창조주께만 드려야 한다. 이와 동일한 사상이 사도행전에도 나타난다.

바오로와 바나바는 제물을 올리려 하는 제우스 신전의 사제를 말리며 살아계신 창조주 신에게 돌아올 것을 설교한다. "지난날에는 하느님께서 모든 나라 사람을 제멋대로 살게 내버려두셨습니다. 그러면서도 하느님께서는 은혜를 베푸셔서 하늘에서 비를 내려주시고 철 따라 열매를 맺게 하시고 먹을 것을 주셔서 여러분의 마음을 흡족히 채워주셨습니다. 이렇게 하느님께서는 항상 당신 자신을 알려주셨습니다"(사도행전 14장 16~17절).[30]

---

29) 바오로는 이와 같은 언급에 앞서 그리스인과 이방인들에 대한 그의 의무에 대해 고백한다(1장 14~15절). 그는 복음의 권능이 "먼저 유다인에게, 그리고 그리스인에게까지"(1장 16절) 미친다고 주장하면서 이어 신을 아는 것이 어렵지 않다고 말한다. "사람들이 하느님께 관해 알 만한 것은 하느님께서 밝혀 보여주셨기 때문에 너무나도 명백합니다"(1장 19절).

30) 비슷한 사상이 사도행전 17장 24~25절에도 나타난다. 신은 인간이 만든 성소에 거하지 않는다. 인간의 시중도 필요 없다. 그는 모든 나라와 그들의 영역을 정한

신의 창조성은 무능한 인간의 모습과 대조를 이룬다. "땅도 주님의 것이요, 그 안에 가득히 있는 것도 다 주님의 것입니다"(고린토인에게 보낸 첫째 편지 10장 26절). "도대체 아폴로는 무엇이고 바오로는 무엇입니까? 아폴로나 나나 다 같이 여러분을 믿음으로 인도한 일꾼에 불과하며 주님께서 우리에게 각각 맡겨주신 일을 했을 따름입니다. 나는 씨를 심었고 아폴로는 물을 주었습니다. 그러나 그것을 자라게 하신 분은 하느님이십니다"(고린토인에게 보낸 첫째 편지 3장 5~6절). "우리는 하느님을 위해서 함께 일하는 일꾼들이고 여러분은 하느님의 밭이며 하느님의 건물입니다"(고린토인에게 보낸 첫째 편지 3장 9절, 16절 참고). "하느님께서 만드신 것은 모두 다 좋은 것이고 감사하는 마음으로 받으면 하나도 버릴 것이 없습니다…"(디모테오에게 보낸 첫째 편지 4장 4절). "신은 세계를 돌보시고 사랑하십니다"(요한의 복음서 3장 16절).

로마인에게 보낸 편지 1장 20절은 시편 104편과 마찬가지로 설계론(피조물 안에 드러난 신의 지혜)을 뒷받침할 뿐만 아니라 과도한 피안 지향성을 피하면서도 이 세상을 거부하고 인간 사회로부터 철저한 소외를 지향하는 기독교신학을 보전하는 데도 기여했다. 성 아우구스티누스는 피안 지향성을 주장하기 위해 로마인에게 보낸 편지 1장 20절을 활용한다. 성 보나벤투라(St. Bonaventura)*는 감각 세계에 남겨진 신의 흔적을 통해 그분의 반향을 발견한다. 성 보나벤투라는 로마인에게 보낸 편지 1장 20절을 인용하면서 자신의 논의를 마친다. 그리고 앞으로 살펴보겠지만 아퀴나스는 자연의 타락보다는 자연의 선함을 보이는 데 생생한 관심을 가졌다.[31]

존재다. "사실 하느님께선 누구에게나 가까이 계십니다. '우리는 그분 안에서 숨쉬고 움직이며 살아간다'라는 말도 있지 않습니까?"(사도행전 17장 27~28).

31) St. Augustine, *On Christian Doctrine*, Bk. I. chap. 4; St. Bonaventura, *The Mind's Road to God*, chap. 2, 11~12; 그리고 "창조"에 대해서는 *St. Thomas Aquinas. Philosophical Texts*, chap. V도 참고하라.

7. 세속에 대한 경멸

이러한 구절들은 신, 인간, 자연의 밀접한 관계를 확인시키는 동시에, 내가 보기에는 이 밀접한 관계에 대한 사고가 신·구약을 지배한다는 것을 분명히 보여준다. 그럼에도 불구하고 기독교신학, 특히 주해 문헌에 세속에 대한 경멸(contemptus mundi) 사상이 있음을 부인할 수는 없다. 이 사고는 문자 그대로 인간의 거주지로서의 지구를 거부하고 자연을 혐오하며 그에 대해 무관심함을 의미한다. 이는 합리적이고 사랑과 인정이 가득한 창조주가 손수 작업한 것을 창조물에게서 발견할 수 있다는 믿음인 자연신학과는 반대되는 것이다.

(17세기 과학자들이 경외심을 가지고 동의하는 뜻으로 인용한) 로마인에게 보낸 편지 1장 20절은 신과 자연에 대한 보다 깊은 이해로의 초대였다. 그와 반대되는 구절로는 로마인에게 보낸 편지 5장 12~14절을 들 수 있다. 이 구절은 인간의 조건과 직접적인 관련을 가진다. 한 인간, 아담은 죄를 저질러 세계에 죽음을 들여왔다. 그리고 모든 인간은 죽음을 겪는데 모두 죄를 지었기 때문이다. 죄는 율법 이전에 존재했지만 "율법이 없었기 때문에 그 죄가 법의 다스림을 받지 않았을 뿐입니다. 그러나 죽음은 아담으로부터 모세에 이르기까지 모든 사람을 지배했는데 아담이 지은 것과 같은 죄를 짓지 않은 사람들까지도 그 지배를 받았습니다. 그런데 아담은 장차 오실 분의 원형이었습니다"(로마인에게 보낸 편지 5장 13~14절).

원죄 교의의 정수를 담은 이 구절은 본질상 창세기 3장 17~18절의 주석이다. 창세기 3장 17~18절은 인간과 자연에 대한 비관적 시각을 도입한 또 다른 중요한 구절로 '주'는 뱀과 하와와 아담 각자에게 벌을 내리지만 이 벌은 개인적인 것을 넘어서 자연을 변화시킨다. "땅 또한 너 때문에 저주를 받으리라"(창세기 3장 17절). '주'가 아담에게 말한다. "죽도록 고생하고 가시덤불과 엉겅퀴와 씨름하며 노동해야 먹을 것을 얻을 것이며

죽으면 흙으로 돌아갈 것이다". 32)

현대적 견해에 따르면 "자연으로 전염되어 자연도 완전히 타락한다는 타락 교의는 기독교 세계가 과학에 대한 관심을 완전히 끊는 데 영향을 미쳤다"고 한다. 33) 하지만 바오로가 예수 오심의 위대함을 보이고자 한 것은 예수가 아담으로 인해 처음 생겨난 죄와 죽음에 극명한 대조를 이루는 생명과 구원의 상징이었기 때문이다. 로마인에게 보낸 편지 5장 12~14절에서 "사도가 전하는 말이 아담의 죄가 자손을 타락시킨다는 믿음을 강화하는 지는 확실치 않다". 그러므로 이후의 신학 교의에서는 성 바오로의 저술에서 부차적이고 지엽적 요소가 기독교에서 결정적인 중요성을 획득했다.

바오로의 생각과 전통을 더욱 분명하게 대변하는 것은 로마인에게 보낸 편지 8장 18~39절이다. 창조물은 "하느님의 자녀가 나타나기를 간절히 기다립니다"(로마인에게 보낸 편지 8장 19절). 창조물의 번영은 신의 의지로 말미암은 것이다. 창조물은 결코 소멸하지 않을 영광의 천년을 기대할 수 있다. 창조물은 "진통 중에 신음하며" 인간은 더 높은 질서와 완성을 향해 더듬어 나아간다. "신음하는" 불완전성은 인간의 죄로 인한 것이 아니다. 그 역시 신의 목적과 상호작용의 일부일 뿐이다. "성 바오로는 너무나도 진실한 유일신론자며 구약의 충실한 학생이어서 창조물의 불완전성이 악마나 인간에 의한 것이라고 믿지 않는다. 오직 하느님만이 그분의 세계를 통제한다. 또한 여전히 불완전하다고 해서 세계가 다가올 것을 얻기 위해 힘쓰고 고뇌하며 열망할 능력을 박탈당한 것도 아니다. 하느님 안에 거주하는 영의 적극적인 도움을 받아 창조물은 희망을 가지고 앞으로 나아간다". 34)

---

32) 이사야 24장 4~6절을 보라. "산천은 메마르고", "세상은 파리해지니", "땅은 더러워졌다", "온 땅은 저주를 받고, 주민은 처형된다". 이사야 11장 6절에서는 에덴동산 안에 거했던 존재 형식이 복원되어 있다.

33) Raven, *Science and Religion*, p. 34.

또 다른 견해에 따르면 타락은 창조주에 반역하는 존재 중 하나인 인간의 문제를 상징한다. "인간은 지상의 창조물을 다스리라고 부여한 자유를 이용하여 하느님에게서 독립해 하느님처럼 되고자 했다". 인간은 신에게 의존적인 피조물로서의 지위를 받아들이기를 거부하고 그분으로부터 독립할 길을 모색하며 그분과 동등하게 되고자 한다. 그리고 그 과정에서 인간은 신과의 영적인 교감을 잃었다. "인간은 독립을 주장해 모든 생명과 모든 축복의 원천으로부터 사실상 분리되었다".[35]

8. 핵심적 사고와 그 영향의 본질

창세기 1장은 창조문서(hexaemeral literature)에 영감을 불어넣었다. 창조문서는 6일간 행해진 창조의 일을 그대로 목록화한 문서다. 창조문서는 필론이 처음으로 작성했고 성 바실리우스의 손으로 멋지게 변신했으며, 성 바실리우스가 작성한 내용을 많이 차용한 성 암브로시우스(St. Ambrose)*의 라틴어 산문을 통해 퍼져 나갔다. 창세기 1장이 해결되지 않은 많은 의문을 남겼기 때문에 변증론이건 주해이건 설교학이건 간에 창조문서는 종교적 목적을 위해 지식을 활용했다.

창조문서는 중세에 이르러 밀턴(John Milton)*의 《실낙원》(Paradise Lost) 같은 격조 높은 표현에까지 이르렀다가 19세기에 이르러 지사학(地史學)과 진화 논쟁에 떠밀려 창세기와 지질론을 화해시키는 과정에서 심하게 퇴보한다. 창조문서의 저술가들이 문자에 더욱 집착해 창조의 순서를 해석할수록 물리학과 생물학을 통한 증명의 필요성도 높아져만 갔다. 기독교의 경건성, 자연에 대한 호기심, 신뢰할 만한 해석에 대한 열망은 보다 세부적인 윤색을 불가피하게 만들었다. 많은 물리적・생물학적・

---

34) *Ibid.*, pp. 35~36.
35) Wright & Fuller, *The Book of the Acts of God*, pp. 56~57.

지리학적 내용들이 6일 동안의 창조를 설명하기 위해 동원되었고 이것이 곧 계시종교에서 가장 중요한 것으로 자리 잡았다.

창조문서를 무척 신기하고 엉뚱한 것으로 여길 수도 있다. 하지만 나는 창조문서를 수많은 오류에도 불구하고 폐기해서는 안 되는 주석의 집합체, 그리고 우주와 지구의 역사가 중대한 사건이었으며 자연 관찰이 창조에 대한 이해와 밀접하게 결부되었다는 사고를 살아 있게 하고 그것을 상기시킨 것으로 이해하는 것이 진실에 가깝다고 믿는다.

창세기 1장의 어두운 설명에는 인간에 대한 어떠한 가치판단도 없다. 인간의 죄와 타락과 그로 인한 결과는 다른 이야기에 속한 것이다. 나아가 창세기 1장은 설계론에 대한 기독교적 기초를 놓았다. 훗날 중세와 근대에 전개되는 설계론 논쟁의 역사를 살펴보면 그 논쟁의 구성 요소는 성서와 고전 세계의 원천으로부터 나옴이 분명히 드러난다.

창세기 2장은 (그 종교적 의의와는 별도로) 인류와 민족에 대해 서구인이 정립한 개념의 역사에 막대한 영향을 주었다. 왜냐하면 창세기 2장은 인간으로서의 아담의 본성 문제를 제기해 이후 아담과 타락 이후에 태어난 인간을 비교하도록 만들었기 때문이다. 이러한 비교는 — 중세에 광범위하게 논의되는 — 문화적 원시주의의 본질과 관련된 문제들을 낳았다. 이는 그리스-로마 사상이 다른 이유에서 다른 자료를 토대로 비슷한 문헌을 만든 것에 다름 아니다.

창세기 2장은 에덴동산 문헌, 특히 에덴동산의 위치를 찾아내고 에덴동산을 묘사하려는 시도에 영감을 불어넣었다. 지리학적 추론에 영향을 주었고 — 종종 지중해식 환경 묘사에 불과하지만 — 자연을 이상적으로 묘사하도록 장려했으며 인간에게 미치는 환경의 영향을 간접적으로나마 언급하도록 했다. 인간의 타락으로 인해 자연의 상태도 악화되었다는 창세기 3장에서 비롯한 사고 또한 최소한 17세기가 끝날 무렵까지는 지구상의 자연 개념에 영향을 주었다. 인간의 타락으로 악화된 토양의 생산력을 끌어내기 위해 필요한 수고는 도덕 세계의 '악'에 상응하는 물질 세계의 개념이었다.

악화는 유기적 변화도 아니고 자연력의 감소도 아니다. 악화는 저주였다. 히브리인에게 저주란 사람뿐 아니라 사물에게도 내릴 수 있는 것이다. 저주는 인간이 노동을 해야만 하는 사실에 있지 않다. 인간은 노동을 위해 창조되었기 때문이다. 저주는 인간이 가시덤불과 엉겅퀴로 덮인 거칠고 불친절한 들판에서 고생스럽게 일해야 한다는 데 있는 것이다.[36] 자연의 불완전함이나 인색함이 악에 빠지려는 인간의 경향과 잘 어울릴 수 있을지는 몰라도 이러한 사고는 다른 사고와 갈등을 일으켰다. 지구의 조건에 책임을 가지는 것은 신이지 인간의 악이 아니기 때문이다.

자연의 불변성과 관련한 의문은 중요하며 우리는 이 문제를 다시 만날 것이다. 이 의문은 루크레티우스의 유기체 유비와 그에 대한 콜루멜라의 반대가 중요했던 것과 같은 이유에서 중요하다. 왜냐하면 만일 자연력이 불변적이지 않고 유기체처럼 썩는다면 인간은 시간이 갈수록 악화되기만 하고 결국에는 썩어 죽음에 이를 수밖에 없는 지리적 조건 가운데서 어찌할 도리가 없기 때문이다.

그러나 지구에 유기체 유비를 적용하는 일은 유대-기독교 사상의 특징이 아니다. 그럼에도 불구하고 자연의 노쇠라는 사고가 젊은 어머니의 자궁에서 태어난 아이와 나이 든 어머니에게서 태어나 키가 작은 아이를 비교하는 내용으로 에스드라 2서에 나타나기는 한다. 뒤이은 각 세대의 키는 점점 축소되리라는 것인데 이는 그들이 "이미 나이 들고 젊음의 힘이 소진된 창조물로부터 태어나기" 때문이다(에스드라 2서 5장 55절, 14장 10~18절 참고). 이 구절과 루크레티우스의 사고는 자연의 불변성과 관련된 근대의 논의에 자주 인용된다.

신·구약 및 외경의 저술은 종종 아름답고 풍부한 자연 이미지로 눈길을 끈다. 사용되는 직유나 여러 수사법은 목동의 언어일 수도 있고 농부

---

36) Gunkel, *Genesis*, p. 22.

나 장인 또는 단순한 일에 종사하는 시골뜨기의 언어일 수도 있다. 지혜가 말하기를 "나로 말하면 강에서 흘러나오는 운하와 같고 낙원으로 흘러가는 물줄기와 같다. 내가 '나의 정원에 물을 대고 화단을 흠뻑 적시리라' 말하자 나의 운하는 곧 강이 되었고 강은 또 바다가 되었다"(집회서 24장 30~31절).

시편, 욥기, 집회서에 뚜렷이 나타나는 이와 같은 자연 묘사는 일상생활이 농촌, 고지의 초원과 곡초밭, 과수원, 올리브 농원, 관개수로 등을 바탕으로 이루어짐을 시사한다. 시편은 자연의 아름다움을 노래하며 자연을 창조주의 작품으로 사랑하고 자연 안에서 창조주를 찾아야 한다고 역설한다. 그러나 사람이 자연에서 보는 것은 신이 아니다. 단지 그분의 작품인 것이다.

이후 기독교신학은 그의 작품에 푹 빠지거나 그의 작품을 묵상하고 경배하는 행위의 위험성에 대한 경고로 가득해진다. 이러한 사상은 (외경인) 지혜서에 잘 드러나 있다. 신을 모르는 인간은 지구상의 아름다움을 보고도 "그것을 이룩하신 분을 알아보지 못하였다"(13장 1절). 자연신학이 아무리 열정적이고 지구와 하늘의 아름다움의 현시가 아무리 깊다 해도 작품과 그 작품을 만든 사람을 절대 혼동해서는 안 된다. 이와 같은 구분은 인간 거주지로서의 지구를 대하는 기독교의 태도에 결정적인 것이다. 창조된 작품을 너무 열정적으로 찬미하다가는 계시된 말씀에 소홀해지거나 이신론(deism)****처럼 기독교에 대한 전면적 거부로 이어질 수 있다.

우리 주제와 관련해서 가장 인상적인 것은 창세기를 비롯한 다른 저술(특히 시편 8편)에서 반복적으로 나타나는 '인간의 지배'라는 사고다. 그러나 이 구절을 근대의 시각으로 이해하려 들면 안 되는데, 이것은 "인간의 자연 지배"라는 구절을 아침 인사처럼 간단하게 여기는 요즘 같은 시대에 범하기 쉬운 오류다.

성경에 나타난 '지배'라는 관념이 과연 식물을 돌보는 데 관련된 기법

— 정원 가꾸기, 오아시스 농업, 곡물 재배, 원예학 — 과 야생동물을 죽이고 가축을 복속시켜 농업, 가축몰이, 운반에 활용하거나 식량이나 의복을 위해 가축의 몸뚱이를 이용하는 능력에 대한 일상적 관찰을 정제한 것 이상의 의미일까? 신의 형상을 따라 만들어져서 신의 허락하에 우주에 대한 신의 지배를 축소한 방식으로 지구상에 살아 있는 것들에 대한 지배권을 행사하는 인간의 존엄성에 대한 내용은 들어 있지 않은 것인가? 이 권력은 인간이 무엇을 성취했거나 능력이 있어서 얻은 것이 아니다. 인간이 창조물의 주인이 된 것은 신이 인간에게 부여한 우월한 지위 때문이다. 지상에서 신의 통치를 대리하는 인간의 권력은 창조계획의 일부인 것이다. 매우 공들여 구축된 이 개념은 단어를 그냥 읽을 때 빠질 수 있는 인간의 오만을 경계하도록 한다.

> 손수 만드신 만물을
> 다스리게 하시고
> 모든 것을 발밑에 거느리게 하셨습니다.
> 크고 작은 온갖 가축과
> 들에서 뛰노는 짐승들 하며
> 공중의 새와 바다의 고기,
> 물길 따라 두루 다니는 물고기들을 통틀어 다스리게 하셨습니다.
>
> (시편 8편 6~8절)

　인간의 권력은 아무리 크더라도 파생된 것, 떠맡겨진 것에 불과하다. 자력으로 획득한 것이 아닌 것이다.[37]

---

37) "7절에 따르면 창조물을 지배하는 인간의 권력이란 신에게서 받은 일종의 윤리-율법적 권력이다. 이는 아마도 우주와 인간을 지배하는 신의 권력을 모사한 것이다. 이 구절이 채용한 용어는 분명히 그 같은 개념을 반영하며 그 문맥상 인간은 이 권력을 모든 종류의 존재에 대해 사용할 수 있는 것으로 보이며 심지어 그의 통제권 밖에 있음이 분명한 존재에게도 그 권력이 미치는 것으로 보인다. 특히 창세기 1, 2장에서 인간이 자신의 목적에 따라 모든 사물을 사용할 권리가 있다

창세기는 또한 중요한 역사적 질문을 제기한다. 어떻게 세계의 인구가 증가했는가? 인간은 어떻게 지구상의 거주 가능한 지역으로 흩어져 나갔는가? 그리고 이들 사이의 현저한 차이는 어떻게 생겨난 것인가? 노아의 세 아들 셈(Shem), 함(Ham), 야벳(Japheth)은 방주에서 노아와 함께 나왔다. 이 세 사람이 각 민족의 조상이다(창세기 9장 18절). 노아의 아들들로부터 이어진 후손들, 이들이 차지한 땅, 이들이 가진 직업과 기술, 이 땅으로부터 "부족들이 세상에 갈라져 나간 것은 홍수가 있은 뒤의 일이었다"(창세기 10장 32절). (15세기에 발견된 신대륙 원주민들의 조상에 대한 불확실성은 이들도 인간이라는 교황의 교서가 내려진 후 사라졌다. 그러므로 인종이 통일되었다가 이후에 확산되었다는 기독교적 믿음에 신대륙 원주민의 존재가 융합된 것이다). 성서의 전통은 이스라엘의 10지파(ten tribes of Israel)****에 대한 문헌이 증명하듯 문화 전파라는 사고에도 잘 들어맞는다. 근대에 들어서면 인류의 심리적 동일성이라는 개념에 근거해 '독립적 발명'이라는 개념이 등장하는데, 이는 성서를 무비판적으로 수용하는 과정에서 발생한 터무니없는 사고에 대한 반작용의 일환이었다.

신은 도시와 바벨탑을 보고는 더 이상의 지적인 의사소통을 할 수 없도록 만들고 사람들을 지구 곳곳으로 흩어버렸다. 흩어지기 이전 세계에는 "하나의 언어와 몇 안 되는 단어"만이 존재했다. 그러므로 바벨탑 이야기는 현대 민족의 언어와 거주지가 달라진 이유를 설명한다.[38] 성서에 따르면 원래 세계는 비슷하고 통일된 상태였다. 그런데 수많은 언어와 방언이 존재하는 문화적으로 다양한 세계가 된 것을 그럴듯하게 설명할 방법은 이것뿐이었을까?

창세기는 또한 노아와 세 아들의 시대로부터 현대까지 이루어진 세계

는 것이 분명해진다. 인간이 늘 이 권리를 강화할 수 있는 것은 아니지만 근본적으로 이 권리는 지구의 주(主)로 인간을 세운 신 덕분에 인간이 가진 것이다". Conrad Louis, *The Theology of Psalm VIII*, p. 93.

38) Gunkel, *Genesis*, p. 93도 참고하라.

인구의 증가를 설명하는 문제를 제기했다. 19세기에도 여전히 출판되던 성스러운 역사의 전형적인 연대기에는 창조가 천지창조 이래 1년 동안 이루어진 것으로 기록되었다. 노아는 1056년에 태어났고 신이 홍수를 일으키기로 결심하고 노아에게 방주를 지으라고 명령한 것은 1535년이다. 노아가 아내, 세 아들 및 이들의 처, 동물과 함께 방주에 오른 것은 1656년이므로 이때 벌써 노아의 나이는 600세다. 방주에서 내린 것은 1657년이며 바벨탑 건설은 1757년, 그리스도의 탄생은 4004년으로 기록되어 있다.[39]

이 문헌에는 자연환경의 영향에 대한 고전적 시각과 비교할 만한 것이 전혀 없다. 그러나 인간이 자연에 적응하고 의존하며 또한 그것을 이용할 능력이 있음을 시사한다. "엘리바즈는 정직한 욥에게 토양의 비옥함을 망칠 요인을 제거하고 들짐승이 욥과 평화롭게 지내는 등 들판의 바위와 맺은 계약을 상기시킨다".[40] 농부가 올바른 가르침을 받았기 때문에 쟁기질, 써레질, 파종, 도리깨질을 마친다. 이는 "하느님께서 농부에게 가르쳐주신 것이다"(이사야 28장 26절). 그러므로 농부는 야훼의 목적을 수행하는 것이다. 그러므로 종교의 영향은 윤리학, 철학, 신학을 훌쩍 뛰어넘어 퍼져 나간다. 자연 질서에 대한 관찰을 통해 신의 존재에 대한 증거를 끌어모아 그 범위 내에서의 지리학과 민족학을 가능케 했으며, 문화사와 지리학상의 큰 주제의 연구 틀을 결정짓는 경우도 많았다.

초기 교부들은 유대-기독교의 신 개념과 자연 질서 개념을 고전적 설계론 및 장인적 신, 즉 데미우르고스 사고와 자주 결부시켜 '거주 가능한 세계'라는 개념을 창안했다. 이 개념은 개념이 가진 힘과 설득력 및 복원력 때문에 1860년대까지도 서구 세계의 절대 다수에게 삶, 자연, 지구에

---

39) *Lavoisne's Complete Genealogical, Historical, Chronological, and Geographical Atlas* (London: 1822), Chronological Maps No. 2, 7을 보라. 더불어 Map 6, *Division of the Earth Among the Posterity of Noah*도 참고하라.

40) Robinson, *Inspir. and Rev. in the OT*, p. 10., 욥기 5장 23절.

대한 납득할 만한 해석으로 존속했다.

최소한 인간과 자연을 부정하기보다는 찬미했다는 측면에서 볼 때 자연을 지배하는 인간이라는 유대-기독교의 사고는 인간의 창조력, 활동력, 기술적 진보를 강조했다고 할 수 있다. 왜냐하면 이러한 인간의 자질은 인간 스스로 획득한 것이 아니라 신에게서 받은 것이기 때문이다. 인간은 이처럼 신과 비슷한 자질을 갖추었을 뿐 아니라 신에게 가깝기도 했던 것이다. 인간 외의 창조물과의 관계에서 인간은 애매한 위치였다. 신이 모든 것을 창조했지만 인간은 그 창조물의 일부가 아니다. 인간은 신의 형상을 따라 창조되었다. 인간은 동식물 같은 자연의 일부가 아니라 신의 청지기에 더 가까운 것이다. 따라서 인간이 보잘것없는 자연에 속한다 하더라도 인간은 청지기 소명을 주신 신의 신성에 속하기도 했다.

기독교와 그 배후의 사고는 종교이자 창조에 관한 철학이다. 그것은 창조주, 그의 창조물, 창조물과 창조주의 관계, 창조물들 사이의 관계 탐구에 몰두한다. 창조주와 창조물의 본질에 관해 길게 이야기하는 것은 교부 시대의 교부들과 그 이후의 스콜라철학자들에게 무엇보다 일상적인 일이었다. 이들이 생산한 엄청난 분량의 주해가 이것을 증명하는데 그들의 집착으로 빚은 이 주해는 비록 독창적인 것은 아니었으나 서구 문명에 삶과 자연에 대한 다양한 개념을 던져 주었다. 이것들은 기독교의 옷을 입은 그리스-로마 사고가 아니다. 그와는 반대로 환경론을 제외하면 고전적 사고는 이제 새로운 종합에서 부수적인 것이 되었다. 실용과 실험을 요구하는 환경 속에서 고래의 지중해 문명보다는 전통에 덜 사로잡힌 북서 유럽의 종교를 토대로 한 새로운 기초가 세워졌다.

(2권에서 계속)

* 신화 속 인물 등 비실존 인물이나 민족은 "용어해설" 인명편이 아닌 기타편에서 다루며,
  지명편에는 건물명이 포함되어 있다.

* 인 명

가라스(François Garasse, 1585~1631). 반종교개혁 운동의 선봉에 섰던 예수회 소속 신
부이다.

가발라의 세베리아누스(Severian of Gabala, ?~?). 4세기에서 5세기 사이에 번성했던 시리
아 가발라의 주교이다. 당대에는 그의 주석 때문에 훌륭한 설교가로 알려졌지만 후
대에는 크리소스토무스의 추방에서 그가 맡았던 역할로 이름이 알려졌다. 테오도시
우스 2세의 치세(408~450년) 때 사망했다고 한다.

가자(Theodorus Gaza 또는 Theodore Gazis, 1400경~1465). 그리스의 인문주의자이며
아리스토텔레스 저작의 번역자다. 15세기 학문의 부흥기에 주도적인 역할을 했던
그리스 학자 중 한 명이다.

가짜 아리스토텔레스(pseudo-Aristole). 자신의 글을 아리스토텔레스의 저작이라고 사칭하
는 사람들을 가리키는데, 가짜 아리스토텔레스 중에서 가장 유명한 사람이 2세기
북부 아프리카의 학자인 마다우로스의 아풀레이우스(Apuleius of Madauros)로 그의
대표작은 《세상에 대하여》(De Mundo)이다.

갈레노스(Claudios Galenos, 영문명 Galen, 129~199). 소아시아 페르가몬 지방 태생이
다. 고대 로마 시대의 의사이자 해부학자로 고대의 가장 유명한 의사 가운데 한 사
람이다. 실험생리학을 확립하고 중세와 르네상스 시대에 걸쳐 유럽의 의학이론과
실제에 절대적 영향을 끼쳤다. 그리스 의학의 성과를 집대성하여 해부학·생리학·
병리학에 걸쳐 만든 그의 방대한 의학체계는 이후 천 년이 넘는 동안 유럽 의학을

지배하면서 커다란 영향을 끼쳤다.

갈릴레이(Galilei Galileo, 1564~1642). 이탈리아의 천문학자, 물리학자, 수학자이다. 진자의 등시성 및 관성법칙 발견, 코페르니쿠스의 지동설에 대한 지지 등의 업적을 남겼다. 지동설을 확립하려고 쓴 저서 《프톨레마이오스와 코페르니쿠스의 2대 세계 체계에 관한 대화》는 교황청에 의해 금서로 지정되어 이단행위로 재판을 받았다.

고드윈(William Godwin, 1756~1836). 영국의 목사, 언론인, 정치철학자, 작가이다. 아나키즘 사상의 선구자 가운데 한 사람으로 간주된다. 프랑스 사상가들의 강의를 듣고 무신론을 받아들였으며, 문학에 몰두해 성직을 포기하고 자유주의자들과 정치생활을 했다. 그는 프랑스혁명에 깊은 인상을 받았으며 이 혁명에 반대했던 에드먼트 버크의 《프랑스혁명에 관한 고찰》에 대한 반론으로 《정치적 정의》를 저술했다.

고마라(Francisco Lopez de Gómara, 1511경~1566경). 에스파냐 세비야에서 활동한 역사가다. 그의 저작이 특히 주목받는 이유는 16세기 초 코르테즈에 의해 수행된 에스파냐의 신대륙 정복에 대한 기술 때문이다. 그는 코르테즈와 동행한 적도 없고 평생 아메리카를 가 본 적이 없음에도 불구하고 코르테즈와 그의 동행자들로부터 직접 자료를 얻어 당시 에스파냐의 신대륙 정복사를 기술했다. 그러나 그와 동시대인들 특히 베르날 디아즈 델 카스틸로(Bernal Diaz del Castillo)조차도 그의 작품이 오류로 가득 차 있으며 코르테즈의 역할을 정당화하고 과장했다고 비판했다.

괴테(Johann Wolfgang von Goethe, 1749~1832). 독일의 시인, 극작가, 정치가, 과학자이다. 독일 고전주의의 대표자로 세계적인 문학가, 자연 연구가이다. 바이마르 공국의 재상으로도 활약했다. 대표작으로는 《빌헬름 마이스터의 편력 시대》, 《파우스트》 등이 있다.

굿먼(Godfrey Goodman, 1582경~1656). 영국의 신교 성직자이다. 저작인 《인간의 타락》에서 자연의 쇠락론을 주장했다.

그랜트(John Graunt, 1620~1674). 영국 태생으로 최초의 인구학자이다. 페티 경과 함께 근대 인구학의 기본 틀이 된 인구통계 센서스를 개발했다.

그레고리오 1세(Gregory the Great, 540~604). 교회학자이면서 최초의 수도원 출신 교황이다. 성 암브로시우스, 성 아우구스티누스, 성 히에로니무스과 함께 4대 라틴 교회의 아버지로 꼽히며, 중세 초기교회에 가장 많은 영향을 끼쳤다고 평가받는다.

그레고리우스 9세(Gregory IX, 1165경~1241). 오스티아의 주교와 추기경을 거쳐 1227년 교황에 즉위했다. 즉위 후 십자군 파견을 꺼려하는 신성로마제국 황제 프리드리히 2세를 파문하기도 했다. 십자군 원정으로 중동에 세워진 라틴계 국가의 보호에 힘썼으며 카타리파와 바르트파를 타파하는 데도 힘썼다. 종교재판을 일원화하여 교황권 밑에 두고 1234년에는 교령집(教令集)을 공포했다.

그로스테스트(Robert Grosseteste, 1175경~1253). 영국 서포크 태생으로 별명은 대두(Greathead)이다. 옥스퍼드 대학교와 파리 대학교에서 공부했으며 1235년 링컨의 주교가 되기까지 옥스퍼드 대학교 총장으로 있으면서 신학을 강의했다. 아리스토텔 레스의 저서와 성서를 원어로 연구해 라틴어 기독교계에 새 바람을 불어넣었다. 특 히 아리스토텔레스의《물리학》(*Physics*)의 라틴어 번역과 주해는 당시 자연과학 방 법을 일신시키는 데 기여했다.

그리내우스(Simmon Grynaeus, 1493~1541). 바젤 대학 신약학 교수다. 대학 동료였던 뮌스터의 친구이기도 했다.

기번(Edward Gibbon, 1737~1794). 영국의 합리주의 역사가이다. 2세기부터 1453년 콘 스탄티노플의 멸망까지의 로마 역사를 다룬《로마제국 쇠망사》(*The History of the Decline and Fall of the Roman Empire*, 6권, 1776~1788)의 저자로 잘 알려져 있다.

기요(Arnold Henry Guyot, 1807~1884). 스위스 태생의 미국의 지리학자이다. 1825년 베를린 대학교 졸업 후 리터에게 지리학을 배우고 1846년에 미국으로 건너갔다. 1854년 이후 30년간 프린스턴 대학교에서 지질학 및 자연지리학 교수를 역임했다. 빙하의 조사 및 기상 관측을 지도하고, 미국 기상대 설립에 힘을 쏟았다. 저서에는 《대지와 인간》(*The Earth and Man*, 1853),《자연지리학론》(*Treatise on Physical Geography*, 1873) 등이 있다.

네캄(Alexander Neckam, 1157~1217). 영국의 과학자이자 교사이다. 영국 허트포드셔 성 앨번스에서 태생이다. 성 앨번스 수도원 학교에서 교육을 받고 수도원 부설 던스 태블 학교의 교장으로 활동했다. 이후 프랑스에서 활동하다가 1186년 영국으로 돌 아와서 여러 학교의 교장을 역임했다. 신학 외에도 문법, 박물학에 관심을 가졌고 자연과학자로 알려졌다.

노르망디 꽁셰의 윌리엄(William of Conches in Normandy, 1090경~1154경). 프랑스의 스 콜라철학자이다. 노르망디 꽁셰 태생으로 세속적인 고전 작품을 연구하고 경험 과 학을 육성함으로써 기독교 인문주의의 범위를 넓히는 데 기여했다. 그의 제자인 샤 르트르의 주교였던 솔즈베리의 존은 그를 가리켜 베르나르 이후 최고의 문법학자라 고 칭송했다.

놀즈(Richard Knolles, 1550~1610). 영국의 역사가로 주로 투르크를 연구했다.

뉴턴(Isaac Newton, 1642~1727). 영국의 물리학자, 천문학자, 수학자이자 근대 이론과 학의 선구자이다. 수학에서의 미적분법 창시, 물리학에서의 뉴턴역학 체계 확립 등 은 자연과학의 모범이 되었고 사상 면에서의 역학적 자연관은 후세에 커다란 영향을 끼쳤다.

니사의 성 그레고리우스(St. Gregory of Nyssa, 330경~395경). 성 바실리우스의 동생이다. 성 바실리우스, 나지안주스의 그레고리우스와 함께 카파도키아 3대 교부 중 한 명 이다. 본질(本質)과 기질(氣質)과의 신학적 차이를 규정지어 삼위일체론 확립에 공 헌해 정통 신앙을 수호한 공적이 크다.

다 빈치(Leonardo da Vinci, 1452~1519). 르네상스 시대 이탈리아를 대표하는 천재적 미술가, 과학자, 기술자, 사상가이다. 15세기 르네상스 미술은 그에 의해 완벽한 완성에 이르렀다고 평가받는다. 조각, 건축, 토목, 수학, 과학, 음악에 이르기까지 다방면에 재능을 보였다.

다리우스(Darius, ?~?). 페르시아의 왕이다. 이 책에서 언급된 다리우스는 다리우스 1세로 추정된다.

다마스쿠스의 요한네스(John the Damascene, 676경~749). 시리아의 수도사이자 설교가이다. 법, 신학, 철학, 음악에 많은 기여를 한 박학다식의 전형인 인물이었다. 다마스쿠스 통치자의 행정 최고책임자였고 기독교 신앙을 상세히 설명하는 저술과 지금도 그리스 정교회에서 일상적으로 사용되는 성가를 썼다.

다미아니(Petrus Damiani, 1007경~1072). 이탈리아의 추기경이자 교회 개혁자로 1043년에 몇 곳의 수도원을 창설하고 교회, 수도원 개혁에 힘썼다. 신학자로서 그의 사상은 특히 《성사론》(聖事論)에 잘 나타나 있다.

다윈(Charles Robert Darwin, 1809~1882). 영국의 생물학자이다. 남아메리카와 남태평양의 여러 섬과 오스트레일리아 등을 항해 탐사하고 관찰한 기록에서 진화론을 제안했고, 특히 1859년에 진화론에 관한 자료를 정리한 《종의 기원》을 통해 생물 진화론을 주창하여 19세기 이후 인류의 자연 및 정신 문명에 커다란 변화를 가져왔다(송철용 역, 2009, 《종의 기원》, 동서문화사 참고).

다키아의 보이티우스(Boetius of Dacia, ?~?). 스웨덴의 철학자이다. 스웨덴 린쾨핑 교구에서 사제직을 수행했고 파리에서 철학을 가르쳤다. 파리에서 브라방의 시제루스, 로저 베이컨 등과 알게 된다. 1277년 아베로에스주의 운동의 지도자라는 탕피에의 단죄를 받아 시제루스와 함께 교황 니콜라스 3세에게 호소했다. 교황의 관할구에서 지내다가 다키아의 도미니크 수도회에 합류했다.

단테(Alighier Dante, 1265~1321). 이탈리아의 시인, 예언자, 신앙인이다. 이탈리아뿐 아니라 전 인류에게 영원불멸의 거작인 〈신곡〉을 남겼다. 중세의 정신을 종합하여 문예부흥의 선구자가 되어 인류 문화가 지향할 목표를 제시했다.

달리온(Dalion, ?~?). 플리니우스가 인용한 지리학·식물학 저술가이다. 플리니우스는 그를 외국의 저술가로 표현하며 1세기 이전의 인물로 추정한다.

더햄(William Derham, 1657~1735). 영국의 신학자이자 뉴턴의 제자이다. 대표작은 1713년 《물리신학》으로 신의 존재에 대한 신학적 논증을 담은 이 책은 1세기 후 페일리의 《자연신학》에 많은 영향을 주었다. 박물학에도 관심이 많아 레이(John Ray) 등과 함께 《박물학》이라는 책도 편집해 출간했다. 그는 최초로 소리의 속도를 측정한 사람으로도 알려졌다.

던바(James Dunbar, 1742~1798). 영국의 철학자이다. 대표 저서로는 《원시 및 농경시대 인류의 역사에 관하여》가 있다.

데모크리토스(Democritos, 서기전 460경~370경). 고대 그리스 최대의 자연철학자이다.

고대 원자론을 확립하고 충만과 진공을 구별했다. 여기서 충만은 무수한 원자로 이루어지고 이들 원자는 모양, 위치, 크기를 통해 기하학적으로 구별될 뿐이라고 했다. 원자론을 중심으로 한 그의 학설은 유물론의 출발점이며 그 후 에피쿠로스, 루크레티우스에 의해 계승되어 후세 과학 사상에 영향을 끼쳤다.

데이비 (Humphry Davy, 1778~1829). 영국의 화학자이다. 콘월 주 펜잔스 태생으로 1795년 볼레이스라는 의사 겸 약제사의 조수가 되면서 철학·수학·화학 등을 독학했는데, 특히 라부아지에의 《화학교과서》를 통해 화학에 흥미를 가졌다. 1797년에 "열·빛 그리고 빛의 결합에 관하여"라는 논문을 의사인 베도스에게 보내 과학적 자질을 인정받았다. 1803년 왕립학회 회원이 되어 전기분해에 의해 처음으로 알칼리 및 알칼리 토금속(土金屬)의 분리에 성공했다. 또한 기술에도 깊은 관심을 가졌으며 특히 안전등(安全燈)을 발명하여 탄광에서 가스 폭발사고를 예방할 수 있도록 했다. 1812년 작위가 수여되어 경(卿)의 칭호를 받았으며, 왕립연구소의 교수직을 사임했으나 실험실에서 연구는 계속했다. 1820년 왕립학회 회장이 되었으나 1826년 가을부터 건강이 악화되어 유럽 요양 중 제네바에서 급사했다.

데이비스 (William Morris Davis, 1850~1934). 미국의 자연지리학자이다. 지형의 변화 과정을 설명하는 침식윤회설을 확립하여 근대 지형학에 많은 기여를 했다. 그러나 침식윤회설은 지형학에서 정설로 받아들여지지 않는다.

데카르트 (René Descartes, 1596~1650). 프랑스의 철학자, 수학자, 물리학자이다. 근대 철학의 아버지로 불리며, 그의 형이상학적 사색은 방법적 회의에서 출발한다. "나는 생각한다, 고로 나는 존재한다"(cogito, ergo sum)라는 근본 원리가 《방법서설》에서 확립되어 이 확실성에서 세계에 관한 모든 인식이 유도된다.

도슨 (Christopher Dawson, 1889~1970). 영국의 종교철학자이자 문화사가이다. 가톨릭 정신을 기조로 하는 통일적 문화사의 구성을 시도했다. 주요 저서에는 《진보와 종교》, 《종교와 근대 국가》, 《유럽의 형성》(김석희 역, 2011, 한길사) 등이 있다.

도쿠차예프 (Vasilii Vasil'evich Dokuchaev, 1846~1903). 러시아의 토양학자이다. '근대 토양학의 원조'로 불린다. 1872년 페테르부르크 대학교를 졸업하고 모교 교수가 되었다. 1870년 니지니노브고로드 현(縣)의 토양, 특히 흑색토양의 생성과 성인(成因)에 관한 조사를 근거로 토양 분류를 한 것이 바로 토양대의 개념이다. 러시아의 토양 조사를 조직적으로 실시했으며, 러시아의 온대지방에 분포하는 석회 함량이 높은 검은 흙을 '체르노젬'이라 명명했다. 주요 저서에는 《러시아의 흑색토양》(1883) 등이 있다.

뒤 바르타스 (Guillaume de Salluste 또는 Seigneur Du Bartas, 1544~1590). 프랑스의 시인이다. 천지창조에 대한 영향력 있는 종교시를 썼다.

뒤 보 (abbé du Bos 또는 Jean-Baptiste Dubos, 1670~1742). 프랑스의 역사가, 미학자, 외교관이다. 예술을 단지 규칙의 형상화로 보는 견해에 반대하고 감정의 역할을 강조했으며, 기후의 영향 등 환경과 예술의 관계를 말하고 예술 상대주의를 한 걸음 진전시켰다.

뒤러(Albrecht Dürer, 1471~1528). 독일의 화가, 판화가, 미술이론가이다. 독일 르네상스 회화의 완성자이기도 하다.

뒤엠(Pierre Duhem, 1861~1916). 프랑스 물리학자이자 과학철학자이다. 중세의 경험적 기준에 대한 부정, 중세 과학 발전에 대한 저술로 유명하다.

듀 알드(Jean-Baptiste Du Halde, 1674~1743). 프랑스 예수교 신부다. 중국에 능통한 역사학자로 중국에 가본 적이 없지만 방대한 자료들을 수집해 중국의 역사, 문화, 사회에 관한 백과사전적 조사를 바탕으로 4권의 《중국총사》(*The General. History of China*, 1736)를 발간했다.

드 브라이(Theodor de Bry, 1528~1598). 독일 프랑크푸르트의 구리 조판공이다. 영국의 버지니아 식민지 총독을 지냈던 존 스미스의 "뉴잉글랜드 지도" 등을 동판으로 찍었다. 이 과정에서 그는 유럽인의 구미에 맞도록 장소의 위치를 바꾸거나 지도의 내용을 삭제하거나 새로운 이름을 붙이기도 했다(설혜심, 2007, 《지도 만드는 사람》, p. 197). 《아메리카》라는 책을 출판하기도 했다.

드 서지(Jacques Philibert Rousselot De Surgy, 1737~1791). 프랑스의 저자이다. 재무성 관리 및 왕립 출판 검열관 등에 종사했으며 그의 저서인 《흥미롭고 신기한 것들의 모음집》(*Melanges Interessants et Curieux*: 10 vols., Paris, 1763~1765)는 아시아와 아메리카의 자연사, 시민사회 및 정치의 역사를 다루며 특히 뒤에 나온 6권은 아메리카에 관해 그 당시 찾아보기 어려운 흥미로운 정보를 담았다.

드 퀸시(Thomas De Quincey, 1785~1859). 영국의 비평가이자 수필가이다. 대표작으로는 《어느 아편 중독자의 고백》이 있다.

드 파웁(Cornelieus de Pauw, 1739~1799). 네덜란드의 철학자, 지리학자, 외교관이다. 암스테르담 태생이지만 생애의 대부분을 클레브(Kleve)에서 지냈다. 성직자로 일했지만 계몽사상에도 친숙했다. 또한 그는 아메리카 대륙을 방문한 적이 없었지만 아메리카에 대해서는 대가로 인정받았다. 당시 널리 알려졌던 '중국이 고대 이집트의 식민지였다'는 사고를 거부하면서 고대인들의 기원에 관해 저술했다. 그는 볼테르와 같은 당대의 철학자들과 교류했으며 《백과사전》에 기고를 청탁받기도 했다.

드 포(Cornelius de Pauw, Cornelius Franciscus de Pauw, 1739~1799). 독일의 철학자, 지리학자, 외교관이다.

드로이젠(Johann Gustav Droysen, 1808~1884). 독일의 역사가, 정치가이다. 포메라니아 트레프토프 태생으로 그리스와 헬레니즘 역사를 연구했다. 특히 헬레니즘의 문화적 가치를 강조하고 알렉산드로스 이후의 시대에 헬레니즘이라는 명칭을 붙였다. 철저한 소(小)독일주의자로서 프로이센 중심의 입장을 고집했다. 베를린 대학교에서 공부하고 헤겔의 영향을 많이 받았다. 1833년 베를린 대학교 강사를 거쳐 킬 대학교, 예나 대학교, 베를린 대학교 등 각지의 대학교수로 있었다. 저서에 《알렉산드로스 대왕사》(*Geschichte Alexanders des Grossen*, 1833), 《헬레니즘사》(*Geschichte des Hellenismus*, 2권, 1836~1843), 《프로이센 정치사》(*Geschichte der preussischen Politik*, 전 14권, 1855~1886) 등이 있다.

디엔느 영주(Comte de Dienne). 17세기 습지를 대대적으로 매립하는 사업의 정치적·법적 역사를 추적해 공유 토지를 난개발하면서 공유 공간을 대대적으로 변화시켜 발생하는 사회, 경제, 생태적 균형의 문제를 비판했다.

디오도로스(Sikelos Diodoros, 서기전 90경~30경). 시칠리아 아기리움에서 활동한 그리스의 역사가이다. 《세계사》(*Bibliotheca historica*)를 썼다. 3부 40권의 이 책은 서기전 21년까지의 사건을 다룬다. 1부는 그리스 종족과 비(非)그리스 종족의 신화시대부터 트로이 멸망까지, 2부는 알렉산드로스의 죽음까지, 3부는 카이사르의 갈리아 전쟁 초기까지를 다룬다.

디오클레티아누스(Diocletianus, 245~316). 로마의 황제(재위: 284~308)로 오리엔트식 전제군주정을 수립했다. 각각 두 명의 정식 황제 및 부황제가 분할 통치하는 4분 통치제를 시작해 제국에 통일과 질서를 가져왔다. 군제, 세제, 화폐 제도의 개혁을 단행했으며 페르시아에서 궁정 예절을 도입했고 많은 신전을 세웠다.

디카이아르코스(Dikaiarchos 또는 Dicaearchus). 고대 그리스의 페리파토스파 철학자이다. 시칠리아 섬 메시나 태생으로 아리스토텔레스의 제자로 활동하면서 문학사·음악사·정치학·지리학 등 특수 영역을 연구했다. 영혼은 육체와 관계없이 그것 스스로 존재하는 것이 아니고 물질적 소재의 조화로운 혼합의 성과이며 육체와 결합해 그 부분에 편재하며 사멸한다고 말했다. 그리스 문명사를 기술한 《그리스의 생활》(*Bios Hellados*)이 대표작이다.

라 메트리(Julien Offroy de La Mettrie, 1709~1751). 프랑스의 의학자이자 철학자이다. 프랑스 계몽기의 유물론자로 '혼이 육체의 소산'이라 하고 뇌를 '생각하는 근육'으로 정의했다. 저서에 《인간기계론》, 《영혼의 박물지》가 있다.

라 보드리(La Borderie, 1827~1901). 프랑스 역사학자이다. 법학 공부 후 프랑스 국립고문서학교(École des Chartes)에 입학했다. 1852년 우수한 성적으로 졸업한 후 1853년부터 1859년까지 낭트의 고문서과에서 일했다. 일 에 빌랜느(Ille-et-Vilaine) 고고학 및 역사학회 창립멤버이자 1863년부터 1890년까지 회장을 역임했다. 브르타뉴 지방 고대사에 관한 수많은 연구와 업적으로 브르타뉴 역사학자로 유명하다.

라마르크(Chevalier de Lamarck Jean-Baptiste-Pierre Antoine de Monet, 1744~1829). 프랑스의 박물학자이자 진화론자이다. 생명이 맨 처음 무기물에서 가장 단순한 형태의 유기물로 변화되어 형성된다는 자연발생설을 주장했으며 진화에서 환경의 영향을 중시하고 습성의 영향에 의한 용불용설을 제창했다.

라부아지에(Antoine-Laurent de Lavoisier, 1743~1794). 프랑스 근대 화학의 아버지로 불

린다. 그는 귀족 출신으로 화학뿐만 아니라 생물학, 금융 및 경제학사에서 저명하다. 낡은 화학술어를 버리고 새로운 《화학 명명법》을 만들어 출판함으로써 현재 사용되는 화학술어의 기초를 다졌다. 프랑스혁명이 일어나자 징세 청부인으로 고발되어 단두대에서 처형당했다.

라스 카사스 (Bartolomé de las Casas, 1484~1566). 에스파냐의 성직자이자 역사가이다. 아메리카에 파견된 도미니크 수도회의 선교사로 인디언에 대한 전도와 보호 사업을 벌였다. 저서에 《인디언 통사》가 있다. 라스 카사스에 대한 국내문헌은 《라스카 사스의 혀를 빌려 고백하다》(박설호, 2008, 울력)가 있다.

라시스 (Rhasis, 825경~925). 아랍의 의사, 학자, 연금술사이다. 본명은 Abu Bekr Muhammend Ben Zakeriyah er-Rasi이다. 널리 알려진 Al-Rhasis (man of Ray) 란 이름은 그의 고향인 레이 (Ray)에서 나온 것이다.

라우렌티우스 (Andreas Laurentius, 1470경~1552). 스웨덴의 성직자이자 학자이다.

라이엘 (Charles Lyell, 1797~1875). 영국의 지질학자이다. 《지질학원론》에서 '현재는 과거를 여는 열쇠'라는 견해를 바탕으로 지질 현상을 계통적으로 설명하여 근대 지질학을 확립했고 후에 다윈의 진화론에 큰 영향을 주었다. 특히 지질학을 통해 지구의 역사를 밝힘으로써 성경에서 말한 6천 년보다 실제 역사가 더 오래되었음을 증명함으로써 구약성서에 대한 과학적 신뢰가 무너지는 계기를 제공했다.

라이프니츠 (Gottfried Wilhelm von Leibniz, 1646~1716). 독일의 철학자, 수학자, 자연과학자, 법학자, 신학자, 언어학자, 역사가이다. 수학에서는 미·적분법의 창시, 미·적분 기호의 창안 등 해석학 발달에 많은 공헌을 했다. 역학 (力學)에서는 '활력'의 개념을 도입했으며, 위상 (位相) 해석의 창시도 두드러진 업적의 하나다.

라인하르트 (Karl Ludwig Reinhardt, 1886~1958). 독일의 고문헌학자이다. 프랑크푸르트 대학교 교수를 지냈다. 당대의 대표적 그리스 문헌학자로 《파르메니데스와 그리스 철학의 역사》(Parmenides und die Geschichte der griechischen Philosophie, 1916), 《포시도니오스》(Poseidonios, 1921), 《플라톤의 신화》(Platons Mythen, 1927), 《소포클레스》(Sophokles, 1933), 《극작가이자 신학자인 아이스킬로스》(Aischylos als Regisseur und Theologe, 1948)가 있다.

라첼 (Friedrich Ratzel, 1844~1903). 독일의 지리학자이다. 지리학과 민족지학의 현대적 발전에 이바지했다. 그는 생활공간 (lebensraum)라는 개념을 창안했는데 이것은 인간과 인간의 생활공간을 관련시키는 것이다. 그는 국가가 그 합리적 능력에 따라 영토를 확장시키거나 축소시키려는 경향을 지적했으나 독일 나치정부는 이 개념을 오용했다. 동물학을 공부했고 1869년에는 다윈의 저서에 대한 주석서를 출판했다. 그 뒤 종의 이주에 관한 이론들에 정통했다. 〈쾰른 차이퉁〉(Kölnische Zeitung)의 해외특파원으로 북아메리카와 중앙아메리카를 널리 여행하며 강한 인상을 받았는데 이것이 그의 사상적 기초가 되었다. 뮌헨 기술대학교와 라이프치히 대학교에서 학생들을 가르치며 여생을 보냈다. 주요 관심사는 인간의 이주·문화의 차용, 인간과 인간을 둘러싼 물리적 환경의 여러 요소 간의 관계였다. 주요 저서로 《인류의 역사》, 《인류지리학》, 《지구와 생명: 비교지리학》, 《정치지리학》 등이 있다.

라피타우 신부(Father Lafitau, 1670~1740). 프랑스인 예수회 선교사이다.

락탄티우스(Lucius Caecilius Firmianus Lactantius, 240경~320경). 기독교 변증가이다. 북아프리카 누미디아 지방 태생으로 니코메디아에서 수사학을 배우고 300년경 기독교로 개종했다. 기독교 박해가 시작되자 신학 저술에 전념했다. '밀라노 칙령'으로 기독교가 공인될 무렵 콘스탄티누스 1세의 초빙을 받고 트리어로 가서 궁정 신학자가 되어 황제의 종교정책 수행을 돕고 대제의 맏아들 크리스푸스를 지도했다. 주요 저서로 《신학체계》, 《신의 진노에 대하여》 등이 있다.

랄리 경(Sir Walter Raleigh, 1552?~1618). 영국의 작가, 시인, 군인, 조정대신, 탐험가이다. 특히 엘리자베스 1세의 궁정에서 탁월했던 인물로 1585년 작위를 받고 아메리카를 탐험했다. 버지니아의 영국 식민화 작업에 참여했으며 엘도라도 지역의 조사 과정에서 발생한 문제로 인해 처형을 당했다.

러브조이(Arthur Oncken Lovejoy, 1873~1962). 미국의 철학자이다. 독일 베를린 태생으로 캘리포니아 대학교와 하버드 대학교에서 공부 후에 존스홉킨스대학 교수가 되었다. 산타야나, 드레이크 등과 함께 신실재론을 비판하는 《비판 실재론 논집》(Essays in Critical Realism, 1920)을 간행했고, 《고대의 상고주의와 관련 사고들》(Primitivism and Related Ideas in Antiquity, 1935), 《존재의 대사슬》(Great Chain of Being: a Study of the History of an Idea, 1936), 《이원론에의 반항》(Revolt against Dualism: an Inquiry Concerning the Existence of Ideas, 1960) 등의 저술을 집필했다.

러쉬(Benjamin Rush, 1745~1813). 미국을 건국한 인물 가운데 한 사람이다. 그는 펜실베이니아 주에서 살았으며, 내과의, 작가, 교육자, 인본주의자였다. 그리고 펜실베이니아의 디킨슨 대학(Dickinson College)을 설립했다. 미국 독립선언 서명자 가운데 한 사람으로 제헌의회에 참석했다. 생애 후반에 그는 펜실베이니아 대학교에서 의학이론 및 임상실무 교수가 되었다. 미국 정부의 발전에 많은 영향을 미쳤음에도 불구하고 그에 대해서는 많이 알려져 있지 않다. 그는 노예제도와 처벌에 대해 반대했으며 1812년에 초기 공화당의 두 거물 제퍼슨과 애덤스를 화해시키는 데 기여한 인물로도 잘 알려져 있다.

러스킨(John Ruskin, 1819~1900). 영국의 비평가이자 사회사상가이다. 런던 태생으로 1843년 낭만파 풍경화가인 터너를 변호하기 위하여 쓴 《근대 화가론》(Modern Painters, 5권, 1843~1860)의 1권을 익명으로 내어 예술미의 순수 감상을 주장하고 "예술의 기초는 민족 및 개인의 성실성과 도의에 있다"는 자신의 미술 원리를 구축했다. 이와 함께 《건축의 일곱 등》(The Seven Lamps of Architecture, 1849), 《베니스의 돌》(The Stones of Venice, 1851~1853), 《참깨와 백합》(Sesame and Lilies, 1865)

등의 대표작을 냈다. 1860년 이후에는 경제와 사회 문제로 관심을 돌려 사회사상가로 전향해 전통파 경제학을 공격하고 인도주의적 경제학을 주장했다. 《최후의 사람에게》(*Unto This Last: Four Essays on the First Principles of Political Economy*, 1860), 《무네라 풀베리스》(*Munera Pulveris: Essays on Political Economy*, 1862~1863)를 발표하여 사회 개혁의 필요성을 역설했다.

레날(Guillaume Thomas François Raynal, 1713~1796). 프랑스의 자유사상가, 역사가이다. 예수회의 수도사였으나 자유사상가로 의심을 받고 추방되었다. 페테르부르크, 베를린을 거쳐 스위스에 정착한 후 디드로와 협력하여 1770년에 《두 인도제도에서 이루어진 유럽인의 정착과 무역의 철학적·정치적 역사》를 저술했다. 왕정 및 가톨릭교회의 제도정치를 비판했고 식민주의와 중상주의도 비판했다.

레벤후크(Anton van Leeuwenhoek, 1632~1723). 네덜란드의 교역상인, 과학자, 박물학자이다. 최초로 단안렌즈 현미경을 제작해 곤충을 관찰함으로써 '미생물학의 아버지'로 불린다. 그는 기존의 현미경을 손수 개량·제작하여 우리가 미생물이라고 부르는 유기체를 최초로 관찰했으며 근육 조직과 박테리아, 정자를 최초로 관찰하고 기록했다.

레오 더 아프리칸(Leo the African, 1494~1550경). 무슬림 지배하 에스파냐의 그라나다에서 태어난 무슬림으로 원래 이름은 Al Hassan Ibn Muhammad Al Wazzan Al Fasi이다. 외교관인 삼촌을 따라 서부 아프리카를 여행했으며 이후 이집트, 콘스탄티노플, 아라비아 등을 여행했다. 나중에 해적들에게 잡혀 노예로 팔려다니다 교황 레오 10세에게까지 오게 되었는데 그의 학식에 깊은 인상을 받은 교황에 의해 해방되고 차후 기독교로 개종했다. 그의 기독교식 이름은 Jean Leon, Giovanni Leone de Medicis, Leo The African, Leo Africanus 등으로 다양하게 알려져 있다. 그가 쓴 아프리카에 대한 책은 유럽인에게 널리 읽혔으며 아랍과 유럽을 아우른 지식은 아랍 문명과 유럽 르네상스 문명의 교류에 공헌했다.

레우키포스(Leucippos, 서기전 440년경). 고대 그리스의 철학자이다. 제논에게 배웠으며 원자론을 창시했다. 그의 원자론은 제자 데모크리토스에 의하여 체계화되었다.

레이(John Ray, 1627~1705). 영국 박물학의 아버지로 불린다. 식물학, 동물학, 물리신학에 관한 중요한 저서들을 출판했다. 보일이 태어나고 프랜시스 베이컨이 죽은 해에 태어났다. 그는 고대 그리스 사고의 잔존물이었던 실제 세계에서 시작하지 않고 논리적 논의만 주장하던 이전 철학 대신에 실험과 논리를 결합시킨 베이컨의 개념으로 대치된 시대에 자신이 태어난 것을 감사했다고 했다. 베이컨은 현대의 보편과학을 창조하는 첫 단계가 자연의 내용물을 기록하고 분류하는 작업이라고 지적했는데, 이를 화학에서 시작한 사람이 보일이고 생물학에서 시작한 사람이 레이다. 그러나 그는 진화론의 반대자로서 기독교에 입각한 자연신학의 신봉자이기도 했다.

레흐바터(Jan Adriaeszoon Leeghwater, 1575~1650). 네덜란드의 풍차 제작자이자 수리

공학자이다. 암스테르담 북쪽 43개의 풍차를 이용하여 7천 2백 헥타르의 간척지를 만들었다. 이것이 뱀스터 폴더(Beemster polder)이다.

렘니우스(Simon Lemnius, 1511경~1550). 네덜란드의 인문주의자이자 신(新)라틴문학가이다.

로디오스(Apollonius Rhodius, 서기전 295경~215경). 고대 그리스의 서사시인이다. 이집트의 알렉산드리아에서 태어나 그곳의 도서관장을 지냈다고 전해지는데, 후에 로도스로 은퇴했기 때문에 로디오스로 불린다. 호메로스 이래의 대영웅 서사시《아르고 원정대》(4권)의 작자로 유명하다. 그러나 다른 작품은 대부분 남아 있지 않다.

로레인(John Lorain, 1753~1823). 미국의 농부, 상인, 농업학자이다. 어릴 때 북아메리카 메릴랜드로 이주한 후 농업에 종사했다. 두 가지 유형의 옥수수를 혼합하여 잡종을 만든 첫 번째 사람으로, 실험을 통한 잡종 배양방식은 그의 사망 이후 널리 보급되었다.

로버트(Robert of Ketton, 1110경~1160경). 중세 신학자, 천문학자, 아랍학자이다. 존엄자 피터의 명을 받고《코란》을 라틴어로 번역했다. 번역은 1143년에 끝났고 책 제목은《거짓 예언자 무함마드의 법》(Lex Mahumet pseudoprophete)이다.

로버트슨(William Robertson, 1721~1793). 스코틀랜드의 역사가이다. 흄, 에드워드 기번과 더불어 18세기 가장 훌륭한 영국의 역사가 중의 하나다.

로샹보(comte de Rochambeau, 1725~1807). 프랑스의 관료, 군인으로 미국 혁명에 참여했던 프랑스의 원수다. 어릴 때는 성직자 교육을 받았으나 나중에는 기병대에 입대해 오스트리아 왕위계승 전쟁에 참가해 대령으로 진급했으며 1776년에는 빌프랑슈앙루시용 시장이 되었다. 1780년 5천 명의 프랑스군을 지휘하는 해군 장군으로 임명되어 조지 워싱턴 휘하 미국 식민지 정착자들과 합류해 미국 혁명전쟁에서 영국군과 싸웠고, 특히 1781년 버지니아의 요크타운 전투에 참가해 영국군을 물리치도록 도움으로써 미국 독립혁명을 지원했다.

로셀리누스(Roscelinus, Roscelin of Compiêgne, 1050~1125경). 중세 프랑스의 스콜라철학자이다.《보편자 논쟁》에서 유명론을 대표하여 보편이란 실재성이 없는 명칭에 불과한 것이라고 주장했다. 따라서 기독교의 삼위일체론은 삼신론이 된다고 하여 1092년 수아송 종교회의에서 철회를 요구받았다. 그의 설은 아벨라르의 편지를 통해 전하는 정도다.

로스(W. D. Ross 1877~1971). 영국의 철학자, 윤리학자. 저서로《아리스토텔레스》(Aristotle, 1923),《윤리학의 토대》(Foundations of Ethics, 1939),《플라톤의 이데아론》(Plato's Theory of Ideas, 1951) 등이 있다.

로스토프제프(Mikhail Ivanovich Rostovtsev, 영문명은 Rostovtzeff, 1870~1952). 러시아의 역사가이다. 러시아 키예프 태생으로 상트페테르부르크 대학교에서 수학한 후 동 대학교수가 되었으나, 러시아혁명 후 1918년 영국으로 망명했다가 곧 미국으로 건너가 1920년 위스콘신 대학교 교수, 1925년 예일 대학교 교수가 되었다. 고대 그리스, 이란, 로마사에서 20세기 최고의 권위자 중 한 사람으로 손꼽힌다. 저서 중 《로마제국 사회경제사》(*Social and Economic History of the Roman Empire*, 1926) 와 《헬레니즘 세계의 사회경제사》(*A Social and Economic History of the Hellenistic World*, 3권, 1941) 가 대표적이다.

로저 베이컨(Roger Bacon, 1214~1294). 영국 근대 철학의 선구자인 프랜시스 베이컨과 거의 차이가 없는 사상을 이미 가졌다. 그는 프란체스코 교단의 수도신부였다. 수학과 자연과학을 연구했고 자신의 재산을 들여가면서 물리학 실험에 열중했다. 그는 모든 선입관념을 배제해야 한다면서 희랍어를 몰라 라틴어 번역만을 읽었고 수학이나 물리학을 모르는 아퀴나스는 진정한 학자가 못된다고 비판했다. 인문학을 위해서는 원어를 알아야 하며, 자연과학을 위해서는 물리학, 천문학을 연구해야 한다고 주장하면서 모든 인식에서 과학적 방법이 선행되어야 한다고 강조했다. 그의 근대적 주장은 교회의 비난과 반박을 받다가 클레멘스 4세 교황이 서거한 후에 10년간 수도원에 수감되고 말았다. 그의 과학적 성격과 근대적 사고는 그 당시에는 용납될 수가 없었던 것이다(이 책 2부 6장 8절 참고).

루크레티우스(Carus Titus Lucretius, 서기전 94경~55경). 로마의 시인, 유물론 철학자이다. 생애에 대해 전하는 바가 많지만 불확실하다. 남아 있는 유일한 저작 《만물의 본성에 대하여》(*De Rerum Natura*)는 운문으로 쓰인 6권의 철학시로 철학자 에피쿠로스의 평온한 생활의 찬미와 원자론적 합리주의의 선전에 바친 책이다. 진실로 실재하는 것은 무수히 많고 작아서 나눌 수 없는 물체(원자)와 공허한 무한공간뿐이며, 세계의 모든 것은 원자의 운동현상이라고 하는 고대원자론의 원칙에 의해서 천계, 기상계, 지상의 온갖 자연현상으로부터 인간 사회의 제도와 관습에 이르는 모든 것을 자연적・합리적으로 설명하고, 특히 불안과 공포의 원천인 영혼과 신들에 대한 종교적・정치적 편견을 비판하고 싸웠다.

루터(Martin Luther, 1483~1546). 독일의 종교개혁자이자 신학자이다. 로마 교황청의 면죄부 판매에 대해 "95개조 반박문"을 발표하며 교황에 맞섰는데 이는 종교개혁의 발단이 되었다. 신약성서를 독일어로 번역하여 독일어 통일에 공헌했으며 새로운 교회 형성에 힘써 루터파 교회를 만들었다.

룰(Ramon Lull, 1234경~1315경). 프란체스코 수도회에 속하는 스콜라 학자다. 에스파냐의 마요르카 섬 출신으로 그가 저술했다는 연금술서는 그의 사후에 출판되었는데 분명히 후계자들(룰 학파)이 쓴 위서일 것으로 판단된다. 사실 룰 자신은 자신의 작품 속에서 연금술에 대한 불신을 분명하게 밝힌다. 그는 연금술의 원리나 재료, 조작 등을 알파벳으로 기호화했으며 이러한 문자를 다시 조합시켜 여러 가지 순서를 나타냈다.

룸피우스(Georg Eberhard Rumphius, ?~1702). 독일 태생의 식물학자. 인도네시아의 네

덜란드 동인도회사에서 일했으며, 인도네시아 암본 섬의 식물에 관해 쓴 《암보이나의 식물》(*Herbarium Amboinense*, 1741)로 잘 알려져 있다.

르 로이 (Louis Le Roy, 1510~1577). 프랑스의 작가이다. 유럽 각국에서 교육을 받았으며 1572년에는 콜라쥬 드 프랑스에서 그리스어 교수가 되었다.

르클뤼 (Élisée Reclus, 1830~1905). 프랑스의 아나키스트 지리학자이다. 《새로운 세계지리》(*La Nouvelle Géographie Universelle*), 《대지와 인간》(*La terre et les Hommes*) 등의 방대한 저술을 남겼다.

리비우스 (Livy, 라틴어명 Titus Livius, 서기전 59~서기 17). 로마의 역사가이다.

리비히 (Justus von Liebig, 1803~1873). 독일의 화학자이다. 농화학과 생화학에 주요한 기여자이며 유기화학을 조직화하는 데 기여했다. 식물 생장에 꼭 필요한 요소인 질소를 발견하여 비료 산업의 아버지로 알려졌다. 유기체의 성장은 필수 영양분 중에서 가장 최소의 요인에 제한된다는 최소의 법칙을 발견했다.

리빙스턴 (David Livingston, 1813~1873). 영국의 탐험가, 선교사, 의사이다. 유럽인으로는 처음으로 1852년에서 1856년에 걸쳐 아프리카 대륙의 내부를 횡단했다. 노예 해방을 위해 애쓰기도 했으며, 잠비아에는 그의 이름을 딴 도시가 있다. 아프리카 내륙을 탐험 중 세계 3대 폭포의 하나인 빅토리아 폭포를 확인한 최초의 유럽인이다. 탐험의 목적은 선교와 교역 루트의 확보였으며, 빅토리아 폭포에 있는 그의 동상에 새겨진 '선교, 교역, 문명'(*Christianity, Commerce, Civilization*)이라는 문구가 그의 아프리카 탐험 목표를 잘 설명한다. 이후 후원금 마련을 위해 펴낸 그의 여행기는 그를 일약 명사로 만들었으며 이후의 탐험은 영국 정부의 지원을 받았다. 1858년부터 1864년까지 잠베지 강의 내륙을 장기간 탐험했고, 1866년에는 나일 강의 수원지를 찾기 위해 더 내륙을 탐험했다. 이후 아프리카에 줄곧 머물면서 탐험과 와병을 반복한 끝에 1873년 잠비아에서 사망했다.

리치오리 (Giovanni Battista Riccioli, 1598~1671). 이탈리아의 천문학자이다. 프톨레마이오스적 천문 체계를 따라서 1651년 달 표면의 지도가 포함된 《새로운 알마게스트》(*New Almagest*)를 출판했다.

리카도 (David Ricardo 1772~1823). 영국의 경제학자, 사업가, 하원의원이다. 19세기 고전경제학의 발전에 크게 기여했다. 특히 그의 저서 《정치경제학과 조세의 원리》(*Principles of Political Economy and Taxation*, 1817)를 통해 사회적 생산물이 어떻게 사회의 3계급, 즉 지주, 노동자, 자본가 사이에 분배되는가를 분석했다. 그에 의하면 실업이 없는 상태에서 이윤은 임금에 반비례하며, 임금은 생계비용에 따라 변하고, 지대는 인구 증가와 한계경작 비용의 증가에 따라 상승한다. 그 외에도 비교우위론에 근거한 무역론과 통화 및 과세 문제 등을 연구했다.

리케 (Pierre-Paul Riquet de Bonrepos, 1604~1680). 프랑스의 기술자이다. 미디 운하 건설을 감독한 것으로 알려졌다.

리쿠르구스 (Lycurgus, 서기전 700경~630). 스파르타의 전설적 입법가이다.

리키 부부 (Leakeys). 고고인류학자인 루이스 S. B. 리키 (Louis, S. B. Leakey, 1903~ 1972) 와 메리 더글러스 리키 (Mary Douglas Leakey) 부부를 가리킨다. 탄자니아의 올두바이 유적에서 진잔트로푸스와 호모하빌리스 화석을 발견했다.

리터 (Carl Ritter, 1779~1859). 독일의 지리학자이다. 훔볼트와 함께 근대 지리학의 토대를 세웠다. 지리학자라기보다 역사학자였던 그는 지리학적 해석으로 역사를 기술했다. 사후에는 그의 사상에 반대하는 견해가 등장했는데 그의 주장이 지리학의 위상을 역사학에 부수적인 것으로 만들었다는 비판에서 출발했다. 하지만 이후로도 거의 20년간 리터의 사상은 독일 지리학 연구에 매우 깊은 영향을 미쳤다. 리터가 최초로 집필한 지리학 저서는 유럽에 관한 것으로 1804년과 1807년에 발행되었다. 그의 대작 《자연 및 인간의 역사와 관련한 지리학》(*Die Erdkunde im Verhältniss zur Natur und zur Geschichte des Menschen*) 은 세계적인 조사 연구를 계획한 것이었지만 완성은 보지 못했다. 1817년 아프리카에 관한 내용으로 1판이 출간되었는데, 이것이 인정받음으로써 그는 베를린 대학교 교수로 임명되었다. 1832년부터 생을 마칠 때까지 계속해서 신판을 발행했는데 이는 주로 아시아에 관한 내용들이었다. 작업은 비록 완성되지는 못했지만 총 19권, 2만 쪽에 달하는 대작이었다.

리트레 (Paul-Emile Littré, 1801~1881). 프랑스의 언어학자·실증철학자이다. 콩트와 친구 사이였다. 1877년에 4권짜리 프랑스어 사전을 저술했다.

린네 (Carl Von Linne, 1707~1778). 스웨덴의 식물학자, 동물학자, 의사이다. 근대 분류학의 창시자이며 생물학의 근대적 명명법인 이명법 (二名法) 을 확립했다. 또한 근대 생태학의 아버지로 알려져 있다. 1735년에는 《자연의 체계》를 출판하여 동물계, 식물계, 광물계의 구분을 제시했고 1737년에는 《비판적 식물학》을 통해 새로운 명명법을 제안했다. 1751년에는 《식물학 철학》을 출간하여 식물의 명명과 분류에 크게 기여했다. 그는 종의 개념을 확립하여 식물학 연구의 기본 단위로 삼았다. 프랑스의 철학자 장 자크 루소는 그에게 '당대 가장 위대한 인간'이라는 찬사를 보내기도 했다.

릴의 알랭 (Alan of Lille, 1128경~1202). 프랑스 신학자이자 시인이다. 릴 태생으로 알려져 있다. 그의 생애에 대해 알려진 것은 거의 없으나 생전에 그는 '만물박사'(*doctor universalis*) 로 불리며 심원하고 박학한 지식으로 명성을 얻었다. 라틴 문학에서 그를 독보적 위치에 올려놓은 책 두 권은 인류의 악에 대한 독창적 풍자문인 《자연의 불만》(*De Planctu Naturae*) 과 루피누스 (Rufinus) 를 반대하는 문서를 작성한 클라우디아누스 (Claudian) 가 사용했던 문장 형식을 떠올리게 하는 '우의로서의 도덕'을 논한 《안티클라우디아누스》(Anticlaudianus) 로 이 책은 운문으로 지어졌으며 순수 라틴어를 사용했다.

마고 (Mago the Carthaginian, ?~?). 카르타고의 마고라고도 불리는데 페니키아의 농업

지침서 저자이다. 페니키아어 저술은 소실되었지만 그리스어와 라틴어로 번역된 저술의 일부가 남아 있다.

마그누스(Albertus Magnus, 1206경~1280). 성 알베르투스, 알버트 대제와 동일 인물이다(성 알베르투스 항목을 참고).

마시(George Perkins Marsh, 1801~1882). 미국의 외교관이자 최초의 환경주의자이다. 미국 버몬트 주 태생으로 20개 국어에 능통한 외교관으로 활약하면서 전 세계를 여행했다. 1864년 고전 《인간과 자연》(Man and Nature)을 썼다. 이 책은 18세기 말 뷔퐁의 역작 이후 인간의 활동에 의해 변화되는 지구에 관한 가장 자세하고 체계적인 연구다.

마이모니데스(Maimonides 또는 Moses ben Maimum, 1135~1204). 유대교 철학자, 신학자, 의학자, 천문학자이다. 아랍명은 AbūχImran Mūsā ibn Maymūn Ibn ubayd Allāhdlek이다. 이슬람 철학자인 이븐 루슈드(영어로 아베로에스)와 함께 칭송되는 유럽 중세 최대 학자다. 저서로 《방황하는 자들을 위한 안내서》(Dalālat al-Hāʾirīn)가 유명하다. 그의 사상은 성 알베르투스와 아퀴나스, 그리고 에크하르트, 니콜라스 쿠자누스 등에 영향을 끼쳤다(이 책 2부 5장 10절 참고).

마자랭(Jules Mazarin, 1602~1661). 이탈리아 출신의 성직자이자 프랑스 정치가이다. 리슐리외 추기경을 계승하여 1642년부터 사망할 때까지 총리의 자리에 있었다.

마제이(Filippo Mazzei, 1730~1816). 이탈리아 토스카나에서 태어나 부유한 가정에서 좋은 교육을 받았다. 유럽의 대부분을 여행한 후 런던에 정착하여 마티니(Martini & Co.) 회사를 설립하고 포도주, 치즈, 올리브유, 여타 과일을 런던에 소개했다. 이 당시 그는 프랭클린과 애덤스 등을 만났으며 사업을 확장시키기 위해 버지니아로 이주할 것을 권유받았다. 그곳에서 제퍼슨을 만나 버지니아 정치에 참여했고, 미국 독립선언문을 작성하는 데 기여하기도 했다. 그는 다시 유럽으로 돌아와 이탈리아의 피사에서 생을 마감했다.

마키아벨리(Niccolò Machiavelli, 1469~1527). 이탈리아의 역사학자, 정치이론가이다. 《군주론》은 그의 대표작으로 '마키아벨리즘'이란 용어를 생기게 했다. 책의 내용은 군주의 자세를 논하는 형태로 정치를 도덕으로부터 구별된 고유의 영역임을 주장했고, 더 나아가 프랑스, 에스파냐 등 강대국과 대항하여 강력한 군주 밑에서 이탈리아가 통일되어야 한다고 호소했다. 이 저서는 근대 정치사상의 기원이 되었다.

말(Emile Mâle, 1862~1954). 프랑스 예술사가이다. 중세, 특히 프랑스의 종교예술과 동유럽 도상학의 영향에 대한 연구를 창시했다. 그는 아카데미 프랑세즈의 회원이었고 로마 프랑스 학회의 회장을 역임했다. 세 번에 걸쳐 개정된 그의 박사 논문(1899년)은 1910년 제3개정판이 《고딕 이미지, 13세기 프랑스의 종교예술》(The Gothic Image, Religious Art in France of the Thirteenth Century)이라는 제목으로 영문 번역되었는데 현재도 프랑스의 고딕 예술을 이해하는 데 매우 유용한 입문서로 활용된다.

말브랑슈(Nicolas Malebranche, 1638경~1715). 프랑스의 합리주의 철학자이다. 데카르트 학파로서 성 아우구스티누스의 신학사상과 데카르트 철학을 종합하여 세계의 작동에서 신의 능동적 역할을 입증하려 했다. 기회원인론(*occasionalism*)으로 잘 알려져 있으며 저서에《진리의 탐구》등이 있다.

맘스베리의 윌리엄(William of Malmesbury, 1080 또는 1095~1143경). 12세기에 활동한 영국 역사가이다.

맬서스(Thomas Robert Malthus, 1766~1834). 영국의 경제학자. 영국 고전파 경제학자의 한 사람으로 이론적·정책적 면에서 리카도 등과 대립했다. 케임브리지 대학교 졸업 후 영국국교회의 목사보를 거쳐 목사가 되었다. 이 시기에 주요 저서인《인구론》(*An Essay on the Principle of Population*, 1798)을 집필했다. 1805년 동인도 대학교 경제학 및 근대사 교수를 지냈다. 이론적으로는 차액지대론과 유효수요의 원리를 전개하고 과소소비설의 입장에서 공황 발생 가능성을 주장하여 일반적 과잉 생산에 따른 공황의 발생을 부정하는 리카도, 세이, 밀 등과 대립했다. 정책적으로는 지주의 이익 보호를 위해 곡물법의 존속 및 곡물 보호무역 정책을 주장하여 산업자본가의 이익을 옹호하는 자유무역 정책과 대립했다. 주요 저서에《정치경제학 원리》(*Principles of Political Economy*, 1820),《경제학의 제정의》(*Definitions in Political Economy*, 1827) 등이 있다.

메이(Thomas May, 1595~1650). 영국의 시인이자 역사가이다.

멘다냐(Álvaro de Mendaña de Neira, 1542~1595). 에스파냐의 항해가이다. 남방의 땅을 찾기 위해 1567년과 1595년 태평양을 항해한 업적으로 유명하다.

멜라(Pomponius Mela, ?~?). 1세기경 로마제국의 지리학자이다. 라틴어로《지지》(地誌·*De Chorographia*) 3권을 저술했다. 유럽 남동부, 카스피 해, 페르시아 만, 서쪽 근동, 적도 이북의 아프리카 등 당시 알려졌던 거의 모든 세계에 관한 지명, 지세, 기후, 풍습을 기술했다. 그는 우주의 중심인 지구를 북한대, 북온대, 열대, 남온대, 남한대 등 총 5지대로 나누었다.

멜랑히톤(Philipp Melanchton, 1497~1560). 독일의 교수이자 신학자이다. 루터의 친구이자 동료로서 루터의 종교개혁에서 주도적 활동을 했다.

모스카티(Sabatino Moscati, 1922~1997). 이탈리아의 고고학자이자 언어학자이다. 근동의 셈 문명을 주로 다루었다.《고대 셈 문명》(*Storia e civiltà dei Semiti*, 1949, 영어판 1957),《고대 오리엔트의 얼굴: 고전 시대 이전 근동문명의 파노라마》(*Face of the Ancient Orient: a panorama of Near Eastern civilizations in pre-classical times*, 1960) 등 많은 저술을 남겼다.

모스코스(Moschos). 고대 그리스의 목가시인이다. 서기전 2세기경 사람으로 시칠리아 섬의 시라쿠사 출신이다. 동향의 선배 시인인 테오크리토스의 시를 모범으로 삼았다고 한다. 작품으로는 제우스가 소로 변신하여 미녀 에우로파를 등에 태우고 바다를 건너는 신화에서 딴 〈에우로파〉(*Europe*), 여신 아프로디테가 아들 에로스를 찾아 헤매는 〈달아나는 에로스〉 등이 있다. 교묘한 기교와 화려한 표현이 뛰어나 헬레니즘 시대의 시가 지닌 특색을 잘 표현하여 후세의 시인들이 이를 모방했다.

모어 (Henry More, 1614~1687). 영국의 철학자이다. 플라톤, 플로티노스 등의 영향을 받아 기독교를 기조로 한 플라톤주의를 주장했다. 홉스의 유물론에 반대하고 영혼의 불멸과 유기적 자연관을 주장했다.

모에리스 왕 (King Moeris). 이집트 제12왕조의 아메넴헤트 3세(Amenemhet III, 재위 서기전 1860~1814)를 그리스인이 부르던 이름이다.

모페르튀이 (Pierre-Louis Moreau de Maupertuis, 1698~1759). 프랑스의 수학자, 철학자이다.

몬보도 경 (Lord Monboddo, James Burnett, 1714~1799). 스코틀랜드의 법률가이자 선구적 인류학자이다. 언어와 사회의 기원을 탐구했으며 다윈의 진화론 원리 가운데 몇 가지를 예견하기도 했다. 주요 저서인 《언어의 기원과 발전에 관하여》는 원시인의 풍속과 관습에 관해 전하는 진기한 이야기를 방대한 체계로 엮어 다룬 것이며, 인간을 오랑우탄과 관련시켜 사회형성 단계까지 인간이 발전한 과정을 추적한다.

몽탈랑베르 (Comte de Montalembert, 1810~1870). 19세기 프랑스의 정치가·가톨릭사가이다. 자유론자로서 교회를 국가의 감독으로부터 해방시키려는 교회 자유화에 노력했다. 람네·라코르데르 등과 간행물 〈미래〉를 창간했다. 로마에 가서 교황의 지지를 얻으려 했으나 실패했고 그레고리우스 16세가 회칙인 "미라리보스"로 자유주의를 배척하자 이에 승복했다. 1848~1857년간 프랑스 국민의회 및 입법원 의원을 지냈으며 가톨릭 원리를 옹호했다. 1851년 아카데미프랑세즈 회원이 되었다. 그의 사서는 낭만파의 영향을 받아 미문(美文)이나 사학(史學) 방법론적 관점에서는 결점이 많다는 평을 듣는다. 저서로 《헝가리의 성 엘리자베트전(傳)》(1836), 《서유럽의 수도사(修道士)》(5권, 1860~1867) 등이 있다.

몽테뉴 (Michel Eyquem de Montaigne, 1533~1592). 프랑스의 사상가이다. 회의론을 바탕으로 종교적 교회, 이성적 학문의 절대시함을 물리치고 인간으로서 현명하게 살 것을 권장했다. 프랑스에 도덕주의적 전통을 구축하고 17세기 이후 프랑스, 유럽 문학에 큰 영향을 주었다. 대표작으로는 《수상록》이 있다.

몽테스키외 (Charles-Louis de Secondat, Baron de La Brède et de Montesquieu, 1689~1755). 프랑스의 계몽사상가이다. 계몽사상의 대표자 중 한 사람으로 1728년부터 유럽 각국을 여행했고 영국에 3년간 체류할 때 각국의 정치·경제에 관해 관찰하고 기록한 것을 바탕으로 《로마인의 성쇠원인론》(*Considérations sur les causes de la grandeur des Romains et de leur décadence*, 1734) 등을 저술했다. 또 10여 년이 걸린 대저 《법의 정신》(*De l'esprit des lois*, 1748)을 완성했다. 삼권분립론으로 유명하다.

무멘호프(Ernst Mummenhoff, 1848~1931). 뉘른베르크 시의 자료실장을 지냈고 뉘른베르크 시의 역사 및 건축물에 대한 많은 논문을 작성했다. 그가 작성한 수많은 기록은 《뉘른베르크 시의 역사에 대한 기록 모음집》(Mitteilungen des Vereins für Geschichte der Stadt Nürnberg)으로 출판되었다. 1928년에 그는 뉘른베르크 시의 명예시민이 되었으며 그의 고향인 노르드발트에는 그의 이름을 딴 거리가 있다.

무함마드(Mohammed, 570경~632). 이슬람교의 창시자이다. 국내에서는 중세 라틴어혹은 프랑스식 표현인 마호메트(Mahomet)로 널리 알려져 있다.

뮌스터(Sebastian Münster, 1488~1552). 독일의 수도사, 사제이다. 또한 바젤 대학교에서 히브리어와 신학을 강의한 교수이며 문필가이자 출판인이기도 했다. 발견 시대한복판에 살았던 그는 연대기, 지도, 지리서 등에 커다란 업적을 남겼다. 그의 대표작 《세계지》(Cosmographia, 1544)는 세계 전체를 묘사한 최초의 독일 백과사전적인성격을 띠며 16세기에 많은 나라에서 번역·출판되면서 큰 인기를 끌었다. 특히 이책은 소(小)홀바인 등이 참여해서 만든 대량의 목판화를 곁들여 16세기 유럽의 지리를 이해하는 데 가장 중요한 업적 가운데 하나로 남았다(설혜심, 2008, 《지도 만드는 사람》, 도서출판 길). 우리나라에서는 《집안에 앉아서 세계를 발견한 남자》라는제목으로 뮌스터의 《세계지》에 대한 해설서가 번역되어 있다.

미란돌라(Giovanni Pico della Mirandola, 1463~1494). 이탈리아의 인문주의자이자 철학자이다. 신플라톤주의와 중세 신학의 조화를 꾀했으며 르네상스의 새로운 인간관과세계관을 제시했다. 저서로 《인간의 존엄에 대하여》가 있다.

미트리다테스 6세(Mithridates VI, 서기전 132경~63). 소아시아 북아나톨리아 지방 폰투스의 왕이다. 로마가 가장 두려워했던 왕으로 알려져 있다.

밀(John Stuart Mill, 1806~1873). 영국의 경제학자, 철학자이다. 하원의원으로 당선되기도 했으며 리카도 등과 더불어 19세기 고전경제학의 발달에 지대한 공헌을 했다. 스코틀랜드의 사회경제학자인 제임스 밀의 아들로 1836~1856년 사이 영국 동인도회사의 심사관으로 인도 정부 간의 교섭 업무에 종사했지만 〈런던 리뷰〉(The London Review) 등의 편집을 맡았고 많은 저작을 저술했다. 특히 1848년 《정치경제학의 원리》(Principles of Political Economy)를 출간하면서 그의 사상이 독창성을 띠기 시작했는데 여기서 농민 소유권 제도의 확립을 주장했다. 그 이후 1859년 《자유론》(On Liberty), 1863년 《공리주의》(Utilitarianism) 등을 출판했다.

밀턴(John Milton, 1608~1674). 영국의 시인이다. 종교개혁 정신의 부흥, 정치적 자유, 공화제를 지지하다가 탄압을 받았으며 대작 《실낙원》, 《복낙원》 등을 썼다.

바로(Marcus Terentius Varro, 서기전 116~27). 고대 로마의 학자, 저술가이다. 로마인에게 가장 학식이 높은 학자로 추앙받았다. 서기전 47년 카이사르 집권 때 로마 최초의 공공도서관장으로 임명되었다. 그의 저서는 시를 삽입한 도덕적 수필집 150권을 비롯하여 라틴어, 문학사, 수사학, 역사, 지리, 법률, 종교, 음악, 수학, 건축,

농업, 의학 등 모든 분야에서 5백여 권에 이르렀다는데 현존하는 것은 《라틴어론》 (*De lingua Latina*)의 일부와 농사, 축산, 양봉에 관한 실용적 지식이 실린 3부작 《농사론》(*De re rustica*) 뿐이다.

바빌론의 디오게네스(Diogenes of Babylon, 서기전 150년경). 스토아 철학자이다. 바빌론에서 태어나 아테네에서 크리시포스로부터 수학했고, 제논의 스토아학파를 이어받았고 파나이티오스를 제자로 두었다.

바스의 아델라르(Adelard of Bath, 1116경~1142경). 12세기 영국의 학자이다. 아랍의 점성학, 천문학, 철학, 수학 관련 과학 저술을 라틴어로 번역한 것으로 잘 알려졌다. 이 책 중에는 오직 아랍어로만 번역된 고대 그리스 문헌도 포함되어 비로소 유럽에 알려지게 되었다.

바울 3세(Paul III, 1468~1549). 종교개혁 시기의 교황이다. 신교에 대한 반종교개혁 운동과 가톨릭 내의 교회 개혁 등을 추진했으며, 미켈란젤로에게 〈최후의 심판〉을 그리게 한 것으로 유명하다. 또한 그는 유럽의 정복자들과 식민통치자들 탓에 아메리카 원주민들이 인간이 아니라 동물이라는 통속적인 이미지가 유포되자 《지극히 높으신 하느님》이라는 교서를 보내 원주민을 영혼과 이성을 가진 존재라고 명기했으며 평화로운 방법으로 기독교로 개종되어야 함을 강조했다.

바클레이(John Barclay, 1582~1621). 스코틀랜드의 풍자 시인이다.

바트람 부자(John Bartram, 1699~1777; William Bartram, 1739~1823). 존 바트람(John Bartram)은 미국 초기의 식물학자, 원예학자, 탐험가이다. 그는 펜실베이니아의 농가 출신으로 정식 교육을 거의 받지 못했음에도 불구하고 라틴어와 그리스어를 배웠고 미국철학회의 정회원이었으며, 프랭클린과 여타 저명한 식민지 정착자들의 친구였다. 그는 얼마 되지 않은 땅을 물려받은 뒤 땅을 사기 시작하여 102에이커에 달하는 토지를 경작하는 농부가 되었다. 그의 정원은 아메리카에서 가장 크고 훌륭했으며 후에는 미국에서 최초의 식물원을 건립하였고 이는 그의 아들 윌리엄 바트람(William Bartram)에게로 이어졌다. 또한 존 바트람은 애팔레치아 산맥에서 플로리다 남부까지를 여행했으며, 1791년 출판된 여행기는 아메리카의 고전적 여행기가 되었다. 자연을 과학적 관찰과 더불어 개인적 경험을 통해 묘사한 것이 특징이다.

발라(Lorenzo Valla, 1407~1457). 이탈리아의 인문학자이다. 스콜라철학의 논리를 비판하고 에피쿠로스의 쾌락론을 부흥하게 했다. 저서로 《쾌락론》 등이 있다.

발렌티니아 아우구스투스(Valentinian Augustus, 321~375). 로마제국의 황제. 즉위 후 라인 강 상류의 게르만족들과 싸워 북쪽 변경의 방어선을 구축했다. 또, 색슨족의 브리타니아 침입이나 아프리카 무어 족 봉기는 테오도시우스를 기용하여 격퇴했다. 정통파 기독교도였지만, 종교문제에 관해서는 관용·불간섭정책을 택했다.

배젓(Walter Bagehot, 1826~1877). 영국의 경제·정치학자, 문예비평가, 은행·금융론자이다. 1860년 〈이코노미스트〉의 편집 겸 지배인이었다.

뱅크스 경(Sir Joseph Banks, 1743~1820). 영국의 박물학자, 식물학자이다. 쿡의 첫 번째 항해에 참여했으며, 유칼립투스, 아카시아, 미모사 등을 유럽에 처음 소개했다. 그는 쿡의 항해에서 돌아온 이후 명성이 널리 알려졌으며 '오스트레일리아의 아버지'로 불리기도 한다. 뉴사우스웨일즈 지방에 식민주의적 정착을 강력히 주장했으며, 20년 후 그의 정착 계획이 현실화되었을 때 실제로 영국 정부의 정책에 끊임없이 조언을 했다.

버넷(Thomas Burnet, 1635경~1717). 영국의 신학자이자 천지창조(cosmogony, 우주개벽설)의 작가이다. 그의 문학적 명성은 1681년에 라틴어, 1684년에 영어로 출판된 《지구에 관한 신성한 이론》(《지구신성론》이라고도 번역됨) 때문으로, 이 저작은 지표면에 관한 아무런 과학적 지식이 없는 상태에서 서술된 단순한 사색적 천지창조론이었지만 설득력 있게 쓰였다.

버턴(Robert Burton, 1577~1640). 영국의 학자이자 성공회 신부이다. 《우울의 해부》라는 저서로 유명하다.

버틀러(Josheph Butler, 1692~1752). 영국의 신학자, 철학자, 도덕사상가이다. 옥스퍼드 대학교를 졸업한 뒤 성직자가 되어 1750년 더햄의 주교가 되었다. 《인간 본성에 대한 15강》, 《자연종교와 계시종교의 비교》가 대표 저작이다. 특히 《인간 본성에 대한 15강》은 홉스의 쾌락주의에 대한 비판으로 윤리학과 변증법에 큰 공헌을 한 책으로 알려졌다.

베가(Lope de Vega, 1562~1635). 에스파냐의 극작가, 시인, 소설가이다. 새로운 극작법의 작품으로 에스파냐 황금기의 국민연극을 만들었고 서정시인으로도 탁월했다.

베게티우스(Publius Flavius Vegetius Renatus, ?~?). 4세기에 활동한 로마제국 시대의 저자로 그가 남긴 두 권의 저서인 《군사학 개론》(Epitoma rei Militaris), Digesta Artis Mulomedicinae는 서양에서 가장 큰 영향력을 가진 군사 논문으로 평가되며 중세 이후 유럽의 전술에 커다란 영향을 미쳤다.

베드로(Peter the Venerable, 1092경~1156). 베네딕트 수도회의 클루니 수도원 원장이다. 이슬람에 관련된 자료와 저술을 수집하고 그리스도의 신성, 현재의 이교 사상, 기적 같은 기독교 교의에 관련된 보편적인 신학적 문제들을 다룬 편지를 많이 쓴 것으로 유명하다. 그의 저술은 12세기 가장 중요한 문헌들 중 하나다.

베르길리우스(Maro Publius Vergilius 영문명 Virgil, 서기전 70~19). 고대 로마의 시인이다. 이탈리아 북부 만투바 근교의 농가에서 태어나 크레모나와 밀라노에서 초등교육을 받고 다시 로마에서 공부했다. 서기전 30년 제2작인 《농경시》(Georgica)를 발표했는데, 완성하는 데 7년이 걸린 이 작품으로 인해 명성이 더욱 높아졌다. 그 후 11년에 걸쳐 장편 서사시 《아이네이스》(Aeneis)를 썼는데, 이 작품으로 인해 그의 이름은 후세에까지 전해졌다. 그가 현대에 이르기까지 여러 가지 형태로 서양문학에 미친 영향은 매우 크다. 단테가 〈신곡〉에서 그를 안내자로 삼은 것은 유명한 이야기이다(그의 작품 전반에 대한 개관은 고경주, 2001, "베르길리우스의 황금시대관", 〈서양고전학연구〉, 제17권을 보라).

베르티우스(Petrus Bertius, 1565~1629). 플랑드르 출신의 수학자, 역사학자, 신학자이다. 또한 프톨레마이오스의 《지리학》과 각종 아틀라스의 편집 때문에 지도학자로도 이름을 날렸다.

베사리온(John Bessarion, 본명 Basil Bessarion, 1403~1472). 비잔틴의 인문주의자이자 신학자이다. 후에 로마의 추기경이 되었는데 15세기 문예부흥에 큰 기여를 했다.

베스푸치(Amerigo Vespucci, 1454~1512). 신대륙 초기 탐험자로 아메리카라는 지명은 그의 이름 아메리고에서 유래한다. 피렌체 태생으로 1503년 알베리쿠스 베스푸시우스(베스푸치의 라틴명)의 이름으로 발행된 소책자 《신세계》, 1505년경 발간된 《4회의 항해에서 새로 발견된 육지에 관한 아메리고 베스푸치의 서한》 등에 근거하여 1507년 독일의 지리학자인 발트제뮐러가 1507년 그의 저서 《세계지 입문》에서 '신대륙'임을 발견한 아메리고의 이름을 기념하여 그곳을 아메리카라고 부르기를 제창했고 이것이 뒤에 널리 승인되었다.

벤틀리(Richard Bentley, 1662~1742). 영국의 성직자이자 고전학자이다. 찰스 보일과 그의 논쟁은 조나단 스위프트의 《책들의 전쟁》에서도 풍자된 적이 있다("용어해설" 서명편의 《책들의 전쟁》 항목을 참고하라).

벨저(Bartholomeus Welser, 1488~1561). 독일 아우구스부르크에서 대상인의 아들로 태어나 형과 함께 벨저 앤 컴퍼니(Welser and Company)라는 회사를 설립해 막대한 부를 축적했다. 벨저 형제는 카를 5세에게 거금을 대출해주고 제국의 많은 특권을 누렸다. 특히 베네수엘라에 대한 지배권을 부여받아 수출입을 독점했을 뿐 아니라 식민화를 추진했다. 그러나 후에 베네수엘라에 대한 지배권은 다시 에스파냐왕국에 귀속되었다.

보넷(Charles Bonnet, 1720~1793). 스위스의 박물학자, 철학자이다. 모든 자연물은 원소로부터 인간에 이르는 상향계단으로 배열된다는 '자연의 계단설'을 주창했다. 주요 저서에는 《곤충학 논문》, 《유기체에 관한 고찰》 등이 있다. 또한 '찰스 보넷 신드롬'(Charles Bonnet Syndrome)으로 유명한데, 이는 시각장애를 가진 사람이 실제로 존재하지 않는 것을 보는 현상을 가리킨다. 백내장으로 시각장애를 가진 그의 할아버지의 경험을 토대로 이를 최초로 기술한 것이다.

보댕(Jean Bodin, 1530~1596). 프랑스의 법학자이자 사상가이다. 앙제 태생으로 1576년 《국가론》(Les Six livres de la République, 6권, 1576)을 펴내 정치학 이론을 체계화했다. 인간의 생존권과 생활 체계를 신앙 문제에서 분리하고 정치에서의 덕과 신학에서의 덕을 구별해 종교로부터의 국가의 독립을 주장했다. 종교전쟁에 대해서는 진리의 이름 아래 동포끼리 피를 흘리는 무익함을 지적하고 신교도에게도 신앙의 자유를 인정하고 유화정책을 취해야 한다고 주장했다. 몽테뉴와 견줄 만한 종교전쟁

시대의 문필가로 평가된다.

보베의 뱅상(Vincent of Beauvais, 1190~1264경). 도미니크 수도회의 수도사이자 전집 작가이다. 당대의 지식을 망라한 《대(大) 거울》(*The Great Mirror*)을 저술했다. "자연의 거울"(*Mirror of Nature*), "교의의 거울"(*Mirror of Doctrine*), "역사의 거울"(*Mirror of History*)로 구성되어 있었고 14세기에 아쿠나스 등에 의해 "도덕의 거울"(*Mirror of Moral*)이 추가되어 현재에 이른다.

보시우스(Isaac Vossius, 1618~1689). 네덜란드 라이덴 태생으로 후에 암스테르담으로 이주했으며 일찍 재능을 보이면서 고전 문헌학을 연구했다. 1649년에는 스톡홀름에 정착하여 크리스티나 여왕의 그리스어 교사가 되었고, 1670년에는 영국으로 이주해 죽을 때까지 머물렀다. 그는 고전 문학, 지리학, 성경 연대기 등에 관하여 많은 저서들을 남겼으며 서지 수집가로서 세계 최고의 사설 도서관을 만들 정도였다.

보이티우스(Anicius Manlius Severinus Boetius, 470경~524). 가톨릭 순교 성인이다. 뛰어난 학식을 인정받아 테오도리쿠스 대제의 집정관을 거쳐 최고 행정사법관이 되었다. 전 집정관 알비누스(Albinus)를 옹호하다가 반역 혐의를 받아 파비아 감옥에 갇혀 순교했다. 저서로 《신학논고집》, 감옥에서 저술한 《철학의 위안》(*Consolation of Philosophy*)이 있다. 《철학의 위안》은 산문과 시를 번갈아 사용하여 아름다운 문체가 돋보이는 대화 형식의 철학서로 5권으로 구성된다. 또한 이 저작에 포함되었다는 '빈 공간 학설'이 유명하다.

보일(Robert Boyle, 1627~1691). 영국의 화학자, 물리학자이다. 보일의 법칙을 발견하고 원소의 정의를 명확히 밝혔으며 화학을 실용화학에서 학문으로까지 발전시켰다.

보테로(Giovanni Botero, 1544~1617). 이탈리아의 사상가, 성직자, 시인, 외교관이다. 대표 저작은 《국가의 이성》(*Della ragione di Stato*, 1589)이다. 이 책에서 그는 마키아벨리의 《군주론》에서 나타난 비도덕적 정치철학에 반대론을 펼쳤다(이 책 3부 도입부 5절 참고).

볼니(Constantine François Chasseboeuf Volney, 1757~1820). 프랑스 계몽 시대의 역사가 및 철학자이다. 1795년에서 1798년까지 미국을 여행하고 《미국의 토양과 기후에 관한 견해》(*Tableau du climat et du sol des Etats-Unis d'Amérique*, 1803, 영어본 1804)를 저술했다.

볼링브로크(Henry St John, 1st Viscount Bolingbroke, Baron Saint John of Lydiard Tregoze and Battersea, 1678~1751). 영국의 정치가, 철학자이다. 자유와 공화주의의 대변자였으며 미국혁명에는 직접적으로, 프랑스혁명에는 볼테르를 통해 영향을 미쳤다.

볼테르(Voltaire, 1694~1778). 본명은 프랑수아 마리 아루에(François Marie Arouet)로 볼테르는 필명이다. 18세기 프랑스의 작가, 계몽사상가이다. 비극작품으로 17세기 고전주의의 계승자로 인정되고, 오늘날 《자디그》, 《캉디드》 등의 철학소설, 역사

작품이 높이 평가된다. 그리고 백과사전 운동을 지원했다.

볼프(Christian Wolff, 1679~754). 독일의 철학자, 법학자이다. 1699년 예나 대학교에서 수학하고 1717년에 할레 대학교 정교수가 되었다. 볼프는 라이프니츠와 칸트의 가교 역할을 한 대표적 철학자로 알려져 있다. 라이프니츠 철학을 독일어로 강의하는 등 학문 연구의 언어로서 독일어를 형성한 공로를 인정받으며, 그의 학문은 미국 독립선언에 큰 영향을 미쳤다. 대표 저작으로는 《인간오성의 여러 힘에 대한 이성적 사고》(1712), 《이성철학 또는 논리학》(1728), 《자연법・국제법제요》(1750) 등이 있다.

봉플랑(Aime Jacques Alexandre Bonpland, 1773~1858). 프랑스의 탐험가, 식물학자이다. 훔볼트와 동행하여 라틴아메리카를 여행했다.

뵈어만(Karl Woermann, 1844~1933). 전직 독일 드레스덴 박물관장, 서양 고대미술사가이다. 《회화의 역사》(*Geschichte der Malerei*, 1879)의 고대 부분을 집필했다. 미술사에 대한 논문으로는 "미술사에서 배울 것"(*Was uns die Kunstgeschichte lehrt*, 1894)이 있다.

뷔싱(Anton Friedrich Büsching, 1724~1793). 독일의 지리학자이다. 그의 저작 《지구의 묘사》(*His Erdbeschreibung*)는 과학적 성격을 지닌 최초의 지리적 저술이었으나 유럽만을 다룬다.

뷔퐁(Georges Louis Leclerc de Buffon, 1707~1788). 프랑스의 박물학자, 수학자, 생물학자이다. 프랑스 몽바르 태생으로 영국에 1년간 유학하여 수학, 물리학, 박물학을 공부하면서 뉴턴의 영향을 받아 그의 저서를 프랑스에 소개하고 인과론적 자연 인식의 발전에 힘썼다. 1739년 파리 왕립식물원의 원장이 되어 동식물에 관한 많은 자료를 토대로 1749년부터 《박물지》(*Histoire naturelle generale et particuliere*, 44권, 한 권은 사후 간행)를 출판했다. 그리고 《자연의 시대》(*Les époques de la nature*, 1778)를 출간했다. 그의 견해는 라마르크와 다윈에게 결정적 영향을 미쳤다.

브라운 경(Sir Thomas Brown, 1605경~1682). 영국의 작가이자 의사이다. 의학, 종교, 과학 등에 대해 다양한 저술을 남긴 그의 저작은 베이컨주의 과학혁명에 영향을 받아 자연 세계에 대한 깊은 호기심을 담았다. 옥스퍼드 대학교를 졸업하고 유럽에서 머물면서 의학박사 학위를 받은 후 영국으로 다시 돌아와 노르위치에 정착한 직후 그의 첫 저작이자 가장 유명한 《의사의 종교》(*Religio Medici*, 1635)를 썼다.

브레멘의 아담(Adam of Bremen, 1050?~1081?). 중세 독일의 가장 중요한 연대기 저자 중 한 사람이다. 저서로는 《함부르크-브레멘 대주교의 역사》이 있다.

브뤼겔(Pieter Bruegel the Elder, 1525~1569). 네덜란드의 화가이다. 16세기 가장 위대한 플랑드르 화가 가운데 한 사람이다. 대지와 그 속에서 소박하고 우직하게 살아가는 농민을 휴머니즘과 예리한 사회 비판의 눈으로 관찰하면서 묘사했다. 작품으로는 〈사육제와 사순절 사이의 다툼〉, 〈아이들의 유희〉, 〈바벨탑〉 등과 사계절의 농촌을 묘사한 3점의 작품인 〈영아 학살〉, 〈농민의 춤〉, 〈농가의 혼례〉 등이 있다.

블라쉬(Paul Vidal de la Blache, 1845~1918). 프랑스의 지리학자이다. 근대 지리학의 발전에 심대한 영향을 끼친 그는 파리에서 역사와 지리학을 공부했고 소르본 대학에서 지리학 교수가 되었다. 그의 생애에서의 주된 연구 주제는 사람의 활동과 자연환경 간의 상호연관성이었는데 이로 인해 그는 프랑스 인문지리학을 정립한 지리학자가 되었다. 그는 인간의 역할을 수동적으로 보지 않고 어느 정도의 한계 내에서 자신의 목적에 따라 환경을 변화시킬 수 있는 존재로 본 대표적 가능론자이기도 한데 특히 생활양식(*genre de vie*)의 개념으로 유명하다.

블란카누스(Josephus Blancanus, 1566~1624). 이탈리아 예수회 천문학자이자 수학자이다. 달 표면을 그리기도 했는데, 오늘날 달의 분화구 명칭 중에서 불란카누스란 명칭은 바로 이 사람의 이름을 딴 것이다. 이 이름은 라틴어식 이름이고, 이탈리아어 이름은 Giuseppe Biancani이다.

블로크(Marc Bloch, 1886~1944). 중세 프랑스를 연구했던 프랑스 역사가이자 아날학파의 창시자다.

비드(Bede, Saint Bede the Venerable, 672경~735). 영국의 수도사, 저술가, 학자. 《영국 교회의 역사》(*Historia ecclesiastica gentis Anglorum*)로 유명하며 이 책으로 인해 영국사의 아버지로 불린다.

비오 2세(Pius II, 1405~1464). 본명은 피콜로미니(Aeneas Sylvius Piccolomini). 스위스의 역사학자 야콥 부르크하르트는 《이탈리아 르네상스의 문화》에서 비오 2세를 "이탈리아 풍경의 장엄함을 즐겼을 뿐만 아니라 세부적으로 이르기까지 열광적으로 기술한 최초의 사람"으로 규정한다. 그는 교황국 로마와 남쪽 토스카나(그의 고향) 지방을 아주 잘 알았는데, 교황이 되고 나서 좋은 계절이면 소풍과 시골에 머무는 것으로 여가를 보냈다. 그리고 종종 추기경 회의와 외교관 알현을 오래된 커다란 밤나무나 올리브나무 아래 아니면 초원이나 솟아나는 샘물 옆에서 열었다. 1462년 여름 흑사병과 더위가 저지대에서 기승을 부릴 동안 그는 아미아타(Amiata) 산에 피신해 풍경 탐닉의 절정에 도달했다. 이러한 행위는 본질적으로 현대적인 즐거움으로 고대의 영향은 아니었다(야콥 부르크하르트 저, 안인희 역, 2003, 《이탈리아 르네상스의 문화》, 푸른숲, 364~367쪽 참고).

비온(Bion). 서기전 2세기 말의 사람이다. 소아시아 태생으로 생애 대부분을 시칠리아에서 살았으며 이곳에서 독살당했다고도 한다. 현존하는 얼마 안 되는 작품 중에서 〈아도니스 애가〉(*Epitaphios Adonidos*)가 가장 유명한데 이는 아도니스 축제 때 읊기 위한 것으로 추측되는 우아한 작품이다. 모스코스와 더불어 테오크리토스에 버금가는 대표적인 목가시인이다. 테오크리토스를 모방한 〈목가〉 중 완전한 것과 단편적인 것을 합쳐 17편이 남아 있다.

비올레-르-둑(Eugène Emmanuel Violett-le-Duc, 1814~1879). 프랑스의 건축가이자 군

사공학자이다. 축성술 역사에 대해 광범위한 저술을 했으며 프랑스 고딕건축 양식에 대한 관심을 부활시킨 주역이다. 그는 1940년대에 이루어진 노트르담 대성당 복원을 감독했지만 중세의 도시였던 카르카손 시(cité of Carcassonne)를 재건하려는 과도한 열정 때문에 큰 비난을 받기도 했다.

비탈리스(Orderic Vital, 1075~1143). 프랑스의 역사가, 수도사이다.

비트루비우스(Vitruvius). 서기전 1세기의 로마의 건축가 · 건축이론가이다. 이탈리아 베로나 태생으로 카이사르와 아우구스투스 황제 시대에 활약했다. 저서로 《건축》 10권을 썼다. 그의 이론은 건축가로서의 경험과 동시에 고대 그리스, 특히 헬레니즘의 문헌에 근거한 것이 많다. 이 책은 르네상스의 고전 연구에 따라 1415년경에 재발견되었으며 1484년에 로마에서 초판이 간행되었다. 그 후로 유럽 건축가에게 커다란 영향을 주었으며, 오늘날에도 고대건축 연구에 귀중한 자료다(비트루비우스 저, 오덕성 역, 《건축십서》, 기문당, 1985 참고).

사세타(Stefano di Giovanni Sassetta, 1392경~1450경). 이탈리아의 화가이다. 14세기 시에나파의 전통을 지키면서 15세기 초 북방에서 스며든 새로운 ‘국제 고딕 양식’과 피렌체파의 자연주의 영향을 함께 받아들였다. 자연주의적 형체감에 보석과 같은 투명한 광채감과 섬세한 환상성을 가미해 르네상스 양식을 진전시킨 시에나파의 제 1인자적 화가다.

샤르트르의 베르나르(Bernard de Chartres, ?~1130경). 중세 프랑스의 스콜라철학자이다. 샤르트르학파에 속하는 최초의 유명한 플라톤주의 철학자로 이 고장 학교의 총장이었다. 그러나 그 학설은 제자인 ‘솔즈베리의 존’ 저작을 매개로 알려졌을 뿐이다. 베르나르는 고전학자 또는 문법학자로서 고전을 높이 평가하고 우리가 옛 사람보다 더 멀리 볼 수 있는 것은 고전 위에 서 있기 때문이라고 가르쳤다.

생 피에르(Jacques-Henri Bernardin de Saint-Pierre, 1737~1814). 프랑스의 저술가이자 식물학자이다. 1787년 소설 〈폴과 비르지니〉로 가장 잘 알려졌으며, 1795년에 아카데미 프랑세즈의 전신인 인스티튜트 드 프랑스(Institut de France)의 교수로 선출되었다.

샤롱(Pierre Charron, 1541~1603). 프랑스의 사상가, 신학자이다. 고대 스토아 철학과 몽테뉴의 영향을 받았는데, 《세 가지 진리》, 《지혜에 대하여》 등의 저서를 남겼다.

샤르댕(Jean Chardin, 1643~1713). 프랑스의 보석업자이자 여행가이다. 장 밥티스트 샤르댕(Jean-Baptiste Chardin) 또는 존 샤르댕 경(Sir. John Chardin)으로도 불린다. 그가 쓴 10권짜리 여행기인 《샤르댕 경의 여행일지》는 유럽인이 페르시아와 근동지역을 학술적으로 다룬 초기 저작 중 하나로 알려졌다.

샤를 2세(Charles, 823~877). 프랑스어로는 샤를(Charles), 영어로는 찰스(Charles), 독일어로는 카를(Karl), 별칭은 대머리왕 샤를(Charles the Bold)이다. 프랑스 서프랑크왕국의 왕(샤를 2세, 843~877 재위), 신성로마제국 황제(875~877 재위)를 지냈다. 864년까지 그의 정치적 위치는 그에게 충성하는 봉신이 거의 없어 불안정했다. 영토는 스칸디나비아인의 침략으로 시달렸으며 그들은 뇌물을 받고서야 돌아가곤 했다. 그러나 864년 피핀의 아들을 포로로 잡은 뒤 아키텐을 장악하는 데 성공했으며, 870년 독일인 루트비히와 메르센 조약을 맺어 서부의 로렌 지방을 차지했다. 875년 로타르의 아들인 황제 루트비히 2세가 죽자, 그는 이탈리아로 가 12월 25일 교황 요한네스 8세로부터 황제관을 받았다. 독일인 루트비히의 아들 카를만이 그를 향해 진격하고 주요 봉신들이 그에게 반란을 일으키는 가운데 죽었다. 그는 찬란한 카롤링 왕조의 르네상스를 다시 꽃피웠으며 교회와의 밀접한 협력관계로 자신의 지위와 권위를 높였다.

샤를로망 (Carloman, 706?~754). 프랑크왕국 샤를 마르텔의 장자이다. 샤를 마르텔이 죽자 동생 피핀과 함께 나라를 물려받았다. 747년 수도원적 생활을 하기 위해 왕위를 떠난다.

샤를마뉴 대제 (emperor Charlemagne, 742~814). 카롤링 왕조의 제2대 프랑크 국왕 (재위: 768~814)이다. 카를 대제 또는 카롤루스 대제라고도 한다. 부왕인 피핀이 죽은 뒤 동생 카를만과 왕국을 공동 통치했으나 771년에 동생이 죽어 단일 통치자가 되었다. 몇 차례의 원정으로 영토 정복의 업적을 이루고 서유럽의 정치적 통일을 달성했다. 중앙집권적 지배를 가능하게 하면서 지방 봉건제도를 활용했고 로마 교황권과 결탁하여 서유럽의 종교적 통일을 이룩하고 카롤링 르네상스를 이룩했다.

샤스텔뤼 (Marquis de Chastellux, 1734~1788). 프랑스의 군인, 여행가이다. 그는 1780~1782년 아메리카에서 로샹보와 그의 프랑스군에 속했던 3명의 주요 장군 가운데 한 사람이었다. 그는 초기 아메리카를 오랫동안 여행한 후 탁월한 여행기를 남겼다.

샤토브리앙 (vicomte de Chateaubriand, 1768~1848). 프랑스의 작가이자 외교관이다. 프랑스 낭만주의의 초기 작가로서 당대의 젊은이들에게 깊은 영향을 미쳤으며 미국과 인디언 원주민을 이국적으로 묘사했다.

성 로쿠스 (St. Roch, 1295~1327). 프랑스 몽펠리에 지방장관의 아들로 태어났다. 로마로 순례여행을 떠나 흑사병에 걸린 이들을 돌보는 데 헌신했으며 많은 기적을 행사했다고 알려졌다. 몽펠리에로 돌아온 뒤 첩자로 의심받아 투옥되어 감옥에서 사망했다.

성 마르크 (St. Mark, ?~?). 예수의 12제자 중 하나이자 신약성서 두 번째 책인 마르코의 복음서 저자. 초대 교회의 선교 활동에 크게 공헌했다.

성 마르티누스 (St. Martin, 316~397). 프랑스의 수호성인, 군인의 주보성인이다. 판노니아 (헝가리)에서 태어났으며 그의 부모는 이교도였다. 세례 후 군인 생활을 그만두고 프랑스 리구제에 수도원을 세우고는 힐라리오 성인의 지도를 받으며 수도 생활을 했다. 후에 투르의 주교가 되어 착한 목자로서 모범이 되었으며 여러 수도원을 세우고 성직자들을 교육하며 가난한 이들에게 복음을 전파했다.

성 바실리우스(Basilius, 영문명 St. Basil, 330경~379). 그리스의 기독교 종교가이자 교회 박사이다. 아테네에서 최고의 교육을 받아 비기독교적 교양을 지닌 수사학 교사가 되었으나 5년 뒤 기독교에 끌려 각지의 수도원을 찾아다니며 수도에 힘썼다. 그 후 카에사레아의 주교가 되어 교회 정치에 말려들었으나 교회 통합에 주력하고 아리우스 논쟁의 종결을 위해 진력하는 한편 빈민 구제에도 힘썼다. 또 동방교회의 수도원 규칙을 제정해 '수도 생활의 아버지'로도 불렸다. 저서에는《성령론》, 아리우스파의 《에우노미스 반박론》, 나지안지스의 그레고리우스와 오리게네스의 저작을 발췌·편집한《필로칼리아》외에《젊은이에게 주는 설교》,《여섯 날》등이 있다.

성 베네딕트(St. Benedict, 480경~550경). 이탈리아 누르시아 태생이다. 서양에서는 처음으로 몬테카시노에서 수도원을 시작하여 베네딕트 수도회를 세우고 수도회 제도의 기초를 굳혔다.

성 베르나르두스(Bernard of Clairvaux, 1090~1153). 프랑스 귀족 가문의 7남매 중 3남 태생이다. 아버지는 제1회 십자군전쟁에서 전사했으며 어머니는 독실한 신자였다. 23세 때 30명의 귀족들과 함께 시토 수도원 원장으로 일했으며, 2차 십자군 유세로 활동 했다. 2년 후 12명의 동지들과 클레르보 수도원 원장으로 평생을 보내며 겸손과 사랑을 가장 큰 명제로 삼았다. 허약한 신체와 극단적인 금식 생활로 바로 서서 다닐 수 없을 정도였다. 그는 보수적 입장에서 아벨라르의 자유사상을 배격했으며 고난당한 그리스도를 사모했다.

성 보나벤투라(St. Bonaventura, 1221~1274). 이탈리아의 가톨릭 신학자다. 프란체스코 수도회에 들어가 파리 대학교에서 공부하고 아퀴나스와 함께 교수 자격을 얻어 모교에서 신학교수로 재직했다. 1257년 프란체스코 수도회 회장이 되어 수도회 조직 정비와 강화 등에 힘쓰다가 1273년 추기경과 알바노의 주교가 되었다. 새로 도입된 아리스토텔레스 등의 철학을 이해하는 입장을 취했으나 성 아우구스티누스의 전통을 따라 신비적 사색을 존중했다.《신께 이르는 정신의 여행》(*Itinerarium mentis in Deum*, 1472)에는 철학에서 시작하여 신학, 신비사상으로 나아가는 그의 사상적 특징이 잘 나타나 있다(이 책 2부 5장 14절 참고).

성 보니파시오(St. Boniface, 673경~754). 독일의 사도이자 원장으로 선출된 영광도 포기하고 자신의 일생을 독일 민족의 회개를 위하여 바친 영국 베네딕트 수도회의 수도사다. 로마 지향성, 선교 활동 등에 대한 앵글로색슨 수도회의 이상을 흡수하고 717년 수도원장으로 선출되었으나 이를 사양하고 719년 선교 사목에 대한 그레고리오 2세의 인가를 로마에서 직접 받았다. 그 뒤 유럽 대륙 게르만족에 대한 선교를 시작하여 689년 피핀 2세에 의해 정복되어 프랑크 왕국령이 된 프리시아 선교, 721년 헤세 선교를 성공적으로 수행했다. 744년 그는 가장 유명한 수도회를 풀다에 설립했는데 이곳은 독일 종교 및 정신적 활동의 중심지가 되었다. 754년 프리시아 선교 여행에서 53명의 일행과 함께 이교도에 의해 학살되었으며 이후 풀다는 순례의 중심지로 부각되었다.

성 브로카르두스(St. Brocardus, 영문명 St. Brocard, ?~1231경). 프랑스 태생의 기독교 성직자로 카르멜(Carmel) 산에 있는 프랑크인 은둔자들의 지도자였다.

성 세쿠아누스(St. Sequanus, 580경 활동). 세느(Seine)라고도 불린다. 은자로 생활하다 가 수도사가 된 그는 세그레스트에 수도원을 세우고 대수도원장이 된다. 이 수도원 은 그의 이름을 기려 성 세느로 개명되었다.

성 스투르미우스(St. Sturm, 705~779). 성 보니파시오의 제자이다. 또한 베네딕트 수도 회와 풀다 수도원의 첫 번째 대수도원장으로 알려졌다.

성 아르마길루스(St. Armel, 5세기 말경~570경). 플로에르멜(Ploermel)의 성인이다. 웨일 스 지방 사람으로서 가랜트멜 수도원장의 지도를 받았는데, 그가 부제품을 받을 때 "누구든지 제 십자가를 지지 않으면 내 제자가 될 수 없다"는 말씀을 하늘에서 들었 다고 한다. 이 때문에 그는 그 누구보다도 모범적이었고 자발적이었기 때문에 자기 스승과 동료들과 함께 아르모리카로 선교여행을 했다. 그 후 그는 모르비아의 플로 에르멜 수도원을 세웠고, 여기서 선종한 용감한 복음 전도자였다.

성 아우구스티누스(St. Augustinus, 354~430). 초대 기독교 교회가 낳은 위대한 철학자, 사상가, 성인(聖人)이다. 388년 사제의 직책을 맡았고, 395년에는 히포의 주교가 되어 그곳에서 바쁜 직무를 수행하는 한편 많은 저작을 발표했다. 《삼위일체론》, 《신국론》 등이 널리 알려졌다(이 책의 2부 5장 5절을 참고하라).

성 안토니우스(St. Anthony, ?~?, 1195~1231경 활동). 신앙심 깊은 부모의 영향을 받으 며 자랐고, 리스본 주교좌성당 부속학교에서 교육을 받다가 아우구스티누스 참사수 도회에 입회했고 1219년에 사제로 서품되었다. 1220년에 안토니우스라는 수도명을 받고 곧바로 아프리카 선교사를 지원했지만 병을 얻어 선교지에서 되돌아온 뒤 설교 가로서의 능력을 발휘한다. 1231년 병을 얻어 클라라 수녀회에서 운명했다. 그에 대한 수많은 기적 이야기와 설교 능력은 가톨릭교회의 전설 중 하나가 되었으며, 그를 능가할 만한 설교가가 나오기는 힘들 정도라고 높이 평가받았다. 당시 사람들 은 안토니우스를 일컬어 '이단자를 부수는 망치', '살아 있는 계약의 궤'라고 불렀으 며 기적을 행하는 사람으로 알았다. 또한 가난한 이들의 수호성인이고 잃어버린 물 건을 찾을 때 안토니우스 성인에게 기도하면 곧바로 찾는다는 전설이 있었다.

성 알베르투스(St. Albertus, 1206경~1280). 알베르투스 마그누스(Albertus Magnus) 또 는 알버트 대제(St. Albert the Great)라고도 불린다. 자연과학도의 수호성인이라는 칭호가 있다. 독일 스바비아의 라우인겐 가족성(城)에서 태어나, 파두아의 대학교 에서 수학했으며, 1274년의 리용 공의회에서 크게 활약했는데 특히 로마와 그리스 교회의 일치에 공헌했다. 또한 1277년에 파리의 스테파노 탕피에 주교와 그 대학교 의 신학자들에게 대항하여 아퀴나스와 그의 입장을 옹호한 사건도 유명하다. 그의 저서에는 성서와 신학 일반은 물론 설교, 논리학, 형이상학, 윤리학, 물리학까지 두루 섭렵한 논문이 많으며, 그의 관심은 천문학, 화학, 생물학, 인간과 동물의 생리학, 지리학, 지질학, 식물학에까지 확대되었다.

성 암브로시우스 (Ambrosius, 영문명 St. Ambrose, 340~397). 초대 가톨릭교회의 교부이자 교회학자다. 370년 북이탈리아의 리구리아 주 밀라노의 집정관으로 재직 시 밀라노 성당의 주교 후계자 논쟁을 수습하여 아리우스파와 가톨릭 양쪽의 신망을 얻어 374년 세례도 받지 않은 상태에서 주교가 되었다. 이후 니케아 정통파의 입장에 서서 교회의 권위와 자유를 수호하는 데 큰 공을 남겼다. 뛰어난 설교가로서 반아리우스파의 여러 저술 외에도 《성직에 관하여》(De officiis ministrorum), 《6일간의 천지 창조론》(Hexemeron) 등이 유명하다. 오리게네스와 알렉산드리아의 필론이 행했던 성서의 우의적 해석을 도입한 것 외에 로마의 히폴리스, 이레나이우스, 안디옥의 이그나티우스 등을 연구하여 동방 신학을 서유럽에 이식했고, 마리아의 무원죄(無原罪)를 주장하여 중세 마리아 숭배의 시조가 되었다. 또 《암브로시우스 성가》로 불리는 찬미가집을 만들어 '찬미가의 아버지'로 불리기도 한다.

성 유페미아 (St. Euphemia, ?~307). 칼케돈의 순교자이다. 이교도의 의식을 거부했다는 이유로 고문당한 뒤 곰에게 죽임을 당했다고 한다. 5세기에 그녀를 기리는 교회가 지어졌다.

성 코렌티누스 (St. Corentin, ?~490경). 프랑스 북서부 브르타뉴 지방의 초대 주교이다. 본래 은수사였지만 주민들이 그의 성덕을 흠모하여 투르로 모셔서 주교 축성식을 거행했다고 한다. 성 코렌티누스 성당에는 '거룩한 우물'이 있는데 그는 여기에 이상한 고기를 길렀다고 한다. 이 우물과 고기를 이용하여 수많은 기적을 베풀어 주민들에게 안위를 제공했다고 한다.

성 콜룸바누스 (St. Columbanus, 543~615). 아일랜드 출신의 로마 가톨릭 수도원장이다. 509년부터 유럽 대륙을 순례하며 포교 활동을 했다. 아일랜드 부족의 지도자로 라틴어에 능통했고 그리스어도 알았다. 기독교 확산에 대한 열정을 품고 브리타니아에 상륙해 포교 활동을 했으며 유럽 각지에 40여 개의 수도원을 세우는 등 켈트 수도원의 확산에 결정적 역할을 했다. 특히 동프랑크왕국 및 부르군드 지방에서 좋은 결과를 낳았지만 전례 문제로 주교들과 갈등을 빚어 추방된 뒤 이칼리아로 가 보비오 수도원을 설립하고 그곳에서 세상을 떠났다.

성 파코미우스 (St. Pachomius, 292경~348). 이집트 룩소르의 테베에서 292년경 이교도 부모 밑에서 태어났다. 자신이 닮고 싶었던 이집트의 성 안토니우스 근처에서 은둔자 생활을 시작했다. 당시 기독교의 금욕주의는 고독과 은둔을 추구했는데 그는 남녀 수도사들이 모여 살면서 모든 소유를 공유하는 공동체를 창설했다. 파코미우스의 규율은 오늘날 동방정교회에서 활용되며 서방의 베네딕트 수도회와 비견된다.

성 폴 아우렐리안 (St. Paul Aurelian, ?~6세기). 웨일스의 주교이다. 성 일티드(St. Illtyd) 밑에서 수학했고 은자가 되도록 허락받았다. 선행으로 명성이 높아져 추종자들이 모이자 브르타뉴의 왕은 그에게 설교를 청한다. 그의 의사와 상관없이 주교가 되었으나 몇 년 뒤 은퇴한다. 기적을 행하는 능력으로 이름이 높았다.

성 프란체스코 (St. Francesco, 영문명 St. Francis 1182~1226). 이탈리아 아시시(Asisi)의 부유한 포목상의 아들로 태어난 그는 스폴레토에서 그리스도의 환시를 보고 "내 교회를 고치라"는 말씀을 들었으며, 또한 나병 환자와의 극적인 입맞춤을 통하여 지난날의 생활을 청산했다. 그 후 그는 산 다미아노에서 복음의 글자 그대로 살기로 결심했으며, 부친의 유산을 포기하고 오로지 신의 사람으로서 보속 생활에만 전념했다. 프란체스코회가 첫 발을 내딛게 했으며, 1212년에는 성녀 글라라를 도와 '가난한 부인회', 일명 '글라라회'를 세웠다. 《태양의 찬가》(*Canticum Fratris Solis*), 《평화의 기도》(*Prayer before the Crucifix*) 등을 후세에 남겼다. 1226년 선종 후 2년 뒤에 시성된 그는 흔히 '제2의 그리스도'라는 칭호를 들을 정도로 큰 영향을 미쳤다.

성 히에로니무스 (St. Jerome, Eusebius Hieronymus, 345경~419경). 성 암브로시우스, 그레고리우스, 성 아우구스티누스와 함께 라틴 4대 교부로 일컬어진다. 히브리어 원본 성경을 연구한 성서학자로도 유명하다. 가장 큰 업적은 성서의 그리스어 역본인 70인 역 성서를 토대로 시편 등의 라틴어 역본(불가타성서)을 개정한 일이다. 그리스어로 된 성서를 중심으로 번역하되 히브리어와 아람어 성서를 대조, 확인한 것으로도 전해진다. 신약성서는 그리스어로 쓰였으나 구약성서는 본래에는 히브리어와 아람어로 쓰였다.

성왕 루이 (St. Louis of France, 1214~1270). 루이 9세의 별칭이다. 정의에 입각한 평화, 덕과 정치의 일치를 추구한 왕으로 프랑스 집권적 왕정을 완성했다. 잉글랜드와의 싸움을 종결시켰고 여러 국왕과 제후 사이의 평화 수립에 노력했다. 십자군 원정 도중에 사망했으나 이 시기 프랑스는 서유럽의 중심이 되었다.

세네카 (Lucius Annaeus Seneca, 서기전 55경~서기 39경). 로마 시대의 정치인, 사상가, 극작가, 스토아 철학자이다. 또한 네로 황제의 스승으로도 유명하다. 주요 작품으로 《노여움에 대하여》(*De Ira*), 《자연학 문제점》(*Naturales quaestiones*), 《도덕서한》(*Epistolae Morales*), 《은혜에 대하여》〔*De Beneficiis*(*On Benefits*)〕, 그리고 비극 9편 등이 있다.

세르비우스 (Servius the Grammarian). 4세기 로마에서 활동한 라틴 문법학자, 주석자, 교사이다. 베르길리우스의 작품에 대한 귀중한 해설서를 쓰기도 했다.

세비야의 이시도루스 (Isidorus of Seville, 560경~636). 에스파냐의 성직자. 600년경 세비야의 대주교가 된 후 서고트족을 아리우스주의(*arianism*)로부터 개종시키고 에스파냐에 가톨릭교회를 재건하는 데 전력했다. 20권으로 구성된 백과사전 《어원학》을 저술했으며 역사서로 《고트족, 반달족, 스베니아족의 통치사》(*Historia de Regibus Gothorum, Vandalorum, et Suevorum*)도 유명하다.

세이버트 (Adam Seybert, 1773~1825). 미국의 하원의원이다. 펜실베이니아 대학교 의학

과정을 수료 후 유럽에서 화학 및 광물학을 연구했다. 미국철학회 회원이었으며 여러 차례에 걸쳐 펜실베이니아 하원의원으로 선출되었다.

셰익스피어(William Shakespeare, 1564~1616). 영국이 낳은 세계 최고의 시인 겸 극작가이다. 대표작으로는 〈로미오와 줄리엣〉, 〈베니스의 상인〉, 〈멕베스〉, 〈햄릿〉 등이 있다.

셀라(William Young Sellar, 1825~1890). 스코틀랜드의 고전학자이다. 1863년 에든버러 대학교 인문학 교수로 부임한 뒤 그곳에서 생을 마쳤다. 뛰어난 근대 고전학자 중 한 명이었고 로마 문헌의 글귀보다는 정신을 재생산하려는 노력을 기울여 주목할 만한 성공을 거뒀다.

소조메노스(Salamanes Hermeios Sozomenos, 영문명 Sozomen, 400경~450경). 콘스탄티노플에서 활동한 기독교도 법률가이다. 그가 쓴 교회사는 고전적 문체, 수도원주의에 대한 선호, 서유럽 자료들의 방대한 사용 등으로 유명하며 동시대 인물로서 그보다 나이가 위인 소크라테스 스콜라스티쿠스의 교회사와 견줄 만하다. 당시 세력을 떨치던 비잔틴제국의 황제 테오도시우스 2세(408~450 재위) 때 교회사 저술 작업에 헌신해 324~439년의 시기를 다룬 9권의 책을 편집했다. 그러나 현존하는 본문은 425년에서 끝났는데 마지막 부분이 테오도시우스 2세의 탄압으로 삭제되었는지, 아니면 그냥 분실되었는지 의문이 남았다. 그는 성직자들뿐 아니라 교양 있는 평신도들을 위해서도 소크라테스 스콜라스티쿠스의 책을 뛰어난 문체로 개정하려 했던 것으로 보인다. 비록 그가 소크라테스 스콜라스티쿠스보다 평론 방법 및 신학 이해에서 열등했지만 그때까지 유례없던 독특한 자료를 삽입해 연대기를 가치 있게 만들었다. 이 연대기는 소크라테스 스콜라스티쿠스의 본문에 대한 교정본이며, 이 본문으로 초기 기독교에 대한 정보를 중세 교회에 제공한 셈이다.

소크라테스(Socrates, 서기전 470경~399). 고대 그리스의 철학자이다. 서구 문화의 철학적 기초를 마련한 고대 그리스의 위대한 세 인물(소크라테스, 플라톤, 아리스토텔레스) 가운데 한 명이다. 그는 자연에 관한 생각에 머물렀던 당시 철학의 초점을 인간 생활의 성격과 행위 분석으로 옮겼고 "너 자신을 알라"라는 질문으로 유명한 인간 본질에 대한 탐구에 집중했다. 젊은이들을 타락시키고 도시가 숭배하는 신들을 무시하고 새로운 종교를 끌어들였다는 이유로 기소되어 사형을 선고받은 후 독배를 마시고 죽었다. 저술을 남기지 않았지만 그의 인격과 이론은 주로 플라톤의 대화편과 크세노폰의 《소크라테스의 추억》에 근거한 것이다.

소크라테스 스콜라스티쿠스(Socrates Sholasticus, 380경~?). 비잔틴의 교회사가(史家)이다. 주해가 있는 그의 연대기 《교회사》(*Historia Ecclesiastica*)는 4~5세기 교부 시기의 교회사 연구에 중요한 기록 자료이자 개요이다. 이후에 나온 그의 작품집의 발췌문은 초기 기독교에 관한 주요 지식을 중세 라틴 교회에 제공했다. 법률고문이었던 그는 평신도로서는 최초로 교회사를 저술한 사람으로 알려져 있다.

소포클레스 (Sophocles, 서기전 496~406). 고대 그리스의 3대 비극 작가의 한 사람이다. 아테네 교외의 콜로노스 태생으로 정치가로서도 탁월한 식견을 지녔으며, 델로스 동맹 재무장관에 임명되어 페리클레스와 더불어 10인의 지휘관직에 선출되었다. 28세 때 비극 경연대회에 응모하여 스승인 아이스킬로스를 꺾고 첫 우승한 이후 123편의 작품을 씀으로써 18회 (일설에는 24회) 나 우승했다. 〈아이아스〉(Aias), 〈안티고네〉(Antigone), 〈오이디푸스왕〉(Oidipous Tyrannos), 〈엘렉트라〉(Elektrai) 등의 작품이 있다 (소포클레스 저, 천병희 역, 2008, 《소포클레스 비극 전집》, 숲 참고).

손다이크 (Lynn Thorndike, 1882~1965). 중세 과학사와 중세 화학사를 연구한 미국의 역사학자이다. 초기 기독교부터 근대 초기 유럽까지를 다루는 마술과 과학에 대한 책인 《마술과 실험 과학의 역사》(A History of Magic and Experimental Science, 8권, 1923~1958) 와 《15세기 과학과 사상》(Science and Thought in the Fifteenth Century, 1929), 《중세 유럽의 역사》(The History of Medieval Europe, 1917) 를 저술했다.

솔론 (Solon, 서기전 640경~560경). 고대 그리스 아테네의 정치가, 시인이다. 그리스 7현인 중 한 사람으로 알려져 있다. 살라미스 섬의 영유를 둘러싼 서기전 596년 메가라인과의 전투에서 명성을 얻어 서기전 594년 집정관 겸 조정자로 선정되어 정권을 위임받았다. 그는 배타적 귀족정치를 금권정치로 대체하고 인도적 법을 도입했다. 특히 당시 빈부의 극심한 차이로 인한 사회불안을 개선하기 위하여 부채의 조정 포기와 채무노예의 해방과 금지를 포함한 이른바 '솔론의 개혁'이라 일컫는 여러 개혁을 단행했다.

솔루스트 (Sallust, 라틴어명 Gaius Sallustius Crispus, 서기전 86~34). 평민계급 출신의 로마의 역사가이다.

솔리누스 (Gaius Julius Solinus, 250년경). 고대 로마의 박물학자이다. 《세계의 지리와 기적에 관하여》라는 현실과 허구가 뒤섞인 지리서를 썼다. 그의 진정한 공헌 가운데 하나는 오래전부터 '마레 노스트룸'(우리의 바다) 이라고 불린 로마 주위의 바다를 '지중해'(地中海), 즉 지구의 중심에 있는 바다라는 이름으로 바꿔 부른 것이다. 그의 저작에 크게 영향을 받은 사람 중 하나가 성 아우구스티누스라고 한다.

솔즈베리의 존 (John of Salisbury, 라틴어명 Johannes Saresbarius 1115~1180). 중세 영국의 철학자, 신학자, 정치가이다. 또한 당대 최고의 라틴어 저술가이기도 했다. 스승인 베르나르가 "우리가 옛사람보다 더 멀리 볼 수 있는 것은 고전 위에 서 있기 때문"이라는 설명을 자신의 저술에서 소개했다.

쉬렐 (Alexandre Surell, 1813~1887). 19세기 프랑스의 토목공학자이다.

쉴리 (Maximilien de Béthune, Duke of Sully, 1560~1641). 프랑스의 군인이자 정치가이다. 프랑스 종교 전쟁을 종식시킨 앙리 4세의 오른팔이었던 그는 오랜 전쟁으로 파산 상태였던 프랑스의 재정을 크게 개선시켰고 사회를 발전시켰다. 재무, 농업, 토지 관리에서 그의 능력은 타의 추종을 불허했고, 도로망, 삼림, 운하 건설과 캐나다

퀘벡 주 개발 등이 그의 손에서 이루어졌다. 특히 삼림 파괴를 금지했으며 습지에 배수시설을 만들고 운하 건설계획 등을 세웠다.

스넬(Willebrord Snellius, 1580경~1626). 네덜란드의 천문학자, 수학자이다. 스넬의 법칙으로 알려진 '굴절의 법칙'으로 유명하다. 1613년에 그의 아버지에 이어 라이덴 대학교 교수로 임용되었고 1615년에 삼각법을 이용해 지구의 둘레를 측정했으며, 1617년에 《네덜란드의 에라토스테네스》(*Eratosthenes Batavus*)라는 책을 펴냈다. 이후 1921년에 굴절의 법칙을 확립했다.

스멜리(William Smellie, 1740~1795). 인쇄장인, 박물학자이다. 스코틀랜드인으로 《브리태니커 백과사전》 초판(1768~1771)의 편집인이었으며 뷔퐁의 《박물지》(*Natural History*)를 영어로 번역했고, 《박물지 철학》(*The Philosophy of Natural History*) 2권을 집필했다.

스미스(Grafton Elliot Smith, 1871~1937). 영국의 해부학자이다. 선사시대에 대한 초전파주의적 관점을 적극 지지한 인물로 유명하다.

스밤메르담(Jan Swammerdam, 1637~1680). 네덜란드의 생물학자, 박물학자이다. 곤충을 해부하여 곤충의 생애 단계를 입증했다. 1668년에는 적혈구를 최초로 관찰하고 그 결과를 기술했다. 해부 작업에 현미경을 최초로 이용했으며, 그의 탁월한 방법은 후대의 학자들에게 널리 이용되었다.

스봉(Ramon Sebon, ?~1432). 에스파냐 바르셀로나 태생의 신학자이다. 라틴어 이름은 시비우드(Sibiude) 혹은 레이문두스 드 사분데(Raymundus de Sabunde)이다. 1430년부터 죽을 때까지 프랑스 툴루즈 대학교에서 신학, 철학, 의학을 가르쳤다. 신학과 철학에 관해 몇 저작을 집필했으나 현재 남은 것은 에스파냐어로 집필되고 후에 몽테뉴에 의해 프랑스어로 번역된 《자연신학》(*Theologia Naturalis*)이 유일하다.

스즈키(Daisetz Teitaro Suzuki, 鈴木 大拙, 1870~1966). 일본의 학자이다. 선종 불교에 대한 저술로 선종에 대한 서구의 관심을 널리 확산시켰다. 또한 다수의 중국, 산스크리트 문헌의 번역가로도 유명하다.

스칼리제르(Joseph Justus Scaliger, 1540~1609). 프랑스 태생의 네덜란드 고전학자이다.

스컬리(Vincent Joseph Scully, Jr. 1920~). 미국 예일 대학교 건축학과의 건축사 명예교수이다. 건축사에 대해 몇 권의 저서가 있다.

스코투스(Duns Scotus, 1266~1308). 중세의 철학자로 프란체스코회의 전통적인 아우구스티누스주의를 대표하여 토마스학파와 대립했다. 그의 사상은 프란체스코회를 중심으로 한 사상가들에게 전해져 스코투스학파로 이어졌다. 스코투스학파는 사물의 전체성을 직관으로 파악하며, 사유, 즉 이성에 대한 의지의 우위를 주장한다. 또 모든 것은 신의 자유이며 한없는 사랑의 발로로서 신이 바라는 것은 모두가 선이라고 설명한다.

스탠리 경(Sir Henry Morton Stanley, 1841경~1904). 미국의 언론인이자 탐험가이다. 아

프리카 탐험 중 한동안 소식이 끊겼었던 데이비드 리빙스턴을 찾아 나선 이로 잘 알려져 있다.

스트라본 (Strabon, 영문명 Strabo 서기전 64경~서기 23경). 고대 그리스의 지리학자이자 역사학자이다. 소아시아 아마시아(폰투스)의 명문가 출신으로 알렉산드리아에서 수사학, 지리학, 철학을 아리스토데모스 등에게 배웠고, 철학은 아리스토텔레스학파를 떠나 스토아학파의 입장을 취했다. 로마, 이집트, 그리스, 소아시아, 이탈리아 등의 지역을 여행하고 만년은 고향에서 보냈다. 저서인 《역사적 약술》(*Historika Hypomnēmata*, 전 47권)은 현존하지 않지만 서기전 20년 이후 로마에 장기간 체재하면서 저술한 《지리학》(*Geōgraphiā*, 17권)은 대부분 남아 있다. 이 책은 단순한 지리서가 아니라 유럽, 아시아, 아프리카의 전설 및 정치적 사건, 중심 도시, 주요인물 등 역사적 서술도 있어 중요한 사료로 평가받는다.

스트라부스 (Strabus, 808경~849). 베네딕트 수도회 대수도원장, 신학자, 시인이다. 발라프리트 스트라본(Walafrid Strabo)으로도 알려져 있다. 그의 라틴어 저서는 독일 카롤링 왕조 시대의 대표적인 작품으로 알려져 있다. 지금은 주로 시(詩)가 주목을 받지만 당시 사람들은 그의 시보다는 신학 사상과 저술을 높이 평가했다.

스트라톤 (Straton of Lampsacus, ?~서기전 270경). 그리스의 철학자이다. 테오프라스토스의 뒤를 이어 아리스토텔레스의 학설을 바탕으로 삼는 페리파토스학파의 지도자가 되었으며, 모든 실체에는 빈 공간이 포함되어 있다는 '빈 공간 학설'로 유명하다.

스트루테반트 (Simon Sturtivant, 또는 Simon Sturtevant, 1570~?). 영국의 성직자이자 공학자이다. 《이솝 우화의 어원학》과 《금속학》 등의 저서를 남겼다. 나무 대신 석탄을 이용한 철 제련법을 발명했다.

스펜서 (Herbert Spenser, 1820~1903). 영국의 철학자이자 다윈의 생물진화론을 인간 사회에 적용시킨 사회진화론의 창시자이다. 대표작인 《종합철학체계》는 36년간에 걸쳐 쓴 대작으로 성운의 생성에서부터 인간 사회의 도덕원리 전개에 이르기까지 모든 것을 진화의 원리에 따라 조직적으로 서술했다. 이 저술에서 그는 광범한 지식체계로서의 철학을 구상했으며, 철학적으로는 불가지론의 입장에 서면서도 철학과 과학과 종교를 융합하려고 했다. 종교와 과학의 이와 같은 조정은 과학자로 하여금 종교에 의한 구속을 벗어나게 했다는 데 의의가 있다.

스펭글러 (Oswald Arnold Gottfried Spengler, 1880~1936). 독일의 역사가, 문화철학자이다. 1880년 하르츠 지방 블랑켄부르크 태생으로 뮌헨, 베를린, 할레의 각 대학교에서 수학과 자연과학을 전공함과 동시에 철학, 역사, 예술에도 힘을 쏟았다. 《서구의 몰락》(*Der Untergang des Abendlandes*, 제 1권 1918, 제 2권 1922)을 저술했으며, 《인간과 기술》(*Der Mensch und die Technik*, 1931) 등의 저서가 있다.

스프랫 (Thomas Sprat, 1635~1713). 영국의 신학자, 시인이다. 왕립학회의 창설에 기여했으며 1667년에 《런던의 왕립학회 역사》(*A History of the Royal Society of London*)

를 저술했다. 이 책에서 그는 왕립학회의 과학적 목적과 '명료함과 간결함'이라는 현대적 표준에 입각한 과학적 글쓰기의 기본 틀을 밝혔다.

스피노자(Baruch de Spinoza, 1632~1677). 네덜란드의 철학자이다. 데카르트 철학에서 결정적 영향을 받았다. '모든 것이 신이다'라는 범신론 사상을 역설하면서도 유물론자·무신론자였다. 그의 신이란 기독교적인 인격의 신이 아닌 자연이었기 때문이다. 대표작으로는 《에티카》가 있다.

시드(Cedd, 620경~664). 영국 노섬브리아 태생이다. 린디스파른(Lindisfarne)에서 베네딕트회 수도자가 되었으며, 653년에 3명의 다른 사제들과 함께 중앙 앵글족(Angle)들에게 복음을 선포하도록 파견되었다. 이스트 앵글족의 왕 시리버트가 개종했을 때 에식스(Essex)의 선교를 그만두었고 654년에 에식스 주교로 축성되었다. 그는 브라드웰, 틸베리(Tilbury), 라스팅햄(Lastingham)에 수도원을 세우고 수많은 성당들을 지었으며, 664년에는 휘트비 시노드(Synod of Whitby)에 참석하여 로마의 전례를 인정했다. 그는 664년 10월 26일에 잉글랜드 요크셔(Yorkshire)의 라스팅햄에서 서거했다. 그에 대해 알려진 것은 대부분 성 비드의 《영국 교회의 역사》에서 비롯한 것이다.

시든햄(Thomas Sydenham, 1624~1689). 영국의 의사이다. 의회주의자로 투쟁했으며 영국 의학사에서 위대한 인물로 인정되어 '잉글랜드의 히포크라테스'로 불린다.

시라쿠사의 히에론(Hieron of Syracuse ?~?). 시라쿠사의 참주이다. 히에론 2세를 지칭하며 아르키메데스에게 은이 섞인 왕관을 조사하게 한 일화가 잘 알려져 있다.

시비우드(Ramon Sibiude). 스봉(Ramon Sebon)의 라틴어 이름. "용어해설" 인명편 '스봉' 항목을 참고하라.

시제루스(Siger of Brabant, 1240경~1280). 브라방의 시제루스로 불리는 13세기의 철학자이다. 아베로에스주의의 창시자이자 주요 옹호자였다. 로마 가톨릭교회의 보수적 구성원들은 그를 급진적인 사람으로 보았지만 당대에 활동했던 아퀴나스처럼 신앙과 이성에 대한 서양의 태도를 틀 짓는 데 중요한 역할을 했다는 평가를 받는다.

시쿨루스(Diodorus Siculus, 서기전 1세기). 카이사르와 아우구스투스 시대에 시칠리아 아기리움에서 활동한 그리스의 역사가이다. 저서로는 《세계사》(*Bibliotheca historica*)가 있다. 그의 기록에 따르면 서기전 60~57년에 이집트를 여행하고 로마에서 몇 년을 보냈다고 한다. 서기전 21년까지의 사건을 다루는 40권짜리 그의 역사책은 당시 연대기적 사료가 남지 않은 상황에서 매우 가치가 높은 것으로 평가된다.

실베스터(Joshua Sylvester, 1563~1618). 영국의 시인이다.

실베스트리(Bernard Silvestre, 1085경~1178경). 중세 플라톤주의 철학자이자 시인이다.

아가타르키데스(Agatharchides of Cnidos). 서기전 2세기에 활동했던 그리스의 역사가이자 지리학자이다. 지리학자 스트라본은 그를 소요학파로 간주했다. 홍해 주변의 이집트 남부 지방을 기술한 《에리트레아 해에 관하여》[*Peri ten Erythras Thalasses*(*On the Erythraean Sea*)〕가 유명하다. 무엇보다 이 책은 프톨레마이오스 왕조 시대의 금 채굴 기술에 대해 자세히 서술했다.

아그리콜라 (Georgius Agricola, 1494~1555). 독일 르네상스 시대의 의사다. 또한 광산학 의 아버지로 일컬어지는 사람으로서 광물을 형태적으로 분류한 최초의 인물이다. 독일식 이름은 게오르크 바우어 (George Bauer) 였으나 라틴어, 그리스어 교사가 되 면서 이름을 라틴어로 바꾸었다. 이탈리아에서 의학, 철학을 공부한 후 독일 요아 힘스타르의 시의(市醫)가 되었는데, 광산 도시였던 이곳에서 금속을 의학에 이용하 려던 동기에서 출발한 광산학에 대한 관심이 그를 광산학의 아버지로 만들었다. 지 질학, 광물학, 금속학에 관한 지식을 집대성한 《금속론》(*De re Metallica*, 12권) 을 펴내 광산학의 기초를 닦았다.

아낙사고라스 (Anaxagoras, 서기전 500경~428). 고대 그리스의 철학자이다. 이오니아 클 라조메네 태생으로 아테네에서 활약했으며, 처음으로 아테네에 철학을 이식하여 엘 레아학파의 출현에 의한 이오니아 자연철학의 위기를 구하려 했다. 생성과 소멸을 부정하고 만물은 처음부터 있으며 그 혼합과 분리가 있을 뿐이라 주장했다. 이러한 만물의 씨앗(*spermata*)에는 만물 속에 만물이 포함되어 있고, 다만 지성(*nous*)만이 순수하고 가장 정미(精微)한 것이며, 태고의 씨앗은 혼돈인 채 있었는데 이 지성의 작용으로 회전운동이 일어나고 확대되어 여러 가지로 갈라져 나온다 했다. 또한 지 성은 만물에 질서를 주어 모두에 대하여 모든 지식을 가진다는 등 이른바 이원론의 입장을 취했다.

아낙시만드로스 (Anaximandros, 서기전 610~546). 고대 그리스 밀레토스 학파의 철학자이 다. 고대 그리스 소아시아의 밀레토스 태생으로 탈레스의 제자이다. 또한 산문으로 자연에 대해 언급한 최초의 사람이다. 그는 "만물의 근원이란 양적으로나 질적으로 무한한 것 (즉, 아페이론)이며 이 신적으로 불멸하는 아페이론으로부터 먼저 따뜻한 것, 차가운 것 등 서로 성질이 대립되는 것으로 갈라진다. 그리고 이 대립하는 것의 경쟁에서 땅, 물, 불, 바람이 생기고 다시 별과 생물이 생기지만 이것이 법도를 지 키고 따라서 결국 경쟁의 죄를 보상하고 나서 다시 아페이론으로 돌아간다"고 풀이 했다. 또한 천구의 중심에는 지주가 없고 정지한 원통형의 지구 주위를 해, 달, 별 이 돈다고 생각했다. 이 밖에도 다방면에 걸친 과학의 지식을 가졌다.

아니아네의 성 베네딕트 (St. Benedict of Aniane, 747~821). 단신왕 피핀 (Pippin the Short) 의 궁정에서 교육받고 샤를마뉴의 궁정에서 봉사했다. 궁정을 떠난 뒤 수도 사가 되었다. 780년 무렵 랑그도크 (Languedoc) 아니아네에 동방의 금욕주의에 기 초한 수도원을 설립했지만 그의 의도대로 성장하지는 못했다. 그래서 799년 같은 장소에 베네딕트 규율에 근거한 또 다른 수도원을 설립했다. 그곳에서의 성공으로 막대한 영향력을 가졌으며, 817년 아헨에서 열린 대수도원장회의에서 그는 《규칙 서》(*Codex regulaum*)를 제정했고 곧이어 《규칙의 협정》(*Concordia regularum*) 을 제정했다. 하지만 그의 죽음과 함께 쓰이지 않았다.

아르노비우스 (Arnobius of Sicca, ?~327경). 로마제국 디오클레티아누스 황제 치하의 로마 수사학자다. 성 히에로니무스에 의하면 아프리카의 로마 식민지인 시카 베네리아에서 활약한 변론가로, 처음에는 기독교를 심하게 반대했으나 기독교로 개종한 다음에는 그 변호에 노력했다. 저술로는 《이교도를 논박함》(Adversus nationes, 7권)이 있다.

아르케실라오스 (Arcesilaus 또는 Arcesilas, 서기전 316경~241경). 그리스의 철학자이다. 신아카데미파의 창시자이자 플라톤의 아카데미아의 후기 지도자였다.

아르키타스 (Archytas, 서기전 430~365). 그리스의 정치가, 기술자이다. 또한 피타고라스 학파의 수학자였다.

아른트 (Johann Arndt, 1555~1621). 독일의 신학자이다. 루터교 신비주의자였던 그는 16세기 말엽과 17세기 초엽의 합리주의적 교리신학에 반동하여 기독교의 본질을 새롭게 이해하고자 하여 '참 기독교'의 개념을 창안했다.

아리스토텔레스 (Aristotle, 서기전 384~322). 고대 그리스의 철학자이다. 플라톤의 제자로 플라톤이 초감각적인 이데아의 세계를 존중한 것에 반해 인간에게 가까운, 감각으로 느낄 수 있는 자연물을 존중하고 이를 지배하는 원인의 인식을 구하는 현실주의적 입장을 취했다.

아리스토파네스 (Aristophanes, 서기전 445경~385경). 고대 그리스의 최대 희극 시인이다. 아테네 태생으로 페리클레스(서기전 495경~429) 치하 최성기에 태어났다. 작품의 대부분을 펠로폰네소스 전쟁(서기전 431~404) 와중에 썼으며, 서기전 427년의 최초의 작품 《연회의 사람들》(Banqueters) 이래, 시종 신식 철학, 소피스트, 신식 교육, 전쟁과 데마고그(선동 정치가)의 반대자로서 시사 문제를 풍자했다. 작품으로는 44편이 알려져 있으나, 완전한 형태로 전해지는 것은 그 가운데 11편, 그 밖에 많은 단편이 있다(아리스토파네스 저, 천병희 역, 2004, 《아리스토파네스 희극》, 단국대 출판부 참고).

아리스티포스 (Aristippos, 서기전 435경~366). 고대 철학자이다. 북아프리카 리비아 키레네 태생으로 소크라테스의 제자였고, 쾌락주의와 이기주의를 내세운 키레네학파의 창시자이다. 인생의 목적은 개인 각각의 쾌락이라고 여겼다. 그의 저작은 현재 남아 있는 것이 없다.

아멘호텝 2세 (Amenhotep II, 재위 서기전 1427~1400). 이집트 제18왕국 투트모세 3세의 아들이다. 이집트의 대외적 팽창이 절정에 이르렀을 때 왕위에 있으면서 뛰어난 신체적 능력과 군사적 수완으로 아버지의 정복사업을 계속했다.

아버스노트 (John Arbuthnot, 1667~1735). 영국의 의사이며 작가이다. 앤 여왕의 주치의였으며 1712년에 《존 불 이야기》(The History of John Bull)을 출간했다. '존 불'이 전형적인 영국인을 뜻하게 된 것은 그의 저작에서 비롯된 것이다.

아베로에스 (Ibn Rushd, 영문명 Averroes, 1126~1198). 아랍어 이름은 이븐 루슈드이다. 중세 이슬람의 철학자로 신학과 법학을 공부했으며 후에는 철학과 의학에서 두각을 나타냈다. 아리스토텔레스의 여러 저작에 주석을 붙이는 일에 종사했으며 그의 주석은 새로운 철학적 기반을 부여하고 13세기 이후 라틴 세계에 아베로에스파라는 학파를 탄생시켰다. 야수프 1세가 서거하고 그의 아들인 아부 유수프만수르가 즉위하자 이븐 루슈드의 철학설이 이슬람 정통 신앙에 위배된다는 혐의를 받아 코르도바 근처 엘푸사나에 감금되는 등 박해를 받았다. 풀려난 뒤 모로코로 옮겨가 그곳에서 죽었다. 방대한 아리스토텔레스 주석 외에도 14가지 저작을 남겼으며 그 중에서 가장 유명한 것이 《파괴의 파괴》(Tahāfut at-tahāfut) 다. 이는 정통 신학파인 가잘리의 철학자를 공격한 책인 《철학의 파괴》에 반론을 제기한 것으로서 그리스 합리사상의 최후의 빛을 번득이게 했다. 또 의학서로 잘 알려진 《의학개론》이 있으며, 천문학 책으로는 프톨레마이오스의 《알마게스트》(Almagest) 요약이 있다.

아벨라르 (Abelard, 1079~1142). 12세기의 프랑스 스콜라철학자이자 신학자이다. A. 기욤으로부터 당시 변증법이라고 일컬어지던 논리학과 수사학을 공부했으며, 변증술을 신학에 적용하여 '삼위일체설'을 제창했다. 그의 철학은 실념론(實念論)과 유명론(唯名論)의 중간설인 개념론(槪念論)에 서서 정신이 개체에 관하여 자기 안에서 만드는 관념상이 바로 보편이라 생각했다.

아비센나 (Avicenna, 980~1037). 페르시아의 철학자, 의사이다. 18세에 모든 학문에 통달했으며, 20대에는 아리스토텔레스의 《형이상학》을 40회나 정독했다. 의사로서 이름이 알려졌기 때문에 궁정에서 일했다. 중세 라틴 세계에서도 권위 있는 의학자로 통했으며 철학에서도 동방 아랍의 최고봉으로 아퀴나스에게 영향을 끼쳤다. 그는 아리스토텔레스에 플라톤을 가미한 철학으로 이슬람 신앙을 해석했는데, "개적(個的) 영혼은 영원히 멸하지 않는다"는 주장이 그 일례라고 볼 수 있다. 저서인 《치유의 서》(Kitāb ash-shifā) 는 철학 백과사전과 같은 것으로서 윤리학과 정치학을 제외한 전 영역을 포함했으며, 논리학에서의 제1지향과 제2지향의 해석이 보편논쟁에 커다란 영향을 미쳤고 심리학에서 영혼의 기능을 분류한 것이 스콜라철학에 있어 표준이 되기도 했다. 그 밖의 저서로 《의학정전》이 전해진다.

아에티오스 (Aetios). 100년경 그리스의 철학자이다.

아우구스투스 (Augustus, 서기전 63~서기 14). 본명은 가이우스 옥타비아누스이다. 장군으로서의 역량은 빈약했으나 아그리파를 비롯하여 여러 부장의 조력과 전 이탈리아, 그리고 전체 속주로부터 충성의 맹세를 받아내 신중하게 일을 처리함으로써 1백 년에 걸친 공화정 말기의 내란을 진정시켰다. 질서 회복 후에는 비상대권을 원로원과 민중에게 돌려주었고, 서기전 27년에는 아우구스투스(존엄자)라는 칭호를 원로원으로부터 받았으며 공화정의 명목을 유지하면서 실질적인 제정을 시작했다. 특히 내정의 충실을 기함으로써 41년간의 통치 기간 중에 로마의 평화 시대가 시작되었으며 베르길리우스, 호라티우스, 리비우스 등이 활약하는 라틴 문학의 황금시대를 탄생시켰다.

아우소니우스(Decimus Magnus Ausonius, 310경~395경). 로마 제정 말기의 시인이다. 갈리아 부르디갈라(현재 프랑스 보르도) 태생으로 라틴 문학 쇠퇴기에 활약한 4세기의 대표적인 지식인이었다. 부르디갈라에서 수사학을 강의하고 또한 시문으로 명성을 얻었다. 발렌티아누스 1세의 아들(후에 그라티아누스)의 가정교사로 임용되었으며, 그라티아누스가 즉위하자 중용되어 학계와 정계에서 활약하여 집정관까지 되었다. 오늘날 라인 강의 지류인 모젤 강을 다루는 〈모젤라 강〉(*Mosella*)이라는 시는 걸작으로 작품이 매우 아름답다.

아이길(Eigil, Abbot of Fulda, 750~822). 818년 풀다 수도원의 제4대 수도원장을 지냈다. 삼촌이었던 성 스투르미우스(St. Strum)의 제자로 삼촌의 전기를 저술하고 라바누스 마우루스(Rabanus Maurus)를 수도원학교 교장으로 초빙했다. 그가 수도원장으로 있는 동안 수도원적 생활이 꽃피어 당대 정신문화의 중심으로 자리 잡았다.

아이스킬로스(Aeschylos, 서기전 525경~456). 고대 그리스의 비극시인이다. 에우포리온의 아들로 모두 90여 편의 비극을 쓴 것으로 전해지나 현재 남은 것은 많은 제목과 부분적인 것 이외에는 7개의 비극인 《아가멤논》(*Agamemnon*), 《제주를 바치는 여인들》(*Choephoroi*), 《자비로운 여신들》(*Eumenides*), 《페르시아인들》(*Persai*), 《테바이를 공격한 일곱 장수》(*Hepta epi Thebas*), 《탄원하는 여인들》(*Hiketides*), 《결박된 프로메테우스》(*Prometheus desmotes*) 뿐이다(아이스킬로스 저, 천병희 역, 2008, 《아이스킬로스 비극 전집》, 숲 참고).

아코스타(José de Acosta, 1539~1600). 에스파냐의 예수회 선교사이다. 선교를 위해 남미 각국을 방문했으며 저서에 《신대륙 자연문화사》 등이 있다.

아퀴나스(Thomas Aquinas, 1225경~1274). 이탈리아의 신학자이다. 이탈리아 로마와 나폴리 중간에 있는 로카세카 태생으로 중세 유럽의 스콜라철학을 대표하는 인물이다. 1252년 파리 대학교 신학부의 조수로 연구를 심화시키는 한편, 성서 및 《명제집》 주해에 종사했고 1257년 신학교수가 되었다. 《신학대전》(*Summa Theologiae*, 1266~1273), 《이단 논박 대전》(*Summa Contra Gentiles*, 1259~1264) 등과 같은 방대한 저작을 남겼다. 그의 사상을 바탕으로 하는 철학과 신학 체계를 토마스주의라고 한다.

아크나톤(Akhnaton, 또는 Akhenaten, 재위 서기전 1353경~1336경). 고대 이집트 제18왕조의 10대 왕으로 소년왕 투탕카멘의 아버지이다. 아몬을 주신으로 하는 다신교 숭배를 유일신 아톤 숭배로 바꾸는 역사상 최초의 종교개혁을 실시했지만 사후에 실패했다.

아타나시우스(Athanasius, 293경~375). 4세기경에 활동한 신학자로 성자인 그리스도가 성부 하느님과 유사한 본질을 지닌 피조물이지 동일한 본질을 지닌 피조물이 아니라고 주장한 아리우스주의에 대항해 크리스트교 정통신앙을 옹호했다.

아테나고라스 (Athenagoras, 133경~190). 2세기 후반 활동한 기독교 변증가이다. 플라톤주의자였다가 기독교로 개종한 것으로 여겨지지만 확실한 것은 아니다.

아테나이오스 (Athenaeus, ?~?). 서기 200년경의 그리스 저술가이다. 이집트의 나우크라티스 태생으로 저서인《연회석의 지자》(데이프노소피스타이)는 고대 그리스와 관련된 많은 화제를 둘러싼 식탁에서의 잡담집으로 모두 15권이나 현재는 12권만이 전한다.

아폴로니아의 디오게네스 (Diogenes of Apollonia). 서기전 5세기 중반 고대 그리스의 자연철학자이다. 옛 이오니아 자연학을 계승해 자연의 모든 변화는 공기의 밀도와 온도에 달려 있다고 주장했다.

아피온 (Apion, ?~?). 알렉산드리아인으로 당시 알렉산드리아에 유대교 공동체가 발달하자 유대인을 비난하는 "유대인에 대항함"이라는 글을 작성했다. 이에 맞서 요세푸스는 "아피온 반박"을 발표한다.

알 이드리시 (ash-Sharīf al-Idrīsī, 1100~1165). 이슬람의 지리학자이다. 모로코 세우타 태생으로 당시 이슬람 학술의 중심지였던 에스파냐의 코르도바에서 공부하고 에스파냐 각지와 아프리카 북쪽 연안, 소아시아, 영국 해안 등을 여행했다. 후에 시칠리아로 가서 시칠리아의 노르만인 왕 로제르 2세(재위: 1130~1154)를 섬기면서 이슬람 지리학의 성과와 각지의 기독교도에게 얻은 지식을 토대로 동양과 스칸디나비아 반도까지 포함된 세계지도를 만들고 이에 상세한 주석을 단《로제르의 책》을 펴냈다. 이밖에 식물학·약물학 등에 관한 저술도 있어 사라센 과학을 유럽에 전파했다.

알렉산드로스 (Alexandros the Great, 영문명 Alexander, 서기전 356~323). 마케도니아의 왕(재위: 서기전 336~323)이다. 필립포스 2세와 올림피아스의 아들로서 알렉산더 대왕, 알렉산드로스 3세라고도 한다. 그리스·페르시아·인도에 이르는 대제국을 건설한 대왕으로 서기전 323년 바빌론에 돌아와 아라비아 원정을 준비하던 중 33세의 젊은 나이로 갑자기 죽었다.

알렉산드리아의 클레멘스 (Titus Flavius Clemens, 영문명 Clement of Alexandria, 150경~215). 2세기 말에서 3세기 초까지 활동하며 알렉산드리아 신학의 정초를 놓은 인물이다. 그 뒤를 오리게네스가 이어 알렉산드리아 신학의 골격을 세운다.

알바레즈 (Francisco Alvarez, 1465경~1541경). 포르투갈의 선교사이자 탐험가이다. 아비시니아 왕국에 파견된 포르투갈 대사의 비서로 6년간 아프리카에 머물렀다.

알베르티 (Leon Battista Alberti, 1404~1472). 근세 건축 양식의 창시자로서 단테, 다 빈치와 마찬가지로 르네상스 시대 다재다능한 예술가 중 한 사람으로 꼽힌다. 파도바와 볼로냐의 대학교에서 공부했고, 피렌체에 머물며 메디치 가에 출입하면서 많은 예술가들과 사귀었다. 1432년 이후는 로마에 정주하여 교황청의 문서관이 되었다. 그는 성직에 종사했음에도 불구하고 미술, 문예, 철학에 더 많은 저작을 남겼는데 그중 가장 저명한 것은 1450년에 저술한 《건축십서》이다. 그는 이 저서 속에서 고대 건축의 연구와 예술가로서의 감각을 종합한 새 시대의 건축을 논하고 근세 건축 양식의 전형을 보여주었다. 1436년 저술한 《회화론》은 비례에 의한 원근법적 구성의 기본 개념을 밝힌 최초의 저작으로 알려졌다.

알크마이온(Alkmaion, ?~?). 서기전 500년경의 그리스 의학자이다. 남이탈리아의 그리스 식민지 크로토네 태생으로 피타고라스의 제자였다. 처음으로 동물 해부를 실시하여 시신경을 발견했으며, 질병이란 체내의 4원소인 온(溫)·한(寒)·건(乾)·습(濕)의 부조화가 원인이고, 이들 4원소가 평형을 유지할 때 건강을 유지할 수 있다고 주장했다. 《자연에 관하여》라는 최초의 의학서를 저술했으나 현재는 그 단편만이 전해진다.

알하젠(Alhazen, 965경~1039). 아라비아의 수학자, 물리학자이다. 광학이론에 공헌한 것으로 유명하며 1270년 라틴어로 번역된 《알하젠의 광학서 7권》(*Opticae Thesaurus Alhazeni Libri vii*)가 유명하다.

암스트롱(Arthur Hilary Armstrong, 1907~1997). 영국의 고전학자, 저술가이다. 영국 후브 태생으로 케임브리지 대학교에서 수학했다. 그 후 영국과 캐나다의 여러 대학에서 강의를 했다. 플로티노스의 철학 저술에 대한 최고의 권위자로 인정받는다. 저서로는 《플로티노스》(*Plotinus*, 1953, 영역 1966), 《플로티노스 및 기독교 연구》(*Plotinian and Christian Studies*) 등 다수가 있다.

앙키세스(Anchises, ?~?). 트로이의 마지막 왕 프리아모스(Priamos)와 육촌 형제 사이다.

애덤스(John Adams, 1797~1801). 미국의 정치가이다. 인지조례 제정에 따른 반영(反英) 운동의 지도자로서 대륙회의의 대표로 미국 독립선언서 기초위원이자 미국의 제2대 대통령을 지냈다.

어셔 대주교(Archbishop Ussher, James Ussher, 1581~1656). 영국 성공회의 성직자다. 천지창조가 서기전 4004년 10월 23일 일어났다 보고 이로부터 지구의 나이를 추정했다.

에라토스테네스(Eratosthenes, 서기전 273경~192경). 그리스의 수학자이자 천문학자이자 지리학자이다. 키레네 태생으로 서기전 244년경에 아테네에서 이집트로 옮겨 서기전 235년에 알렉산드리아의 왕실 부속학술연구소의 도서관원이 되었다. 같은 자오선 위에 있다고 생각되었던 시에네(현재의 아스완)와 메로에 사이의 거리를 측정해 해시계로 지구 둘레를 처음으로 계산했다. 저서인 《지리학》(*Geographica*, 3권)에는 지리학사, 수리지리학 및 각국 지지와 지도 작성의 자료가 포함되어 있다. 지리상의 위치를 위도·경도로 표시한 것은 그가 처음인 것으로 알려져 있다.

에리우게나(Johannes Scotus Eriugena, 영문명 John the Scot, 815경~817). 신플라톤주의자이다. 또한 그리스주의자인 동시에 펠라기우스파요 범신론자로 보기도 한다.

에우리피데스(Euripides, 서기전 484경~406경). 고대 그리스의 3대 비극시인 중 한 사람이다. 아테네 태생으로 서기전 455년 극작가로 데뷔해 그 작품 총수는 92편이라고 전하며 오늘날 전하는 작품은 19편이다(에우리피데스 저, 천병희 역, 1999, 《에우리피데스 희극》, 단국대 출판부).

에우에르게테스 1세(Euergetes I). "프톨레마이오스 3세"를 참고하라.

에우에르게테스 2세(Euergetes II, Ptolemaios Ⅷ, 서기전 182경~116). 이집트 프톨레마이오스 왕조의 왕이다. 뚱뚱한 몸 덕분에 피스콘(Physcon)이라는 별칭으로 불렸다.

에피쿠로스(Epicurus, 서기전 342경~271경). 고대 그리스의 철학자이다. 에피쿠로스학파의 창시자이다. 그리스 사모스 섬 태생으로 아테네에서 '에피쿠로스 학원'이라 불린 학원을 열어 함께 공부하고 우정에 넘치는 공동생활을 영위하면서 문란하지 않은 생활(아타락시아) 실현에 노력했다. 그의 철학의 기초를 이루는 원자론에 의하면, 참된 실재는 원자(아토마)와 공허(캐논)의 두 개이다. 원자 상호 간에 충돌이 일어나 이 세계가 생성된다고 한다. 《자연에 대하여》 등 3백여 권에 이르는 저서가 있었으나 현재는 극히 일부만이 전한다.

엘리아데(Mircea Eliade, 1907~1986). 루마니아 출신의 미국 종교학자, 문학가이다. 인도의 철학자인 다스굽타 문하에서 인도 철학을 연구하여 《요가: 불멸성과 자유》를 썼다. 이후, 파리 소르본 대학교 객원교수와 시카고 대학교 교수로 있으면서 《우주와 역사》 등의 저술을 통해 구미 종교학계에 큰 영향을 끼쳤다.

엘리엇(Jared Eliot, 1685~1763). 식민지 시대 미국의 목사, 내과의, 농경학자이다. 그는 과학적 연구와 집필을 통해 상당한 명성을 얻었다. 코네티컷 지역의 광물 특성을 연구하여 1762년에 《발명에 관한 논평, 또는 최상은 아니더라도 흑해의 토양으로부터 좋은 철을 만드는 기술》(Essay on the Invention, or Art of Making Very Good, If not the Best Iron, from Black Sea Soil)을 출간하여, 왕립학회의 인정을 받았다. 또한 코네티컷의 농작물 재배에 관해 연구했으며 특별한 실험을 위해 자신의 소유지를 이용해 농경학 분야에서 주요한 과학적 업적을 남겼다.

엘베시우스(Claude Adrien Helvétius, 1715~1771). 프랑스의 철학자이다. 백과사전파의 한 사람으로 인간의 정신 활동은 신체적 감성에 따른다고 보았으며 교회의 권위, 절대왕정에 반대하였다. 저서로는 《정신에 관하여》가 있다.

엠페도클레스(Empedocles, 서기전 490경~430경). 고대 그리스의 철학자이다. 시칠리아 섬 태생으로 다재다능한 기인으로 알려졌다. 두 편의 시 〈정화〉(Purifications)와 〈자연에 대하여〉(On Nature)를 저술했는데, 전자에서는 영혼의 윤회, 후자에서는 우주의 구조를 논했다. 후자에 의하면 만물의 근본은 불·물·흙·공기로 구성되며, 이 불생, 불멸, 불변의 4원소가 사랑과 투쟁의 힘에 의해 결합·분리되고 만물이 생멸한다는 것이다. 세계는 사랑이 지배하는 시기, 투쟁의 힘이 증대하는 시기, 투쟁이 지배하는 시기, 사랑의 힘이 증대하는 시기의 4기가 끊임없이 반복된다고 주장했다. 자신을 신격화하기 위해 에트나 화산 분화구에 투신했다는 유명한 전설이 있다.

영 (Arthur Young, 1741~1820). 영국의 농학자이다. 자신은 농장 경영에 실패했으나 각 지를 여행하며 여행기를 집필하는 한편 농업 개량을 추진하여 1793년에는 농업국장 이 되었으며 잉글랜드 각 주의 농업 사정에 관한 조사 보고서 작성의 중심 인물이 되었다. 그의 농업개량론은 윤작농법을 채택하여 생산성을 높였던 노퍽 주의 농법 에 기초한 것으로 이 농법 보급을 위해 노력했다. 인클로저와 이것에 바탕을 둔 대 농(大農) 경영의 열성적인 주창자였다.

오네쿠르 (Villard de Honnecourt, ?~?). 13세기 프랑스에 살았고 프랑스 북부 피카르 디(오늘날의 아미앵)의 순회 건축 청부업자였다. 그가 유명해진 것은 1230년대 무 렵에 그린 약 250개의 그림이 담긴 33장의 그림책 《건축도집》(*Livre de Portraiture*) 이 오늘날에 전해졌기 때문이다. 이 책은 일종의 교본으로 조각과 건축 계획에 적합 한 종교적 인물이나 세속적 인물, 양각과 세부 묘사, 교회 관련 사물과 기계장치 등을 담았으며 막대한 주석이 함께 달려 있다. 동물이나 인간의 형상과 같은 다른 주제들도 등장한다.

오로시우스 (Orosius, 385경~420). 414~417년에 활동한 초기 기독교 정통신앙의 옹호 자, 신학자이다. 기독교도로서 세계사를 최초로 쓴 인물이다. 414년경 히포에 가서 성 아우구스티누스를 만났고, 그곳에서 초기 저서인 《아우구스티누스에게 프리스 킬리아누스주의자들과 오리게네스주의자들의 오류에 관해서 일깨워준 사람》 (*Commonitorium ad Augustinum de Errore Priscillianistarum et Origenistarum*)을 썼 다. 415년 성 아우구스티누스에 의해 팔레스타인으로 파송을 받아 그곳에서 직접 펠라기우스주의와 대결했다. 그해 7월 예루살렘의 주교 요한네스가 소집한 교회 회 의에서 펠라기우스를 이단으로 고소한 것이 성공을 거두지 못하자 《펠라기우스주의 반박서》(*Liber Apologeticus Contra Pelagianos*)를 썼다. 416년 초에 성 아우구스티누 스에게 돌아와 그의 부탁을 받고 역사의 관점에서 기독교를 옹호한 《이교도대항사 7권》(*Historiarum Adversus Paganos Libri VII*)을 썼다. 여기서 그는 기독교가 등장하 기 전에 인류에게 닥친 재난을 논하면서 로마제국이 기독교로 개종했기 때문에 재난 을 당한다는 주장을 반박했다.

오를레앙 (Gaston d'Orléans, 1608~1660). 프랑스의 왕족. 앙리 4세(1589~1610 재위)의 셋째 아들로 1611년까지는 루이 13세의 살아남은 유일한 형제였다. 형인 국왕 루이 13세(1610~1643 재위)와 조카 루이 14세(1643~1715 재위)의 통치 동안 내각 정부 를 무너뜨리기 위해 여러 차례의 음모와 반란을 지지했으나 모두 실패했다.

오리게네스 (Origen, 185경~254경). 알렉산드리아 학파의 대표적 신학자이다. 성서, 체 계적 신학, 그리스도의 변증적 저술 등에 관한 저서를 많이 남겼다. 기독교 최초의 체계적 사색가로서 이후의 신학사상 발전에 공헌했다. 데키우스 황제의 박해를 받 아 254년경 티루스에서 순교한 것으로 알려져 있다. 저서가 매우 많아 성 히에로니무스는 2천 권에 이른다고 한다. 성서와 관련된 것, 체계적 신학에 관한 것, 기독교를 변증하는 저술로 구분할 수 있다(이 책의 2부 5장 2절을 참고하라).

오버베리 경(Sir Thomas Overbury, 1581~1613). 영국의 시인이자 수필가이다. 영국 역사에서 가장 선정적 범죄의 희생자이기도 하다. 그는 옥스퍼드 대학교 동문인 카(Robert Carr)의 절친이자 비서였다. 그러나 카가 에식스(Essex) 백작과 이혼한 프랜시스 하워드(Frances Howard)와 결혼하려 하자 극렬히 반대하면서 크게 싸웠다. 오버베리의 적대감은 하워드 가문이 영국 왕 제임스 1세로 하여금 그를 감옥에 가두도록 압력을 넣을 만큼 대단했다. 결국 감옥에 갇힌 그는 서서히 중독되어 죽었다. 카와 프랜시스 하워드는 살인죄로 유죄를 선고받았으나 왕의 명령으로 사면되었다.

오베르뉴의 윌리엄(William of Auvergne, 1190경~1249). 파리에서 수학 후 인문학부, 신학부 교수로 활동했다. 파리 대학교의 스콜라주의 철학자였던 그는 파리의 주교가 되어 1228년부터 1249년까지 재직했다. 또한 체계적인 아리스토텔레스주의자였던 그는 13세기에 특히 성 아우구스티누스의 기독교 사상과 아리스토텔레스의 사상을 융화시킨 최초의 신학자다.

오비디우스(Ovid, 서기전 43~17경). 로마의 시인으로 중세 유럽에 많은 영향을 미쳤다. 대표작은 《변신 이야기》이다.

오컴의 윌리엄(William of Ockham, 1300경~1349). 영국의 스콜라철학자이다. 이단이라는 혐의를 받았고 몇 가지 명제는 유죄 선고를 받았다. 교황 요하네스 22세와도 알력이 있었다. 그의 입장은 유명론(唯名論)이며 중세의 사변신학 붕괴기에 근세 경험론적 사상의 시작이었다. 그에 따르면 인식의 원천은 개체에 관한 직관표상으로, 개체만이 실재일 뿐 보편자는 실재가 아닐뿐더러 개체에 내재하는 실재물도 아니다. 보편자는 정신의 구성물이며 정신 속에서의 개념으로써 또는 말로만 존재하고, 정신 속에서의 보편자 존재는 정신에 의하여 사고되는 것으로의 존재다. 보편자가 다수의 개별자에 관하여 술어가 되는 것은 보편자가 다수의 기호로써 이들을 대표하는 것에 따른 것이라 주장했고 이는 근세의 영국 경험론자들이 이어받는다.

와델(Helen Waddell, 1889~1965). 중세 라틴어 풍자시의 음유시인의 세계를 1927년 저서인 《방랑하는 학자들》(The Wandering Scholars)을 통해 독자들에게 드러낸 것으로 가장 잘 알려졌다. 또한 그들의 시를 번역해 1929년에 《중세 라틴 서정시》(Medieval Latin Lyrics)라는 책을 출판했다. 1933년 작 《피터 아벨라르》(Peter Aberard)는 중세 세계에 초점을 맞춘 것이며 당대에 상당한 인기를 누렸다.

요르다네스(Jordanes, ?~?). 6세기에 활동한 역사가이다. 그의 저서는 게르만 부족에 대한 귀중한 자료로 잘 알려져 있다. 그는 비록 학자는 아니었지만 라틴어로 역사를 저술하는 데 전념하여 551년 최초의 저서인 《게타이족의 기원과 관습》〔De origine Actibusque Getarum, 오늘날에는 《게티카》(Getica)로 알려짐〕을 완성했다. 제목으로 봐서 요르다네스는 고트족을 그와는 완전히 다른 종족인 게타이족으로 잘못 안 것 같다. 이 책은 6세기의 작가 마그누스 아우렐리우스 카시오도루스가 쓴 12권의 고트족 역사서를 한 권으로 요약한 것이다. 그는 그리스와 로마의 책에서 일부를 인용했다고 적었지만 그 처음과 끝부분은 전적으로 자신의 글이라고 밝혔다. 비록 원형이 남아 있지는 않지만 《게티카》는 스칸디나비아 거주 고트족 기원에 관한 전설과, 4세기 동(東)고트족 왕 에르마나리크의 우크라이나제국 시기에 있었던 고트족의 이주와 전쟁에 관한 연구를 담았다. 이 책은 훈족에 관해 귀중한 가치를 지닌 자료다.

요세푸스(Josephus, 37경~100경). 유대 역사가이다. 75년부터 79년 사이에 쓴 《유대전쟁사》(Bellum Judaicum, 7권)는 서기전 2세기 중반 이후의 유대 역사를 기술하고 66~70년의 유대 반란을 자세히 기록했다. 93년에 완성된 《유대고대사》(Antiquitates Judaicae, 20권)는 유대 역사를 창조 이후부터 반란 전까지 기술한 책으로 성서의 이야기들을 각색해 실었고 유대교의 율법, 제도의 합리성을 강조했다.

우드워드(John Woodward, 1665~1728). 영국의 박물학자이자 지질학자이다.

우르바누스 4세(Urban IV, ?~1264). 제182대 교황이다. 프리드리히 2세의 서자인 만프레드와 황제를 지지하는 기벨린당에 맞서 교황권 강화를 위해 노력했다. 시칠리아 왕 문제를 둘러싼 암살 음모를 피해 페루자로 피신했다. 그 후에도 시칠리아와의 갈등을 해소하지 못하고 1264년 10월 2일에 세상을 떠났다. 1264년에 교황은 죽기 얼마 전에 칙서를 발표하여 '성체성혈대축일'을 준수할 것을 교회에 명령했다. 이는 잘 지켜지지 않다가 교황 클레멘스 5세(Clemens V) 이후에 정착되었다.

울러스턴(William Wollaston, 1659~1724). 영국의 철학자이다.

워튼(William Wotton, 1666~1727). 영국의 학자이다. 고대인과 근대인 간의 우월성 논쟁에서 대표적 근대인 옹호자다("용어해설" 서명편의 《책들의 전쟁》을 참고하라).

월리스(Robert Wallace, 1697~1771). 스코틀랜드 계몽 시대의 흥미로운 인물이다. 에든버러 대학교에서 문학, 철학, 수학 등을 공부했으며 고대사에 관한 방대한 연구를 통해 인구의 역사를 밝히고자 했다.

웨스트(James West, 1703~1772). 영국의 정치가로 1768~1772년 왕립학회 회장을 역임했다. 1726년 왕립학회 회원이 되었고 1741년에는 국회의원으로 선출되었으며 1736년에서 1768년까지 왕립학회 재무담당자였으며, 1772년 죽을 때까지 회장을 맡았다.

웹스터(Noah Webster, 1758~1843). 미국의 변호사, 고등학교 교사, 출판가였으며, 웹스터 사전을 처음 만들었다. 그는 1783년 《미국어 철자교본》을 출판한 이래 오늘날 '웹스터 사전'이라고 불리는 《아메리칸 영어사전》(An American Dictionary of the English Language)을 출판했으며, 그 외에 여러 신문과 잡지를 출판했다.

윌리엄슨(Hugh Williamson, 1735~1819). 미국의 정치가이다. 미국 제헌의회에서 북캐롤라이나의 대표였다. 그는 미국 여러 곳에 살면서 국가주의적 사고를 가졌고 식물학자이며 상인으로서 재능을 키웠다. 그는 미국 혁명 동안 물리학자이며 자연과학자로서의 재능을 발휘하여 전쟁 승리에 많은 기여를 했다. 그는 자신의 경험에서 강력한 중앙정부만이 새로운 국가의 정치적·경제적·지적 미래를 보장하고 번영시킬 수 있다고 확신했다.

윌킨스(John Wilkins, 1614~1672). 영국의 성직자이며 옥스퍼드 대학교과 케임브리지 대학교 총장을 동시에 겸임한 유일한 사람이기도 하다. 영국 학술원(Royal Society)의 초대 회장이었으며 1668년부터 죽을 때까지 체스터의 주교로 일했다.

유스티누스(Marcus Justinus, ?~?). 로마제국 시대에 살았던 라틴권 역사가이다. 개인사에 대해 알려진 바는 거의 없는데, 폼페이우스 트로구스가 아우구스투스 시대에 쓴 두꺼운 책으로부터 중요하고 흥미로운 구절을 모아서 모음집을 편찬했으며 그 책 서문에서 자신을 그 모음집의 작가로 소개한 것이 전부다.

은자 바울(hermit Paul, 230경~342). 이집트 테베 태생인 그는 15세에 양친을 잃고 데치우스 황제의 기독교 박해를 피해 이리저리 숨어 다니던 중 자신을 고발하려는 매제의 음모를 알고 사막으로 피신했다. 그는 여기서 은수자로 살기로 결심하고 자신에게 알맞은 은수 생활을 고안했다. 43세까지 바위 옆에 있는 한 그루의 무화과나무 열매만을 먹으며 살았고 그 후에는 엘리야 선지자와 같이 신비하게도 매일 까마귀한 마리가 물어다주는 반 조각의 빵으로 일생을 보냈다. 기록에 의하면 그가 죽기 바로 직전 90세가량의 고령인 성 안토니우스가 그를 방문했고 그가 운명했을 때 장사를 지냈다고 한다. 또한 그의 전기를 작성한 성 예로니모에 따르면 은자 바울이 하늘로 올라간 것은 343년으로 그의 나이 113세였으며 광야에서 은수 생활을 한 지 90년에 이른 때였다.

이레나이우스(Irenaeus, 2~3세기경). 서머나의 감독이자 속사도 중의 한 사람인 폴리갑에게서 배웠다. 젊은 시절 리옹(Lyons)으로 이주해서 그곳 최초로 장로가 되었고 177년에 순교한 자신의 선임자가 가진 감독직을 계승했다. 3순교자 저스틴(Justin the Martyr)의 영향을 받은 그는 초기 동방 신학과 테르툴리아누스로부터 시작된 서방 라틴 신학의 중개 역할을 했다. 저스틴이 변증가였던 반면 이레나이우스는 이단을 반박하고 사도적 기독교를 설명했다. 그의 저서로는 영지주의(*gnosticism*)를 반박한 《영지라는 그릇된 지식에 대한 반박과 성토》(*Refutation and Overthrow of Knowledge Falsely So-called*)로 일반적으로 《이단 논박》(*Against Heresie*)으로 알려져 있다.

이블린(John Evelyn, 1620~1706). 영국의 문인, 식물학자이다. 영국의 부유한 지주 집안에서 태어나 옥스퍼드 베일리얼 칼리지에서 공부했다. 그는 1643년 외국에 나가서 프랑스, 로마, 베네치아 등을 유람하고 1652년에 귀국하여 장인의 대농장을 물려받았다. 왕당파에 관한 소책자뿐만 아니라 예술과 임학 및 종교적 주제에 관하여 30여 권의 책을 썼다. 그가 평생 동안 쓴 《일기》(*Diary*)는 17세기 당시 영국의 사회, 문화, 종교, 정치를 알 수 있는 귀중한 정보로 평가된다. 왕립학회의 발기인 역할을 했으며 후에 총무, 회장직을 맡기도 했다.

이소크라테스(Isocrates, 서기전 436~338). 고대 그리스의 변론가이다. 웅변학원을 창설하고 수사학을 가르쳐 많은 웅변가를 길렀으며 그리스의 통일과 페르시아 원정을 주장했다.

이아수스의 케릴로스(Choerilus of Iassus, ?~?). 서기전 4세기 카리아의 이아수스에서 살았던 음유시인이다. 알렉산드로스의 원정대와 같이했다.

인디코플레우스테스(Cosmas Indicopleustes, ?~?). 그리스 수도사이다. 이름의 뜻은 '인도로 항해했던 자'다. 유스티니아누스 황제의 치세에 인도로 몇 번 항해했던 6세기의 여행가다. 6세기 초 홍해와 인도양에서 상인으로 활동한 개인적 경험에 근거한 《기독교의 지리》(*Christian Topography*)를 썼다.

잉글랜드의 바르톨로메우스(Bartholomaeus Anglicus, 영문명 Bartholomew of England, 13세기) 13세기 파리의 스콜라주의 철학자로 프란체스코 수도회 소속 수도사였다. 1240년 백과사전의 선구자격인 《사물의 속성에 대하여》(*On the Properties of Things*)를 저술했다.

잔키우스(Jerome Zanchius, 1616~1690). 이탈리아의 종교개혁가, 교육자이다.

제논(Zenon, 서기전 335경~263경). 고대 그리스의 철학자이다. 키프로스섬 키티온 태생으로 스토아학파의 창시자이다. 30세경에 아테네로 가서 각 학파의 여러 스승에게 배운 뒤에 독자적 학파를 열어 아고라에 있는 '채색주랑'(彩色柱廊)이라는 공회당에서 철학을 강의했다. 이 때문에 스토아학파(주랑의 사람들이라는 의미)라는 이름이 생겼다. 그의 철학은 절욕과 견인을 가르치는 것이었으며, 사람이 자기 힘으로 살면서 다른 누구에게도 어떤 일에도 빼앗기지 않는 행복을 얻는 힘을 부여하는 것이었으며 '자연과 일치된 삶'이 그 목표였다.

제퍼슨(Thomas Jefferson, 1743~1826). 미국의 정치가로 미국 독립선언문을 기초했으며, 제3대 미국 대통령을 역임했다. 1767년에는 변호사가 되었으며 1776년 독립선언문 기초위원으로 선발되어 능력을 인정받아 거의 모든 작업을 맡아 미국의 독립과 민주주의의 이상을 반영하고자 했다. 1779년 버지니아 주지사를 지낸 후 은퇴했지만 1782년 복귀하여 1784~1789년 동안 프랑스 공사를 지냈고, 1796년 선거에서 부통령, 1800년 대통령으로 선출되었다.

조지(Henry George, 1839~1897). 미국의 경제학자이자 토지제도 개혁론자이다. 필라델피아에서 태생하여 선원으로 각지를 여행한 후 1857년 캘리포니아에서 인쇄공 및 출판업에 종사했다. 경제 발전에 따른 지대의 증가와 빈부격차의 확대에 관심을 가지고, 1879년 《진보와 빈곤》(*Progress and Poverty*)을 서술했다. 이 책에서 그는 지대를 국가가 모두 조세로 징수하고, 노동과 자본에 대한 그 밖의 모든 조세를 철폐해야 한다는 토지 단일과세를 주장했다. 또한 1882년부터 2년간 영국을 방문하여 당시 영국의 사회주의 운동, 특히 페이비언협회 설립에 영향을 미쳤다.

존스턴 (John Jonston, 1603~1675). 폴란드의 학자이자 의사이다.

쥐스밀히 (Johann Peter Süssmilch, 1707~1767). 독일의 통계학자이다. 《신의 질서》라는 저서에서 사회 현상에 일정한 통계적 법칙이 존재함을 실증하고자 해 최초로 '정치 산술'(政治算術)을 체계적으로 논술한 학자로 평가된다. 특히 그는 인구 문제가 정치학의 가장 중요한 대상이라 생각된 18세기 학문을 집대성하고자 했다.

질송 (Étienne Gilson, 1884~1978). 프랑스의 철학자이자 철학사가이다. 소르본 대학에서 데카르트에 대한 연구로 박사학위를 받았다. 이후 중세 사상, 특히 토마스 아퀴나스의 철학과 신학을 연구했다. 질송의 학술적 기여는 20세기 초까지 팽배했던 중세에 대한 통념, 즉 중세 시대의 사상은 철학이 아닌 신학이었다는 통념에 대응하여 중세 기독교 철학이 역사적으로 실제했음을 증명하려 했다는 점이다.

짐펠 (Jean Gimpel, 1918~1996). 문화사가이자 중세 기술사가이다. 중세의 과학 문화에 대한 책을 여러 권 저술했으며 그중에서 《성당 건축가들》(The Cathedral Builders)과 《중세의 기계: 중세의 산업혁명》(The Mediaeval Machine: The Industrial Revolution of the Middle Ages)이 유명하다.

집사 바울 (Paul the Deacon, 라틴어명 Paulus Diaconus, 720경~799). 베네딕트 수도회의 수도사이자 롬바르드족 역사가이다. 롬바르드의 귀족 가문 태생으로 훌륭한 교육을 받았으며 롬바르드 왕의 궁정에서 집사로 봉사했다. 샤를마뉴 대제의 정복 뒤에는 뛰어난 문필 재능을 인정받아 카롤링 르네상스를 주도했다. 저서로는 《롬바르드족의 역사》가 있다.

체임버스 (Robert Chambers, 1802~1871). 스코틀랜드 출신의 저술가이자 출판인이다. 형인 윌리엄과 함께 당시에 영향력 있었던 《체임버스 백과사전》(Chambers's Encyclopaedia)을 출간했으며 《창조, 자연사의 흔적》(Vestiges of the Natural History of Creation)을 익명으로 출간했다.

초서 (Geoffrey Chaucer, 1342~1400). 중세의 영국 시인이다. 영국 최고의 시인이자 근대 영시의 창시자로 '영시의 아버지'라 불린다. 〈트로일루스와 크리세이드〉, 〈선녀 전설〉을 거쳐 중세 이야기 문학의 집대성이라고도 할 대작 〈캔터베리 이야기〉(1393~1400)로 중세 유럽 문학의 기념비를 창조했다.

카르네아데스 (Carneades, 서기전 214경~129). 그리스의 회의학파 철학자이다. 스토아주의를 연구하고 그 철학을 논박해 진위의 기준이 존재하지 않기 때문에 여하한 인식도 불가능하다 주장했다. 한편으로는 개연적 지식을 인정하고 그 3단계를 논한 후 그에 바탕을 둔 도덕학을 전개했다.

카르다누스 (Hieroymus Cardanus, 1501~1576). 르네상스 시대의 철학자이자 수학자이자 의학자이다. 제로니모 카르다노(Geronimo Cardano)라고도 불린다.

카를 5세 (Charles V, 1500~1558). 신성로마제국의 황제, 에스파냐 왕 카를로스 1세, 오스트리아의 대공이다. 그가 계승한 에스파냐와 신성로마제국은 유럽 대륙 안에서 동서로는 에스파냐에서 오스트리아, 남북으로는 네덜란드에서 나폴리 왕국까지 걸쳐 있었고, 해외로는 에스파냐령 아메리카에 이르렀다.

카시오도루스 (Cassiodorus, 490경~585경). 남이탈리아의 명문가 출신으로 라벤나가 수도였던 동고트의 왕 테오도리쿠스를 섬겨 514년 콘술, 533년 친위대 장관이 되었으며, 550년 이후 수도원을 세우고 저술에 전념했다. 수도사들에게도 그리스 고전의 필사와 라틴어역을 시켜 중세 수도원 연구 생활의 기틀을 이뤘다. 저서로 《연대기》, 《잡록》(雜錄), 《고트사(史)》가 있으며, 그 외에 일종의 백과사전 등이 있다.

카울리 (Abraham Cowley, 1618~1667). 17세기를 대표하는 영국의 시인이다.

카이사르 (Gaius Julius Caesar, 서기전 100~44). 로마 공화정 말기의 정치가이자 장군이다. 영어로는 시저라고 부른다. 폼페이우스, 크라수스와 함께 3두 동맹을 맺고 집정관이 되어 민중의 큰 인기를 얻었으며 지방장관으로 갈리아 전쟁을 수행했다. 1인 지배자가 되어 각종 사회 정책, 역서의 개정 등의 개혁사업을 추진했으나 브루투스 등에게 암살되었다.

카토 (Marcus Porcius Cato, 서기전 234~149). 고대 로마의 정치가이자 장군이며 문인. 로마 최고의 역사서 《기원론》(Origines)과 농업 경영의 실제를 해설한 《농업서》(De Agricultura)를 남겼다 (카토의 《농업서》에 대해서는 차전환, 1987, "서기전 2세기 전반 로마의 농장경영: 카토의 농업서를 중심으로", 〈역사학보〉, 116호를 참고하라).

카펠라누스 (Andrew Capellanus, ?~?). 카펠라누스는 '성직자'라는 의미를 가진다. 12세기에 활동했으며 《사랑에 대하여》(Liber de Amore)의 작가다. 생애에 대해 알려진 것은 거의 없다.

칸트 (Immanuel Kant, 1724~1804). 독일의 철학자. 서유럽 근세 철학의 전통을 집대성하고 전통적 형이상학을 비판하며 비판철학을 탄생시켰다. 저서에 《순수이성 비판》, 《실천이성 비판》, 《판단력 비판》 등이 있다.

칼릭세노스 (Callixenus, ?~?). 헬레니즘 시대 로도스 섬에 살았던 저술가이다.

칼키디우스 (Chalcidius, 4세기 사람). 321년경 그리스어로 된 플라톤의 《티마이오스》 첫 부분을 라틴어로 번역하고 광범위한 주석을 달았다. 그 외에 알려진 것은 없다.

캄 (Peter Kalm, 1715~1779). 스웨덴의 식물학자이다. 스웨덴 웁살라와 아보에서 교육을 받은 이후 러시아를 두루 여행했으며 정부 지원으로 북아메리카 식물학 및 자연사 연구를 했다. 1748년에는 미국 필라델피아에 도착하여 3년 동안 펜실베이니아, 뉴욕, 캐나다 등을 여행했으며, 그 이후 아보에 돌아와서 박물학 교수가 되었다. 후에 스톡홀름과학원의 회원으로 선임되었으며, 여러 과학적 저술들 가운데 주요 저서로 북아메리카의 토양과 자연을 설명한 《북아메리카 여행》이 있다.

캄브렌시스 (Giraldus Cambrensis, 1146경~1223경). 영국 웨일스 지방의 성직자, 역사가이다. 귀족 출신으로 브레크녹의 부주교(1175~1204), 헨리 2세 때에는 궁정사제(1184~1189) 등을 역임했다. 웨일스의 성 데이비드 시(市) 주교로 지명되었으나,

캔터베리에 대립하는 독립 교회가 나타나는 것을 두려워한 영국 교회의 완강한 반대로 실현되지 않았다. 주요 저서로는 1188년 작 《아일랜드의 지형》(*Topographia Hiberniae*), 1189년 작 《아일랜드 정복》(*Expugnatio Hibernica*) 등이 있다.

캉탱프레의 토마스 (Thomas de Cantimpré, 1201~1272). 중세 로마 가톨릭의 저술가, 설교가, 신학자이다.

캔터베리의 안셀름 (Anselm of Canterbury, 1033~1109). "이해를 추구하는 신앙"(*fides quaerens intellectum*)으로 대표되는 '스콜라철학의 아버지'라 불린다. 그는 계시와 이성이 조화를 이룰 수 있음을 강조하며 아리스토텔레스파의 변증법에서 이용하는 이성주의를 신학에 성공적으로 도입시킨 첫 번째 인물로 꼽힌다.

캠퍼 (Engelbert Kaempfer, 1652~1716). 독일의 여행가, 박물학자이다. 1690년부터 1692년까지 2년 동안 일본에서 연구 활동을 했으며 이후에 독일로 돌아와 《일본사》를 저술했다. 원고는 사후 1727년 영국에서 간행되었다.

커드워스 (Ralph Cudworth, 1617~1688). 영국의 철학자로 케임브리지 플라톤주의자의 리더였다.

케리 (Henry C. Carey, 1793~1879). 미국의 경제학자이자 사회학자이다. 영국의 고전적 정치경제학에 대한 비판적이었으며 자유방임적 경제 정책을 반대하고 무역장벽을 주창했으며 흔히 미국 경제학파의 창시자로 불린다. 《임금률에 관한 에세이》(*Essay on the Rate of Wages*, 1835), 《정치경제학 원리》(*Principles of Political Economy*, 1837~1840), 《사회과학 원리》(*Principles of Social Science*, 1858~1860), 《법의 조화》(*The Unity of Law*, 1872) 등을 저술했다.

케일 (John Keill, 1671~1721). 영국 스코틀랜드의 수학자로 뉴턴 철학을 설파했다.

케임즈 경 (Lord Kames). 홈(Herny Home)을 참조하라.

케플러 (Johannes Kepler, 1571~1630). 독일의 천문학자. 《신 천문학》에서 행성의 운동에 관한 제1법칙인 '타원궤도의 법칙'과 제2법칙인 '면적속도 일정의 법칙'을 발표하여 코페르니쿠스의 지동설을 수정・발전시켰다. 그 뒤 《우주의 조화》에서 행성운동의 제3법칙을 발표했다.

켈수스 (Aulus Cornelius Celsus, 서기전 30경~서기 45경). 로마 시대의 의학저술가이다. 《백과사전》을 저술했는데, 그중에 《의학에 관하여》(*De Medicina*)만이 남아 있다. 히포크라테스 의서와 병칭되며 특히 거의 망실된 알렉산드리아 의서의 모습을 전한 것으로 귀중하다. 중세에는 무시당했으나 르네상스 이후 재평가되어 1478년에 피렌체 판이 간행되었다.

코페르니쿠스 (Nicolaus Copernicus, 1473~1543). 폴란드의 천문학자. 지동설을 착안하고 확신한 시기는 명확하지 않으나 그의 저서 《천체의 회전에 관하여》(전 4권)는 1525~1530년 사이에 집필된 것으로 추측된다. 그러나 그가 생각한 태양계의 모습은 현재 우리가 생각하는 태양계와는 다르다.

콘스탄티누스 대제(Constantine, 280경~337). 로마의 황제. "밀라노 칙령"을 공포하여 기독교를 공인하고 니케아 종교회의를 열어 정통 교리를 정했다. 수도를 비잔티움으로 옮겨 콘스탄티노플이라 개명했다.

콜루멜라(Lucius Junius Moderatus Columella, 4~70경). 로마 시대의 저술가. 농사와 소박한 삶에 대한 흥미를 불러일으키기 위해 농업과 그에 관련된 주제에 대한 저술을 많이 남겼다. 《농사론》(*De Re Rustica*, 12권)은 고대 농업을 이해하는 중요한 전거가 되었다. 1~2권은 일반 농경, 3~5권은 과수, 6~7권은 목축, 8권은 가금과 양어, 9권은 양봉, 10권은 정원 만들기에 관한 것이며 마지막 2권은 농사의 감독이나 경영, 양조법 등에 관한 내용이다(차전환, 1994, "로마제정 초기 이탈리아의 농장 경영: 콜루멜라의 농업서를 중심으로", 〈충남사학〉, 제6호를 참고하라).

콜베르(Jean-Baptiste Colbet, 1619~1683). 프랑스의 정치가이다. 중상주의 정책을 추진하여 프랑스의 국부를 증대시키는 데 기여했다.

콩도르세(Marquis de Condorcet, 1743~1794). 프랑스의 수학자, 철학자, 정치가이다.

쿠르티우스(Ernst Robert Curtius, 1886~1956). 독일의 문예평론가이다. 로망스어 문학의 권위자로서 마르부르크 대학교, 하이델베르크 대학교 교수를 거쳐 1929년부터 본 대학교의 교수가 되었으며 《새로운 프랑스의 문학 개척자》 등의 논문으로 프랑스 정신에 대한 이해의 깊이를 보였다. 1930년부터는 주로 중세 문학을 연구했다. 《유럽 문학과 라틴적 중세》(*Europäische Literatur und lateinisches Mittelalter*, 1948)에서는 고대부터 중세를 거쳐 근대에 이르는 유럽의 문학적 전통을 추적했다.

쿠르티우스(Quintus Curtus Rufus, 50년경). 로마제국의 클라우디우스 황제 시기에 활동한 역사가이다. 대표작은 라틴어로 쓰인 10권짜리 알렉산드로스의 전기문인데 8권만이 불완전한 상태로 남아 있다.

쿡(James Cook, 1728~1779). 영국의 탐험가, 항해가이다. 요크셔의 빈농에서 태어나 1755년에 수병으로 해군에 입대했으나 이윽고 1768년에 태평양 탐험대 대장으로 임명되었다. 그는 오스트레일리아의 동부 해안을 최초로 탐사한 유럽인이 되었으며, 하와이 섬을 최초로 발견하고 캐나다 뉴펀들랜드 지방의 복잡한 해안선을 최초로 지도화하기도 했다. 그는 많은 지역을 탐험하고 명명〔대보초(*the Great Barrier Reef*) 등〕했을 뿐만 아니라 지도상에 표기하고 기록하는 데 큰 공헌을 했다. 2차 태평양 항해(1772~1775) 때는 미지의 남쪽 대륙〔테라 아우스트랄리스 인코그니타(Terra Australis Incognita)〕을 확인하기 위해 뉴질랜드를 한 바퀴 돌아 가상 대륙의 일부가 아님을 입증했다. 1779년 하와이에서 원주민이 던진 창에 맞아 죽었다.

퀴몽(Franz-Valery-Marie Cumont, 1868~1947). 벨기에 태생의 역사가, 고고학자, 서지학자이다. 로마제국에 대해 동방의 신비주의 종교〔특히 미스라이즘(*Mithraism*)〕가 미친 영향에 대한 연구로 유명하다. 《미스라 신비주의와 관련한 문서와 유적들》 (*Texts and Illustrated Monuments Relating to the Mysteries of Mithra*, 1894~1900)이

라는 저서로 국제적 명성을 얻었다. 이후에 《로마 이교 속의 동방종교》(*Les Reli-gions Orientales dans le Paganisme Romain*, 1906), 《그리스와 로마의 점성술과 종교》(*Astrology and Religion among the Greeks and Romans*) 등의 저서를 출간했다.

크레브쾨르(St. Jean De Crevecoeur, 1735~1813). 프랑스 태생으로 미국에 이주해 살면서 식민지 정착민들이 유럽인이 아닌 미국인으로서 사고하면서 정체성을 갖도록 도왔다. "미국이란 도대체 누구인가?"라는 질문으로 시작하는 저서인 《미국 농부의 편지》(*Letters from an American Farmer*, 1782)는 미국이 평화, 부, 자부심 등의 기회를 제공한다는 인상적 개념을 유럽인에게 전했다. 그는 미국인이나 농부는 아니었지만 식민지 이주민들의 근면성, 인내심, 점진적 번영 등을 12편의 편지에서 사려 깊고 열정적으로 칭찬했다. 이 편지는 미국을 억압적 사회관습과 편견이 없는 농업의 천국으로 묘사했으며, 이러한 관점은 이후 토머스 제퍼슨과 랠프 월도 에머슨을 비롯한 수많은 작가들에게 영감을 주었다.

크롬비(Alistair Cameron Crombie, 1915~1996). 오스트레일리아의 과학사가이다.

크뢰버(Alfred Louis Kroeber, 1876~1960). 미국의 문화 인류학자이다. 초유기체론을 제창했으며 중남미 고고학을 개척하고 언어학 분야에도 많은 업적을 남겼다. 특히 문화지리학자인 사우어(C. O. Sauer)에게 많은 영향을 주었다.

크리소스토무스(St. John Chrysostom, 347~407). '황금의 입을 가진' 성자로 불린다. 정치가와 법률가로서 명성을 쌓던 중 23세에 세례를 받고 세상의 지위를 과감히 버린 후 27세부터 산에 들어가 독거하며 수도를 하다가 39세에 수도원에 들어가 사제 교육을 받았다. 그곳에서의 교육과 설교는 당시 기독교 사회에서 뛰어난 설교가로 이름을 내게 한 좋은 계기가 되었다. 교회 주변과 길거리에 즐비한 거지들을 외면한 채 호화스런 공중목욕탕, 화려한 궁궐과 교회 안에서 부와 화려한 옷, 좋은 음식을 즐기는 관행에 젖은 당시의 부도덕을 질타했다. 이로 인해 콘스탄티노플에서 추방되고 말았지만 폰투스에서 죽을 때까지 계속해 콘스탄티노플 교회에 편지를 썼다.

크리시포스(Chrysippus of Soli 또는 Chrysippos, 서기전 280경~207경). 칼리키아(Chilicia)의 솔리(Soli) 태생의 스토아학파 철학자이다. 스토아학파의 수뇌였던 클레안테스의 저자였으며 이후 그 자리를 이었다. 스토아학파 제2의 창건자로 추앙받았는데 그리스-로마 시대 수 세기 동안 스토아학파가 가장 영향력 있는 철학 운동으로 자리잡는 데 큰 기여를 했다.

크세노크라테스(Xenocrates, 서기전 396경~314경). 고대 그리스의 철학자이다. 플라톤 학설과 피타고라스 학설을 조화시키고자 했고 이데아와 수를 동일한 것으로 취급했으며 철학을 논리학·자연학·윤리학으로 구분했다.

크세노폰(Xenophon, 서기전 430경~355경). 그리스의 군인이자 역사가이다. 소크라테스의 제자로 그의 작품은 일찍부터 아티케 산문의 모범으로 존중되었기 때문에 그의 전 작품이 남아 있다. 《소크라테스의 추억》(*Memorabilia*), 《오이코노미코스》(*Oe-*

conomicus), 《키루스의 교육》(*Cyropaedia*), 《아나바시스》(*Anabasis*) 등이 있다.

크세르크세스 1세(Xerxes, 서기전 519경~465) 페르시아제국 제 4대 왕으로, 이집트·바빌로니아의 반란을 진압했고 운하와 선교를 만드는 등 그리스 원정을 준비했으나 실패했다.

크테시아스(Ctesias). 서기전 5세기경 그리스의 의사이자 역사가이다.

클레멘스(Clement, third Bishop of Rome, ?~110). 제 4대 로마 교황이다. 성인으로 축일은 11월 23일, 별칭은 로마의 클레멘스로 가장 오래된 사도적 교부다. 베드로 사도로부터 직접 안수를 받았다고 한다. 베드로와 리노, 아나클레토에 이어 로마교회의 주교, 즉 교황이 되었으며, 도미티아누스 황제에 의해 불경죄로 문책되어 순교했다. 로마의 콜로세움 옆에는 성 클레멘스에게 봉헌된 성당이 있다. 클레멘스가 95년경에 쓴 전체 65장의 《클레멘스의 서신》(*Epistle of Clemens*)은 신약성서 다음으로 오래된 초대 교회의 문헌이자 최초의 교부문헌으로 인정받는다.

클로테르 2세(Clotaire II, 584~629). 메로빙 왕조 네우스크리아의 왕. 613년부터는 프랑크 왕국을 단독으로 통치했다. 614년 10월 파리 종교회의에서 성직자와의 관계를 규정한 광범위한 칙령을 발표하여 많은 인기를 누렸으며 오랜 소요 상태에서 야기된 문제들을 해결하기 위해 노력했다.

클리안테스(Cleanthes, 서기전 312~232). 고대 그리스 스토아 철학의 선구자이다.

키케로(Marcus Tullius Cicero, 서기전 106~43). 고대 로마의 문인, 철학자, 변론가, 정치가. 라티움의 아르피눔 태생으로 집정관이 되어 카틸리나의 음모를 타도하여 '국부'의 칭호를 받기도 했다. 그러나 카이사르와 반목하여 정계에서 쫓겨나 문필에 종사했으나 카이사르 암살 후 안토니우스를 탄핵했기 때문에 원한을 사 안토니우스의 부하에게 암살되었다. 수사학의 대가이자 고전 라틴 산문의 창조자인 동시에 완성자라고 불린다. 현존하는 작품으로는 《카틸리나 탄핵》(*In Catilinam*) 외 58편의 연설과 《국가론》(*De Republica*), 《법에 관하여》(*De Legibus*), 《투스쿨라나룸 담론》(*Tusculanae Quaestiones*), 《신들의 본성에 관하여》(*De Natura Deorum*), 《의무론》(*De Officiis*) 등의 철학서와 글들이 있다.

키프리안(Saint Cyprian, 200~258). 라틴어 이름은 타스키우스 카이킬리우스 키프리아누스(Thascius Caecilius Cyprianus)이다. 카르타고의 주교를 지냈으며 초기 기독교 학자로서 중요한 인물이다.

타운센드(Charles Townshend, 1675~1738). 영국 휘그당의 정치가이며 외교 정책을 이끄는 국무장관을 역임하기도 했다. 또한 농작물을 윤작할 때 순무를 심는 방법을 개발해 '순무 타운센드'라는 별명을 얻기도 했다.

타키투스(Publius Cornelius Tacitus, 56경~126경). 로마의 역사가, 웅변가, 정치가이다. 뛰어난 변론술로 공화정을 찬미하고 간결한 문체로 로마제국 초기의 역사를 서술했다. 저서로 《게르마니아》, 《역사》, 《연대기》 등이 있다.

타티아누스(Tatian, ?~185경). 순교자 저스틴에게서 수학했다. 당시는 기독교와 그리스 철학이 경쟁하던 시기였으며 저스틴처럼 타티아누스도 로마에 기독교 학교를 개설한다. 로마에 얼마나 머물렀는지는 알려져 있지 않다. 저스틴의 순교 이후 행적이 불분명하나 아시리아에서 사망한 것으로 추정된다.

탄(William Woodthorpe Tarn, 1869~1957). 영국의 역사가이다. 헬레니즘 시대의 연구 업적으로 유명하다. 《헬레니즘 문명》(*Hellenistic Civilization*, 1927), 《알렉산더 대왕》(*Alexander the Great I, II*, 1948) 외 다수의 저술이 있다.

탈레스(Thales, 서기전 624경~546경). 그리스 최초의 철학자이다. 7현인의 제1인자이며 밀레토스학파의 시조이기도 하다. 만물의 근원을 추구한 철학의 창시자이며 그 근원을 물이라고 했다. 아마도 물이 고체·액체·기체 상태를 나타낸다는 것에서 추정한 듯하다(물활론).

탕피에(Étienne Tempier, ?~1279). 오를레앙에서 태어나 파리에서 공부했다. 1268년부터 사망할 때까지 파리의 주교로 봉사했다(이 책 2부 16장을 참조하라).

터너(Frederick Jackson Turner, 1861~1932). 20세기 초 활동했던 가장 영향력 있는 미국 역사가 중 하나이다. 《미국사에서 프런티어가 가지는 중요성》(*The Significance of the Frontier in American History*)으로 알려졌다. 미국의 정신과 성공은 서부로의 확장과 직결된다는 '프런티어(미개척지) 가설'을 펼쳤다. 독특하고 억센 미국인의 정체성은 정착 문명과 황무지의 야만성이 접합되면서 생겼으며 이는 새로운 종류의 시민을 탄생시켰다. 야생을 길들일 힘을 가진 시민과 야생에 의존하는 시민은 힘과 개인성을 의미한다.

테가트(Frederick John Teggart, 1870~1946). 미국의 비교역사학자, 서지학자, 사회학자이다. 북아일랜드 벨파스트 태생으로 1925년부터 캘리포니아 버클리대학에서 교수로 재직했다. 역사학과 사회학의 상호 교류에서 선구적 역할을 했다. 근대 초기 사회 변화를 분석했으며 고대와 근대 사회에 대한 이론적 분석을 옹호했다. 《역사의 과정》(*The Processes of History*, 1918), 《역사론》(*Theory of History*, 1925), 《로마와 중국: 역사적 사건들의 상호 관련에 대한 연구》(*Rome and China: A Study of Correlations in Historical Events*, 1939) 등의 저서가 있다.

테르툴리아누스(Quintus Septimius Florens Tertullianus, 160경~220경). 카르타고 태생으로 수사학과 법률을 공부해 로마에서 활동했다. 197년경 기독교로 개종하여 그 이후의 생을 기독교 신앙을 위한 변증가로서 광범위한 저작 활동에 몰두했다. 라틴어로 저술하는 최초의 중요한 기독교인으로 오리게네스와 함께 2, 3세기의 가장 뛰어난 기독교 저술가로 이름을 알린 라틴 교부이다.

테오도레투스(Theodoret, 393경~457). 시리아의 신학자·주교이다. 역사비평적 방법으로 성서와 신학을 해석한 안디옥 학파의 대표자다. 그의 저작은 5세기 기독론 논쟁을 중재했으며 기독교의 신학 어휘 발전에 기여했다. 처음에는 수사였다가 423년경

안디옥 부근 키루스의 주교가 된 뒤 그 지역 사람들을 거의 개종시켰으며 교리 문제를 가지고 기독교 분파와 논쟁을 벌였다. 그 과정에서 기독교 신앙에 대한 해설서와 변증서들을 여러 권 썼으며 그 가운데 하나인 《이교의 악들에 대한 치유-책》(*Thera-peutik*)은 작은 고전이 되었다.

테오도리쿠스 (Theodoricus, 영문명 Theodoric, 456경~526). 이탈리아의 동고트왕(재위: 471~526)이다. 8세 때 콘스탄티노플에 인질로 보내져 비잔틴 궁정에서 자라는 동안 고전 문화와 게르만 정신의 결합을 배웠다. 469년 귀국하여 부왕 테오데미르와 협력하여 동로마제국으로부터 저(低) 모에시아 지방을 빼앗았다. 484년에는 동로마 황제 제논에 의해서 집정관으로 임명되어 이탈리아를 침공한 오도아케르를 베로나에서 쳐부수었다(489년). 493년까지 전(全) 이탈리아를 지배했고 라벤나를 수도로 했다. 그 후 다시 서로마제국의 영지에 정착하는 모든 게르만인을 지배하기 위하여 영역을 확대했다. 산업·문화를 보호하고 카시오도루스, 보이티우스 등 뛰어난 로마인을 요직에 등용해 선정을 베풀었으나 아리우스파의 신앙을 지지했기 때문에 로마인의 인심을 얻지는 못했다. 로마에 대해서는 친 로마 정책, 게르만 여러 부족의 왕에 대해서는 결혼 정책을 썼다. 그의 존재는 중세 영웅전에 자주 나타나며 《니벨룽겐의 노래》에서는 '베른의 디트리히'로 알려져 있다.

테오크리토스 (Theokritos). 서기전 3세기 전반의 그리스의 대표적 목가시인이다. 시칠리아 섬 태생으로 에게 해의 코스 섬과 알렉산드리아에서 시재를 연마했으며 후에 시칠리아로 돌아왔다. 약 30편의 시가 전하는데 주로 서사시의 운율을 사용한 여러 가지 내용의 시이며 시칠리아 전원에서의 목동을 노래한 시가 대표작으로 꼽는다. 그의 시는 친근감이 있고 서정성이 넘치며 로마의 시인 베르길리우스를 비롯하여 밀턴과 셸리 등 후세 시인에게 커다란 영향을 끼쳤다. 〈목가〉(*Idyll*) 외에도 달에게 실연을 호소하는 여인의 독백으로 된 〈여 마법사〉(*Pharmakeutria*)와 아도니스 축제에 가는 두 여인을 그린 〈아도니스 축제의 여인〉(*Adoniazousai*) 등도 유명하다.

테오프라스토스 (Theophrastos 서기전 327경~288경). 그리스의 철학자이자 과학자이다. 레스보스 섬의 에레소스 태생으로 플라톤과 아리스토텔레스에게서 배웠으며, 아리스토텔레스가 개설한 리케이온 학원의 후계자가 되었다. 식물학의 창시자로 식물의 관찰은 대부분 리케이온의 정원에서 이루어졌는데, 그 지식은 그리스와 소아시아의 식물상에만 한정되지 않았다. 그 이유는 알렉산드로스의 부하들이 리케이온으로 내륙 아시아의 많은 식물을 가져왔기 때문이다.

템플 경 (Sir William Temple, 1628~1699). 영국의 정치가이자 수필가이다. 고대인과 근대인의 우월성 논쟁에서 대표적인 고대인 옹호자이다("용어해설" 서명편의 《책들의 전쟁》을 참고하라).

토인비 (Arnold J Toynbee, 1889~1975). 영국의 역사가이다. 필생의 역작인 《역사의 연구》에서 독자적 문명사관을 제시했다. 유기체적 문명의 주기적 생멸이 '역사'이며 또한 문명의 추진력이 고차 문명의 저차 문명에 대한 '도전'과 '대응'의 상호작용에 있다고 주장했다. 환경결정론에 대해서는 비판적 입장을 취했다.

토크빌(Alexis De Tocqueville, 1805~1859). 프랑스의 정치가이며 역사가이다. 1805년 파리의 귀족 가문에서 태생하여 보수적인 왕당파 가정에서 자랐음에도 불구하고 귀족 시대의 종결과 새로운 사회의 도래를 주장했다. 특히 1831년 미국을 여행한 후 《미국의 민주주의》(2권, 1835~1840)를 내놓아 세상을 놀라게 했다. 그는 이 책에서 근대 세계의 추세인 민주주의를 논했으며, 그가 제시한 근대 사회의 방향과 평등 개념은 당시 프랑스 사회에서 열렬한 환호를 받았다. 그 후 여러 차례 영국을 오가며 존 스튜어트 밀 등 자유주의자와 교류했고, 1848년 2월 혁명 직후 제헌의회 의원으로 선출되고 1849년부터 외무장관을 지냈으나 1851년 루이 나폴레옹의 쿠데타에 반대해 정계에서 은퇴했다. 마지막 대작으로 1856년 《앙시앵 레짐과 프랑스혁명》을 남긴 후 1859년 폐결핵으로 타계했다.

톰슨(James Westfall Thompson, 1869~1941). 미국 역사가이다. 중세 유럽과 근대 초기 유럽사, 특히 신성로마제국과 프랑스 역사를 전공했다. 중세 독일의 사회경제사 연구서인 《봉건 독일》(Feudal Germany)은 프레데릭 잭슨 터너의 그 유명한 프런티어 가설의 요소를 차용해 이를 중세 게르만 정착자들이 중부 유럽의 슬라브 민족을 식민화한 사건에 적용했다.

투른포르(Joseph Pitton de Tournefort, 1656~1708). 프랑스의 식물학자·내과의이다. 일찍부터 식물학에 관심을 가졌지만 아버지의 강요로 신학을 공부했다. 아버지 사후에는 생계를 위해 내과의를 하면서 식물학 연구를 계속했다. 1688년 파리 식물원 교수로 임명되어 평생 그 자리에 있었다. 피레네, 소아시아, 그리스의 과학 탐험에서 식물을 많이 수집했고 《식물학의 요소들》(Éléments de Botanique, 1694)로 널리 명성을 얻었다. 그는 식물계통학의 선구자로 그가 창안한 식물 분류 체계는 당시에 이루어졌던 중요한 진보들을 대표했고 그 일부는 현재까지도 사용된다.

투서(Thomas Tusser, 1524경~1580). 영국의 시인이자 농부이다.

투키디데스(Thukydides, 서기전 460경~400경). 그리스의 역사가이다. 아테네 태생으로 부유한 집안에서 태어나 펠로폰네소스 전쟁에서 활약했고 서기전 424년에는 장군이 되었다. 30년 가까운 펠로폰네소스 전쟁의 역사를 다룬 《펠로폰네소스 전쟁사》 (History of the Peloponnesian War, 8권)를 저술했는데 엄밀한 사료 비판, 인간 심리에 대한 깊은 통찰 등으로 고전·고대의 역사 기술 중 뛰어난 역사서로 일컬어진다.

툴(Jethro Tull, 1674~1741). 산업혁명과 농업혁명 이전 시기 영국의 농학자이다. 17세에 옥스퍼드의 세인트 존 칼리지를 다녔지만 학위를 받았는지 여부는 불확실하다. 그 후에는 폐질환 치료를 위해 유럽을 여행하면서 농업에 관한 지식을 얻었고 초기 계몽주의 시대 농업에 대한 과학적 접근을 시도한 저명인사 가운데 한 사람이 되었다. 특히 그는 씨앗을 뿌릴 때 구멍을 내어 파종하는 방법을 고안하여 보급한 것으로 알려져 있다.

튀르고 (Anne Robert Jacques Turgot, 1727~1781). 프랑스의 정치가, 경제학자이다. 파리에서 태어나 파리 대학교 신학부에서 수학했으며 22세에 수도원장이 되었으나 볼테르의 책을 읽고 신앙생활에 회의를 가지고 관리 사회에 뛰어들었다. 1774년 루이 16세의 재정총감이 되어 곡물 통제의 철폐, 부역과 국내 관세의 폐지, 특권 계급의 면세 폐지 등을 추진했으나 봉건귀족과 고등법원의 저항으로 끝을 맺지 못했다. 중농주의자인 케네와 가까이 지냈다.

트라페준티우스 (Georgios Trapezuntius, 영문명 George of Trebizond, 1396~1486). 비잔틴 인문주의자, 그리스어 학자, 아리스토텔레스 사상의 논객이다. 그리스어 고전을 라틴어로 번역함으로써 이탈리아 인문주의와 문예부흥에 이바지했다.

트레멜리우스 (Gnaeus Tremellius Scrofa, ?~?). 로마 아우구스투스 시대의 농학자이자 저술가이다. 저작이 남아 있진 않지만 콜루멜라의 《농사론》과 바로의 저작에 인용되면서 등장한다.

트로구스 (Pompeius Trogus). 서기전 1세기의 로마 역사가이다.

티레의 윌리엄 (William of Tyre, 1130경~1185). 티레의 대주교이자 연대기 작가이다. 12세기 중반에 활동했으며 십자군과 중세사에 깊이 몰두했다.

티마이오스 (Timaeus 서기전 345경~250경). 고대 그리스의 역사가이다.

티베리우스 (Tiberius Caesar Augustus, 서기전 42~서기 37). 본명은 티베리우스 클라우디우스 네로이다. 로마제국의 초대 황제 아우구스투스의 뒤를 이은 두 번째 황제(재위: 14~37)다.

티불루스 (Albius Tibullus, 서기전 48경~19). 로마 고전기의 서정시인이다. 기사계급 출신으로 문인 보호자 메살라의 문학 서클에 소속되어 호라티우스와 친교가 있었다. 작품은 《티불루스 전집》(Corpus Tibullianum, 4권)으로 편집되었는데 제1권은 거의가 델리아라는 여성에 대한 사랑과 실연의 노래이며, 제2권의 절반은 창녀인 네메시스의 불행한 사랑을 노래했다.

틸버리의 제르바스 (Gervase of Tilbury, 1150경~1228경). 13세기의 교회법 변호사, 정치가, 저술가이다.

파나이티오스 (Panaitios, 영문명 Panaetius, 서기전 180경~109경). 그리스의 스토아 철학자. 로도스 섬 태생으로 '셀레우키아의 디오게네스'의 제자였다. 로마로 나가서 라엘리우스 및 소(小) 스키피오와 교유하여 로마에서 스토아 철학의 기초를 닦았으며, 후에 안티파트로스를 계승하여 스토아학파의 태두가 되었다. 포시도니오스를 제자로 두었다. 스토아 철학 본래의 유물론적 일원론에 플라톤주의를 가미하여 관념론적·이원론적 색채를 띠었으며, 또한 본래의 엄격주의 윤리설을 완화하여 절충적인 중기 스토아 철학을 확립했다. 그의 글은 키케로의 저서 일부에 남아 있다.

파라셀수스 (Philippus Aureolus Paracelsus, 1493~1541). 스위스의 화학자, 외과의이다.

1526년 바젤에서 시의(侍醫) 겸 대학 교수가 되었으나 의학 혁신을 위한 성급한 개
혁 시도가 반감을 사서 1528년에 추방당하여 잘츠부르크에서 병사했다. 연금술을
연구하면서 화학을 익혔고 의학 속에 화학적 개념을 도입하는 데 힘써 의화학의 원
조가 되었다. 물질계의 근본을 유황·수은·소금의 3원소라고 했고, 점성술의 영향
을 받아 독자적 원리에 입각한 의료법을 제창했으며, 산화철·수은·안티몬·납·
구리·비소 등의 금속 화합물을 처음으로 의약품으로 사용했다.

파르메니데스(Parmenides, 서기전 515경~445경). 고대 그리스의 철학자이다. 엘레아학파
의 시조로 이성만이 진리이며 이에 반해 다수(多數), 생성, 소멸, 변화를 믿게 하
는 감각은 모두 오류의 근원이라 주장했다.

파브르(Jean Antoine Fabre, 1749~1834). 프랑스의 하천학자이다. 하천, 급류의 기원과
조건을 체계적으로 서술했으며 이것들의 코스를 어떻게 변경할 수 있으며 어떻게 손
상되지 않게 보호할 수 있는가에 관해 고찰했다. 또한 산지 경사면의 삼림 제거에
반대했으며, 산지 사면의 농지를 어떻게 경작할 수 있는가에 대해 조언을 하기도
했다.

파이리스의 군터(Gunter of Pairis, 1150경~1220경). 독일 시토 수도회 수사이자 라틴어
작가이다.

파테르쿨루스(Velleius Paterculus, 서기전 20경~30경). 로마의 군인이자 역사가이다. 재
무관과 법무관 등을 지냈으며 그가 쓴 《로마사》는 로마 제정 초기의 귀중한 사료로
평가된다.

팔라디우스(Palladius, ?~?). 갈라티아의 수사, 주교, 연대기 작가이다. 콘스탄티노플의
총대주교인 크리소스토무스의 제자이기도 하다. 저서인 《수도원 새벽기도 이야
기》(*Lausiac History*)는 초기 이집트와 중동의 기독교 수도원 제도를 기록한 것으로
기독교 금욕주의에 대한 귀중하고 유일한 자료다.

팔라스(Peter Simon Pallas, 1741~1811). 러시아에서 활동한 독일의 동물 및 식물학자이
다. 베를린 태생으로 자연사에 관심을 가지고 할레 대학교와 괴팅겐 대학교를 다녔
으며 19세에 라이덴 대학교에서 박사 과정을 통과했다. 그 후 의학 및 내과 지식을
쌓았고 동물 계통의 체계를 고안했다. 1767년에는 러시아 캐서린 2세의 초청으로
1768년과 1774년 사이에 상트페테르부르크의 왕립 과학아카데미 교수로 임명되어
연구 활동을 하면서 여러 지역을 여행했다. 이 여행을 통해 얻은 지질학, 광물학,
원주민들과 그들의 종교, 새로운 동식물에 관한 지식을 엮어 출판했다.

팔리시(Bernard Palissy, 1510경~1590). 프랑스의 위그노파 도예공, 작가, 과학자이다.

팔코너(William Falconer, 1744~1824). 영국의 의사이자 작가이다. 또한 왕립학회 회원
이었다.

퍼거슨(Adam Ferguson, 1723~1816). 영국의 철학자이자 사회학자이다. 사회를 역사적
으로 연구하여 처음으로 소유 관계의 차별에 의한 여러 계급의 발생을 논했는데,

저서로는 《시민사회사론》이 있다.

퍼처스 (Samuel Purchas, 1575경~1626). 영국의 여행작가이다. 여행과 항해와 관련된 방대한 문헌을 남긴 리처드 해클루트(Richard Hakluyt)의 절친한 동료이기도 하다. 1613년 《순례》(*Pilgrimes*) 시리즈를 출판했으며, 이 시리즈의 마지막은 해클루트의 유고집으로 미완성 상태의 해클루트의 《주요 항해》(*Principal Navigations*)를 완성하여 출판했다. 그의 책들은 분별없고 부주의하고 심지어 신뢰하기 어렵지만 많은 가치를 담는다. 그 이유는 탐험사에 영향을 끼친 중요한 질문들에 대한 유일한 정보원이기 때문이다. 또한 그의 책은 영국의 낭만주의 시인 콜리지(Samuel Tylor Coleridge)의 시 〈쿠빌라이 칸〉(*Kubla Khan*)에 영감을 준 것으로도 유명하다.

페로 (Charles Perrault, 1628~1703). 프랑스의 시인, 평론가, 동화작가이다. 전설을 문학적으로 집성한 동화집을 펴냈는데 작품으로는 평론인 《고대인과 근대인의 비교》가 있으며, 〈잠자는 숲 속의 공주〉, 〈신데렐라〉, 〈장화 신은 고양이〉를 비롯한 11편의 동화가 실린 《페로 동화집》이 있다.

페르무이덴 (Cornelius Vermuyden, 1590~1677). 네덜란드의 공학자이다. 네덜란드의 개간 기술을 영국에 전했다.

페리 (William James Perry, 1887~1949). 영국 런던 대학에서 문화인류학을 선도한 학자이다. 그에 따르면 거석문화는 이집트에서 전 세계로 전파된 것이다. 그는 초전파주의를 확신했으며 스미스(Grafton Elliot Smith)와 공동작업을 했다.

페일리 (William Paley, 1743~1805). 영국의 신학자이다. 케임브리지 대학 교수를 지냈으며 1802년 《자연신학》을 출판하여 지적설계론을 제시했다. 그에 의하면 시계는 매우 복잡하고 정교한 기계라서 우연히 만들어진 것이 아니라 어떤 지성적 존재가 만들었다고 생각할 수밖에 없다. 자연 생명체는 시계보다 더 복잡하고 정교하기 때문에 더욱 우연히 만들어졌다고 볼 수 없다고 주장한 것이다.

페트라르카 (Francesco Petrarca, 1304~1374). 이탈리아의 시인, 인문주의자이다. 또한 최초의 근대인이라 불리기도 한다. 교황청에 있으면서 연애시를 쓰기 시작하는 한편 장서를 탐독하여 교양을 쌓았고 이후 계관시인이 되었다. 스위스의 역사학자인 야콥 부르크하르트에 의하면 처음으로 자연을 풍경으로 감상하기 시작한 사람이페트라르카였다고 한다.

페티 경 (Sir William Petty, 1623~1687). 영국의 통계학자, 의사, 정치경제학자이다. 존 그랜트와 인구통계에 대한 공동연구를 했다.

펠릭스 (Minucius Felix, ?~?). 2세기경에 활동한 라틴 교부로 《옥타비아누스》의 저자이다. 개인사에 대해 알려진 바는 없다.

포르스터 부자 (the Forsters). 아버지인 요한 라인홀트 포르스터(Johann Reinhold Forster, 1729경~1798)은 독일의 박물학자이며 제임스 쿡의 두 번째 태평양 항해에 같이 참여한 식물학자로 잘 알려져 있다. 아들 게오르크 포르스터(Georg Forster 1754~

1794)도 항해에 동승했는데, 훔볼트에게 많은 영향을 미쳤다(권정화, 《지리사상사 강의노트》, 36~37쪽 참고).

포르피리오스 (Porphyrios, 233~304). 시리아 출신의 신플라톤주의 철학자이다. 플로티노스의 제자로 스승의 작품집 《엔네아데스》(*Enneades*)를 편집했다.

포세이디포스 (Poseidippos, 영문명 Posidippos, 서기전 289년경 활동). 고대 그리스의 희극 작가이다. 마케도니아 출신으로 일생에 관해 알려진 것은 거의 없다.

포시도니오스 (Poseidonios, 영문명 Posidonius, 서기전 135경~51경). 그리스의 스토아 철학자, 정치가, 지리학자, 역사가이다. 시리아의 아파메이아(Apameia) 태생으로 알려져 있다. 그리스의 스토아 철학자인 파나이티오스의 제자였으며, 철학, 물리학, 지리학, 지질학, 수학, 역사학 등 다방면에 걸쳐 스토아학파 내에서 가장 학식 있는 사람으로 알려졌다. 로마의 키케로를 제자로 두었다.

포프 (Alexander Pope, 1688~1744). 영국의 시인, 비평가이다. 18세기 전반부의 가장 위대한 영국 시인으로 꼽힌다. 풍자적 시구뿐만 아니라 〈일리아드〉, 〈오딧세이〉 등 호메로스 시의 번역자로도 유명하다. 대표작은 풍자시인 〈우인열전〉(愚人列傳)이며 영어권에서 셰익스피어와 테니슨(Tennyson) 다음으로 많이 인용되는 작가이다. 또한 철학시 〈인간론〉은 뛰어난 표현력 때문에 역작으로 평가받는다.

폴리비오스 (Polybios, Polybius, 서기전 200경~118경). 그리스의 정치가, 역사가이다. 로마가 세계적인 강대국으로 등장하는 과정의 역사를 기술한 40권짜리 저서 《역사》(*Historiae*)로 유명하다.

퐁트넬 (Bernard Le Bovier de Fontenelle, 1657~1757). 18세기 계몽사상가이자 프랑스의 문학가이다. 시, 오페라, 비극 등 문학 작품에 관여했으며 나중에는 과학 사상의 보급자, 선전자로 성공을 거두었다.

프라이징의 오토 (Otto of Freising, 1114경~1158). 독일의 주교이자 연대기 저자. 저서로는 《연대기》혹은 《두 도시의 역사》와 《프리드리히 황제의 행적》이 있다(이 책 2부 6장 7절을 참고하라).

프락사고라스 (Praxagoras, 340경~?). 고대 그리스 의학에서 영향력을 가졌던 인물이다. 그리스의 코스 섬 태생이다.

프랜시스 베이컨 (Francis Bacon, 1561~1626). 르네상스 후 근대 철학, 특히 영국 고전경험론의 창시자이다. 인간의 정신능력 구분에 따라 학문을 역사, 시학, 철학으로 구분했다. 다시 철학을 신학과 자연철학으로 나누었는데, 그의 최대 관심과 공헌은 자연철학 분야에 있었고 과학방법론, 귀납법 등의 논리 제창에 있었다.

프랭클린 (Benjamin Franklin, 1706~1790). 미국의 과학자, 외교관, 정치가이다. 18세기 미국인 가운데 조지 워싱턴과 더불어 가장 저명한 인물이다. 그는 약간의 재산을 모은 후 1757년 정치에 입문한 후 30여 년 동안 미국의 정치를 이끌었다. 미국 독립선언서 작성에 참여했으며 독립전쟁 때 프랑스의 지원을 얻기도 했고 미국 헌법의 틀을 만들었다. 그는 일상생활의 편리와 안전에도 많은 기여를 했는데, 난로, 피뢰침, 복초점 안경 등을 발명했으며 소방대, 도서관, 보험회사, 학교, 병원 등 다양한 공공 서비스 시설들을 보급하는 데도 이바지했다.

프림의 카에사리우스(Caesarius of Prüm). 트리어 근교 베네딕트 수도회의 대수도원장이다. 훗날 본 근교 하이스터바흐에 있는 시토 수도회의 수도사가 된다. 1212년 대수도원장으로 선출되어 13세기 초 유럽에서 가장 부유한 수도원 중 하나였고 독일, 프랑스, 네덜란드에 흩어진 대장원을 가졌던 프림 수도원으로 들어간다.

프리드리히 1세(Friedrich I, 1122경~1190). 슈타우펜 왕조의 신성로마제국 황제(재위: 1152~1190)이다. 6차에 걸친 대규모 이탈리아 원정을 감행했으나 레냐노 전투에 패하여 화의를 맺었다. 유력한 제후인 작센 공(公)인 하인리히 사자 공을 추방하고 봉토를 몰수하여 제국 제후의 시대를 열었다. 붉은 턱수염 때문에 '붉은 수염'이라 불렸다.

프리드리히 2세(Frederick II, 1194~1250). 호엔슈타우펜 왕조(Hohenstaufen dynasty)의 왕으로 1212년부터 로마의 왕을 자처했고 1215년부터 로마의 왕이 되었다. 이런 식으로 그는 독일의 왕, 이탈리아의 왕, 버건디의 왕이 되었다. 1220년 로마 교황이 그를 신성로마제국 황제로 임명했으며 1198년 시칠리아의 왕으로 시작한 프리드리히 2세는 죽을 때까지 그 칭호를 유지했다. 그의 다른 칭호로는 결혼 때문에 생긴 '키프로스의 왕'이라는 칭호와 십자군과의 관계 때문에 생긴 '예루살렘의 왕'이 있다. 당대에 그는 호기심 많은 자로 알려졌고 9개 언어로 말하고 7개 국어로 된 글을 읽었다고 한다. 그리고 과학과 예술의 후원자를 자청해 시대를 앞서간 통치자였다.

프톨레마이오스(Klaudios Ptolemaeos, 영문은 Ptolemy, 85경~165경). 그리스의 천문학자이자 지리학자이다. 127~145년경 이집트의 알렉산드리아에서 천체를 관측하면서 대기에 의한 빛의 굴절작용을 발견했으며 달의 운동이 비등속 운동임을 발견했다. 천문학 지식을 모은 저서 《천문학 집대성》(Megalē Syntaxis tēs Astoronomias)은 아랍어 번역본인 《알마게스트》로 더 유명한데, 코페르니쿠스 이전 시대의 최고의 천문학서로 인정된다. 이 저서에서 서기전 2세기 중엽 그리스의 천문학자 히파르코스의 학설을 이어받아 천동설에 의한 천체의 운동을 수학적으로 기술했다. 그 밖에 점성술책인 《테트라비블로스》(Tetrabiblos)가 아랍 세계에서 인기를 얻었고 지리학의 명저 《지리학》(Geographike Hyphegesis)도 지리학계에서 오랫동안 아낌을 받았다. 그 밖에도 광학과 음악에 관한 여러 저서가 있다.

프톨레마이오스 필라델푸스(Ptolemy Philadelphus). "프톨레마이오스 2세"를 참고하라.

프톨레마이오스 2세(Ptolemy II, Ptolemy Philadelphus, 서기전 308~246). 이집트 프톨레마이오스 왕조의 두 번째 왕(서기전 285~246 재위)이다. 프톨레마이오스 필라델푸스라고도 불린다.

프톨레마이오스 3세(Ptolemy III, Euergetes I, 서기전 280~221). 프톨레마이오스 2세의

아들로 프톨레마이오스 왕조 전성기의 왕(재위: 서기전 246~221)이다. 에우에르게테스 1세라고도 불리는데 에우에르케테스는 '은인'을 의미하는 애칭이다. 키레네를 재병합하고 제3차 시리아 전쟁(서기전 246~241)에서는 시리아, 소아시아, 메소포타미아의 여러 도시를 손에 넣어 영토가 가장 넓었다. 그 후 20여 년 간 대체로 평온한 시기를 보냈으며, 예술을 보호하고 알렉산드리아 대도서관에 다량의 서적을 보충했다.

플라톤 (Platon, 서기전 429경~347경). 고대 그리스의 철학자, 형이상학의 수립자이다. 영원불변의 개념인 이데아를 통해 존재의 근원을 밝히고자 했다.

플로루스 (Florus). 로마의 역사가이다. 트라야누스 황제와 하드리아누스 황제 시대의 인물이다.

플로티노스 (Plotinos, 영문명 Plotinus, 205~269경). 유럽 고대 말기를 대표하는 그리스의 철학자, 신비사상가이다. 알렉산드리아 근처 태생. 암모니오스 사카스(Ammonios Sakkas)를 스승으로 사사했고, 40세에 로마로 가서 많은 친구와 제자를 모아 학교를 개설하여 존경을 받았다. 후세 사람들은 그를 신플라톤주의의 아버지라 불렀다. 그의 저술은 9편씩으로 나뉜 6군의 논고이기 때문에 《엔네아데스》(Enneades: 9편)라고도 불린다. 그의 형이상학은 수 세기에 걸쳐 여러 신비주의적 종교들에 영향을 미쳤다(플로티노스 저, 조규홍 역, 2008, 《영혼 정신 하나: 플로티노스의 중심 개념》에 《엔네아데스》 중 5편이 번역되어 실려 있다).

플루타르코스 (Plutarchos, 영문명 Plutarch, 46경~120경). 고대 로마의 그리스인 철학자이자 저술가이다. 그리스의 카이로네이아 태생이며 일찍이 아테네로 가서 아카데메이아에서 플라톤 철학을 공부하고 다시 자연과학과 변론술을 배웠다. 그 후 이집트의 알렉산드리아를 방문, 로마에서 황제를 비롯한 많은 명사와 깊은 친교를 맺어 아카이아 주(그리스 본토) 지사에 임명되었으며 로마 시민권을 얻었다. 만년에는 델포이의 최고 신관으로 있었다. 그는 '최후의 그리스인'으로서 고전 그리스 세계에 통달한 일류 문화인이었다. 플라톤 철학을 신봉하고 박학다식한 것으로 유명하며 저술이 무려 250종에 달했던 것으로 추정된다. 현존하는 작품은 《전기》(Parallel Lives), 《영웅전》(플루타르코스 영웅전), 《윤리론집》(Moralia) 등이다.

플뤼시 (Noël-Antonie Pluche, 1688~1761). 프랑스의 성직자로 abbé de Pluche라고도 알려져 있다. 당시에 매우 인기 있었던 박물학 책인 《자연의 스펙터클》(Spectacle de la nature)의 저자이다.

플리니우스 (Gaius Plinius Secundus, 23~79). 고대 로마의 정치가, 군인, 학자이다. 노붐코문 태생으로 조카이자 양자인 소(小) 플리니우스와 구분 짓기 위하여 대(大) 플리니우스라 불린다. 속주 총독 등을 역임한 후 나폴리 만의 해군 제독으로 재임 중 79년 베수비오 화산 대폭발 때 현지에서 죽었다. 그의 저서인 《박물지》(Historia Naturalis)는 37권으로 이루어졌는데, 이는 티투스 황제에게 바친 대백과사전으로 1

백 명의 정선된 저술가를 동원하여 예술, 과학, 문명에 관한 2만 항목을 수록한 당시 정보의 보고이다. 그는 진정한 영광은 기록으로 남길 만한 일을 하고 읽을 만한 가치가 있는 책을 저술하는 데 있다고 믿었다.

피소(Gaius Calpurnius Piso, ?~?). 서기 1세기 로마 시대의 원로원 의원이다. 서기 65년 네로 황제에 대항했던 '피소의 음모'로 유명하다.

피어링흐(Andries Vierlingh, 1507경~1579). 네덜란드 해안 공학의 창설자이다.

피치노(Marsilio Ficino, 1433~1499). 르네상스 초기 이탈리아의 인문주의 철학자이다. 또한 점성학, 신플라톤주의의 부활자이며 플라톤 저작을 라틴어로 번역한 업적으로도 유명하다.

핀존(Martin Alonso Pinzon, 1441~1493). 에스파냐의 항해가이다. 콜럼버스의 첫 항해를 동행했다.

필로티모스(Philotimos, 서기전 300~260). 그리스의 학자이다. 프락사고라스의 제자로 아라비아 세계에서 그는 Fulutimus, Fulatis, Falatis 등으로 불렸으며, 몇몇 아라비아 출처들에서 식재료에 대한 권위자로 인용되었다.

필론(Philon ho Alexandria, 서기전 20~서기 40). 헬레니즘 시대 유대인 철학자이다. 이집트의 알렉산드리아 태생으로 신플라톤주의자라고 할 수 있다. 성경 속 모든 문자의 배후에는 어떤 신비한 뜻이 들어 있다고 주장했다. 이는 "겉으로 드러난 현상의 배후에 있는 것이 실체"라는 이원론적인 플라톤의 관념론적 영향이다. 그의 저작은 현존하지 않지만 대부분은 중세 교부의 저작 속에 남아 있다.

필리포스 왕(Philip, ?~?). 알렉산드로스의 아버지인 필리포스 2세(재위: 서기전 359~336)이다.

필립 오귀스트(Philippe Auguste, 1165~1223). 프랑스 카페 왕조의 왕이다. 가장 성공적인 프랑스 군주 중 하나였다.

하드리아누스(Publius Aelius Hadrianus, 76~138). 로마제국 황제(재위: 117~138)로 5현제의 한 사람이다. 브리타니아에 하드리아누스 성벽을 쌓고 게르마니아의 방벽을 강화하는 등 방위를 강화하고 국력의 충실에 힘썼다. 제국 제반 제도의 기초를 닦았으며 로마법의 학문 연구를 촉진시키고 문예·회화·산술을 애호했다. 속주 통치조직, 제국의 행정·관료·군사 제도의 정비에 힘써 제국 제도의 기초를 닦았다.

하딩(Abbot Stephen Harding, ?~1134). 시토 수도회의 3대 대수도원장이다. 클레르보의 베르나르두스가 1112년 입회하면서 수도원의 새로운 부흥기를 이끌었다.

하르팔로스(Harpalos ?~?). 서기전 4세기 마케도니아의 귀족이다. 알렉산드로스의 소년 시절 친구였다. 마케도니아의 재정장관을 맡다가 공금 횡령으로 처벌받을 것이 두려워 보물과 용병을 데리고 그리스로 도망쳤으며 아테네에서 체포되어 후에 크레타에서 살해당했다.

하이켈하임(Fritz Heichelheim, 1901~1968). 독일의 역사학자이다. 고대 경제사가 전공으로 독일의 기센 대학교와 캐나다 토론토 대학교 교수를 역임했다. 그의 로마사 책이 번역(김덕수 역, 1999, 《로마사》, 현대지성사) 되었다.

하임(Roger Heim, 1900~1979). 프랑스의 식물학자이다. 식물병리학 및 균류학의 발전에 기여했으며 식물학, 화학, 교육학, 임학, 원예학, 인문학, 의학, 동물학 등에 걸쳐 많은 논문과 평론을 발표했다. 1951~1965년에는 프랑스 국립자연사박물관 관장을 역임했다.

한(Eduard Hahn, 1856~1928). 독일의 민족지학자, 경제사학자, 경제지리학자이다. 농경, 가축화의 기원과 역사에 대한 연구로 유명하다. 사우어로 대표되는 지리학 내 버클리학파의 연구 토대를 열었다(Fritz L. Kramer, 1967, "Eduard Hahn and the End of the 'Three Stages of Man'", *Geographical Review*, 57(1) 을 참고하라).

할리카르낫소스의 디오니시오스(Dionysius of Halicarnassus, 서기전 60경~7경). 카이사르가 통치하던 시대에 활동한 그리스의 역사가이자 웅변가이다.

해스킨스(Charles Haskins, 1870~1937). 중세사가이자 우드로 윌슨(Woodrow Wilson) 미국 대통령의 자문관을 지냈다. 미국인 최초의 중세사가였던 것으로 여겨진다.

핼리(Edmund Halley, 1656~1742). 영국의 유명한 수학자이자 천문학자이다. 뉴턴과도 학문적 교류를 했으며 핼리혜성의 발견자로 유명하다.

헉슬리(Thomas Huxley, 1825~1895). 영국의 동물학자이다. 다윈의 진화론을 즉시 인정했고, 특히 1860년 6월 옥스퍼드에서 열린 영국 학술협회 총회에서 진화론 반대자인 윌버포스와 논쟁을 벌인 끝에 반대론의 잘못을 설파함으로써 진화론의 보급에 커다란 영향을 끼쳤다. 또 다윈이 분명히 밝히지 않았던 인간의 기원에 대해서도 진화론을 적용해 인간을 닮은 네안데르탈인의 화석 연구를 기초로 인간이 진화의 과정에서 생긴 것임을 주장했는데 《자연에서의 인간의 자리에 관한 증거》(*Evidence as to Man's Place in Nature*, 1863)에 그 주장을 발표했다.

헤라클레이토스(Heraclitus, Herakleitos, 서기전 540경~480경). 그리스의 철학자이다. '만물은 유전한다'고 말해, 우주에는 서로 상반하는 것의 다툼이 있고 만물은 이와 같은 다툼에서 생겨나는 것임을 밝혔다.

헤로도토스(Herodotos, 서기전 484경~425경). 소아시아의 할리카르나소스 태생이다. 서기전 445년경에는 아테네에서 살았고 페리클레스, 소포클레스 등과 친교를 맺었다. 그 뒤 아테네가 서기전 444년(또는 서기전 443년)에 건설한 남이탈리아의 식민지 무리오이로 가서 그곳 시민이 되었으며 거기에서 여생을 마친 것 같다. 대여행을 했다는 것은 저서 《역사》(*The Histories*, 9권)에서 알 수 있지만 언제 있었던 일인지는 알 수 없다. 그의 여행 범위는 북으로 스키타이, 동으로는 유프라테스를 내려가서 바빌론, 남으로는 이집트의 엘레판티네, 서로는 이탈리아 그리고 아프리카의 키레네까지였다. 《역사》는 동서의 분쟁이라는 관점에서 중요한 페르시아 전쟁의 역사를 쓴 것이다. 그는 과거의 사실을 시가가 아닌 실증적 학문의 대상으로 삼은 최초의 그리스인으로《역사》는 그리스 산문 사상 최초의 걸작으로 평가된다. 키케로는 그를 '역사의 아버지'라고 불렀다.

헤르더(Johann Gottfried von Herder, 1744~1803). 독일의 철학가, 문학가이다. 동프로이센 모른겐 태생으로 브루노, 스피노자, 라이프니츠 등에게 영향을 받았으며 같은 시대의 하만, 야코비 등과 함께 직관주의적・신비주의적 신앙을 앞세우는 입장에서 칸트의 계몽주의적 이성주의 철학에 반대했다. 역사를 '여러 가지 힘의 경합에서 조화에 이르는 진보의 과정'이라 보는《인류역사철학고》(*Ideen zur Philosophie der Geschichte der Menschheit*, 1784~1791)의 역사철학은 레싱을 계승하여 나중에는 헤겔의 역사철학 구성에 이어지며, 또한《언어의 기원에 대한 논고》(*Abhandlung über den Ursprung der Sprache*, 1772)는 나중에 훔볼트의 언어철학에 영향을 주었다.

헤시오도스(Hesiodos, ?~?). 서기전 8세기 말경 고대 그리스의 서사시인이다. 오락성이 짙고 화려한 이오니아파의 호메로스와 대조적으로 종교적・교훈적・실용적 특징의 보이오티아파 서사시를 대표하며 농사와 노동의 신성함을 서술한《노동과 나날》(*Erga kai Hemerai*)과 천지창조, 신들의 탄생을 소박한 세계관으로 서술한《신통기》(神統記, *Theogonia*)가 남아 있다(천병희 역, 2004,《신통기》, 한길사; 김원익 역, 2003,《신통기》, 민음사 판에 모두 실려 있다).

헤이크월(George Hakewill, 1578~1649). 영국의 성직자, 학자이다.《변명, 세계를 경영하는 신의 권능과 섭리의 증언》이라는 책을 통해 자연의 쇠락론을 비판하고 자연의 항상성을 주장했다(이 책 3부 8장 4절에서 헤이크월의 자연관을 상세히 다룬다).

헤일 경(Sir Matthew Hale, 1609~1676). 영국의 법관, 법학자이다. 청교도혁명 중에 불편부당한 판결을 내린 것으로 유명했으며 의회의 법률 개혁 제안과 찰스 2세의 왕정복고 추진에서도 주요한 역할을 하여 영미법 역사에서 가장 위대한 학자의 한 사람으로 인정된다. 또한 과학적이면서 종교적인 문제에 관한 광범위한 저술을 남겼는데 대표작으로는《인류의 시원적 기원》이 있다.

헤일스의 알렉산더(Alexander of Hales, 1180~1245). 영국 프란체스코파의 신학자이다. 아리스토텔레스의 전체 신학 사상을 보급했으며 성경을 유일한 최종적 진리라고 했다. 그의《신학대전》(*Summa Universae Theologiae*)은 롬바드의 선언서에 대한 주석으로 많이 읽혔다.

헤카타이오스(Hecataieus, 서기전 550경~475경). 그리스의 역사가이다. 이집트와 서남아시아 등을 여행하고《세계안내기》및 세계지도를 저술・제작했다. 헤로도토스가 그의 저작을 언급했다.

헨(Victor Hehn, 1813~1890). 독일의 문화사가이다.

헨리 3세(Henry III, 1207~1272). 잉글랜드의 왕(재위: 1216~1272)이다. 존의 큰아들이자 후계자로 어린 나이에 왕위에 올랐다. 24년간(1234~1258) 효율적으로 정부를 통제했으나 관례를 무시해 결국 귀족들의 강요로 1258년 주요 개혁안인 옥스퍼드

조례에 동의해야 했다.

헬비히(Wolfgang Helbig, 1839~1915). 독일의 고고학자이다. 1865년에서 1887년까지 로마에 있는 독일고고학연구소의 부소장을 지냈으며, 헬레니즘과 폼페이 벽화와의 관계를 탐구했다.

호라티우스(Horatius Flaccus, Quintus, 영문명 Horace, 서기전 65~8). 아우구스투스 시대에 가장 유명한 시인이다. 남이탈리아 베누시아에서 해방 노예의 아들로 태어났으며 서정시집, 풍자시집, 송가집, 서간시집, 《시론》(Ars Poetica) 등이 남아 있다.

호메로스(Homeros, 영문명 Homer, 서기전 800경~750). 고대 그리스의 시인. 유럽 문학사상 가장 오래되고 걸작으로 평가받는 서사시 〈일리아드〉와 〈오디세이〉의 작자로 전해진다. 태생지나 활동에 대해서는 연대가 일치하지 않으나 두 작품의 성립연대는 서기전 800~750년경이 정설이다. 〈일리아드〉는 15,693행, 〈오디세이〉는 12,110행의 장편 서사시이며 각각 24권이다. 두 서사시는 고대 그리스의 국민적 서사시로, 그 후의 문학, 교육, 사상에 큰 영향을 끼쳤을 뿐 아니라 로마 제국과 그 후 서사시의 규범이 되었다.

호이겐스(Christiaan Huygens, 1629~1695). 네덜란드의 수학자, 천문학자, 물리학자이다. 라이덴 대학교에서 법률을 공부했으나 이후 과학으로 바꾸었다. '호이겐스의 법칙'으로 잘 알려져 있는데 이는 파동이 퍼져 나갈 때 한 점으로부터 퍼져 나간다는 이론으로 물에 돌멩이를 던지면 한 점에서 원이 되어 퍼져 나가는 현상을 의미한다.

호이카스(Reijer Hooykaas, 1906~1994). 네덜란드 유트레히트 대학교 과학사 교수였다. 화학을 공부하고 1930년부터 1946년까지 화학 교육을 했다. 1933년 "역사-철학적 발전에서 개념 요소"라는 제하의 논문이 유트레히트 대학교에서 통과되었다. 1934년 베를린 자유 대학교에서 자신의 관심사를 분명히 하는 "역사적 관점에서 본 과학과 종교"라는 강의를 진행했다. 기독교인 과학자와 물리학자 협회에서 수년간 적극적인 활동을 하기도 했다.

홀(Joseph Hall, 1574~1656). 영국의 주교이며 풍자작가이다.

홀바흐(Paul-Henri Thiry, baron d'Holbach, 1723~1789). 독일의 철학자이다. 독일 태생이나 주로 프랑스에서 활동했으며 그 당시 가장 잘 알려진 무신론자중 하나였다. 몽테스키외, 볼테르, 디드로 등과 함께 18세기 프랑스 계몽주의를 대표한다고 할 수 있다.

홈(Henry Home, 1696~1782). 케임즈 경(Lord Kames)이라고도 불리는 스코틀랜드 출신의 철학자이다. 《인간의 역사에 대한 개관》(Sketches on the History of Man)에서 역사를 4단계[수렵채집 단계, 목축 단계, 농업 단계, (상업) 도시 단계]로 구분했다.

화이트(Lynn White Junior, 1907~1987). 하버드 대학교에서 박사 학위를 받고 프린스턴 대학교와 스탠퍼드 대학교 역사학 교수, 캘리포니아 대학교 명예교수를 역임했다. 오랫동안 중세 르네상스 연구소 소장으로 근무했고 미국역사학회 회장, 과학사학회 회장, 중세아카데미 회장, 기술사학회 회장 등을 역임했다. 저서로는 《중세의 기술과 사회 변화》 등이 있다.

화이트헤드(Alfred North Whitehead, 1861~1947). 영국의 철학자, 수학자이다. 기호논리학을 확립한 사람 중 하나로 유기체론에 바탕을 둔 독창적 형이상학을 수립했다.

훌시우스(Levinus Hulsius, 1550~1606). 독일의 출판업자이다. 매우 다양한 영역의 지식들을 책으로 출판했는데 이탈리아-독일어 사전과 프랑스-독일어 사전도 출판했다.

훔볼트(Alexander von Humboldt, 1769~1859). 독일의 자연과학자이자 지리학자이다. 베를린 태생으로 지리학, 지질학, 천문학, 생물학, 광물학, 화학, 해양학 등 자연과학 분야에서 광범위한 재능을 발휘했다. 1799년부터는 라틴아메리카 탐험 조사를 하고 1804년 프랑스로 돌아왔다. 조사 동안 베네수엘라의 오리노코 강 상류와 아마존 강 상류를 조사하고, 에콰도르의 키토 부근의 화산과 안데스 산맥을 조사하면서 페루에 이르렀다. 1829년에는 제정 러시아 정부의 후원을 얻어 우랄, 알타이, 중앙아시아를 여행했으며 그 기록은 중앙아시아에 대한 최초의 정확한 자연지리 자료가 되었다. 1830~1848년 동안에는 외교관으로 일했고 그동안 19세기 전반의 과학을 상세하고도 보편적으로 묘사한 대표적 저서 《코스모스》(*Kosmos*, 5권, 1845~1862)를 집필했다. 또한 페루 앞바다를 북상하는 훔볼트 해류 외에, 산, 강, 만, 대학교 등에 자신의 이름을 남겼고, 널리 세계를 여행한 성과를 많은 저서로 간행해 자연지리학의 시조로 일컬어진다.

휘스턴(William Whiston, 1667~1752). 영국의 신학자, 역사가, 수학자이다.

휴 2세(Hugh II of Cyprus, 1252경~1267). 태어난 지 두 달 만에 헨리 1세로부터 키프로스 왕위를 물려받았고 5세부터 예루살렘 왕국의 섭정을 지냈다. 1261년 왕위를 공동으로 물려받은 어머니 플라상(Plaisance)이 죽자 키프로스의 섭정 자리는 휴 2세의 사촌인 25세 뤼지냥의 휴에게 돌아갔다. 휴 2세는 1267년 14세의 나이에 사망했고 왕위는 휴 3세가 되는 뤼지냥의 휴가 물려받았다. 아퀴나스가 휴 2세에게 《왕권에 대하여》라는 저술을 헌정했다고 알려졌지만 이 저작이 1271~1273년 사이에 쓰였다고 강력하게 주장하는 크리스토프 플뤼엘러(Christoph Flüeler)의 견해에 따르면 이 저작은 휴 2세의 계승자인 휴 3세에게 헌정되었을 것으로 보인다.

흄(David Hume, 1711~1776). 영국의 철학자이다. 그의 인식론은 로크에게서 비롯된 '내재적 인식 비판'의 입장과 아이작 뉴턴 자연학의 실험 · 관찰의 방법을 응용했다. 홉스의 계약설을 비판하고 공리주의를 지향하였다.

히포크라테스(Hippocrates, 서기전 460경~377경). 그리스의 의학자이다. '의사의 아버지'로도 불린다. 인체의 생리나 병리를 체액론에 근거해 사고했고 '병을 낫게 하는 것은 자연이다'는 설을 치료 원칙의 기초로 삼았다. 그의 학설과 그의 가르침을 받은 사람들의 소견을 모은 《히포크라테스 전집》에는 의사의 윤리에 대해서도 중요한 설이 언급되어 있다.

히폰 (Hippon, ?~서기전 450년경). 세계는 물이나 습기로 구성되었다는 탈레스의 신념을 부활시킨 철학자이다.

힉스 (Lewis Ezra Hicks, 1839~1922). 신학자. 《설계론 비판: 자연신학의 논증방법에 관한 역사적이고 자유로운 검토》(*A Critique of Design-Arguments: a Historical Review and Free Examination of the Methods of Reasoning in Natural Theology*, 1883) 를 저술했다.

힐가드 (Eugene Woldemar Hilgard, 1833~1916). 미국의 지질학자 겸 토양학자이다. 1853년 하이델베르크 대학교에서 박사학위를 받았으며 1863년 미국으로 건너갔다. 캘리포니아 대학교 농업 분야 교수(1875~1904) 와 버클리대학 농업실험실 소장을 역임했다. 1892년에는 지형, 지하수의 영향, 암석 풍화, 알칼리화 작용, 식물 반응, 관개와 배수 등에 관한 기념비적 저서인 《토양과 기후와 관련한 알칼리 토양》이란 책을 저술했다.

** 지 명

가스코뉴 (Gascogne). 프랑스 남서부의 대서양 연안에서 랑그도크 사이에 있는 지방이다.

갈리아 (Galia). 고대 켈트인의 땅으로 골(Gaul) 이라고도 한다. 지금의 북이탈리아 · 프랑스 · 벨기에 등을 포함한다.

갈릴리 (Galilee). 서아시아 팔레스타인의 북부 지방으로 갈릴레아라고도 한다. 중심지는 나사렛이다. 성서에 나오는 지방으로 현재 이스라엘의 행정구로 북부 지방에 해당하며 지중해 해안에서 갈릴리 호(湖) 까지가 포함된다.

감람 산 (Mount of Olives). 예루살렘 동부 구릉에 있는 높이 8백 m의 산이다. 4개의 봉우리로 이루어진 이 산의 서쪽 기슭 근처에는 그리스도의 수난이 시작되는 겟세마네 동산이 있다. 이 산기슭에서 예루살렘 입성을 앞둔 그리스도가 군중의 환영을 받았다는 기록이 있고, 사도행전 1장에는 이곳에서 그리스도가 승천했다는 기록이 있다. 현재 이곳에는 겟세마네의 바실리카를 비롯하여 많은 성당이 있으며, 산 정상에 오르면 예루살렘 시가지, 요르단 계곡, 사해의 북쪽 끝, 길르앗 · 모압의 산들을 바라볼 수 있다.

네메아 (Nemea). 그리스 펠로폰네소스 반도 북동부에 있었던 도시이다.

네미 호수 (Lake Nemi). 이탈리아 중부 라치오 주에 있는 화구호(火口湖) 이다.

노트르담 대성당 (Notre Dame). 프랑스 파리 센 강 시테 섬에 있는 성당으로 프랑스 초기 고딕 성당의 대표작이다. 1163년 공사가 시작되어 13세기 중엽에 일단 완성되었으나 그 후에도 부대공사가 계속되어 18세기 초엽 측면 제실(祭室)의 증설로 오늘날의 모습을 갖추었다. 그러나 18세기 프랑스혁명 때 심하게 파손되어 19세기에 대대적인 보수공사를 했다.

누비아(Nubia). 현재 아프리카 북동부 지역을 부르던 고대 지명이다. 대략 나일 강에서부터 동쪽으로는 홍해 해변, 남쪽으로는 하르툼(현재 수단의 수도), 서쪽으로는 리비아 사막에 걸쳐 있었다.

다겐햄(Dagenham). 영국 런던 동부의 교외 지역이다.

돈 강(Don river). 동부 유럽의 러시아를 흐르는 강으로 고대 그리스에서는 타나이스 강이라고 불렸다.

두라초(Durazzo). 알바니아의 아드리아 해 연안에 위치한 도시이다. 역사가 매우 길고 경제적으로도 매우 중요한 도시였다. 알바니아어로 이 도시의 이름은 두러스(Durrës)인데 이탈리아어 이름인 두라초로 널리 알려졌다.

드네프르 강(Dnieper river). 벨로루시와 우크라이나를 흐르는 강이다. 발다이 구릉에서 시작하여 키예프를 지나 흑해로 들어간다. 유럽에서 세 번째로 긴 강으로 길이는 2천 2백 ㎞에 달한다.

라드론 섬(Ladrones). 라드론은 '도둑'을 뜻하며 오늘날의 괌이다. 마젤란이 이 섬에 도착했을 당시 원주민들이 배에서 물건을 가져가는 것을 보고 이름을 붙였다고 한다.

라인 강(Rhine river). 중부 유럽 최대의 강이다. 알프스 산지에서 발원해 유럽에서 공업이 가장 발달한 지역을 관류하여 북해로 흐른다. 본류는 스위스, 리히텐슈타인, 오스트리아, 독일, 프랑스, 네덜란드 등을 거치며 운하에 의해 지중해, 흑해, 발트 해 등과 연결된다. 그중 독일을 흐르는 부분이 가장 길어 독일의 상징이라고 한다.

라플란드(Lapland). 스칸디나비아 반도 북부 지역으로, 대부분이 북극권에 속하는 라프 족의 거주 지역이다. 노르웨이, 스웨덴, 핀란드, 러시아 4개국 영토에 걸쳐 있다.

랭스 대성당(Cathedral of Reims). 프랑스의 랭스에 있는 고딕식 성당. 1210년에 화재로 불타 1211년부터 13세기 말에 걸쳐 재건되었다. 프랑스 중세기 예술의 정수로 일컬어진다.

레반트(Levantine). 소아시아와 고대 시리아의 지중해 연안 지방이다.

레옹(Léon). 중세 전성기 브르타뉴 지방 서쪽에 위치했던 도시이다.

로도스(Rhodus, Rodos). 그리스 에게 해 남동쪽 해상의 섬으로 서기전 407년 로도스 도시국가가 건설되어 지중해 무역의 중심지로 번영했다.

로첼라(Roccella). 이탈리아 칼라브리아 주에 위치한 도시.

롬니 습지(Romney Marsh). 잉글랜드 남동부 지역의 인구가 희박한 습지 지역이다.

리용(Lyons). 파리에 이은 프랑스 제2의 도시로 이탈리아로 가는 관문도시다.

리카오니아(Lycaonia). 고대 소아시아 중남부 지방의 옛 이름이다.

마가리타(Margarita). 베네수엘라 북동부 누에바에스파르타 주에 딸린 섬이다.

마데이라 제도(Madeira). 모로코 서쪽 640㎞ 지점의 대서양상에 있으며 15세기 포르투갈의 항해에서 엔리케 왕자가 처음 발견했다.

마르티니크(Martinique). 서인도 제도 동부 앤틸리스 제도에 있는 화산섬이다.

마테호른(Matterhorn). 스위스와 이탈리아 사이 알프스 산맥에 있는 산으로 빙하의 침식작용에 의해 매우 뾰족한 봉우리를 가진 빙하 지형이다.

메갈로폴리스(Megalopolis). 고대 그리스의 에파메이논다스가 아르카디아 남부에 건설한 대(大) 폴리스이다.

메로에(Meroë). 수단의 수도 하르툼 북쪽 나일 강 동편에 위치했던 고대 도시이다.

멤피스(Memphis). 이집트 카이로 남쪽 나일 강 유역 고대 이집트의 수도이다.

모에리스 호(Lake Moeris). 카이로 남서쪽에 있는 저지대 알파이움에 위치한 호수이다.

모젤 계곡(Modelle valleys). 프랑스, 독일에 걸쳐 흐르는 라인 강의 지류로 길이는 약 544㎞이며, 프랑스 북동부 보주 산맥의 보주, 오랑 두 현의 경계 부근에서 발원하여 북류하면서 에피날을 거쳐 로렌 평원으로 흐른다.

미디 운하(Canal de Midi). 랑그도크 운하라고도 하며 프랑스 남서부에 있다. 1666~1681년 동안 리케의 감독하에 건설된 운하인데 지중해 연안의 아그드 근처에서 시작하여 툴루즈에 이르고, 그 다음부터는 가론 강과 이에 병행하는 운하와 연결되어 대서양으로 흐른다. 이로 인해 대서양 연안 및 지중해 연안과 직접 이어지는 툴루즈가 상업적으로 발전했으나, 19세기에 미디 철도가 개통한 후부터는 교통량이 감소하고 국지적으로 이용되는 데 불과하다. 예술과 자연의 조화를 기술적으로 완성했다는 평가를 받으며 세계문화유산으로 등록되었다.

미시아(Mysia). 소아시아 북서 아나톨리아에 있던 지방이다.

밀레토스(Miletos). 아나톨리아의 서해안에 있던 이오니아의 고대 도시로 당시 그리스 동쪽에서는 가장 큰 도시였다.

바버리(Barbary). 북아프리카의 지중해 연안 지방에 있는 리비아, 튀니지, 알제리, 모로코를 통틀어 이르는 말이다.

바빌론(Babylon). 이라크 바그다드에서 남쪽으로 80㎞ 떨어진 메소포타미아의 고대 도시이다.

바젤(Basel). 독일, 프랑스와 접경한 국경도시로 스위스 바젤수타트 주의 주도(州都)이다. 뮌스터가 거주하던 1500년대에는 독일 영토였다.

박트리아(Bactria). 힌두쿠시 산맥과 아무다리아 강 사이에 고대 그리스인이 세운 국가(서기전 246~138)로 중국에서는 '대하'(大夏)라고 불렀다. 그리스계 왕국으로 오랫동안 동방에서 헬레니즘의 기수였다.

발루치스탄(Baluchistan). 현재 파키스탄 서부에 있는 주 지역이다. 광대한 산악의 고원지대를 차지하며 서쪽으로는 이란, 북서쪽으로는 아프가니스탄과 접한다.

발리스 (Wallis, 프랑스명 Valais). 스위스 남부에 있는 주로 주도는 시옹이다. 남쪽으로 이탈리아, 서쪽으로 프랑스와 접한다.

뱀스터 (Bemster 또는 Beemster). 17세기 전반에 간척이 이루어진 네덜란드에서 가장 오래된 해안 개간지이다. 고대와 르네상스식 계획 원리에 따라 펼쳐진 촌락, 제방, 운하, 도로, 들판의 경관을 잘 보전했다. 이곳의 창조적이고 상상력 풍부한 경관은 유럽뿐 아니라 다른 지역의 간척사업에도 큰 영향을 주었으며 1999년 유네스코 세계문화유산으로 지정되었다.

베냉 (Benin). 서부 아프리카 대서양 연안의 작은 국가. 1960년 프랑스로부터 독립했으며 정식 국호는 베냉인민공화국이다.

베스트팔리아 (Westphalia). 지금의 독일 빌레펠트, 보훔, 도르트문트, 겔젠키르헨, 뮌스터, 오스나브뤽, 노르트라인-베스트팔렌, 니더작센을 중심으로 하는 영역이다.

보스 (La Beauce). 프랑스 파리 남서쪽에 위치한 곡창지대로 중심 도시는 샤르트르이다.

보스포루스 해협 (Bosporus Strait). 터키 서부, 마르마라 해와 흑해를 연결하는 해협이다. 아시아 대륙과 유럽 대륙과의 경계를 이루고 고대부터 흑해와 지중해를 연결하는 중요한 수로였다.

보이오티아 (Boeotia). 그리스 중남부에 있는 주다. 남쪽은 코린트 만, 북동쪽은 에보이아 만에 면하고 남동쪽은 아티키 주, 북서쪽은 프티오티스 주, 서쪽은 포키스 주와 각각 접한다.

부르사 (Brusa). 터키의 4대 도시 중의 하나이다.

부르쥬 대성당 (Bourges). 프랑스의 부르쥬에 위치한 고딕 양식의 대성당이다. 유네스코 지정 세계문화유산으로 12~13세기에 건립된 고딕 예술의 최대 걸작 중 하나이며 건축의 비례 균형미와 디자인 단일성 등으로 격찬을 받는다.

부케팔라 (Bucephala, 영문명 Bucephalia). 알렉산드로스의 인도 원정 때 건설한 도시이다. 현재 파키스탄 북동부 카슈미르 지방이다.

브라반트 (Brabant). 지금의 벨기에 플레미시 브라반트, 월룬 브라반트, 안트워프, 브뤼셀 및 네덜란드 북브라반트 지방이다.

브렌타 강 (Brenta river). 아드리아 해로 흘러들어가는 이탈리아의 강이다.

비테르보 (Viterbo). 이탈리아 중부 라치오 주에 있는 도시이다. 9~15세기에 건축된 많은 아름다운 궁궐과 건물들이 남아 있으며, 샘이 특히 많다.

사모트라체 (Samothrace). 에게 해 북쪽에 있는 그리스의 섬이다.

샤르트르 대성당 (Chartres). 프랑스의 파리에 위치한 대성당으로, 1145년에 건설이 시작되어 1194년 화재 이후 26년 동안 재건축되었다. 빼어난 조형미로 프랑스 고딕 양식의 정점이라 불리며 유네스코 지정 세계문화유산 중 하나다.

샤트-알-아랍 (Shatt al-Arab). 현재 이란과 이라크의 국경을 이루는 강(수로)을 일컫는 명칭이다.

샹파뉴 (Champagne). 프랑스 남부의 랭스 근처의 포도주 산지이다.

서스케하나 (Susquehannah). 미국 동부에서 가장 긴 강으로 애팔래치아 산맥을 흐르는데 수심이 깊지 않고 물이 비교적 깨끗하다. 두 개의 큰 지류가 합쳐져 뉴욕, 메릴랜드, 펜실베이니아 3개 주를 거쳐 흐른다.

세인트 후안 데 울루아 항 (the port of Saint John de Ullua in New Spain). 현 멕시코 베라크루즈 항의 옛 지명이다.

소시에테 제도 (Society Islands). 남태평양 중앙에 있는 프랑스령 폴리네시아에 속한 제도이다. 총 1,590㎢에 걸쳐 흩어진 이 제도 가운데 가장 크고 잘 알려진 섬은 타히티 섬이다.

수비아코 (Subiaco). 이탈리아 중부 라치오 주에 있는 도시이다. 로마에서 동쪽으로 떨어진 아니에네 강변에 위치한다.

수스 (Sousse). 튀니지의 수스 주의 주도로 '수사'라고도 한다.

스미르나 (Smyrna). 이오니아의 고대 도시로 현재의 터키 이즈미르이다.

스트롬볼리 (Stromboli). 이탈리아 지중해 중부 티레니아 해 리파리 제도 북쪽 끝에 있는 화산섬이다.

시돈 (Sidon). 레바논 자누브 주의 주도로 아랍어로는 사이다(Sayda)라고 한다. 고대 페니키아 시대에는 상업 도시국가로 무역항으로 크게 번영했다.

시엘 (Sierre). 스위스 남서부 발리스 주의 한 도시로 독일어로는 지더스(Siders)라 한다.

시옹 (Sion). 스위스 남서부 발리스 주의 주도로 론 강 연안에 있다. 켈트족과 로마인의 정착지가 그 기원이며 6세기 말에 주교 소재지가 되었다. 이곳의 주교들은 1798년까지 발리스를 다스렸다. 주민의 대부분은 프랑스어를 사용한다.

아나톨리아 (Anatolia). 터키의 소아시아 반도 내륙의 분지상 고원 지대이다. 현재는 아나톨리아 고원으로 일컬어지며 과거에는 소아시아 전 지역을 부르던 이름이었다.

아니에네 강 (Aniene river). 이탈리아 중부를 흐르는 강으로 로마 남동쪽에서 발원하여 티볼리를 거쳐 협곡을 지나 캄파냐노 디 로마 평원을 굽이쳐 흐른 뒤 로마 북쪽에서 테베레 강에 합류한다.

아디제 강 (Adige river). 이탈리아 북동부를 흐르는 강이다.

아르노 강 (Arno river). 이탈리아 투스카니 지방의 강으로 이탈리아 중부에서 테베레 강 다음으로 중요한 강이다. 피렌체를 가로지르는 강이기도 하다.

아르덴 (Ardennes). 프랑스 북동부 지방으로 벨기에와 접해 있다.

아르카디아 (Arcadia). 그리스 남부 펠로폰네소스 반도 중앙에 있는 주이다. 목가적이고 고립적인 특징 때문에 그리스-로마 시대의 전원시와 르네상스 시대의 문학에서 낙원으로 묘사되었다.

아마시아 (Amasya). 터키 아마시아 주의 주도이다. 삼순 남서쪽 예실 강 연안에 있는 농산물 집산지이다. 고대 폰투스 왕국의 수도였으며 그리스의 지리학자 스트라본이 태어난 곳이다.

아미아타 산(Amiata). 이탈리아 토스카나 지방의 산으로 교황 비오 2세가 1462년 흑사병
과 더위가 기승을 부릴 동안 이 산에 피신해 풍경 탐닉의 절정에 도달했다고 한다.

아비시니아(Abyssinia). 에티오피아의 옛 이름이다. 지금은 국명이 아닌 지리적 명칭으로
쓰인다.

아시시(Assisi). 이탈리아 움브리아 주에 있는 도시이다. 토피노 강 유역과 키아시오 강
유역에 솟은 아펜니노 산맥의 수바시오 산 중턱에 있어 움브리아 평야의 아름다운
경치를 바라볼 수 있다. 성 프란체스코 및 성녀 클라라가 탄생한 주요 가톨릭 순례
지의 하나다.

아키타니아(Aquitania). 로마 시대 갈리아(현재의 프랑스)의 남서부 지방이다.

아토스 산(Mt. Athos). 그리스 북부에 위치한 산으로 1054년 이후로 그리스정교의 정신
적 성지가 되었다. '신성한 산'이라고도 불리는 이 산은 그리스정교회 수도원들이 자
리 잡고 있으며, 반(半) 자치공화국이다. 전통적으로 여성과 암컷 동물은 들어올 수
없다. 유네스코 세계문화유산이기도 하다.

아티케(Attike, Attica). 아테네를 중심으로 하는 그리스 중동부 지역을 일컫는다. 서기전
2000년경 이래로 그리스인이 정착했다. 현재의 아티키주(Attiki) 이다.

아폴로니아(Apollonia). 고대 그리스의 도시로 현재 알바니아의 남동쪽에 위치한 도시인
피에르를 이른다.

아풀리아(Apulia). 이탈리아 남동부 아드리아 해와 타란토 만 사이에 있는 주로 현재는
풀리아로 불린다.

아피아 가도(Appian Way). 로마에서 카푸아를 지나 현재의 브란디 시에 이르는 고대 로
마의 길이다.

아헨(Aachen). 독일 노르트라인 베스트팔렌 주에 있는 광공업 도시이다. 프랑스어로는
엑스라샤펠이다. 아르덴 고원의 북쪽 사면에 위치하고 아름다운 숲으로 둘러싸인
데다가 고온(73.4도)의 온천이 솟아 예로부터 휴양지로 이용되었다. 로마 시대부터
쾰른에서 아헨을 거쳐 브뤼셀, 파리를 잇는 교통의 요지로 발달했다.

안티오크(Antiok). 고대 시리아의 수도로 현재의 안타키아이다.

알렉산드레타(Alexandretta). 현재 공식 지명은 이스켄데룬(Iskenderun 또는 Iskenderon)
으로 터키 남부 이스켄데룬 만에 위치한 항구도시다. 알렉산드로스의 승리를 기념
하여 건설된 도시라서 알렉산드레타라는 이름을 가졌다. 수에즈 운하가 개통되기
전에는 시리아, 이란, 인도 방면으로 통하는 내륙 통상의 중계지로서 교통의 요지
였다.

알-미나(Al-Mina). 시리아 북부 지중해 해안에 있었던 고대 도시로 서기전 800년 이전에
건립된 그리스 무역 식민지이다.

에보이아(Evvoia). 그리스에서 크레타 다음으로 큰 에게 해의 섬이다.

에트나 화산 (Mount Aetna). 이탈리아 시칠리아 섬 동부에 있는 산으로, 지중해 화산대의 대표적인 활화산이며 유럽의 화산 중 가장 높다.

에페소스 (Ephesos). 소아시아 서해안에 있던 이오니아의 고대 도시. 현재는 터키의 에페 스이다.

여리고 (Jericho). 요르단 강 서안에 있는 도시로 현지인들은 '아리하'라고 한다. 예루살렘 북동쪽 36km, 요르단 강과 사해가 합류하는 북서쪽 15km 지점에 있으며 지중해 해 면보다 250m나 낮다. 각종 과실수 (특히 종려나무)가 우거진 오아시스로, 예로부터 방향 (芳香)의 성읍, 또는 종려나무성이라 했다. 본래 요르단 영토인 여리고는 1967 년 6일 전쟁 때 이스라엘군이 점령한 후 줄곧 이스라엘이 관장한다.

예루살렘 (Jerusalem). 이스라엘의 정치적 수도. 아라비아인은 이 도시를 쿠드스 (신성한 도시)라고 부른다. 동부는 요르단령이며 서쪽은 1948년부터 이스라엘령이 되었고, 1950년에는 그 수도가 되었다. 1967년 6월 중동전쟁 이후 유대교도·기독교도·이 슬람교도가 저마다 성지로 받드는 동부 지역도 이스라엘의 점령지다.

오리노코 강 (Orinoco river). 남아메리카 3대 강의 하나로 베네수엘라 국토를 관통하여 대 서양으로 흐른다.

올두바이 협곡 (Olduvai Gorge). 동아프리카의 탄자니아에 있는 유적군인 올두바이 유적으 로 세계에서 가장 오래된 구석기 유적이다.

요르단 강 (Jordan river). 서아시아의 요르단 지구대 (地溝帶), 팔레스타인의 동쪽 가장자 리를 남으로 흐르는 하천으로 길이는 360km이다. 안티레바논 산맥의 남단 부근, 레 바논·시리아 영내에서 발원한 몇몇 하천이 이스라엘 영내에서 합류하여 요르단 강 이 된다. 그 후 요르단 지구대를 남류하여 일단 갈릴리 호에 들어간 다음 다시 남쪽 으로 흘러 요르단령에서 고르 저지를 곡류 후 해면 아래 394m의 사해로 들어간다.

우루크 (Uruk). 이라크 남부 우르에서 북서쪽으로 약 60km에 위치했던 수메르의 고대 도 시이다.

이수스 (Issus). 아나톨리아 남동부 실리시아에 위치한 강으로 서기전 330년 알렉산더 대 왕이 여기서 다리우스 왕을 대패시킨 이수스 전투가 벌어졌다.

이스마로스 (Ismarus). 에게 해안에 있던 키코네스족의 성으로 〈오디세이〉에 등장한다.

이오니아 (Ionia). 소아시아 서쪽 지중해 연안 및 에게 해에 면한 지방의 옛 이름이다. 현 재는 터키의 일부로 서기전 10세기에 고대 그리스의 한 종족인 이오니아 인이 이주 하여 12개의 식민지를 건설하고 약 4백 년간 번영한 곳이며 밀레투스를 중심으로 발전한 이오니아학파는 고대 그리스 문화 형성에 크게 이바지했다.

일 드 프랑스 (île-de-France). 프랑스 중북부 파리분지 중앙부에 위치한 지역으로 '프랑스 의 섬'이라는 뜻이다. 넓은 숲으로 둘러싸인 평원으로 중심 도시는 파리다.

일리리아 (Illyria). 지금의 발칸 반도 서부 지역이다.

잔지바르 (Zanzibar). '검은 해안'을 뜻하며 현재 아프리카 탄자니아 잔지바르 주의 주도로 고대에 아랍인이 건설한 도시이다. 아라비아 반도와 아프리카 동쪽 연안의 전통적 중계무역으로 오래전부터 번성한 기항지이다.

조이데르 해(Zuider Zee). 네덜란드 북쪽 해안의 얕은 만으로 현재는 둑으로 바다와 차단되어 있다.

질란트(Zealand 또는 Zeeland). 네덜란드 남서부에 위치한 주로 섬이 많다.

체키앙 지방(Chekiang). 중국의 저장성(浙江省)을 가리킨다.

침보라소 산(Chimnorazo). 에콰도르 중부의 안데스 산맥에 위치한 높이 6,268m의 산으로 훔볼트가 오른 에콰도르에서 가장 높은 산이다. 1802년 당시에는 세계 최고봉으로 알려졌던 이 산을 훔볼트가 등반 장비 없이 5,878m까지 올랐으며, 그 결과 태평양 해수면에서 안데스 산맥의 정점에 이르는 자연현상의 총체를 "열대지역의 자연도"라는 한 장의 지도에 담았다.

카디스(Cadiz). 에스파냐 이베리아 반도 남쪽에 위치한 도시이다.

카르마니아(Carmania). 이란 남동부 케르만 주에 해당되는 지방을 일컫던 지명이다.

카르타헤나(Carthagena). 현재 남아메리카 콜롬비아 북부 볼리바르 주의 주도이다.

카스티야(Castile). 에스파냐 중부의 역사적 지역명이다. 지역명의 유래에는 성(castillo, 城)의 지방이라는 뜻이 담겨 있으며, 중세 카스티야 왕국에 속하는 지역의 중심부를 가리킨다.

카에사리아(Caesarea). 율리우스 카이사르를 기리기 위해 명명된 도시 이름으로 여러 곳이 있다. 성 바실리우스가 태어난 곳은 카파도키아 지방의 카에사리아다. 카에사리아 이전의 이름은 마자카이며 현재는 터키의 대도시로 카이세리라고 불린다.

카프카스(Caucasus). 러시아 남부, 카스피 해와 흑해 사이에 있는 지역이다. 영어로는 코카서스, 코카시아라고도 한다. 동쪽으로 카스피 해, 서쪽으로는 흑해와 아조프 해를 경계로 한다.

칼데아(Chaldea). 바빌로니아 남부를 가리키는 고대 지명으로 구약성서에서는 흔히 바빌로니아와 동의어로 사용한다. 칼데아인은 서기전 1000년 전반에 바빌로니아 남부에서 활약한 셈 족의 한 종족으로 스스로 바빌로니아 문화의 후계자를 자처하고 남하하는 아시리아의 세력에 완강히 대항했다.

코린토스(Corinth). 그리스 본토와 펠로폰네소스 반도를 잇는 코린트 지협에 있었던 고대 폴리스 및 현대 도시이다.

코스(Cos). 터키 남서부 해안 부근에 있는 그리스령 섬으로, 고대 그리스 시대에는 문예 활동의 중심지였으며 '의학의 아버지'인 히포크라테스의 태생지이다.

코임브라(Coimbre). 포르투갈 중부 코임브라 주의 주도로 포르투갈어로는 'Coimbra'라고 쓴다. 한때 포르투갈 왕국의 수도였으며 학문과 예술의 중심지이다.

코파이스 호수(Lake Copais). 19세기까지 보이오티아 중부 지방에 있던 고대 그리스 시대의 호수이다.

콘월(Cornwall). 영국 잉글랜드 남서부 지역이다.

퀴리날리스 지구(Quirinal Quarters). '로마의 일곱 언덕' 중 하나가 있는 곳이다.

키도니아(Cydonia). 그리스 크레타 섬 북서부 카니아 주의 주도인 카니아(Khania)의 고대 이름이다.

키테라(Cythera). 그리스 키티라 섬의 고대 지명이다. 사랑의 여신 아프로디테의 섬으로 여겨진 곳이다.

타부르누스(Taburnus). 이탈리아 베네벤토의 서부 삼니움에 있는 아펜니노 산맥의 일군을 이루는 산이다.

타타르 지역(Tartary, 또는 Great Tartary). 우랄 산맥 서쪽, 볼가 강과 그 지류인 카마 강 유역을 말한다.

타호 강(Tagus river). 이베리아 반도에서 가장 큰 강으로 전체 길이가 1,007㎞에 달한다. 그 가운데 에스파냐령 안에서는 785㎞, 유역면적 81,600㎢. 에스파냐의 중동부 쿠엥카 산맥에서 발원하여 서쪽으로 흘러 포르투갈·에스파냐 국경을 따라 흐르다가 리스본에서 대서양으로 흘러든다.

테라 오스트랄리스(Terra Australis). 라틴어로 '남쪽의 땅'이라는 뜻이다. 고대 그리스인은 지구는 완벽한 구형이며 완벽한 균형을 위해 북방의 대륙만큼 남방에도 거대한 땅이 있을 거라고 믿었다. 이는 고대 그리스의 지리학자 프톨레마이오스가 남긴 세계지도에 미지의 남방의 땅이라고 표기된 데서 유래하였으며 실제로 오세아니아 대륙이 발견되면서 오늘날 오스트레일리아라는 국명의 기원이 되었다.

테베(Thebes). 그리스 중부 지역에 있던 고대 그리스 시대의 옛 도시이다.

테베레 강(Tiber river). 이탈리아 중부 아펜니노 산맥의 푸마이올로 산록에서 발원하여 토스카나·움브리아 지방으로 흐르다가 로마 시내를 관통하여 티레니아 해로 흘러드는 강이다.

테살리아(Thessaly). 그리스 중북부 지방으로 예로부터 밀의 주산지였다.

튀니지아(Tunisia). 북아프리카의 지중해안에 위치한 곳으로 고대에는 페니키아의 도시 카르타고였으며 로마제국 때는 식량기지로 중요한 역할을 담당했다.

트라체(Thrace). 불가리아, 그리스 북동부, 터키 동부 지역에 걸친 지역이다.

트리니타 데이 몬티(Trinità di Monte). 로마에 있는 교회로 1585년에 완성되었다. 에스파냐 광장과 에스파냐 계단이 서로 연결되어 있다.

티레(Tyre). 레바논 베이루트 남쪽 수르에 있는 도시 유적이다. 고대 페니키아에서 가장 큰 항구도시로 이집트 등 여러 지역과 교역하던 페니키아 문화의 중심지였다.

티볼리(Tivoli). 로마 북동쪽으로 30㎞ 정도 떨어진 도시이다. 빼어난 경관으로 인해 로마제국 시대에 여름 휴양지로 각광받아 부유한 로마인이 별장과 소규모 신전을 지었는데, 대표적 유적으로 로마의 황제 하드리아누스의 별장이 있다. 중세에는 교황 비오 2세가 이곳에 성을 건립하기도 했다.

티에라 델 푸에고(Tierra del Fuego). 에스파냐어로 '불의 땅'이라는 뜻으로 남아메리카 대륙 남쪽 끝에 위치한 지역이다.

티에라 칼리엔테(Tierra Caliente). 에스파냐어로 '뜨거운 땅' 또는 '무더운 땅'을 의미한다. 멕시코 및 코스타리카 국경 지대와 카리브 해 및 북태평양 연안 해발 750m 이하의 낮은 평야지대를 일컫는데 평균 기온은 약 25도, 낮 기온이 30~33도로 매우 높고, 밤에도 21도 이하로 떨어지지 않는다. 반면 중앙 고지대 대부분인 해발 750~1,600m 지역은 티에라 템플라다(Tierra Templada: 온화한 땅)로 분류된다.

파이윰(Faiyûm). 이집트 카이로에서 나일 강을 따라 남쪽으로 1백 ㎞가량 떨어져 있는 도시이다.

펠로폰네소스(Peloponnesus). 그리스 남쪽의 반도로 스파르타 등의 도시국가가 있었다.

포 강(Po river). 이탈리아 북부를 흐르는 강이다.

폰티네 습지(Pontine Marshes). 이탈리아 중부 라티움 지역에 위치한 습지로 넓이는 775 ㎢에 달한다. 비옥한 토양임에도 불구하고 수천 년 동안 습지가 많은 황무지로 방치되었다가 1930년대 무솔리니 시대에 대규모 간척 사업이 시행되었다.

푸아투(Poitou). 프랑스 서부의 방데, 되 세브르, 비엔 주를 포함하는 역사적·문화적 지역이다.

풀다(Fulda). 독일 헤센 주 북동부에 있는 도시이다.

프로폰티스(Propontis). 현재의 마르마라 해로, 북동쪽은 보스포루스 해협과 흑해로 통하고 남서쪽은 다르다넬스 해협과 에게 해로 통한다.

프로프타시아(Prophthasia). 현재 아프가니스탄 서부 지방에 위치한 작은 도시로 알렉산드로스가 원정 중에 붙인 이름으로 '예언자의 도시'라는 뜻이다. 현재 이름은 파라(Farah)이다.

프리지아(Frisia). 네덜란드에서 독일, 덴마크로 이어지는 북해 남서쪽 연안 지역이다.

프리지아(Phrygia). 소아시아의 중부에서 서부에 걸쳐 있던 지역이다. 서기전 1500년경 유럽에서 인도 유럽어족 계통인 프리지아인이 침입하여 원주민을 정복하고 프리지아 왕국을 형성한 곳이기도 하다.

플랑드르(Flanders). 벨기에, 네덜란드 남부, 프랑스 북부에 걸친 중세 시대 국가이다.

플로렌티아(Florentia). 이탈리아 피렌체 지방을 부르는 로마 시대 지명으로 서기전 1세기에 카이사르가 로마군의 병영이 있던 아르노 강변에 꽃이 만발해 '꽃피는 곳'이란 뜻의 이름을 붙였다고 한다.

필리피(Philippi). 그리스 북동부 해안에 있던 고대 도시로 빌립보라고도 한다. 서기전 4세기에 필리포스가 건설했으며 로마와 아시아를 잇는 커다란 도로가 지나는 상업·문화의 요지였다. 신약성서의 "필립비인에게 보낸 편지"는 바울로가 이 도시의 기독교도에게 보낸 편지다. 바울로 시대에는 이곳이 지방 최대의 도시였으며, 기독교가 유럽에 전파된 최초의 땅이었다.

하르츠 산지(Harz). 독일 중부 산지에 걸쳐 있는 헤르시니아 습곡 산지. 베저 강과 엘베 강 사이에 있으며 불규칙한 계단 모양의 고원이다. 이 고원에는 둥글게 마모된 봉우리들이 솟아 있고 대체로 협곡을 이룬다.

할렘머메어(Haarlemmermeer). 네덜란드 북부 홀란드에 위치한 도시이다. 할렘 호수를 메워 만들어진 간척지로 유명한데 풍차가 아닌 증기기관을 이용하여 만들어졌다.

할리카르나소스(Halicarnassus). 소아시아의 남서안 카리아에 있었던 고대 그리스의 도시. 현재 터키의 보드룸이다. 역사가 헤로도토스의 태생지로 유명하다.

헬리오폴리스(Heliopolis). 이집트 북부 나일 강 삼각주에 있었던 고대 도시로 태양신 '라' 신앙의 중심지이다.

홀란트(Holland). 네덜란드 서부의 두 주(북부 홀란드, 남부 홀란드)를 가리키기도 하고, 네덜란드 전체를 가리키기도 한다. '화란'(和蘭)이란 말은 홀란트를 음역한 것이며 이 책에서는 네덜란드의 한 지역인 홀란드를 의미한다.

후루(Hurru). 고대 이집트 시대에 가나안(현재 팔레스타인 지역)을 부르던 지명이다.

히더 스페인(Hither Spain). 에스파냐의 북서부 해안과 에브로 계곡에 위치한 지역이다.

히스파니올라(Hispaniola). 서인도 제도 중부 대(大) 앤틸리스 제도에 있는 섬으로, 아이티와 도미니카 두 나라로 이루어져 있다.

*** 서 명

건축십서(*De Architectura*). 서기전 1세기 로마의 건축가·건축이론가인 비트루비우스의 저작이다. 총 10권으로 르네상스의 고전 연구 열풍 속에서 1415년경에 재발견되었으며 1484년에 로마에서 초판이 간행되었다. 유럽 건축가에게 커다란 영향을 주었으며 오늘날에도 고대 건축 연구에 귀중한 자료다(오덕성 역, 1985, 《건축십서》, 기문당 참조).

고대와 현대의 인류 수에 관한 논문(*A Dissertation on the Numbers of Mankind, in Ancient and Modern Times*). 월리스(Robert Wallace)가 고대사에 관한 방대한 연구를 통해 추정한 인구 역사에 관한 문헌으로 1751년 완성되었다. 그는 세계 인구 성장에 관한 기하학적 비율에 기초한 가설 모형을 제시하고 당시 세계 인구는 잠재력 보다 훨씬 적다고 주장했다. 데이비드 흄은 이 저서에 관한 논평을 했으며, 몽테스키외는 이 책의 프랑스 번역을 감수했다. 그의 인구 성장 모형은 맬서스의 인구론에 직접적인 영향을 미쳤다.

고백록(*Confessions*). 성 아우구스티누스가 40세 때 저술한 자서전으로 신앙 없이 방탕했던 시기 마니교에 빠졌다가 기독교 신앙을 갖기까지의 참회 생활을 중심 내용으로 엮었다. 자서전이지만 신학 체계가 매우 탁월한 작품으로 자신에 대한 기록 10권과 성서에 대한 해석 3권 등 총 13권이다. 일부에서는 후반의 3권을 그의 생활 기록이 아니라는 이유로 제외하는 경우도 있지만 이 나머지 부분도 본론에서 벗어났다기보다는 오히려 신을 보다 완전히 인식하고 더욱 사랑하고자 한 아우구스티누스의 모습을 나타낸다(김광채 역, 2004, 《성 어거스틴의 고백록》, 기독교문서선교회 참조).

고타연감(*Almanach de Gotha*). 유럽의 왕가·귀족의 족보 등을 기재한 연감이다.

농경시(*Georgics*). 로마 시대의 시인 베르길리우스가 서기전 29년에 출간한 시집이다. 주제는 농촌 생활과 농사이며 교훈적인 시로 분류된다. 2,188편의 6보격 시로 구성되며 총 4권이다. 1·2권은 농업, 3권은 가축 기르기, 4권은 양봉(養蜂)을 다룬다.

뉴 아틀란티스(*New Atlantis*). 프랜시스 베이컨의 17세기 초 소설이다. 기독교에 기반을 둔 과학적 이상사회에 관한 책으로 토마스 모어의 《유토피아》, 캄파넬라의 《태양의 도시》와 함께 근대 유럽의 유토피아 이야기를 대표하는 저작 중 하나다(김종갑 역 2002, 《새로운 아틀란티스》, 에코리브르 참조).

달 궤도에 나타나는 표면에 관하여(*De Facie Quae in Orbe Lunae Apparet*). 플루타르코스의 《윤리론집》(*Moralia*)에 실려 있는 대화편이다.

드라이아이허 빌트반(*Dreieicher Wildbann*). 중세 마인가우 지방의 왕실 권리목록집이다. 제목의 '빌트반'은 왕실만이 가진 특별한 사냥할 권리를 뜻한다.

목가집(*Eclogae*). 로마 시대의 시인 베르길리우스의 시집. 목가적 풍경에 관한 10편의 짧은 시들로 구성되었다. 대부분의 시는 양치기와 염소 목동 간의 대화와 노래 경연의 형태이다.

박물지(*Naturalis Historia*). 로마 시대 플리니우스가 77년에 완성한 37권짜리 백과사전이다. 1권(목차와 서문), 2권(우주), 3~6권(지리학과 민족지), 7권(인류학, 생리학, 심리학), 8~11권(동물학), 12~27권(식물학: 농업, 정원, 약초), 28~32권(약용동물학), 33~37권(광물학)으로 구성된다.

법률(*Nomoi*). 플라톤의 마지막 저술로 가장 길고 어려운 책에 속한다. 추상적 이상을 제시하는 《국가》(*Politeia*)와는 대조적으로 실용적 지침과 실제 세계에서 정치질서의 구축과 유지에 대한 내용을 제공하는 것으로 보인다(박종현 역, 2009, 《플라톤의 법률》, 서광사 참조).

법의 정신(*L'esprit Des Lois*). 몽테스키외의 대표작이다. 법을 선천적·보편적 원리에서 생각하는 것이 아니라 저마다의 나라에서 실시되는 법의 형태·체제의 경험적인 사회학적 비교 고찰에 기초를 두었다. 당시 영국의 제도를 본받아 권력은 입법권·집행권·재판권으로 분리되어야 한다는 것(3권 분립)과 이것들이 서로 균형을 유지해야 한다는 것을 주장했다. 그의 이론은 귀족주의적 이해관계의 측면에서 법을 포착했다고는 하지만 그 본질적 의미는 그의 입장을 초월하여 후세에 커다란 영향을 끼쳤다. 지리학적으로는 그 당시 성행했던 환경결정론의 영향을 받아 각국의 법 형태와 체제가 기후의 영향을 많이 받는다는 것을 비교한다는 점에서 연구의 가치를 가진다(이명성 역, 2006, 《법의 정신》, 홍신문화사 참조).

베네딕트보이엔 필사본(*Manuscript of Benedictbeuern*). 13세기 세속적 시집의 필사본이다. 노래들(특히 《카르미나 부라나》라고 한다)과 6편의 종교극이 실려 있다. 이 필사본의 내용은 10~13세기 서유럽에서 환락을 찬양하는 노래와 시를 지어 유명했던 학생 방랑시인들이 쓴 것으로 보인다. 1803년 바이에른 지방 베네딕트보이엔에 있는 베네딕트 수도원에서 발견되었다. 필사본의 두 부분은 같은 시기에 쓰인 것이지만 서로 다르다. 라틴어로(몇 편은 독일어) 쓰인 이 노래는 압운을 맞춘 서정시인데, 그 주제와 문체가 다양하여 술 마실 때 부르는 노래, 진지하거나 음탕한 사랑의 노래, 종교적인 시, 전원 서정시, 교회와 정부에 관한 풍자시 등이 있다. 카를 오르프는 그중 몇 편에 곡을 부쳐 칸타타인 〈카르미나 부라나〉(*Carmina Burana*)를 만들었다. 희곡들도 라틴어로 쓰였는데 그중에는 현재 유일하게 남은 두 편의 중세 수난극의 완본이 있다. 그 두 편이란 부활절 극의 서막인 〈간단한 수난극〉(*Ludus breviter de Passione*)과, 막달라 마리아의 삶과 나사로의 부활을 그린 희곡을 확대한 것으로 추측되는 조금 더 긴 것이다. 다른 희곡들로는 부활절 극, 총괄적인 성탄극, 예수가 제자들 앞에 나타난 처음 두 사건을 그린 〈순례자〉(*Peregrinus*), 전에는 성탄극의 일부로 간주되었던 〈이집트 왕의 희곡〉(*Ludus de Rege Aegypti*)이 있다.

브리지워터 논집(*Bridgewater Treaties*). 자연신학의 후원자였던 제 8대 브리지워터 백작인 에거튼이 내놓은 상금을 걸고 자연신학 관점에서 신의 지적 능력에 의한 설계론을 입증하고자 한 8편의 글을 통칭한다.

서구의 몰락(*Der Untergang des Abendlandes*). 독일의 역사가 스펭글러의 1918년 저작이다. 그는 문명을 하나의 유기체로 인식해 발생·성장·노쇠·사멸의 과정을 밟는다고 주장했다. 따라서 여러 문명의 발전 과정에는 유사점이 있다 보고 정치·경제·종교·예술·과학 등 모든 사상(事象)으로 문명을 비교함으로써 어떤 사회가 문명사에서 어떠한 단계에 이르는지를 알 수 있다고 했다. 이것이 바로 문명의 흥망에 관한 학문인 문화형태학이며 이를 근거로 서양 문명의 몰락을 예언했다. 이러한 문명사관은 제 1차 세계대전과 러시아혁명 등 혼미한 시대 위기의식의 소산이었고, 그의 문화 고찰법은 토인비 등에게 큰 영향을 주었다. 영문본 *Decline of the West*는 1922년 출간되었다.

소크라테스 회상(*Memorabilia*). 인류의 온갖 문제(가령 선악, 미추, 정치가의 자격, 친구의 의미, 출세 방법 등)에 대하여 소크라테스가 어떤 교묘한 방법으로 물음을 전개했는가를 크세노폰이 회상과 전문(傳聞)을 통해 서술한 책으로 크세노폰이 소크라테스에 대해 쓴 책 중 가장 길고 유명하다. 내용상 이 책은 크게 두 부분으로 나뉘는데 앞부분은 정치적·종교적 공격에 대해 소크라테스를 직접적으로 변호하며, 뒷부분은 소크라테스에 대한 짧은 에피소드를 담았다(최혁순 역, 1998, 《소크라테스 회상》, 범우사 참고).

시간의 책(*Book of Hours*). 현존하는 중세 삽화 문헌의 가장 일반적인 형식이다. 기도문, 시편 등의 문헌을 적절한 삽화와 함께 모은 책으로 가톨릭 예배와 기도의 참고서다.

식물의 역사(*Historia Plantarum*). '식물학의 아버지'라고 불리는 테오프라스토스가 서기전 3~2세기 알렉산드로스 시대 원정을 통해 늘어난 많은 식물학 정보를 모아 저술한 책이다. 5백여 종의 식물에 이름을 붙이고 분류했으며 지역에 따라 수목 이용이 어떻게 달라지는 가에 대해서도 기술했다. 중세 시대에 이르기까지 서구 세계에서 식물학 사전 역할을 했다. 영문 서명은 *Enquiry into Plants*로 알려져 있다.

신들의 본성에 관하여(*De Natura Deorum*). 로마 시대의 철학자 키케로가 서기전 45년에 쓴 저작이다. 에피쿠로스주의자, 플라톤주의자, 스토아주의자의 견해를 대비시킨 대화집이다.

아르고 원정대(*The Argonautica*). 그리스 시대 아폴로니우스 로디우스의 대영웅 서사시이다. 당시에는 호평을 받지 못했던 것 같으나 후대에 이르러 오래 애독되었고, 베르길리우스에게 많은 영향을 줌으로써 라틴 문학 최대의 서사시인 《아이네이스》를 쓰게 했다고 한다. 왕권 반환의 조건으로 요구된 거의 성공이 불가능한 시련에 왕자 이아손과 친구인 영웅들이 도전하고 그 사이사이에 사랑과 에피소드를 곁들인 모험담이다. 그의 다른 작품은 대부분 남아 있는 것이 없다(김원익 역, 《아르고호의 모험》, 바다출판사, 2005 참고).

아스클레피오스(*Asclepius*) 《헤르메티카》를 구성하는 문서 중의 하나이다.

아이네이스(*Aeneis*, 영문명 *Aeneid*). 베르길리우스가 쓴 서사시이다. '아이네아스의 노래'라는 뜻으로, 아이네아스라는 한 인간의 운명을 배경으로 하여 트로이 전쟁 이후부터 로마 건국까지의 이야기를 담았다(천병희 역, 2004, 《아이네이스》, 숲 참고).

안티고네(*Antigone*). 소포클레스가 쓴 비극 중 하나로 오이디푸스 왕의 딸 안티고네와 테베의 왕 크레온(안티고네의 삼촌) 사이의 갈등이 주요 줄거리다(천병희 역, 2008, 《소포클레스 비극 전집》, 숲 참고).

에스드라(*Esdras*). 전거를 믿을 수 없다 하여 성서에 수록되지 않은 30여 편의 문헌들을 말한다. 구약외전과 신약외전으로 나뉘는데, 외전(外典) 또는 위경(僞經)이라고도 한다.

오이코노미코스(*Oeconomicus*). 그리스의 역사가 크세노폰의 서기전 400~300년경 저작이다. 책의 구성은 가정(*oikos*)의 관리와 농사에 대한 소크라테스와의 대화 형식이다. 경제학에 관한 가장 초기의 저작 중 하나로 손꼽히며 고대 그리스에서 결혼을 비롯한 남녀의 도덕적·육체적·정신적 관계 그리고 가정 및 공공경제의 기능, 농촌과 도시의 생활, 그리스의 노예제, 대중 종교, 교육의 역할 등의 주제에서 가장 중요한 정보원으로 여겨진다(오유석 역, 2005, 《크세노폰의 향연·경연론》, 작은이야기 참고).

옥타비우스(*Octavius*). 펠릭스가 키케로를 모방하고 세네카의 영향을 일부 받아 저술한 책이다. 초기 교회의 저술 중 가장 뛰어난 작품으로 인정받는다.

우울의 해부(*Anatomy of Melancholy*). 영국의 학자이자 작가이며 성공회 신부인 버턴이 쓴 책이다. 문체상으로 걸작인 동시에 진기한 정보의 보고이며 당시 철학과 심리학 이론의 귀중한 색인으로 꼽힌다. 그의 글은 상상력이 풍부하고 달변이며 고전문구의 인용과 라틴어 인용구로 가득 차 있어 박식함이 드러난다. 우리나라에서는 격언·명언집에서 그의 문구를 쉽게 찾아볼 수 있다.

인간 정신의 진보에 관한 역사적 개요(*Sketch for a Historical Picture of the Progress of the Human Mind*, 프랑스명 *Esquisse D'un Tableau Historique des Progrès de L'esprit Humain*, 1793) 계몽주의자인 콩도르세의 책으로 인간 정신의 진보와 공교육의 중요성을 강조한다. 즉, 인간 정신의 진보는 교육과 정치적 수단에 의해 가능하며, 따라서 모든 사람들은 평등하게 교육을 받아야 한다고 주장하는 것이다.

인간과 자연(*Man and Nature*). 마시의 저작으로 18세기 말 뷔퐁의 역작 이후 '인간의 활동에 의해 변화되는 지구'에 관한 가장 자세하고 체계적인 연구다. 그 당시 지배적이었던 환경결정론적 사고와는 반대로 인간 활동이 자연 세계에 심대한 영향을 미쳤다고 주장한다. 특히 인간이 자연을 변형시키는 데 가장 중요한 행위자이며 기술로 무장하고 경제 성장에 매달릴 경우 특히 문제가 심각하다는 급진적 주장을 시도했다. 시간이 흐르고 강도가 증가하면 환경의 파괴는 문명을 소멸시키고, 나아가 인간의 멸종을 가져올 수 있다고 경고한다. 이 책에서 그는 다양한 지리적 범위에 걸친 역사적 사례를 동원하여 동식물, 산림, 물(강과 호수) 등의 문제를 다루는데, 특히 산림의 파괴를 중요하게 생각했다. 무엇보다도 그에게서 환경주의의 단초를 발견할 수 있는 것은 인간이 그러한 행위에 대해 책임을 가진다는 점을 파악한 것이다. 이러한 생각은 후에 기포드 핀쇼, 루즈벨트 등에게 영향을 미치면서 19세기 후반 미국의 진보적 보전주의 운동의 시초가 된다. 루이스 멈포드는 이 책을 '환경보호운동의 선구적 업적'이라고 지적했다. 산업화라는 문제가 마시의 분석틀에 간접적으로만 개입되었지만 그가 묘사하는 생태계 파괴 뒤에서 산업화가 중요한 힘으로 작용함은 명약관화하다. 그러므로 20세기 이전에 쓰인 지구 생태계의 파괴에 대한 선구적인 연구인 이 책이 산업자본주의 시대를 비판했던 칼 마르크스의 《자본론》보다 단지 3년 앞서 출판되었다는 사실은 결코 우연이라고 말할 수 없다. 두 저작은 다 산업혁명에 의해 생성된 힘에 대항하여 쓰인 것들이었다. 마르크스의 사상이 자본주의에 항거하는 노동자 계급의 투쟁을 고취했다면, 마시의 사상은 인간의 자연에 대한 착취에 한계를 설정하려는 투쟁을 시작케 했던 것이다. 이에 관해서는 Worster, ed., 1988, *Ends of the Earth*, pp. 8~14를 보라(홍금수 역, 2008, 《인간과 자연》, 한길사 참고).

자연신학: 신성의 존재와 속성에 대한 증거들(*Natural Theology: or Evidences of the Existence and Attributes of the Deity*). 영국의 신학자 윌리엄 페일리가 1802년에 발간한 책이다. 이 책은 자연 세계의 미와 질서를 입증함으로써 신의 존재를 증명하고자 한다. 시계에 빗대어 생물학, 해부학, 천문학의 사례를 모아 현명하고 자애로운 신에서만 나올 수 있는 설계의 복잡성과 독창성을 보이려 한다. 즉, 어떤 이가 어느 시골의 불모지를 걷다가 시계를 하나 발견하고 그 시계의 여러 부분(스프링, 톱니바퀴, 바늘 등)이 충족하는 기능에서 얻어지는 유일한 논리적 결론은 '그 구조를 이해하고 그 용도를 설계한' 제작자가 있다는 것이라고 주장하는 식이다.

자연의 신기원(*Époques de la Nature*). 뷔퐁의 《박물지》50권 가운데 1778년 출판된 5권으로 가장 유명한 부분이다. 뷔퐁은 처음으로 지질학사를 시기별로 재구성했다. 멸종된 종에 대한 그의 개념은 고생물학 발전의 터전을 마련했고 행성이 태양과 혜성의 충돌로 생겼다는 학설을 처음으로 제시했다.

자연종교에 관한 대화(*Dialogues Concerning Natural Religion*). 흄의 저작으로 그의 조카에 의해 사후에 출간되었다. 가상의 세 인물인 클리안테스, 필론, 데미아가 신의 존재에 대해, 특히 설계론에 대해 논의하는 구조이다.

장미 이야기(*Roman de la Rose*). 중세 후기 프랑스의 시로 사랑의 기술에 대해 설명하는 내용이다. 여기서 장미는 숙녀의 이름인 동시에 사랑의 상징이다. 알레고리 형식으로 쓰여 중세에 대단히 영향력이 컸으며 사랑의 묘사에 일종의 패러다임을 제시했다. 첫 4,058줄은 1230년경 드 로리스(Guillaume de Lorris)가 썼고, 1275년경 드 묑(de Meun)이 나머지 17,724줄을 쓴 것으로 알려졌다. 프랑스에서 3세기에 걸쳐 널리 읽혔고, 영국의 시인 초서가 앞부분을 영어로 번역했는데, 초서에게 많은 영향을 미쳤다(김명복 역, 1995, 《장미와의 사랑 이야기》, 솔 출판사 참고).

정치적 정의(*Political Justice*). 프랑스혁명 직후 고드윈(Godwin)이 저술한 책으로 전체 제목은 《정치적 정의와 그것이 일반 미덕과 행복에 미치는 영향에 관한 고찰》(*An Enquiry Concerning Political Justice and its Influence on General Virtue and Happiness*)이다. 고드윈은 권력이란 자연에 역행되는 것이며 사회악은 인간이 이성에 따라 자유롭게 행동하지 않기 때문에 발생한다고 주장하는 한편 사유재산의 부정(否定)과 생산물의 평등 분배에 입각한 사회 정의의 실현을 주장해 무정부주의의 선구자이자 급진주의의 대표가 되었다.

정치학(*Politika*). 아리스토텔레스의 정치철학 저작이다. 총 8권으로 니코마코스 윤리학이 끝나는 지점에서 시작된다. 제목인 '정치학'은 '폴리스에 관한 일들'을 의미한다. 국가의 기원과 이상국가론, 시민과 정체, 혁명, 가정 등에 대해 논의한다(천병희 역, 2009, 《정치학》, 도서출판 숲 참고).

종교의 유사성(*Analogy of Religion*). 원제는 《자연종교와 계시종교의 유사성》(*Analogy of*

Religion, Natural and Revealed, 1736) 이다. 조셉 버틀러의 대표작으로 기독교 변증법에 대한 대표적인 저작이다.

지구에 관한 새로운 조사 (*New Survey of the Globe: Or an Accurate Mensuration of All the Empires, Kingdoms, States, Principal, Provinces, Counties and Islands in the World*) 토마스 템플만(Thomas Templeman)이 1729년경 출판한 책으로 부제목으로 첨부된 것처럼 세계의 모든 제국, 왕국, 국가, 성, 지방, 섬 등에 관해 정확한 측정을 기록한 책이다.

지구에 관한 신성한 이론 (*Sacred Theory of the Earth*). 버넷이 라틴어로 1681년, 영어로 1684년에 출판한 책이다. 지표면에 관한 아무런 과학적 지식이 없는 상태에서 서술된 단순한 사색적 천지창조론이었지만 설득력 있게 쓰였다. 이 책에서 그는 지구가 노아의 홍수 이전까지 내부가 대부분 물로 채워진 완전한 공동(空洞)의 구체였지만 노아의 홍수로 산과 바다가 모습을 드러냈다고 보았다. 그는 지구상의 물의 양을 조심스럽게 (그러나 부정확하게) 측정할 정도로 가능한 과학적으로 주장하고자 했다. 뉴턴은 지질적 과정에 대한 버넷의 신학적 접근에 대한 찬양자였다.

지리학 (*Geographia*). 로마 시대의 지리학자 스트라본이 20년경 집필한 17권짜리 저술로 지리학의 백과사전이라 불린다. 유럽 각지와 동방세계를 상세하게 설명한다. 이 책은 자연환경론을 지리학 연구의 한 입장으로 확립시킨 점에서 귀중한 업적으로 평가받는다.

참된 기독교 (*Four Books of True Christianity*). 독일의 루터교신학자였던 요한 아른트에 의해 1605년에서 1610년에 걸쳐 쓰인 책이다. '참된 기독교'란 기독교의 본질을 정통교회의 교리에서가 아닌 영적인 체험에서 찾으려는 것으로 당시 교회 개혁운동의 주제가 되었다.

책들의 전쟁 (*Battle of the Books*). 영국의 조나단 스위프트의 1704년 소설. 그는 당시 휘그당의 저명한 외교관이자 대표적인 고전 학문 옹호자였던 윌리엄 템플 경의 비서였다. 그런데 템플이 1690년 "고전 및 근대 학문에 관하여"라는 논문을 통해 근대 학문과 예술 및 과학의 우수성을 주장하는 자들에 반대하고 역사의 순환이론을 주장하면서 어떠한 형태의 진보와 발전도 인정하지는 않는다는 견해를 피력했다. 또한 현존하는 고전 저술에 대한 완벽하고 명료한 지식이야말로 모든 지식의 열쇠가 된다고 주장하면서 고전 학문이 근대 학문보다 절대적으로 훨씬 우월하다고 강변했다. 그러자 대표적인 근대 학문 옹호자이며 비평가였던 윌리엄 위튼과 리차드 벤틀리가 이에 반박하고 나섰으며, 여기에 스위프트와 당시 옥스퍼드 대학교 학생이었던 찰스 보일 등이 개입하면서 논쟁이 더욱 치열하게 전개되었다. 스위프트는 이 논쟁 과정에서 위튼과 벤틀리가 보여주었던 템플에 대한 비신사적인 공격에 특히 분개했다. 《책들의 전쟁》은 바로 이와 같은 상황에서 스위프트가 자신이 모시던 템플을 옹호하고 위튼과 벤틀리를 공격하기 위하여 쓴 풍자인데, 작품 속에서 템플은 용맹한 고전군 장수로 등장하며, 위튼과 벤틀리는 근대군 장수로 등장해서 비참한 최후를 맞는다(류경희 역, 2003, 《책들의 전쟁》, 미래사 참고).

철학의 위안(Consolation of Philosophy). 가톨릭 순교 성인 보이티우스(Boetius)의 525년경 저작이다. 인식과 실재에 관한 플라톤의 견해를 담았으며 섭리, 신의 예지, 우연, 운명, 인간의 행복 등을 생생하게 논의한다.

캉디드(Candide). 프랑스 계몽사상가 볼테르의 철학소설이자 동명소설의 주인공 이름이다. 1759년 간행되었으며 원제목은 《캉디드 또는 낙관주의》이다. 독일의 한 귀족의 성에 사는 캉디드는 예정조화설의 신봉자인 가정교사 팡글로스 박사로부터 이 세상은 조화롭고 완전한 상태, 즉 늘 최선의 상태에 있도록 신이 만들었다는 낙관주의 교육을 받는다. 팡글로스 박사에 따르면 악조차 세상의 조화를 위해 필수적인 것이다. 그러나 캉디드는 매혹적인 성주의 딸에게 품은 연정이 화가 되어 성에서 쫓겨난 이후 세상 속에서 온갖 고초를 겪는다. 이윽고 엘도라도에서 밭을 일구는 노인을 보면서 최선의 세상 혹은 낙관론적 견해와 결별하고 스스로 실천을 통해 부조리한 세상을 헤쳐 나가야 함을 깨닫는다는 내용이다.

코란(Koran). 이슬람교의 창시자 무함마드가 619년경 유일신 알라의 계시를 받은 뒤부터 632년 죽을 때까지의 계시·설교를 집대성한 것이다.

코스모스(Kosmos). 독일의 지리학자이자 박물학자인 훔볼트의 대표 저작이다. 일생에 걸쳐 수집한 자료를 모아 19세기 전반의 과학과 세계를 상세하고도 보편적으로 묘사한 5권의 책으로 1845년에서 1862년에 걸쳐 출간되었다. 자연의 복잡성 속에서 질서와 통일성이라는 개념을 정형화하려 시도한 데 의의가 있다.

크리티아스(Critias). 플라톤의 저서로 아틀란티스에 대해 최초로 언급한 것으로 유명하다(이정호 역, 2007, 《크리티아스》, 이제이북스 참고).

태양찬가(Hymn to the Sun). 이집트 제18왕조의 10대 왕(재위: 서기전 1379~1362)인 아크나톤이 태양신 아텐을 찬양하기 위해 지었다고 알려진 것으로 《아톤 찬가》라고도 불린다. 태양을 인류의 창조자, 세상의 은인으로 칭송하며 창조주를 찬양하는 시편 104편과 내용상 유사한 것으로 알려졌다.

티마이오스(Timaios). 플라톤의 자연학에 대한 대화편이다. 원래 이 대화편은 《크리티아스》, 《헤르모크라테스》(Hermocrates)를 포함하는 3부작의 첫 부분으로 계획되었으나 실제로 완성한 저작은 《티마이오스》뿐이다. 주제는 물리학, 생물학, 천체학 등과 관련된 것이다. 플라톤에게 선의 이데아는 창조의 원리이다. 이 원리를 의인화한 것이 《티마이오스》에서 우주의 창조자로 등장하는 데미우르고스이다. 과학적 사실과 정신적 가치가 조화할 수 있는 가능성을 담은 이 책은 수 세기 동안 서구의 우주관을 형성했다(김영균 외 역, 2000, 《티마이오스》, 서광사 참고).

파이돈(Phaidon). 플라톤의 중기 대화편이다. 아테네의 감옥에서 죽음에 직면하여 소일하던 소크라테스의 나날을 파이돈이 에케크라테스에게 이야기하는 형식을 취한 것으로 일반적으로 영혼불사의 증명을 주제로 삼았다(박종현 역, 2003, 《에우티프론, 소크라테스의 변론, 크리톤, 파이돈: 플라톤의 네 대화 편》, 서광사 참고).

페르시아인의 편지(*Lettres Persanes*). 몽테스키외가 1721년 쓴 서간체 풍자소설이다. 페르시아인 귀족 우스벡이 그의 친구, 처첩, 관리인과 주고받은 161통의 편지로 구성되었으며, 소설의 형식을 빌려 18세기 프랑스의 사회상을 통렬히 풍자한다(이수지 역, 2002, 《페르시아인의 편지》, 다른세상 참고).

프린키피아(*Principia*). 아이작 뉴턴의 1687년 저서이다. 책 제목은 라틴어 프린키품(*Principium*)의 복수형이며 원제는 《자연철학의 수학적 원리》(*Philosophiae Naturalis Principia Mathematica*)이다. 뉴턴의 역학 및 우주론에 관한 연구를 집대성한 책으로 이른바 만유인력의 원리를 처음으로 세상에 널리 알린 것으로 유명하다. 라틴어로 쓰였으며 총 3편으로 구성된다. 1, 2편에서는 운동에 관한 일반적 명제를 논술했는데 특히 2편에서는 매질 속에서의 물체의 운동을 다룬다. 3편에서는 2편에서 증명된 명제로 천체의 운동, 특히 행성의 운동을 논한다. 또한 코페르니쿠스의 지동설 문제, 케플러의 행성의 타원궤도 문제를 해결했다.

헤르메티카(*Herrmetica*). 서기전 3세기~서기 3세기 동안 이집트에서 쓰인 철학·종교적 그리스어 문서이다. 여러 저자의 가르침을 기록하고 편집한 것인데 이집트 지혜의 신 토트(그리스에서는 헤르메스 트리스메기스토스)의 가르침으로 설명된다. 그 가르침의 핵심은 플라톤, 피타고라스적 철학사상이며, 점성술을 비롯한 각종 신비과학, 신학, 철학적 내용을 담았다(오성근 역, 2005, 《헤르메티카》, 김영사 참고).

형이상학 서설(*Discours de Metaphysique*). 라이프니츠가 물질, 운동, 육체의 저항, 우주 속에서 신의 역할과 관련된 철학을 전개한 책이며, 37개의 장으로 구성된다. 이 책의 사상적 기반은 절대적으로 완전한 존재로서의 신이며, 신이 세계를 완전한 형태로 창조했다는 것이다.

70인 역 성경(*Septuagint*). 구약성서를 뜻하며, 72명의 학자가 이 번역 사업에 종사했다는 전설에 따라 붙여진 이름이다. 본래는 헤브라이어 원전의 '율법' 부분을 가리키는데, 초대 그리스도 교회에서는 여기에 '예언서', '제서'(諸書)의 번역까지 포함시켜 약호로 'LXX'라 불렀다. 이집트의 알렉산드리아에서 번역되었으며 성서 연구에는 물론 언어학상으로도 중요한 자료인데 특히 신약성서의 문체와 사상을 연구하는 데 귀중한 자료이다.

**** 기 타

갈리아-로마인(Gallo-Roman). 서기전 50년 무렵부터 서기 5세기까지 갈리아가 로마의 지배 아래 있던 시대의 원주민을 이른다.

계시종교(*revealed religion*). "자연종교" 항목을 참고하라.

고등비평(高等批評, *higher criticism*). 성서 각 책의 자료, 연대, 저자 및 역사적·사상적 배경 등을 학문적으로 연구하는 방법이다. 상층비평(上層批評)이라고도 하며, 저급비평에 대립되는 말이다. 저급비평이 성서 원문에 관한 연구인 데 반해 그 저작연대와 저자 그리고 역사적·사상적 배경 등 성서에 관한 문학적·역사적 비평과 연구를 주안으로 하므로 문학비평 또는 역사비평이라고도 한다. 이 용어는 1783년 아이히호른이 처음으로 사용했는데, 이 방법은 18~19세기에 베르하우젠, 파울 등을 중심으로 성행했다.

고왕국 시대(*Old Kindom*). 고대 이집트 문명 최초의 번영기인 제3왕조(서기전 2686년경)에서 제6왕조(서기전 2181년경)에 이르는 시기. 피라미드가 건설된 시기였기 때문에 '피라미드 시대', 혹은 제3왕조 때 수도를 멤피스로 옮겼기 때문에 '멤피스 시대'라고도 한다.

교부 시대(*patristic period*). 교부란 사도들에 이어 크리스트교를 전파하며 신학의 기본 틀을 형성한 교회의 지도자를 일컫는다. 이들이 활동했던 시대를 교부 시대라고 하는데, 2세기에서 8세기까지의 시대를 이르며 시기별로 구분하거나 지역별로 구분한다. 시기별로 구분할 경우 ① 사도 시대부터 325년 니케아 공의회까지의 초기 교부 시대, ② 니케아 공의회로부터 451년 칼케돈 공의회까지의 전성기, ③ 서방은 세비야의 이시도루스(626년), 동방은 다마스쿠스의 요한네스(749년)에 이르는 말기로 구분된다. 지역별 구분은 2세기 이후 라틴어 문화권이 형성됨에 따라 지역과 문화를 기준으로 구분한다. 그리스어로 집필한 교부를 중심으로 동방교부라고 칭하는데 이들은 다시 그리스교부와 동방교부로 세분화된다. 라틴어 영역권에서 활동한 교부는 라틴 교부라 칭하며 라틴 교부는 다시 로마교부와 아프리카교부로 나누어진다. 일반적으로는 지역별 구분이 자주 사용된다.

굴절의 법칙(*law of refraction*). 네덜란드의 스넬이 1621년에 확립했다. 그의 이름을 따서 스넬의 법칙이라고도 한다. 한 매질에서 다른 매질로 입사한 빛의 일부는 매질의 경계면에서 반사의 법칙에 따라 반사하고 나머지 부분은 굴절하여 진행한다는 의미이다. 입사각을 θi, 굴절각을 θt 라고 하면 $\sin\theta i / \sin\theta t = n$ (일정)이라는 관계가 성립한다.

권곡(圈谷, *cirques*). 빙하 침식에 의해 생긴 반원형의 오목한 지형을 말한다.

낭트 칙령(*Edict of Nantes*). 앙리 4세가 1598년 브르타뉴의 낭트에서 공포한 칙령으로, 프랑스 신교도인 위그노에게 광범위한 종교의 자유를 부여하는 내용이다. 이 칙령

을 통해 위그노에게는 파리를 제외한 지역에서 공공예배를 볼 수 있는 신앙의 자유
가 보장되었고 완전한 시민권이 허용되었다. 그러나 이 칙령은 교황 클레멘스 8세,
프랑스의 로마가톨릭 성직자, 고등법원 등의 커다란 불만을 샀고 1629년에 일부 조
항이 무효화되었다. 1685년 루이 14세는 이 칙령을 완전히 철폐하고 프랑스 신교도
의 모든 종교적·시민적 자유를 박탈했다.

노르만의 시칠리아 정복(1060~1091). 시칠리아는 6세기에는 비잔틴제국의 침입을 받아 이
후 3백여 년간 비잔틴 문화의 영향을 받았다. 9세기부터는 아랍인의 지배를 받다가
11세기 노르만족이 기독교의 재정복이라는 명분으로 시칠리아를 점령한 사건을 말
한다.

놈(nome). 고대 이집트의 하위 행정구역으로 그리스어에서 유래했다. 요즘에는 프톨레
마이오스 시대에 쓰이던 이집트 용어 세파트(sepat)가 더 많이 쓰인다.

능산적 자연(能産的 自然, natura naturans), 자연을 역동적이고 합목적적인 것으로 본 아
리스토텔레스에서 유래한 관점이다. 현대 생물학에서 목적론적 의미를 가진 진화론
은 능산적 자연관을 그 토대로 한다. 소산적 자연(所産的 自然, natura naturata)은
자연을 조물주가 이데아, 즉 수학적 조화의 원리에 따라 만든 완성품이라고 본 플라
톤에 의해 처음 제시되었다. 근대 이후의 기계론적 자연관이나 기계적 결정론은 이
러한 전통을 이어받은 것이다. 중세 스콜라철학에서 능산적 자연은 창조자로서의
신, 소산적 자연관은 창조되는 자로서의 자연을 의미했지만 스피노자는 이 두 개념
을 창조주와 피조물의 관계로 이해하지 않고 더 밀접하게 연관시켜서 범신론적 의미
를 부여한다. 능산적 자연은 자기 자신 안에 있고 자기 자신에 의해 생각되는 실체,
즉 신을 의미하고 소산적 자연은 신적 본성의 필연성에 의해 생기는 실체의 여러
변화 상태, 즉 양태를 의미한다(서양근대철학회, 2001, 《서양근대철학》, 창작과 비평
참고).

다이아나(Diana). 로마신화의 달의 여신. 처녀성과 수렵의 수호신이기도 하다. 그리스
신화에서는 아르테미스에 해당한다.

데미우르고스(Creator-Demiurgos). 플라톤 《티마이오스》편에 나오는 세계를 만드는 거
인의 이름으로 제작자(창조신)라는 뜻이다.

두발가인(Tubal-cain). 성서상 인물로 창세기 4장 22절에 나오는 야금술의 시조이다.

라케다이모니아인(Lacedaemonians). 라코니아 지방에 거주하는 종족으로 그 지방의 대표
적 도시국가인 스파르타인과 동의어로 사용된다.

라프족(Lapps). 스칸디나비아 반도 북부에서 핀란드 북부에까지 거주하는 민족. 스스로
사미(Sami)라고 칭한다.

레비아단(Leviathan). 구약성서와 우가릿 문서, 후대 유대문학에서 언급되며 바다를 혼돈
에 빠뜨리는 신화적인 바다 뱀 또는 용을 일컫는다. 레비아단이란 '휘감다, 꼬다'라
는 의미의 아랍어 라와(iwy)와 같은 히브리어 '라와'에서 유래했다. 텔 아스마르(Tel

Asmar)에서 발굴된 메소포타미아의 원통형 도장에 그려진 7개의 머리를 가진 용, 라스 샤므나(Ras Shamra)에서 발견된 가나안 본문들(우가릿 문서)에 쓰인 바알 (Baal)에 의해 죽임을 당한 7개의 머리를 가진 바다괴물 로탄(Lotan)의 이야기가 레 비아단을 표현한다. 홉스의 저서 《리바이어던》의 제목이 여기서 유래했다.

로고스 교의(*logos doctrine*). 로고스는 의미, 이성, 원리 등의 다양한 의미를 가지는 그리 스어로 로고스 교의는 고대 철학에서 시작해 중세 기독교 사상에서 중요한 위치를 차지한다. 고대 철학에서 로고스는 만물이 비롯한 기초가 되는, 나누어지지 않는 물질이자 만물을 생성하는 원리이다.

로물루스(Romulus). 서기전 753년 로마 건국의 전설적인 시조이다.

롬바르드족(Langobards). 568~774년에 이탈리아 반도의 한 왕국을 다스렸던 게르만족 의 일파이다.

리베르(Liber). 로마 신화에 나오는 번식과 성장을 주관하는 전원의 신이다.

리비아(Libya). 이집트 왕 에파포스의 딸로 인간으로서 포세이돈과 정을 통해 여러 아들 을 낳았다고 전해진다.

리스본 대참사(Lisbon disaster). 1755년 11월 1일 아침 세 차례에 걸쳐 포르투갈, 에스파 냐 및 아프리카 북서부 일대를 강타한 대지진으로 포르투갈의 리스본이 가장 큰 타 격을 받았다. 9시 40분경 처음에 일어난 지진이 가장 컸다. 그날이 바로 만성절(*All Saints' Day*)이어서 시민의 대부분이 교회에 모여 있다가 약 23만 5천 명 중 3~7만 명이 사망했다. 첫 지진으로 대부분의 건물이 무너졌고, 두 번째 지진으로 많은 시 민이 피난하던 항구의 새 부두가 바다 속에 가라앉아 재해가 더욱 커졌다. 최고 파 고가 15m에 이르는 큰 해일이 일어났으며, 이 해일은 대서양을 횡단하여 10시간이 지난 후에 서인도 제도에 도달했다. 지진을 감지한 지역은 영국 본토, 아일랜드 남 동부, 덴마크 남부, 오스트리아 서부 등이었고 그 면적은 육상에서만도 128만 ㎢에 이르렀다. 여진은 본진 후 6개월 동안 약 250회나 있었다.

마그나 카르타(*Magna Carta*). '대헌장'이라고도 한다. 1215년 잉글랜드의 존 왕이 내란의 위협에 직면하여 반포한 인권 헌장으로, 1216, 1217, 1225년에 개정되었다.

마니교(*Manichaean*). 이원론을 주장하는 대표적 종교로 사산조 페르시아 시대에 생겨났 다. 이를 주장한 예언자 마니(Mani)의 이름을 따 마니교라고 불렀다.

마르스(Mars). 로마 신화의 군신으로 그리스 신화의 아레스에 해당한다.

맘루크 왕조(Mameluke). 중세 이집트의 노예 군인 출신이 세운 왕조이다.

망치 관리인(*Garde-Marteau*). 삼림의 관리자로서 왕실 소유의 삼림 내에서 분할하고 판매 할 나무를 표시할 때 망치를 사용한 데서 유래한 명칭이다.

머큐리(Mercury). 로마 신화에서 죽은 자, 웅변가, 장인, 상인, 도둑의 수호신이다. 그 리스 신화에서는 헤르메스에 해당한다.

목적인(*final cause*). "4원인설"을 참고하라.

몬테카시노 수도원(monastry of Monte Cassino). 529년경 누르시아의 베네딕트가 로마 남동쪽 몬테카시노에 세운 수도원. 베네딕트회의 모체로서 유럽 수도원의 전형인데, 개인주의적이고 금욕적인 동방의 수도원에 비해 중용과 공동생활을 채택하여 539년에 수도계율(修道戒律), 즉 회칙을 초안한 것이 나중에 서유럽 수도원 제도의 모범이 되었다.

미네르바(Minerva). 로마 신화에서 지혜, 전쟁의 여신이다. 그리스 신화에서는 아테나에 해당한다.

바실리우스 수도회칙(*Basilian rule*). 성 바실리우스가 정한 수도회칙이다. 단순하지만 엄격했고 제자들에게 공동생활을 요구했다. 성 바실리우스는 사막 은둔 수도자들의 극단적 금욕을 조심스레 피했다. 회칙은 55조목의 "대계율"(*Regulae Fusius Tractatae*)과 313조목의 "소계율"(*Regulae Brevius Tractatae*)로 이루어지며 신에 대한 완전한 봉사에 이르는 수단으로 금욕적 훈련을 권장한다. 또한 전례에 따라 여러 시간 기도를 하고, 지적 활동과 육체노동을 통해 순종하는 공동체 생활을 하도록 규정한다.

바이킹(Viking). 스칸디나비아 지역에 살던 노르만족을 칭한다. 스칸디나비아어에서 하구, 협곡을 의미하는 'vik'에서 유래했다는 설과 성채도시, 시장을 뜻하는 게르만어 'wik' 또는 전투를 뜻하는 'vig'에서 유래했다는 설이 있다. 789년 영국에 대한 공격을 시작으로 약 2백 년간 영국과 프랑스, 러시아를 침공, 약탈하고 정착한다.

바쿠스(Bacchus). 로마 신화에서 술의 신으로 그리스 신화의 디오니소스에 해당한다.

발도파(Waldenses). 12세기 말 프랑스의 발데스가 시작한 기독교의 순복음적 신앙노선 일파이다. 발데스 복음주의 또는 왈도파 등으로도 불린다. 재산가였던 발데스는 신을 위해 자신을 바치기로 결심하고, 1176년 재산을 모두 빈민들에게 나누어준 뒤 그리스도의 사도나 아시시의 성 프란체스코처럼 청빈한 생활을 하면서 설교에 전념했다. 설교에 감동한 많은 사람들은 두 명씩 조를 짜 '리옹의 빈자'라 이름 짓고 각지를 돌아다니며 복음을 전했다. 로마교회가 설교를 금지했음에도 설교 활동이 계속되자 교황 루키우스 3세는 1184년 칙서를 발표해 발도파를 이단으로 단죄했으나 그들은 로마교회와 결별하고 독자 조직을 만들었다.

백합 낙인(*fleur-de-lis*). 옛날에 죄인의 어깨에 찍은 백합 모양의 낙인으로 이 책에서는 나무에 새겨진 표식을 의미한다.

범형론(*exemplarism*). 창조주가 인간 및 만물의 범형이며 인간은 신의 모습을 닮은 것이라고 주장하는 중세 학설이다.

베네딕트 규율(*Benedictine Rule*). 성 베네딕트가 몬테카시노 수도원을 위해 작성한 수도원 개혁안 및 수도회 회칙이다. 수도원의 제도, 이상적인 수도 생활, 기도, 징계, 수도원장의 선출 방법 등이 규정되는데 이 회칙은 가톨릭교회 전체에 큰 영향을 미쳤다. 이 규율을 따르는 수도회들을 통칭해 베네딕트 수도회라 일컫는다. 청빈, 동정, 복종을 맹세하고 수행과 노동에 종사한다.

베헤못(*Behemoth*). 구약성서에 나오는 힘이 센 초식동물이다. 히브리어로는 '짐승'이라는 뜻인데 여러 성경에서 고유명사처럼 사용되었다. 12세기까지 나일 강 하류, 요셉이 살던 시대 이후까지 수리아의 오론테스 강에 살았던 것으로 알려져 있는데 어떤 격류에도 놀라지 않는 동물이다. 물속에 살지만 음식을 찾기 위해 강 밖으로 나와 비탈을 기어오르기도 한다.

벨가이족(*Belgae*). 갈리아 북부 센 강, 마른 강 북쪽에 살던 주민. 카이사르가 《갈리아 전기》에서 처음 쓴 용어이다. 문화적으로 남북으로 구별되며, 남쪽에서는 영국으로의 이주가 있었다. 갈리아 중에서도 가장 사납고 용맹스러웠다고 전해진다.

보편논쟁(*great dispute over universals*). 보편이 실재하는가, 그렇지 않는가를 문제를 다룬 중세 말기의 논쟁. 보편이 실재한다는 실재론과 보편은 이름뿐이라는 유명론이 대립했다.

볼란드파(Bollandist). 벨기에 예수회에 소속된 소규모 집단이다. 성인들의 전기와 전설을 그들의 축일에 따라 배열한 방대한 모음집인 《성인열전》을 편집, 출간했다.

부르고스령(*Laws of Burgos*). 1512년 10월 27일 에스파냐 부르고스에서 공표된 법령으로 에스파냐의 보통법이 적용되지 않는 아메리카 식민지에서 발생하는 법적 문제를 해결하기 위하여 제정되었다. 법의 주요 내용은 식민지에 거주하는 에스파냐인에게 아메리카 원주민에 대한 학대 행위를 금지시키고 가톨릭으로의 개종을 장려하기 위한 것이었다.

부르군트족(Burgundians). 민족 이동기 동게르만의 여러 부족 중 하나이다. 413년 라인 강 중류 지역에 부르군트 왕국(413~436)을 건설했다가 훈 족에게 멸망하고, 443년 론(Rhône), 손(Saône) 지방에 왕국을 재건(443~534)했으나 프랑크왕국에 의해 멸망했다.

부바스티스 의식(*cult of Boubastis*). 고대 이집트 삼각주 지대의 부바스티스 지역에서 시작된 고양이의 신 바스테트를 숭배하는 축제를 일컫는다. 후에 이집트 전 지역에 걸쳐 행해지는 가장 성대한 축제가 되었는데, 헤로도토스에 따르면 바카날리아(바쿠스 축제)와 같은 광란의 연회가 동시에 개최되었다고 한다.

빙퇴석(氷堆石, *moraines*). 빙하에 의해 운반 퇴적된 지형을 말한다.

사라센(Saracen). 라틴어로는 '사라세니'(Saraceni), 즉 시리아 초원의 유목민을 가리키며 아랍어로는 '동쪽에 사는 사람들'이란 뜻의 '사라킨'이라는 단어에서 기원했다고 한다. 7세기 이슬람교가 성립한 뒤부터는 이슬람교도를 통칭하는 말이 되었고 십자군을 통하여 전 유럽에서 부르는 호칭이 된다.

사모예드족(Samoyed). 시베리아 북서부에 거주하는 원주민 집단이다. 우랄 어족에 속하며 여름에는 북쪽 툰드라 지대, 겨울에는 남쪽 삼림 지대로 이동하며 살아간다.

살리카 법(*Salic law*). 프랑크왕국을 구성했던 프랑크족의 하위 부족인 살리족의 법으로 서게르만인의 부족법 중 가장 오래된 법이다. 6세기 프랑크왕국의 클로비스 1세가 다스리던 시대에 편찬한 전통법의 중요한 부분이다.

서고트족(Visigoths). 게르만족 중에서 가장 중요한 부족 중 하나로 4세기에 동고트족에서 분리되었고 로마 영토를 거듭 침범했으며 갈리아와 에스파냐에 걸친 거대한 왕국을 세웠다.

세계지(*cosmography*). 하늘과 땅을 포함한 세계의 특징에 대해 기술한 책으로 천지학, 우주지로도 번역된다. 세계와 그 안에 있는 모든 것에 대해 기술한 책을 통칭한다.

세소스트리스(Sesostris). 고대 이집트의 전설적인 왕이다. 북쪽으로는 시리아와 터키를 통과해 콜키스, 서쪽으로는 러시아 남부, 남쪽으로는 로마니아, 동쪽으로는 불가리아와 그리스 동부까지 영토를 확장했다고 헤로도토스는 전한다.

셀레우코스 왕조(the Seleucids, 서기전 312~60). 알렉산드로스 사후 헬레니즘 지역을 물려받은 왕조이다.

소산적 자연(所産的 自然, *natura naturata*). "능산적 자연" 항목을 참조하라.

소요학파(peripatetic school). 아리스토텔레스학파를 지칭한다. 아리스토텔레스가 학원 안의 나무 사이를 산책하며 제자들을 가르쳤다는 데서 붙은 이름이다.

스키타이인(Scythian). 서기전 6~3세기경 남부 러시아의 초원지대에서 활약한 최초의 기마 유목민족이다. 서기전 11세기경 볼가 강 중류 지역에서 서서히 침투한 민족과 원주민과의 혼혈에 의해 형성된 민족으로 추정되며 유라시아 초원 지대에서는 키메르인과 함께 서기전 90년경 가장 일찍 유목민화되었다. 민첩하고 강력한 기마민족인 이들은 서기전 7세기에 소아시아·시리아 방면을 침범하고 서기전 6세기에는 키메르인을 카프카스의 쿠반 강 유역으로 쫓아내고 근거지를 아조프 해 북부로 옮겼으며 카르파티아 산맥을 넘어서 도나우 강 중류지대까지 세력을 확대했다.

시로코(*sirocco*). 지중해 연안에 부는 국지풍을 뜻한다. 이 바람의 영향을 받을 때에는 기온이 상승하여 무덥다.

시토 수도회(Cistercians). '베르나르회'라고도 한다. 프랑스의 디종 근처 시토의 수도원에서 이름이 연유되었다. 1098년 베네딕트회 몰렘 수도원 원장 로베르투스(Robertus)가 수도회의 엄격하지 않은 회칙 적용에 불만을 품고 베네딕트 회칙의 엄수에 뜻을 같이하는 수사 20명과 함께 원시 수도회 제도의 복귀를 목표로 창설한 혁신적 수도회다. 1112년에 클레르보의 베르나르두스(Bernardus)가 형제 4명을 비롯해 친구와 친척 31명을 이끌고 시토 수도회에 가입함으로써 수도회의 융성을 가져왔다. 베르나르두스는 1115년에 클레르보의 창설 대수도원장으로 임명되었으며, 그때부터 시토회는 급격하게 발전했고 1120년에는 여성들을 위한 최초의 시토 수녀회가 창설되었다.

실체 변화(*transubstantiation*). 성찬에서의 빵과 포도주가 그리스도의 몸과 피로 변함을 의미한다.

실피움(Silphium). 리비아가 원산지인 희귀식물로 로마인에게 사랑받다 멸종되었다. 서구에서 하트 문양과 연관된다.

심리적 동일성(*psychic unity*). 인간이 공통적으로 지니는 성향을 말하는데 심리적 동일성과 생물학적 동일성으로 나눌 수 있다. 심리적 동일성은 인간은 문화적 표현상의 차이는 있을지라도 공통된 심리적 특성과 사고방식을 가진다는 것이다. 생물학적 동일성은 인간은 인종, 성별 및 연령별 차이 등에도 불구하고 공통된 생물학적 특성을 가진다는 것이다. 이러한 동일성 개념은 서로 다른 지역에서 공통된 문화가 발견되었을 때 이를 전파에 의한 것으로 설명하는 전파론과는 달리 인류가 공통된 특성을 가지기 때문에 서로 떨어진 지역에서도 비슷한 문화적 발전 단계를 거친다는 문화진화론의 논리적 근거가 된다.

아누비스(Anubis). 고대 이집트 신화에 나오는 신이다. 피라미드의 여러 문서에는 태양신 라(Ra)의 넷째 아들로 기록되어 있으나 후대에 와서는 오시리스(Osiris)와 네프티스(Nephthys: 이집트 9주신 중 하나인 세트의 아내)의 아들로 나타난다. 저승으로 향하는 문을 열어 죽은 자를 오시리스의 법정으로 인도하며 죽은 자의 심장을 저울에 달아 살아생전 행위를 판정하는 역할을 맡았다. 외양은 검은 표범 또는 개의 머리에 피부가 검은 남자 또는 자칼의 머리를 한 남자의 모습 등으로 표현된다.

아르팡(*arpents*). 길이 및 넓이의 단위로 국제 표준단위는 아니다. 가장 널리 쓰이는 것은 북아메리카의 프랑스인이 사용하는 것으로 180프랑스피트에 해당하며, 국제 표준단위로 환산하면 약 58.47m에 해당한다.

아리아족(the Aryan). 선사시대에 이란과 인도 북부 지역에 살던 민족. 이들의 언어인 아리아어에서 인도-유럽어가 비롯되었다. '아리아'는 '고귀한'이라는 뜻의 산스크리트어에서 유래했으며 19세기까지 '인도-유럽'이라는 말과 동의어로 쓰였다. 19세기에는 인도-유럽어를 사용하는 민족이 셈족이나 황인종, 흑인종에 비해 도덕적으로 우월하며 인류 진보에 결정적으로 기여한 인종으로 알려져, 나치의 유대인·집시 등 '비아리아족' 제거 정책으로 오용되었다.

아몬(Amun, Amon). '숨겨진 자'라는 의미로 하늘의 신이자 태양의 신이다. 이집트 만신전의 우두머리신으로 여겨진다. 원래는 테베의 지방신으로 테베의 정치적 위상이 높아지면서 아몬 숭배 역시 널리 퍼졌다. 신왕국에 이르러서는 헬리오폴리스의 태양신 '라'와 한 몸이 되어 아몬-라가 되었으며 신들의 왕이자 파라오의 수호신으로 여겨진다.

아스클레피오스(Aesclepios). 그리스-로마 신화에서 의술의 신이다.

아이네이아스(Aeneas). 그리스-로마 신화에 나오는 영웅으로 트로이 왕족인 앙키세스와 여신 아프로디테의 아들이다.

아이톨리아인(Aetolians). 그리스 중서부 아이톨리아 지방에 살던 종족으로 서기전 4세기 중엽 아이톨리아 동맹을 결성하여 힘을 보강해 마케도니아와 대립했다.

아크로폴리스(Acropolis). 그리스 도시국가의 중심지에 있는 언덕으로 신전이 세워지는 곳이다.

아톰(Atum). 태초에 있었던 바다 눈(Nun)에서 태어난 이집트의 창조신이다.

아틀란티스(Atlantis). 대서양에 있었다는 전설상의 대륙으로 플라톤이 《크리티아스》와 《티마이오스》에서 아틀란티스 전설에 관해 설명한다. 서기전 9500년 아틀란티스는 헤라클레스의 기둥(지브롤터 해협)의 바깥쪽 대해(大海) 가운데 펼쳐져 있었다. 풍부한 산물과 주변의 여러 나라에서 들어오는 무역품이나 전리품은 대륙을 크게 번영하게 했으나 어느 날 심한 지진과 화산 활동으로 하루 밤낮 사이에 바다 속으로 가라앉고 말았다. 아틀란티스의 전설은 중세 후기 이후의 대서양 탐험, 나아가서는 아메리카 대륙 발견의 원동력이 되기도 했다.

아폴론(Apollo). 그리스 신화의 광명, 의술, 예언, 가축의 신이다. 올림포스 12신 중 하나로 제우스와 레토의 아들이며 여신 아르테미스와는 쌍둥이 자매다.

아프리카 전쟁(*African War*, 서기전 48~47). 이집트의 클레오파트라 7세와 프톨레마이오스 13세 간의 왕위계승 전쟁에 카이사르가 참여하면서 발발한 전쟁으로 알렉산드리아 전쟁이라고도 한다.

알로브로게스족(Allobroges). 서기전 1세기경 현재의 론 강 유역을 지배했던 호전적 성향으로 잘 알려진 갈리아 부족이다. 그리스 역사가인 폴리비오스에 의해 최초로 기록되었다.

알비파(Albigenses). 이단의 추종세력을 일컫는 말로 카타리파(Cathari)라고도 한다. 발칸 반도, 북이탈리아, 남프랑스 등지를 거쳐 12세기 중엽 프랑스 툴루즈 지방의 알비에 전파되면서 세력을 크게 떨쳤다. 마니교적 이원론에 바탕을 둔 교리로 기독교의 신은 영적인 것만을 창조했으며, 반신(反神)인 악마는 신에게 반기를 든 인간을 물질 속에 가두었으므로 인간은 물질적인 것으로부터 해방되어야 구원을 받을 수 있다고 가르쳤다. 금욕적 계율을 지켰으며 대중 앞에서의 성서 낭독과 통과의례 등을 중시했다. 특히 통과의례를 통하여 일반 신자는 완전한 자, 즉 '카타리'가 되었다. 교회에서는 이들의 이단에 맞서 이단 심문제도를 만들었으며, 또한 이들의 융성은 탁발수도회의 발달을 가져오기도 했다.

야곱의 사다리(*Jacob's ladder*). 창세기 28장 10~12절에 나오는 이야기로, 형의 장자권을 훔친 야곱은 형의 보복을 피해 집을 떠난다. 하란을 향해 가는 길에 야곱은 하늘에 닿는 층계로 천사들이 오르락내리락하는 꿈을 꾸는데, 즉 야곱의 사다리란 하늘에 이르는 길을 의미한다.

야만인(*babarians*). 야만인 개념은 문화의 발전 가능성을 상정하지 않은 채, 즉 시간이 아무리 흘러도 야만 상태에 머무르는 사람들을 가리키는 것으로 인종차별의 근거가 되기도 한다. 문화진화론이란 측면에서 볼 때 원시인은 문화의 발전 단계상 초기 단계에 해당되는 사람들로서 시간이 흐르면 문명단계로 발전할 수 있는 존재이며, 유럽인 역시 이 원시인 단계에서 발전한 것으로 본다.

얀센파(Jansenist). 네덜란드의 신학자 얀센이 주장한 교리를 받아들인 세력으로 이 교리
　는 성 아우구스티누스의 은총, 자유의지, 예정구원설에 대한 엄격한 견해를 발표하
　여 주로 프랑스에서 큰 논쟁을 일으켰다. 1713년 로마 교황에 의해 이단 선고를 받
　고 소멸하였다.

에덴문서(*Eden literature*). 에덴동산의 위치를 찾아내고 묘사하려는 저술들을 통칭한다.

에우티데모스(Euthydemos). 크세노폰의 저서에 소크라테스와 함께 등장하는 인물이다.

에피메테우스(Epimetheus). 그리스 신화에서 등장하는 프로메테우스의 동생이자 판도라
　의 남편이다.

엔키(Enki). 수메르 신화에 등장하는 에리두 시의 물의 신으로 안, 엔릴, 닌후르사그가
　함께 만들었다.

영지주의(靈知主義, *gnosticism*). 고대에 존재했던 혼합주의 종교운동 중 하나다. 정통파
　기독교가 믿음을 통해 구원이 가능하다 주장한다면, 영지주의에서는 앎(*gnosis*)을
　통해 구원이 가능하다 주장한다는 데 본질적 차이가 있다.

예정조화(豫定調和, *preestablished harmony*). 독일의 철학자 라이프니츠의 중심 사상인 형
　이상학적 개념이다. 그는 모든 존재의 기본으로서의 실체를 '모나드'(*monade*)라고
　명명했다. 이 모나드는 우주 속에 무수히 존재하지만 저마다 독립적이고 상호 간에
　아무런 인과관계도 없다. 그럼에도 불구하고 이와 같은 모나드로 이루어진 우주에
　질서가 있는 것은 신이 미리 모든 모나드의 본성이 서로 조화할 수 있도록 창조했기
　때문이다. 이것이 예정조화라는 사상이다.

왕립학회(Royal Society). 영국 런던에 있는 왕립 자연과학학회이다. 1660년에 창립되어
　찰스 2세의 윤허로 왕립학회의 형태를 갖춘 것으로 자연과 기술에 대한 유용한 지식
　의 보급과 이에 기초한 합리적 철학 체계의 건설을 목적으로 하여 영국 과학의 중심
　기관으로 성장했다.

우의(*allegory*). '다른 이야기'라는 뜻인 그리스어 알레고리아(*allegoria*)에서 유래했다. 추
　상적 개념을 직접 표현하지 않고 다른 구체적 대상을 이용하여 표현하는 문학 형식
　이다. 주로 의인화하는 경우가 많다. 중세의 도덕우의극(道德寓意劇)이나 《장미
　이야기》, 스펜서의 《페어리퀸》, 존 번연의 《천로역정》 등이 대표적이다. 지나치게
　유형적이며 교훈적이라는 이유로 현대 작가들은 사용을 꺼리지만 정치나 종교를 문
　제로 할 때에는 유효한 형식이며 현대 문학에서도 넓은 의미에서 '우의적'이라고 할
　수 있는 작품도 많다.

우주화(*cosmicized*). 미르치아 엘리아데의 주요 개념이다. 미지의 장소, 이질적 장소, 점
　령되지 않은 장소를 인간이 점령함으로써 우주 창조를 의례적으로 반복하여 그 장소
　를 상징적으로 우주로 변화시키는 일을 말한다. 하나의 영역은 그것을 새롭게 창조
　하고 정화함으로써 비로소 인간의 것이 된다. 어떤 장소에 정착하여 그곳을 조직하
　고 거기에서 산다는 것은 하나의 실존적 선택, 즉 그것을 '창조함으로써' 받아들이는

우주의 선택을 전제하는 행위다. 그러므로 그것은 성스러운 신들의 작업에 참여하는 것이다.

유명론(nominalism). 보편은 이름뿐이고 실재하지 않는다는 이론이다. 중세를 관통하는 흐름인 실재론[보편은 실재하며(성 아우구스티누스), 보편은 개체 안에 실재한다(아퀴나스)]과 충돌하며 11~12세기에 벌어진 보편논쟁의 한 축을 이룬다.

유피테르(Jupiter). 로마 신화 최고의 신으로 그리스 신화의 제우스에 해당된다. 이 책 원문에는 영어식 표기인 조브(Jove)로 표기되었다.

이로쿼이족(Iroquois). 북아메리카 동부 삼림 지대에 거주하는 아메리카 인디언이다.

이스라엘의 10지파(ten tribes of Israel). 아브라함의 아들 이삭이 낳은 둘째 아들 야곱이 낳은 열두 아들이 이스라엘 민족의 12부족을 이루어 부족연합체로 존재하다가 사울 왕, 다윗 왕, 솔로몬 왕이 다스린 왕국 시대가 마감되면서 유다(남왕국) 2지파와 이스라엘(북왕국) 10지파 이렇게 두 나라로 갈라진다. 북왕국은 서기전 722년 아시리아에 의해, 남왕국은 서기전 586년 바벨론에 의해 멸망한다.

이신론(理神論, deism). 18세기 계몽주의 시대의 대표적인 기독교 사상이다. 성서를 비판적으로 연구하고 계시를 부정하거나 그 역할을 현저히 후퇴시켜 기독교의 신앙 내용을 오로지 이성적 진리에 한정시킨 합리주의 신학의 종교관이다. 1696년 영국에서 톨런드와 틴들이 주장했고, 이어 프랑스에 이입되어 볼테르와 디드로, 루소 등이 제창하여 유럽 각지에 퍼졌다.

이중진리 교의(doctrine of the double truth). 중세 말기 스콜라철학에서 신앙과 지식의 관계에 대한 이중적 사고의 하나이다. 자연적/초자연적 진리 또는 이성적/계시적 진리의 두 가지 진리가 모순 없이 독립적으로 병존한다고 생각했다.

일원론(monism). 여기서의 일원론은 하나의 근본적 물질이 운동 및 변화하여 생긴다고 주장했던 서기전 6세기경 이오니아학파의 일원론을 말한다. 파르메니데스의 엘레아학파는 많은 것의 존재와 운동 변화의 존재를 부정하고 감각을 미망이라 규정함으로써 일원론을 부정했다.

자연신학(natural theology). 자연은 신의 계시를 드러내는 증거이므로 계시가 반이성적인 것이 아닌 신학의 지적 전통에 포함될 수 있다는 여러 신학 사상 중 하나이다. 즉, 자연(계시)을 신학 연구의 중요한 재료로 보는 견해이다. 자연은 계시로써 종교적 경험이 된다. 이에 비해 물리신학은 물리학에 기초한 신학의 형태로 자연의 가공자로서의 신이라는 개념을 내세운다. 자연은 계시가 아니라 물질 혹은 물리 그 자체이며 물질로서의 자연을 만든 존재가 신이라는 주장을 내세우기 때문에 일종의 신 존재 증명으로 생각되기도 한다. 근세에는 과학에 대한 기독교의 탄압에 대항하는 수단으로 이용되기도 했다.

자연종교(natural religion). 계몽주의 시대에 있었던 합리주의적 종교로 인간의 자연적 이성이나 통찰에 바탕을 두었다. 이는 계시종교(revealed religion)에 대립되는 것으로 계시가 아닌 자연 또는 이성에 의한 진리를 중시한다. 흄이나 디드로는 모든 계시종교를 이단이라고 반박하면서 인간 정신으로부터 자연발생적으로 우러나오는 자연종교를 주장하며 무신론으로 기울었다. 반면 계시종교는 신이 인간에게 무엇인가를 직접 드러낸다는 데서 유래한 말로 계시는 곧 '신의 말씀'이다.

쟈댕 데 플랑테(Jardin des Plantes). 파리국립자연사박물관의 전신으로 루이 13세 치하의 1626년에 설치된 약초원이 그 기원이다. 1793년에 국민의회의 포고에 의하여 설립되었다. 동물원·식물·비교 해부·곤충·지학관 등으로 된 박물관이며, 동식물 및 지학에 관하여 주요 소장품이 있다. 뷔퐁, 라마르크, 퀴비에, 아유이 등의 식물학·동물학·지학의 많은 선구자가 이 박물관에서 배출되어 자연사학 연구의 중심적 역할을 했다.

쟈댕 뒤 로이(Jardin du Roy). 프랑스의 식물원으로 '왕의 정원'이라는 의미이다. 이후에는 '라 사반느'(La Savane)로 개칭되었다. 최초의 개설 목적은 식민지 등에서 새로 가져온 식물에 대한 과학적 실험을 수행하는 것이었다.

조형적 자연(*plastic nature*). 자연 자체가 전개하는 형성 활동을 신이 이룩한 세계 창조의 모방으로 간주하는 사상이다.

찰흔(擦痕, *striations*). 빙하가 암석 위를 이동하면서 파낸 홈 자국이다.

체액설(*theory of humors*). 히포크라테스는 인간의 체액을 혈액·점액·담즙·흑담즙으로 나누었는데, 이 네 가지 체액은 인체 내에서 균등하게 존재하지 않고 어느 하나에 치우쳐 불완전한 기질을 가지며 주도적인 체액에 따라 사람의 기질이 결정된다고 보았다. 이에 따라 사람의 기질을 다혈질, 점액질, 흑담즙질, 담즙질로 나눴다. 다혈질은 활발하고 쾌활하며 사교적이나 쉽게 화를 낸다. 담즙질은 모험적이며 지도자형이나 교만하고 참을성이 없다. 흑담즙질은 분석적이고 사려 깊으나 비관적이다. 점액질은 자기 통제적이고 복종적이며 소심하고 무관심하다.

충만의 원리(*principle of plentitude*). 우주가 존재의 종류에서 최대한의 다양성을 보이면서 빈틈없이 가득 차 있다는 원리로, 미국의 사상가인 러브조이(Lovejoy)가 초기 그리스 시대부터 18세기까지의 역사를 서술한 《존재의 대사슬: 사상사 연구》에서 명명한 원리이다.

충분 이유의 법칙(*the law of sufficient reason*). '충분 이유의 원리'라고도 하는데 발생하는 어떤 것이든지 명확한 이유를 가진다는 원리로 라이프니츠가 주장했다. 이는 설명되지 않는 어떤 사건을 야기하는 '외부'를 인정하지 않는 폐쇄적 시스템으로 세계를 간주하는 관점이다.

치품천사(熾品天使, Seraph). 천사의 9계급 중 1계급의 천사다.

카르투지오 수도회(Carthusians). 1084년 쾰른의 성 브루노가 프랑스 그르노블 북쪽 샤르트뢰즈 계곡에 세운 수도회이다. 11, 12세기의 수도원 개혁운동에서 중요한 역할을 했으며 고독한 은수자 생활과 수도원의 공동생활을 병행했다. 이들은 기도, 연구,

식사, 취침을 모두 각자의 방에서 하며 밤 기도·아침 미사·저녁 기도 때만 교회에 모인다. 일요일과 대축일에는 함께 모여 식사를 하면서 대화의 시간을 가지며 1주일에 한 번씩 먼 거리를 함께 산책한다. 그들은 거친 모직셔츠를 입고 고기를 전혀 먹지 않으며 금요일과 다른 축일에는 빵과 물만 먹는다. 평신도 형제들의 생활도 엄격했고 공동체를 이루어 생활했다. 수도원 본부는 그랑 샤르트뢰즈라고 불렸는데 평신도 형제들은 이곳의 이름을 딴 리큐르(술)를 증류하여 얻은 이익금을 이웃 종교단체와 자선기관에 나누어주었다. 프랑스와 이탈리아에 몇 개의 수녀원을 가진 카르투지오 수녀회의 수녀들도 속세와 접촉을 끊은 채 엄격한 수도와 명상 생활을 했다. 카르투지오 수도회는 천천히 퍼졌으나 1521년에는 유럽의 모든 가톨릭 국가에 195개 정도의 수도원이 생겨났다. 수도회 수사들 중에서 독거 생활을 하는 이들은 많지 않았는데, 그들에게 중요한 것은 공동체 신앙생활이다.

카페 왕조(Capetian). 중세 프랑스의 왕조로 보통은 직계 카페 왕조(987~1328, 14대)를 가리키나, 광의로는 그 후의 방계, 즉 발루아 왕조(1328~1498, 7대)·발루아 오를레앙 왕조(1498~1515, 1대)·발루아 앙굴렘 왕조(1515~1589, 5대)·부르봉 왕조(1589~1793, 1814~1830, 7대) 등도 포함한다. 직계 카페 왕조는 초대 위그 카페에서 비롯되어 처음에는 봉건사회 속에서 취약한 왕권을 갖는 데 불과했으나 12세기 전반 루이 6세 무렵부터 활발해져서 동세기 말부터 13세기에 걸쳐 필리프 2세, 루이 9세 시대에 집권화하기 시작해 국내로부터 영국의 왕실 세력을 크게 후퇴시키고 국내의 왕령화를 적극적으로 촉진했다. 13세기 말부터 14세기 초 필리프 4세 때에는 권력도 증대되어 행정기구의 정비와 함께 사실상의 국가 통일이 처음으로 실현되었다.

케레스(Ceres). 그리스 신화의 데메테르에 해당하는 로마의 신으로 풍작의 여신이다.

케크롭스(Kekrops). 그리스 신화 속 아티케의 최초 왕으로, 상반신은 인간이며 하반신은 뱀 또는 용의 모습이다.

코이네어(κοινή, koine). 고대 그리스어는 많은 방언으로 나누어져 있었으나 그중에서도 아테네는 훌륭한 문학을 가져 서기전 5세기에는 아테네의 아티케 방언에 의한 고전 시대가 출현했다. 서기전 4세기에 이르러 그리스인의 국가의식이 커지고 공통어를 필요로 할 때 우수한 문화를 가진 아티케의 방언을 중심으로 하고 산문에 우수한 이오니아 방언을 추가하고, 여러 방언에 공통적인 요소를 추출해 덧붙여 만든 공통어가 바로 코이네어이다. 서기전 3세기 이후에는 동부 지중해 일대에서 사용했고, 더 나아가 로마제국의 광대한 지역에서 라틴어와 함께 고대 사회의 공통어가 되었다. 신약성서의 언어이며 현대 그리스어의 근원이다.

콜키스(Colchis). 그리스 신화에 등장하는 황금 양털의 나라. 흑해 동쪽 연안의 지역으로 현재 그루지야공화국 일대이다.

큐빗(*cubit*). 고대 이집트·바빌로니아에서 사용된 길이 단위로 팔꿈치에서 중지 끝까지의 길이를 기준으로 하며 약 17~21인치에 해당한다.

킴브리족(Cimbri). 게르만족의 일파이다. 유틀란트 반도 북부에서 남하하여 서기전 2세기 말부터 테우토니족과 함께 갈리아에 침입했다. 서기전 113년 노리쿰 지방에서 로마군을 격파한 후, 론 강 유역에 들어가 서기전 105년 아라우시오에서 로마군을 격퇴시키고 에스파냐에 들어갔다. 그 후 이탈리아에 침입했으나 서기전 101년 북이탈리아의 베르켈라이 전투에서 로마의 장군인 마리우스에게 격멸당했다. 소수는 갈리아 북부에 정주했다.

테세우스(Theseus). 그리스 신화에 나오는 아티케의 영웅이다. 크레타 섬의 미궁에서 괴수 미노타우로스를 물리치고 아마존을 정복하여 아테네를 융성하게 했다고 한다.

토마스주의(Thomism). 아퀴나스 사상에 토대를 둔 신학의 사상 체계, 이를 계승한 사상가들을 통칭하는 표현이다. 프란체스코학파나 예수회와 대립한다.

툴리우스(Servius Tullius, ?~?). 서기전 578~534년경에 활동한 전설적인 로마 7왕 중 제6대 왕.

트리엔트 종교회의(Council of Trent). 루터의 종교 개혁운동으로 로마 가톨릭교회가 오스트리아의 트리엔트(현재는 이탈리아의 트렌트)에서 소집한 종교회의로 1545년부터 1563년에 걸쳐 이루어졌다.

팔라스(Pallas). ① 가이아가 낳은 거인 중 하나이다. 그중 가장 힘이 세다고 하나 아테나에 의해 죽임을 당한다. 팔라스의 가죽으로 방패를 만들고 그의 날개를 신발에 매달은 아테나는 팔라스의 뒤를 이었다고 하여 팔라스 아테나로도 불린다. ② 12티탄 중 하나인 트리오스를 아버지로 하며 저승에 흐르는 강의 신 스틱스와 결혼하여 승리의 여신 니케, 경쟁심을 뜻하는 젤로스, 폭력을 뜻하는 비아, 권력을 뜻하는 크라토스를 낳은 신이다.

펠로폰네소스 전쟁(Peloponnesian War). 서기전 431년부터 서기전 404년까지 아테네를 중심으로 하는 델로스 동맹과 스파르타를 중심으로 하는 펠로폰네소스 동맹이 벌인 싸움으로 스파르타가 승리했다.

푸거 가(Fugger). 16세기에 번영한 독일 아우구스부르크의 거상 집안이다.

프레몽트레 수도회(Premonstrants). 훗날 마그데부르크의 대주교가 되는 성 노르베르토가 1120년 리옹 근교 프레몽트레에 설립했던 수도회이다.

프로메테우스(Prometheus). 그리스 신화에 나오는 티탄족 이아페토스의 아들이다. 제우스가 감춘 불을 훔쳐 인간에게 줌으로써 인간에게 맨 처음 문명을 가르친 이로 알려져 있다.

프리아푸스(Priapus). 고대 그리스 신화의 신. 아프로디테와 디오니소스의 아들로 번식력과 자연 생성력의 신으로 숭상되었다.

프타(Ptah). 이집트의 신이다. 우주의 창조신, 가축의 신으로도 불리며 그리스 신화의 불과 대장장이의 신인 헤파이스토스와 동일시된다.

프톨레마이오스 왕조(Ptolemaios Dynasty). 헬레니즘 시대에 이집트를 지배한 마케도니아
    인 왕조(서기전 305~30). 프톨레마이오스 1세에 의하여 창건되고 왕가는 마케도니
    아 귀족의 혈통을 이어받았다. 프톨레마이오스 1세에 의하여 발전의 기틀이 잡힌
    왕조는 프톨레마이오스 2, 3세 시대에 확대 발전하여 번영을 구가했고 수도 알렉산
    드리아는 헬레니즘 문화의 중심이 되었다. 그러나 그 뒤 내분, 내란, 외정의 실패
    등에 따라 점차 쇠퇴했으며 특히 서기전 2세기 초 로마와 접촉하고부터 차차 로마
    동방 진출의 제물이 되어 결국 서기전 30년 클레오파트라 7세와 프톨레마이오스 15
    세(클레오파트라와 카이사르의 아들로 카이사리온이라고도 한다)의 죽음으로 멸망했다.

헤르메스 트리스메기스투스(Hermes Trismegistus). 이집트의 지혜의 신 토트(Thoth)를 자
    신들의 신 헤르메스와 동일시했던 그리스인이 토트의 위대한 지혜를 찬미하기 위해
    토트에게 부여한 그리스식 이름이다. 트리스메기스투스는 '세 배나 위대한'이라는
    뜻이다.

헤파이스토스(Hephaistos). 그리스 신화에서 불, 대장장이 일, 수공예를 관장하는 신을
    뜻한다.

헬베티아인(Helvetii). 켈트족 일파이며 스위스의 원주민이다.

호엔슈타우펜 왕조(Hohenstaufen). 독일의 귀족 가문 중 하나로 1138년부터 1254년까지
    독일의 왕, 황제 및 슈바벤 공작을 배출한 가문이다. 1194년부터는 시칠리아 왕도
    배출했다. 가문의 이름은 그들이 소유한 성의 이름인 슈타우펜에서 유래했다. 슈바
    벤 가문이라 부르기도 한다.

호텐토트인(Hottentot). 아프리카 나미비아 남부의 유목민족. 작은 키가 특징이다.

황진지대(*dust bowl*). 1930년대(특히 1935년에서 1938년 동안) 미국에서 모래폭풍이 심하
    게 발생했던 미시시피 강 서부(오클라호마 주, 아칸소 주, 미주리 주, 텍사스 주 등)의
    건조한 평원 지대를 일컫는다. 집약적 경작으로 인해 토양 침식이 악화되는 와중에
    대공황 시기 및 자연재해와 결합되면서 이 지역에서 살던 80만 명에 달하는 사람들
    이 캘리포니아 쪽으로 이주하지 않을 수 없었으며 환경 변화 문제에 대한 인식을
    높이는 계기가 되었다.

흑인의 벗 협회(Société des Amis des Noirs). 1788년 파리에서 설립되었으며 노예무역이
    나 노예제를 비판하고 이들의 해방을 주장했다. 프랑스에서는 프랑스혁명 때에도
    노예제 폐지가 실현되지 않았으나, 1804년 노예와 혼혈인(물라토)에 의한 반란에
    성공하여 아이티공화국의 독립이 선포되어 사실상 노예무역의 의미가 없어졌고,
    1814년에 체결된 영국과의 협정에도 1819년 이후의 노예무역 폐지가 명문화되었
    다. 그 후 1836년 7월에 노예의 해방이 실현되었다.

A. M.(*Anno Mundi*). 영문으로는 in the year of the world의 약자로 세계가 창조된 날
    을 기준으로 정해진 달력이다. 헤브루의 달력에서는 서기전 3760년에 세계가 창조
    되었다 보고 이를 기준으로 년도를 계산했다. 이 달력은 초기 기독교 연대학자들에

의해 사용되었다. 그러나 어셔 대주교(James Ussher, 1654)의 경우는 지구가 창조
된 날을 서기전 5509년이라고 말하기도 했다.

100년 전쟁(*Hundred Years' War*). 중세 말기에 영국과 프랑스가 벌인 전쟁으로 프랑스를
전장으로 하여 여러 차례 휴전과 전쟁을 되풀이하면서 1337년부터 1453년까지 116
년 동안 단속적으로 지속되었다.

2차적 원인(*secondary cause*). 기독교신학에서는 하느님을 만물의 창조자, 즉 제일 원인으
로 보았다. 하지만 하느님은 세상만사에 직접적으로 작용하기보다는 규칙 또는 중
간적 원인을 통해 작용한다. 이 중간적 원인이 이차적 원인이며 이를 연구하는 것이
자연학의 과제로 여겨졌다(에른스트 캇시러 저, 최명관 역, 1988, 《국가의 신화》, 서광
사 참고).

3궁(三宮, *triplicity*). 점성술에 나오는 12궁 중 서로 120도씩 떨어진 3궁을 말한다.

4원소설(*theory of 4 elements*) 모든 물질이 불, 공기, 물, 흙이라는 4가지 기본 원소들로
이루어졌다는 주장이다. 탈레스를 비롯한 고대 그리스 철학자들은 물질을 이루는
기본 물질을 찾아 그것으로 물질의 본질을 설명하려고 했다. 서기전 400년경 엠페
도클레스가 처음으로 모든 물질은 불, 공기, 물, 흙이라는 4가지 기본 원소들의 합
성물이며, 사물은 이 기본 원소의 비율에 따라 형태를 바꿀 뿐 어떤 사물도 새로
탄생하거나 소멸하지 않는다고 생각했다. 이후 4원소설은 플라톤과 아리스토텔레스
에게로 계승되었으며, 데모크리토스의 원자론에도 영향을 주었다.

4원인설(*four causes*). 아리스토텔레스는 세계가 질료와 형상으로 구성된다고 생각했으며
질료와 형상으로 이루어진 실체의 운동 원인을 네 가지로 설명한다. 이것이 아리스
토텔레스의 네 가지 원인으로 ① 실체로서 사물로 하여금 사물이게끔 하는 것(형상
인), ② 사물의 질료이며 기본이 되는 것(질료인), ③ 사물의 운동이 시작되는 처음
(동인), ④ 일의 생성이나 운동이 목표로 하는 종국적 의미(목적인)가 그것이다.

클래런스 글래컨(Clarence James Glacken, 1909~1989)

지은이 약력

미국의 문화지리학자로 캘리포니아 버클리대학 지리학과에서 20여 년간 교수로 재직했다. 존스홉킨스대학에서 논문 "거주가능한 세계에 대한 사고"로 박사학위를 받은 이래 서구사상에 나타나는 자연과 문화의 관계를 평생의 연구주제로 삼았다. 그 대표작이 《로도스 섬 해변의 흔적: 고대에서 18세기 말까지 서구사상에 나타난 자연과 문화》(1967)이다. 이 책은 당시로서는 드물었던 지리학, 신학, 철학, 과학, 예술 등을 포괄하는 광범위한 융합적 접근을 시도함으로써 지리학뿐만 아니라 학계 전체의 고전으로 꼽힌다. 그는 1945년부터 1946년 동안에는 미군정 보건복지국 부사관으로 근무하면서 우리나라와도 특별한 인연을 맺었는데 이때 우리나라의 삼림황폐화 문제를 연구하기도 했다.

심승희

옮긴이 약력

서울대 사범대학 지리교육과에서 학사·석사·박사 과정을 졸업했다. 현재 청주교대 사회과교육과 교수이다. 저서로는 《현대 문화지리의 이해》(공저, 2013), 《서울스토리》(공저, 2013), 《서울 시간을 기억하는 공간》(2004) 등이 있고, 역서로는 《지리사상사》(공역, 2015), 《장소》(2012), 《장소와 장소상실》(공역, 2005), 《공간과 장소》(공역, 1995) 등이 있다.

진종헌

서울대 지리학과와 동 대학원 석사 과정을 졸업했다. 이후 미국 UCLA 지리학과에서 문화경관 연구로 박사학위를 받았다. 현재 공주대 지리학과 교수이다. 저서로는 《현대 문화지리의 이해》(공저, 2013), 《현대 공간이론의 사상가들》(공저, 2013), *High Places: Cultural Geographies of Mountains, Ice, and Sciences*(공저, 2009), 《도시해석》(공저, 2006) 등이 있고, 역서로는 《문화정치 문화전쟁》(공역, 2011), 《현대문화지리학: 주요개념의 비판적 이해》(공역, 2011) 등이다.

최 병 두

서울대 지리학과와 동 대학원 석사 과정을 졸업하고, 영국 리즈 대에서 박사 학위를 받았다. 현재 대구대 지리교육과 교수로 있으며 존스홉킨스대와 옥스 퍼드대 객원교수를 지냈다. 최근 저서로는《국토와 도시》(2016),《창조경제 와 창조도시》(2016),《자본의 도시》(2012),《비판적 생태학과 환경정의》 (2010) 등이 있으며, 역서로는《공간적 사유》(2013) 등이 있다.

추 선 영

서울신학대 기독교교육과를 졸업했다, 역서로는《여름 전쟁》(2013),《지속 가능한 개발에서 지속 가능한 번영으로》(공역, 2012),《생태계의 파괴자 자 본주의》(2007),《자연과 타협하기》(공역, 2007),《환경정의》(공역, 2007), 《녹색사상사》(공역, 2004) 등이 있다.

허 남 혁

서울대 경제학과 학사 · 환경계획학과 석사 과정을 졸업하고 대구대 지리교육 과 박사 과정을 수료하였다. 대구대, 경북대, 단국대, 공주대에서 강의를 하 였고 현재 (재)지역재단 먹거리정책 · 교육센터 센터장으로 있다. 현대 농업 과 먹거리 문제에 대한 성찰과 대안 모색에 관심이 있다. 저서로는《내가 먹 는 것이 바로 나: 사람, 자연, 사회를 살리는 먹거리 이야기》(2008),《한국 사회문제》(공저, 2011)가 있고, 역서로는《농업생명공학의 정치경제》(2007), 《자연과 타협하기》(공역, 2007),《환경정의》(공역, 2007) 등이 있다.